沉管隧道施工手册

陈韶章　陈　越　编著

中国建筑工业出版社

图书在版编目(CIP)数据

沉管隧道施工手册/陈韶章，陈越编著. —北京：
中国建筑工业出版社，2014.6
ISBN 978-7-112-16703-6

Ⅰ.①沉… Ⅱ.①陈… ②陈… Ⅲ.①水下隧道—
隧道工程—工程施工—技术手册 Ⅳ.①U459.5-62

中国版本图书馆CIP数据核字(2014)第068848号

责任编辑：邓　卫
责任设计：张　虹
责任校对：张　颖　姜小莲

沉管隧道施工手册
陈韶章　陈　越　编著
*
中国建筑工业出版社出版、发行（北京西郊百万庄）
各地新华书店、建筑书店经销
北京科地亚盟排版公司制版
环球印刷（北京）有限公司印刷
*
开本：787×1092毫米　1/16　印张：17½　字数：437千字
2014年12月第一版　2014年12月第一次印刷
定价：**42.00**元
ISBN 978-7-112-16703-6
(25469)

前　言

沉管隧道在不影响水上通行能力、不改变两岸立面景观的前提下，为连接两岸交通提供最短的线路，同一断面上提供多元化的交通通行形式。随着生产力的发展、设计计算及施工技术的进步、施工装备不断的升级和完善，沉管隧道的适应范围不断拓展，由江河到近海，由浅水到深海。乘着经济高速发展的东风，沉管隧道正绽放出独特的生命力。

我国大陆采用沉管法修建水下隧道起步较晚，有关沉管隧道施工技术总结的书籍不多；对沉管隧道施工技术的认知与国外较成熟的施工技术相比有差距。广州黄沙至芳村建造了国内首条道路与地铁共管的水下沉管隧道，珠江隧道的经验成为之后我国大陆建造沉管隧道的借镜。我们两位编者都是当年珠江隧道的直接参与者；沉管隧道在我国经过约20年的发展，同时与国外的技术交流日益频繁，在这样的情况下，形成了本手册的初稿。本手册总结国内已有沉管隧道的精华，并吸收国外沉管隧道的成熟经验，以沉管隧道施工参与者的角度，全面阐述沉管隧道施工各阶段应考虑的因素，如何实施；加强读者对沉管隧道施工技术的认识，深入介绍修建水下沉管隧道的各种成熟、先进工法。期望为从事沉管隧道建设的参与者提供一份参考。

由于我国的案例不多，建设规模、边界条件差异较大，加上编著者的水平有限，手册中难免存在个人的主观见解，希望广大同行批评斧正。

本手册的编著历经六年多，在陈韶章完成初稿的前提下，陈越负责了手册的修改和统稿，曾昭均参与了全过程的修改和完善，黄旭东、杨文军参与了编著工作，方磊提供了部分图片。本手册编著过程中得到了港珠澳大桥管理局、港珠澳大桥岛隧工程总承包、中交第四航务工程局有限公司的支持和帮助。作者特在此表示衷心的感谢。

编　者

2013年09月20日

目　录

1 概　　述

采用沉埋管段法（简称沉管法），修建水下隧道是20世纪初发展起来的新工法。自1910年美国首次采用沉管法修建了穿越底特律河的铁路隧道工程至今，根据统计资料，目前世界各国已建成沉管隧道约130座，而在美国修建沉管隧道的历史最长，其沉管隧道的结构形式均为单层或双层钢壳的钢壳与钢筋混凝土复合结构。日本于1935年开始修建沉管隧道，据不完全统计，就沉管管节的结构形式来说，约60％是矩形箱式钢筋混凝土结构，40％是圆形钢壳的钢壳与钢筋混凝土复合结构，可以讲日本沉管隧道的修建技术，也是从钢壳与钢筋混凝土复合结构形式开始，逐步被矩形箱式钢筋混凝土结构形式代替的。荷兰于1942年修建了第一座沉管隧道（鹿特丹Mass河隧道），亦是世界上首次采用矩形箱式钢筋混凝土管节的沉管隧道，该结构形式自20世纪80年代后成为沉管隧道的主流结构形式。

沉管隧道在美国、日本、荷兰等国家的成功实例，隧道结构形式、防水、基层处理、结构抗震等关键技术问题的成功解决，使沉管隧道成为跨江、海的重要手段，也使得建设沉管隧道的方法日臻完善，促进了世界各国的沉管隧道建设。

我国大陆采用沉管法修建水下隧道起步较晚，20世纪60年代在上海开展过此工法的理论研究，并于1976年在杭州湾的上海金山石化工程中，首次采用此工法建成了一座水下排污隧道（矩形箱式钢筋混凝土结构）。直到20世纪初，共计在广州珠江、宁波甬江、上海黄浦江建成了六座沉管隧道。其中广州黄沙至芳村珠江水下隧道为道路与地铁共管的沉管隧道，其余均为道路沉管隧道。这六座沉管隧道均采用矩形箱式钢筋混凝土结构形式。目前正在修建的双向六车道的广州洲头咀道路沉管隧道、天津海河道路沉管隧道、佛山东平河道路与地铁共管的沉管隧道、宁波沈家门人行沉管隧道以及高速公路标准双向六车道的港珠澳大桥海底沉管隧道都是采用矩形箱式钢筋混凝土结构形式。

适合于沉管法施工的主要条件是：水下基底稳定和水流速度相对较缓。前者不仅便于顺利开挖隧道基槽，而且减少土方开挖量，最大限度降低环境影响；后者便于管节浮运、定位和沉放，提高施工质量控制。

管节的预制按制作方式可分为船台上制作和干坞中制作两大类型：一类是船台型管节制作。是利用船厂的船台，先预制钢壳，将其沿滑道滑移下水后，在浮起的钢壳内灌筑混凝土，该类管节的横断面一般为圆形、八角形和花篮形，由于管节内轮廓为圆形，在车辆限界以外的上下方空间虽可利用为送、排风道，但车道的有效净空相应压低，致使隧道埋深增加，因此沟槽深度和隧道长度均相应增大；又因其内径受限制而只能设置双车道的路面，亦即限制了同一隧道的通行能力；同时耗钢量大，管节造价高，而且钢壳焊接质量及其防锈蚀问题尚未能完善解决，因此只是早期在美国应用较多。另一类是干坞型管节制作。是在临时的干坞中制成钢筋混凝土管节，向干坞内放水后，将其浮运到隧址沉放，其断面大多为矩形，不存在圆形断面的缺点，免除了钢壳结构使工程节省大量钢材，但在制作管节时，须对混凝土施工工艺采取严格措施，以满足其均质性和水密性特别高的要求，并保证必需的干舷（管节顶部浮出水面的高度）和抗浮安全系数。1989 年 ORESUND 隧道联合体预制厂设计组组长 SPRENG RODOLF 首次提出工厂法预制方案基础概念和方法，并在丹麦的厄勒海峡隧道中成功实践。该施工方法由干坞型管节制作演变而来，称为“工厂法”管节预制。该方法采用在专设的厂房内进行管节的工业化生产，再分批推入浅水坞区进行一次舾装，用坞门闭合坞区，坞内灌水，沉管浮起并拖移至深坞区位置，放水减低坞内水位至坞外水面持平，打开坞门，管节拖运出坞，完成预制、一次舾装至出运的完整周期。详见图 1-1。在建的港珠澳大桥沉管隧道的管节预制也将采用这一施工方法。

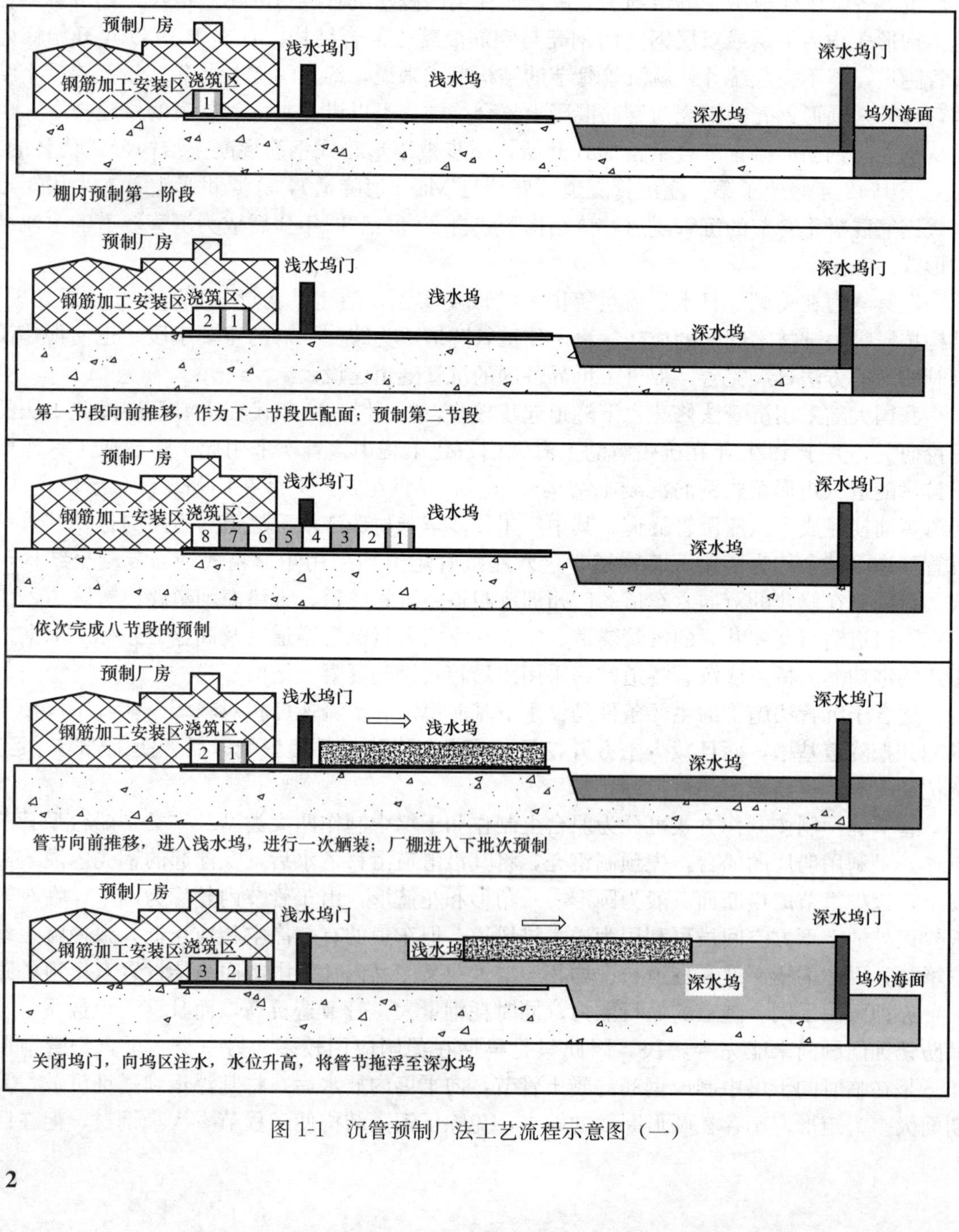

图 1-1　沉管预制厂法工艺流程示意图（一）

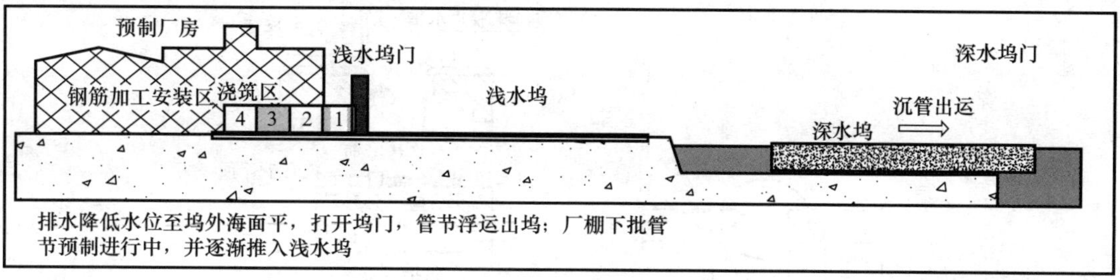

图 1-1 沉管预制厂法工艺流程示意图（二）

目前广泛使用的管节沉放方法有多种，这些方法适用于不同的自然条件、航道条件、隧道规模以及设备条件。管节的沉放可采用抬吊法（扛吊）、骑吊及浮吊法，施工中常用的双浮驳抬吊与骑吊两种方法各有优缺点，详见表 1-1。抬吊方法的管节沉放系泊绞车可布置于抬吊船的甲板面上，如绞车布置于测量塔的平台上，则从功能的效果上看，与骑吊一样。骑吊方法的管节沉放系泊的绞车一般布置于测量塔的平台上。

抬吊沉放管节与骑吊沉放管节的比较 **表 1-1**

比较项目	双浮驳抬吊法	双浮驳骑吊法
沉放绞车布置	绞车布置于吊驳甲板面	绞车布置于测量控制塔平台
测量控制塔	结构要求低，主要起测量标杆作用	结构要求高，起沉放安装系泊绞车的支撑平台及测量标杆作用
吊驳的就位	就位不需使用大型起重设备	就位需使用大型的起重船
吊驳的系泊要求	吊驳的系泊要求很高	吊驳的系泊要求较低
吊沉系统	成熟	成熟
管节沉放安装平面调位	受力不直接，反应较慢	受力直接，反应快

20 世纪 50 年代以前，钢壳制作的管节水下连接均采用水下灌筑混凝土的方法。50 年代末期，在加拿大温哥华，钢筋混凝土制作的矩形管节采用水力压接法获得成功。此方法是在加拿大温哥华隧道实践中创造成功的，故也称温哥华法。之后此方法在沉管隧道中被普遍采用，它利用作用于管节后端封墙上的巨大水压力，使安装在管节前端周边上的一圈 GINA 橡胶止水带产生压缩变形，形成一个水密性良好的止水接头。管节采用水压接法的施工过程示意详见图 1-2。

管节的水下对接施工，在每节管下沉着地时，结合管节的沉放对接方案进行符合精度要求的对位。然后使用预设在管节内隔墙上的 2 台拉合千斤顶（或利用定位卷扬机），将沉放施工管节拉向前一管节，使 GINA 橡胶止水带的尖肋略为变形，起到初步止水作用。完成拉合后，即可将前后两管节端封墙之间被 GINA 橡胶止水带封闭的水通过前管节端封墙下部的排水阀排出，同时利用端封墙顶部的进气阀放入空气。排水过程中，巨大的水压力作用在整个 GINA 橡胶止水带上将其再次压缩，使隧道接头实现完全止水。完成水力压接后，便可拆除封墙（一般由钢结构、钢筋混凝土或复合结构筑成），使已沉放的管节连通岸上段，并可开始铺设路面等内部装修工作。

管节基础处理的目的是使基槽底面平整，并达到隧道地基刚度的均衡度，而不只是为了提高地基的承载力。在水下开挖的基槽，其底面凹凸不平，如不加以整平，管节沉放后会因地基受力不均匀而导致局部破坏，或因不均匀沉陷而开裂。管节沉放之前早期大多

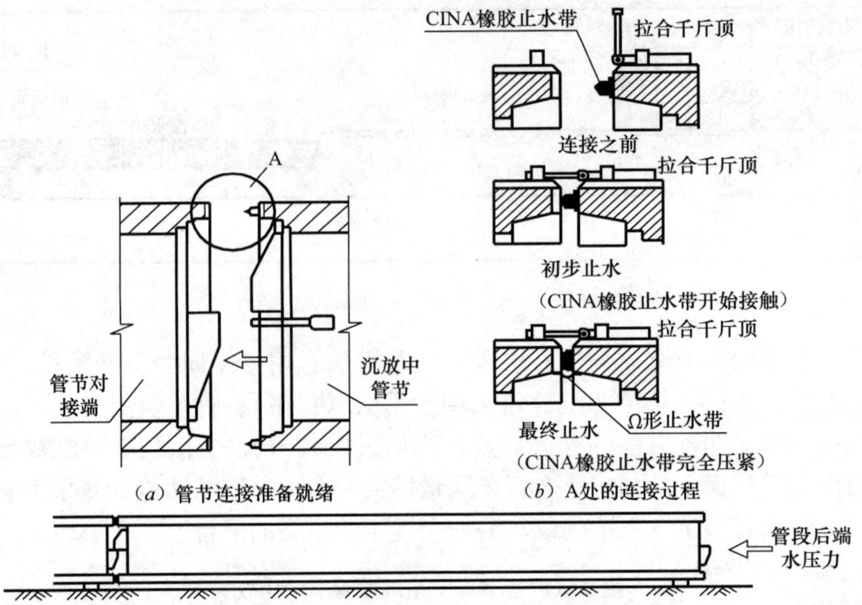

（*a*）管节连接准备就绪　（*b*）A处的连接过程

（*c*）管节连接完成

图 1-2　管节用水力压接法的施工过程示意

采用先铺砂石作为垫层的先铺法。它是通过作业船上的卷扬机和钢索操纵特制的刮铺机或钢犁，沿着设置在基槽底面两侧具有规定标高和坡度的导轨，将放下的垫料往复刮平。该法虽然水下作业工作量较大，但在节段式管节的沉管隧道中充分发挥作用。目前丹麦—瑞士的厄勒隧道和韩国的巨济隧道均采用碎石先铺法。另一种垫平的方法为后填法，即先将管节沉放在基槽底上的临时支座上，并使管底形成一定的空间（管节底板内预设液压千斤顶，在定位时可以顶向支座，调节管节高程），随后用垫层材料充填密实。

1.1　沉管隧道工程特点

（1）沉管隧道适用于河流的下游或出海口建造，同时需要河势演变或海势演变相对稳定，水流速度较小，水深不大。

（2）沉管隧道的几何设计：

1）沉管隧道的几何设计包括了线路的平、纵剖面和横断面设计，其设计标准和设计原则与所衔接的道路、轨道交通线路要求一致；

2）管节干舷高度、抗浮安全系数选取和控制，对线路的平、纵剖面和横断面设计有很大影响，因而在几何设计中应遵循横断面→纵剖面→平面的顺序。

（3）影响沉管隧道结构与防水设计的主要因素：

1）沉管节的几何尺寸，包括沉管段的长度、管节数量及长度、横断面的大小等；

2）施工组织、施工方案和施工过程的各种工况；

3）气象、水文和水质、工程地质和水文地质、地震、航道和锚区、地下和水下构筑物（含管线、沉船等障碍物）、环境、防灾等条件。

（4）沉管隧道的工程设计特点是在规划、设计阶段大约只能完成设计或技术工作量的

40%左右，其余设计或技术工作量要在施工阶段完成。

(5) 通常沉管隧道的上覆土较薄，沉管段对地基承载力要求不高（除了特别软弱地基），重点在于基础的不均匀沉降问题。

(6) 沉管法主要优点：

1）水下隧道若采用沉管法，其线路的埋置深度较小，易与两岸的道路相连接。

2）隧道结构施工质量能较好控制。因管节采用预制方式，混凝土施工质量高，易于做好防水措施；而且采用水力压接法可以实现接头的水密性。

3）横断面形状、大小有较大的选择余地，断面空间可充分利用，大型的矩形断面的管节可容纳 4～8 车道。

4）沉管隧道暗埋段、管节预制、管节安装、基槽开挖等多个工作面可同步进行，工期较短。

5）操作条件好，施工安全。除少量的人员水下作业外，基本上无地下作业，更不用气压作业。风险可控度高。

6）随着施工技术和施工装备不断提高和改进，沉管隧道水下埋深已经达到 70m。

1.2 沉管隧道工程管理目标

(1) 沉管隧道工程管理首先围绕质量控制进行，从工程准备阶段、施工过程以及工程竣工阶段均以满足质量控制为目的。

(2) 沉管隧道工程的工期目标参考表 1-2 的工程施工进度节点进行控制。

沉管隧道工程施工进度节点汇总表 **表 1-2**

序　号	项目名称	备　注
1	两岸沉管接口完工时间	工期控制关键点
2	水下基槽完成时间	
3	沉管基础处理完工时间	
4	沉管预制干坞完工时间	工期控制关键点
5	首批沉管预制完工时间	工期控制关键点
6	沉管预制完工时间	工期控制关键点
7	首次沉管安装时间	工期控制关键点
8	沉管安装完工时间	工期控制关键点
9	沉管最终接头开工、完工时间	
10	沉管贯通完工时间	
11	沉管岸上段主体完工时间	
12	沉管隧道内道路、管道及附属设施完工时间	工期控制关键点
13	沉管机电设备、控制系统安装完工时间	
14	沉管隧道竣工时间	工期控制关键点

(3) 投资（概算）控制目标，需根据工程的具体环境、技术特点、施工条件进行投资分解，建立投资控制的管理体系。

(4) 以工程环境评估报告为依据，拟定环境保护具体要求，提出工程环境控制目标；在工程施工前拟定相应的环境保护方案。沉管隧道环境保护主要包括：对工程所在区域

（包括沉管浮运区域）的水体保护，将水体内生态影响降到可接受水平；对施工区域（包括干坞施工区域）两岸及水底土体保护。

（5）工程实施过程满足安全生产与劳动保护目标。

1.3 沉管隧道工程管理要求

（1）不同的沉管隧道工程特点有不同的工程管理的要求：

1）如沉管所处位置有特殊的生态保护要求，工程管理中应有相应的保护措施和管理要求。

2）如沉管在近海，水中的主体直接受海水侵蚀，工程管理中应增加耐久性施工的管理要求。

3）如沉管处在软土区，基础处理与沉管沉降应满足设计要求。

4）如沉管所处于区域受季候风影响，水域水流不稳，风高浪急。工程管理应有针对性的管理要求。施工前与当地气象部门建立联系及合作关系，收集气象和水文资料，严密监控台风天气动向。

（2）沉管隧道主要工程部分的划分：

1）两岸上段或海上人工筑岛（含附属建筑）工程；

2）管节预制场地（干坞）和管节预制工程；

3）沉管段基槽开挖；

4）寄放、浮运、沉放、水下对接、接头处理（包括管节之间、管节与两岸上段之间接头）、结构处理、基础处理及覆盖回填等；

5）沉管隧道内部装修（包括防火处理）；

6）相应道路隧道的路面工程或轨道交通的无渣道床和轨道工程；

7）相应道路隧道或轨道交通的机电系统工程。

（3）合理划分沉管隧道的标段，明确政府有关部门、业主、监理、承包商（含设计和施工）、最终用户的责权利，制定合理的工程设计、施工承包原则。

1.4 沉管隧道的技术发展趋势

沉管法隧道对地基要求较低，特别适用于软基、河床或海床较浅易于用水上疏浚设施进行基槽开挖的工程地点，同时由于其埋深小，包括连接段在内的隧道线路总长较矿山法和盾构法隧道显著缩短；沉管断面形状可圆可方，选择灵活；基槽开挖、管节预制、浮运沉放和内部铺装等各工序可平行作业，彼此干扰较少；管节预制质量易于控制。虽然管节沉放时对航道有影响，但总体上优于其他方法。随着沉管法隧道设计和施工中关键技术问题的逐步解决和日趋完善，随着沉管法在世界各国的广泛采用和技术上的交流，沉管隧道受到越来越多国家的重视。

总体上，沉管隧道是一项技术性较强的重大工程，隧道的设计施工过程中涉及多门学科的知识，如土木工程中混凝土结构防水问题、船舶工程中船舶与管节拖曳与操纵问题、水力学中管节水动力问题、海洋工程中波浪及潮汐作用问题、水利学中泥沙问题以及空气动力学中隧道通风问题等。

沉管隧道的沉放容易受水流的影响，在水流过急的地方，沉管隧道的修建需要采取相应的措施。同样，考虑到沉管隧道的沉放和基槽的开挖及地基处理，在水深过大的地方也需开发相应的技术，才能采用沉管隧道方案。不过，随着科学技术的发展，沉管隧道适用的水流越来越快，水深越来越大，沉管隧道的适用范围也就越来越大。

虽然沉管法自从问世以来，因为施工方式先进，可操作性强，已经逐渐成为修建水下大型隧道的重要选择，并且无论从设计方法、施工工序、配套工程的处理等方面都取得了长足的进步，有力地促成了众多大型工程的顺利完工，但对此法的研究和经验总结一直没有停止过。国内外工程界关心和研究的重点主要表现在经济性能、制作工艺和施工技术、防水技术、基础处理、环境影响新的课题等方面。

同时，在隧道设计中，隧道抗震以及其他偶然作用的合理计算也成为研究的热点。因为没有相关的规范约束，在什么样的可靠度下进行这种偶然作用的计算，还没有定论。而这些参数的合理选取必将影响沉管隧道在复杂地质和环境下建设的经济性和安全性之间的协调。在特殊设计通行高速列车的沉管隧道时，空气动力效应需要考虑隧道内最大瞬变压力和洞口微气压波。

从美、日、荷沉管隧道工程发展历史以及中国建造沉管隧道的实践中，大致可以看出世界沉管隧道的技术发展趋势：

（1）沉管隧道的长度越来越长，从过去的隧道长度只有几百米发展到目前的约 6km，即将动工的丹麦至德国的沉管隧道（Fehmarn Belt Link）长度约 18km。

（2）沉管隧道的埋置深度越来越大，从过去适用于几米水深发展到约 60m 水深的水域。

（3）沉管隧道的单洞宽度越来越大，目前规划了单洞四车道的高速公路。

（4）沉管隧道的使用功能从单一用途向多用途发展，沉管隧道在初期都用于较低车速的城市道路。随着沉管横断面不断增大，断面组合出现了多种形式。沉管隧道已能够适用于轨道交通系统中；沉管隧道长度不断延伸，通行设计车速增加，能够满足高速公路系统对车速的要求。

（5）施工工艺向多元化、标准化发展。以往的沉管隧道管节预制均采用干坞内预制生产，预制完成后，分批浮运出坞、安装。施工装备发展后，出现了采用半潜驳作为预制场所的移动式干坞沉管预制施工工艺技术。节段式管节出现后，又出现了工厂化的沉管预制生产工艺。工厂化预制沉管技术在丹麦厄勒海峡沉管隧道中成功采用。在建中的中国港珠澳大桥沉管隧道再次采用这一先进预制施工工艺。随着施工工艺技术的发展，浇筑工艺均采用了全断面的浇筑工艺。沉管抗裂设计也有了新的要求。

（6）单体计算向复合计算理论发展。在全球各地修建的沉管隧道越来越多，隧道所处地区地质千差万别，沉管的埋深也刷新了新的纪录，埋深达到 70m。在进行受力计算时逐渐形成了以地基处理与上部结构协调考虑的新的设计计算理论。为了更好地适应地质变化，满足在地震烈度较大的地区修建沉管隧道的要求，并合理降低工程造价。自丹麦厄勒海峡成功修建了采用柔性接头的节段设计沉管隧道后，在亚洲韩国釜山再次采用了该沉管设计方案。采用了柔性接头的设计，沉管隧道对地质的适应性更强。

（7）结构耐久性设计。为了适应不同的工作环境，对沉管耐久性提出了更高的要求。

在建中的港珠澳大桥沉管隧道明确设计使用寿命为 120 年。在改善混凝土双掺技术工艺的同时，严格原材料的控制；制造管节材料逐步由钢筋混凝土取代，并趋向于采用高性能的混凝土。采用工厂化预制工艺，为满足沉管更高耐久性要求提供了更好的施工条件。

（8）沉管安装工艺发展。沉管安装在施工装备改进和发展条件下，使用人工水下作业的工作量越来越少。沉放过程越来越多地采用施工机械来完成。在较高流速、60m 水深的条件下，沉管能够顺利安装沉放。

沉管技术在中国已经显示出蓬勃的生命力，同时也向我们提出了严峻的挑战。通过学习国内外先进技术与经验，应用新材料、新机具、新工艺，我国已掌握了用沉管法修建水底隧道的关键技术，为修建沉管隧道积累了许多宝贵的经验。

2 总　则

（1）加强项目管理

必须以实现项目的建设目标为己任，组建优势互补的团队，全面策划，精诚合作，统一管理，集中优势资源，确保项目建设目标的顺利实现。要根据业主的管理要求，建立健全管理体系和制度，完善资源保障和各项管理措施，做到科学建设、和谐建设。

（2）加强技术管理

加强沉管隧道工程项目的施工技术管理，确保项目的施工安全、环境保护、工程质量；统一和指导沉管隧道工程的施工技术和质量验收标准。

（3）严格执行标准和规定

工程建设应符合国家和相关地区现行有关强制性标准和规定。

（4）严格要求，严把质量关

百年大计，质量第一。业主、监理、设计、承包商要严把质量关，要做到高标准、严要求。

（5）全面风险管理

以国际隧道协会颁布的《隧道工程风险管理指南》为蓝本，根据项目的具体特点，系统策划风险管理方案，合理辨识风险源、评估风险等级，有针对性地采取风险防范措施，并实施全员参与、全过程、全覆盖的动态风险管理。

3 主要术语

(1) 沉管隧道（Immersed Tube Tunnel）：是由若干预制钢壳（圆形）与钢筋混凝土复合结构或钢结构与混凝土复合结构以及钢筋混凝土结构制成的管节，分别浮运到现场，一个接一个地沉放安装，在水下将其相互连接并正确定位在已经开挖的水下沟槽内，其后辅以相关工程施工，使这些管节组合体成为连接水体两端陆上交通的载体。

(2) 管节（Element）：是指钢壳（圆形）与钢筋混凝土复合结构或钢结构与混凝土复合结构以及钢筋混凝土结构的隧道，水下连接的节段单元。

(3) 节段（Segmantal）：组成管节的独立结构段。

(4) 整体式管节（Monolithic Tunnel Element）：是指钢筋混凝土管节中每一施工分段之间纵向钢筋连通的管节。

(5) 节段式管节（Segmental Tunnel Element）：是指钢筋混凝土管节中每一施工分段之间纵向钢筋断开不连通的管节。

(6) 干坞（Dry Dock）：是为预制管节而专门设置的预制场所。

(7) 浮船坞（Floating Dock）：是为预制管节而专门设计浮动式的预制场，可实现管节预制及运输一体化作业。

(8) 浮运（Towing）：是指通过船舶或其他方式将管节拖运至指定地点。

(9) 压水舱（Counterweight Water Tank）：是指管节在水中沉放施工中，临时装设在管节内的水舱，以调节和平衡管节重力和水浮力，并为沉放作业提供负浮力。

(10) 沉放（Submersion）：是指通过增加压水舱内的水产生负浮力，使管节下沉，并初步调整其位置和高程的施工作业。

(11) 水下对接（Under Water Connection）：是指将沉放于水下就位的管节，经精确调整位置和高程后，通过水压接，使初始密封装置达到水密性要求，与已经沉放的管节或岸上段连接贯通的施工作业。

(12) 压重层（Ballast）：是指管节沉放就位后，保证管节在运营或施工期间，提供设计要求的抗浮系数的压载物料。运营期间的永久压重层，是一种非结构固体物料，可安放在管节内或外，作为永久增加管节有效重量，提供永久性负浮力之用。施工期间的临时压重层，可为固体物料或液体，作为临时增加管节有效重量，提供临时性负浮力之用，完工前逐步被永久压重层所代替。

(13) 防锚层（Anchor Proofing）：是指在管节外顶部浇筑的一层混凝土，防止船舶抛锚时，损坏管节主体结构，同时可起到调节管节干舷高度作用，并可作为永久压重层的一部分。

(14) 干舷（Freeboard）：是指管节在静止水面以上的高度。

(15) 坞门（Dock Gate）：是指设于坞口位置的一道能阻隔干坞进水的结构。

(16) 施工缝（Construction Joint）：是指管节钢筋混凝土浇筑段之间的水平或垂直的

对接缝。施工缝需设置止水带，该处的纵向钢筋可断开或不断开。

（17）沉管隧道的岸上段与沉管段之间接头（Terminal Joint）：是指两岸上段（或人工岛段）结构与之对接的管节之间的防水连接位置。其结构形式可为刚性或柔性接头。

（18）沉管段的中间接头（Intermediate Joint）：是指在管节与管节之间防水的连接位置。其结构形式可为刚性或柔性接头。

（19）最终接头（Final Joint）：是指最后一节管节与已沉放的上一节管节或一段岸上段（或人工岛段）防水连接位置。其位置可在水中进行处理（称为湿作业），亦可在岸上进行处理（称为干作业）。结构形式可为刚性或柔性接头。

（20）剪切键（Shear Key）：是指安设在所有管节接头（以及节段管节的节段接头）中的结构件，以承受水平或垂直剪力。

（21）预应力缆索（Prestress Cable）：是指把节段式管节各独立施工段，施加预应力串接成一整体，满足管节起浮、浮运、沉放、对接就位等施工工况要求的临时结构件，沉管隧道完工后将剪断预应力缆索。

（22）柔性接头轴向受力件（Flexible Joint Axial Foslcd Past）：是指使柔性接头达到一定轴向弹性要求，又能确保水压接水密性要求的结构件。结构件可为预应力缆索或Ω、W钢板。

（23）第一次舾装（The first outfitting）：是指为实现管节在水中漂浮状态，在预制好的沉管两端安装钢封门（或钢筋混凝土结构），在管内安装压水舱以及其他配套控制设备。

（24）第二次舾装（Second outfitting）：是指管节处于浮态时，安装航海灯、测量定位塔、操作人员进/出入管筒、拉合油缸座、沉放设备等设备。

（25）寄放（Insertion）：是指管节预制完成后，临时在预定水域内系泊，或沉放在预定水下位置。

（26）基槽（Trench）：是指为了沉埋沉管段，使之达到航道或水利规划要求的覆土厚度和埋深，在海、河床下挖掘的敞开槽。其深度和宽度要同时满足沉管段地基基础处理以及安装的要求。

（27）疏浚（Dredging）：是指开挖基槽的工作，通常分两个阶段进行，第一阶段粗挖，第二阶段在沉放管节之前精挖。

（28）回填（Backfill）：是指隧道管节沉放后，在隧道基槽内采用填料在管节两侧和顶部进行填筑，填料一般为颗粒状的岩石或者开挖材料。

4 基本规定

承包商必须按合同规定的隧道工程开工之前的时间，向监理工程师或业主提交以下文件。

4.1 详细的施工组织设计及施工说明书

施工说明书应涵盖项目的主要内容，包括：

（1）工程概况：

1）工程概述；

2）建设条件；

3）项目特点；

4）建设目标；

5）工程重点、难点。

（2）工程总体设计。

（3）施工组织管理：

1）项目管理的总体思路；

2）项目管理机构及职责；

3）项目组织机构及职责。

（4）总体施工安排：

1）主要施工内容；

2）施工部署；

3）施工总体布置及规划；

4）施工流程。

（5）施工关键技术。

（6）项目工期主要节点计划：

1）总体施工进度计划；

2）各分部分项工程施工进度计划；

3）设计、施工、科研及专项设备接口管理。

（7）项目主要资源配置：

1）主要人员配备；

2）主要及关键设备配置。

（8）环境保护和工程进度、造价、质量控制措施。

（9）所采用的施工规范及质量评定标准。

（10）承包商按合同要求完成的施工图和所采用的工艺。

（11）施工期间的环境动员计划。

4.2 主要的专项方案

（1）气象、水文和水质检测实施计划报告

气象、水文和水质检测实施计划报告，包括以下内容：

1）气象预报实施计划报告；

2）波浪、水流等水文预测与监测实施计划报告；

3）水质检测实施计划报告。

（2）工程检查及监测计划

工程检查及监测计划，包括以下内容：

1）工程检查及监测项目；

2）监测和试验仪器的型号、负责监测和试验的单位负责人、计划安排；

3）根据合同要求必须提供的监测数据。

（3）项目风险管理方案

项目风险管理方案，包括以下内容：

1）项目风险管理评估，需对各种潜在风险源进行分析和评估；提出合理的预防和监测方法，将各种风险降到可以接受的范围。

2）应急预案。

（4）重要项目实施的第三方监测

对于重要项目必须实施第三方监测，包括以下内容：

1）隧道两岸段和干坞周边重要建（构）筑物、重要管线、河（海）堤、水中段邻近的水底管线等；

2）重要或特殊江河、海洋生态保护区。

对于施工期间隧道轴线平面控制测量，以及高程控制测量，承包商应按合同要求执行，数据复核检查应由监理工程师负责。

对于一些在施工阶段风险登记表明其发生频率较高的，可以通过优化施工方法将隐患降到合理的范围内，但承包商应该向监理工程师或业主提交应急预案，并阐述如何降低隐患频率。

5 施 工 准 备

5.1 一般规定

5.1.1 工程地质及水文地质调查

（1）收集了解工程勘察的已有资料，熟悉施工段的工程地质和水文地质情况；

（2）对于地质构造复杂、地层分布变化较大的地区，如熔岩较发育或断层破碎带、高倾角的断裂带，以及需勘查清楚地层透镜体的宽度时，可进行补充钻探或物探。

5.1.2 工程岸上沿线地表地貌、地下管线及构筑物调查

（1）隧道施工前必须对岸上沿线地表地貌、地下管线及建（构）筑物进行调查；

（2）调查内容应包括：道路、机动车交通流量、地面建（构）筑物及文物；

（3）调查范围视具体工程情况而定；

（4）对施工影响范围内的重要建（构）筑物应进行详细调查，并对其现状进行鉴定，建立沉降、位移和开裂监测系统。

5.1.3 水面（包括河、海面）、水下管线及建（构）筑物调查

（1）隧道施工前必须对水面、水下管线和水下建（构）筑物进行调查；

（2）调查内容应包括：水下管线、航道交通流量、沉船、爆炸物、水下构筑物（水下建筑、隧道）、其他水下障碍物；

（3）调查范围视具体工程情况而定；

（4）如有需要可进行物探和施工详细勘察；

（5）制定必须临迁地（水）下管线方案。

5.1.4 河（海）堤岸调查

（1）隧道施工前必须对沉管段衔接的两岸上段河（海）堤岸进行调查；

（2）调查内容应包括：河（海）堤岸（含码头）的结构形式、水利部门对其防洪要求等；

（3）调查范围视具体工程情况而定；

（4）对施工影响范围内的河（海）堤岸（含码头）的现状进行鉴定，并对施工开挖段两侧的河（海）堤岸（含码头）建立沉降、位移、开裂及渗漏监测系统。

5.1.5 航道调查

（1）航道调查包括：沉管段轴线范围内的航道及管节浮运航道调查。

（2）沉管段轴线上航道调查内容包括：通行船舶的吨位及数量、航道宽度及水深、航道部门对航道管制要求等。

（3）管节浮运航道调查内容包括：航道宽度及水深。如有必要可对水深作进一步物探和详勘。

5.1.6 环境保护要求调查

（1）隧道施工前必须对工程环境保护要求进行调查，对特殊生态区应作详细调查；

（2）调查范围视具体工程情况而定。

5.1.7 设计文件的熟悉和核对

（1）隧道施工前应全面熟悉设计文件，设计单位应进行全面施工图设计文件的现场交底；

（2）承包商、监理工程师应会同设计单位进行施工图设计文件现场核对，当与实际情况不符时，应及时提出修改意见。

5.1.8 工程所使用的原材料、半成品或成品的质量要求

工程所使用的原材料、半成品或成品的质量应符合国家现行的有关标准、规范以及设计技术要求的规定。

5.2 施工前准备

5.2.1 技术准备

（1）隧道施工前必须进行全面技术交底，其内容应包括各工序、各步骤、各工况的具体技术要求。

（2）根据工程建设条件及沉管隧道施工的特点，进行承包商各级施工人员上岗前的技术培训。

（3）按工程特点和环境条件要求做好有关各项测量及监测的准备工作。

（4）建立完善气象、水文和水质监测预报系统：

1）系统监测预报数据应包括：气温、温度、降雨、雾况、风向和风速、水位、波浪、水流速及流向、水温、水质量密度及水质等；

2）系统应能按施工要求的频率及精度报送上述数据。

（5）建立混凝土重度、级配和品质控制系统。

5.2.2 施工机械、施工设施准备

（1）沉管隧道施工应配备污染少、能耗低、效率高的机械。

（2）沉管隧道施工机械应机况良好，零配件、附件及履历书齐全，施工机械的配备要适应施工进度要求，其整备时间要短，能及时迅速投入使用，确保正常施工。

（3）沉管隧道施工机械设备的安装应选择适宜的地点，机械运转时的废气、噪声、废液、振动等应尽量减少对周围环境造成污染和影响。在靠近居民区时，各项排放指标均应达到现行《建筑施工场界环境噪声排放标准》（GB 12523—2011）、《皂素工业水污染物排放标准》（GB 20425—2006）、《煤炭工业污染物排放标准》（GB 20426—2006）《环境空气质量标准》（GB 3095—2012）等有关标准规定。

（4）隧道施工机械配套应满足以下要求：

1）隧道施工机械配套生产能力应为均衡施工能力的1.2～1.5倍；

2）施工中的关键机械，如混凝土的拌和设备、混凝土喷射机、混凝土输送泵、通风机、水泵等必须有一定的备用数量；

3）施工机械应优先选择排污达标、噪声小的机械，动力宜优先选择电力机械。

（5）沉管隧道施工配备的施工船舶应满足以下要求：

1）施工船舶应按现行的《中华人民共和国船舶登记条例》（中华人民共和国国务院令第155号）依法登记的船舶；

2）施工船舶应具有良好的稳定性、强度、吃水浅（纵倾）和水密性，并按《中华人民共和国船舶安全检查规则》（中华人民共和国交通运输部令2009年第15号）有关要求，经过安全检查；

3）施工船舶应具有防止使用燃油、生活污水、垃圾、废气、压载水中的有害物质（病原体）等可能造成的污染预防措施。

（6）沉管隧道施工应配备使潜水员安全工作、医疗救护的设施，这些设施应按有关规定，经过安全检查。

（7）隧道施工临时供水、供电应满足以下要求：

1）临时供水、供电应满足隧道施工、临时干坞需要。移动式干坞供电可以由船舶解决。

2）隧道两岸段及干坞施工宜采用固定的临时供电方式，但必须在现场配备足够供电能力的备用发电设备系统。人工筑岛初期及沉管段施工宜采用移动的临时供电方式，即由船舶电源供电。

3）临时供电系统所选用变压器、开关柜、电缆、电线、照明灯具均应符合电气设备有关安全规定。

4）筑岛（人工岛）的供水、供电。如靠岸距离短，可以靠水下铺管方案。如果离岸距离远，宜采用运输船供水及配备独立发电。

5）临时供水系统一般包括生产、生活和消防，应符合相关的使用标准，同时应相应配备现场生产排水系统和生活排水系统。排放必须经过处理，达标后才能准许排放。

5.2.3 施工组织准备

编制实施性施工组织设计，在全面调查研究基础上，按照合同要求的工期，有计划地合理组织和安排好工期、施工方案、施工方法、施工顺序，并提出劳动力、材料、机具设备等生产资源的合理配置。

实施性施工组织设计应包括下列内容：

（1）工程概况：包括地理位置、地理特征、气候气象、工程地质、水文地质、工程设计概况、工期要求、质量要求、主要工程数量、合同造价构成等；

（2）工程特点、施工条件、施工方案；

（3）管节预制场地布置、场地内管线及风、水、电供应方法；

（4）详细的管节预制方案：包括模板设计、预制台座底模设计、钢筋施工工艺、预埋件施工、钢端壳及端封门安装、橡胶止水带安装、压载水箱施工混凝土浇筑工艺、管节舾装、管节水密性试验、混凝土控温、控裂措施等；

（5）隧道两岸上段（或人工筑岛）施工场地布置、场地内管线及风、水、电供应方法；

（6）安全、质量控制目标；

（7）施工进度安排、施工形象进度；

（8）沉管段基槽开挖方法、水下爆破设计、清渣运输、基础整平等；

（9）管节浮运和沉放方案、气象和水文预报、监控量测、施工测量、管节内通风和排水、潜水员作业、工程试验等；

(10) 沉管段基础处理方案、沉降检测和处理等；

(11) 机械和船舶配备、劳动力配备、主要材料供应计划、当地材料供给等；

(12) 施工过程中对环境的直接影响和潜在的影响，对各种影响因素所采取的环境保护措施；

(13) 隧道施工地区发生自然灾害、地质灾害、施工中发生紧急情况时的应急预案。

实施性施工组织设计应在开工前作为开工报告的一部分呈报监理工程师，待批准后实施；在实施过程中应报告客观条件、生产资源配置的变化情况，及时调整施工组织设计，并呈报监理工程师批准，实行信息化施工动态管理。

5.3 健康、安全与环境保护措施

5.3.1 建立 HSE 管理体系

HSE 是健康（Health）、安全（Safety）和环境（Environment）三位一体的管理体系。

建立 HSE 管理体系是项目建设管理的重要组成部分，危害识别和风险控制是管理核心所在。"以人为本、安全环保"、"预防为主、综合治理"是工程建设的行动指南。在项目实施过程中，通过精心构建组织保障体系，充分发挥 HSE 管理在工程建设中的协调指导作用；通过构建制度保障体系，推进岗位责任制的深化完善；通过构建培训教育体系，营造具有项目特色的文化氛围；通过构建预控防范体系，把握工程建设 HSE 工作主动权；通过构建检查考核体系，将各类事故隐患消除在萌芽状态；通过构建事故应急预案体系，强化应对突发事件的快速处置和保障能力。

管理体系以《职业健康安全管理体系规范》（GB/T 28001—2001）和《环境管理体系要求及使用指南》（GB/T 24001—2004）等标准建立，加以实施并保持改进。管理导则模式基于"策划—实施—检查—改进"（PDCA）原理。管理导则由七个关键要素组成：领导和承诺，健康、安全与环境方针，策划，组织机构、资源和文件，实施与运行，检查和纠正，审核与管理评审。HSE 管理导则要素与原则要求详见表 5-1。

HSE 管理导则要素与原则要求 **表 5-1**

序 号	HSE 管理导则要素	HSE 管理的原则要求
1	领导和承诺	自上而下的承诺和企业文化是管理体系成功实施的基础
2	健康、安全与环境方针	健康、安全和环境的共同意图、行动原则和追求
3	策划	活动、产品和服务中健康、安全与环境风险的辨识、评价与控制
4	组织机构、资源和文件	良好的健康、安全与环境绩效所需的人员组织、资源和文件
5	实施与运行	对实施与运行的有效控制是管理体系实施的关键
6	检查和纠正	健康、安全与环境绩效和活动的监测及必要时所采取的纠正措施
7	审核与管理评审	对管理体系适宜性、充分性和有效性的定期评价

业主、承包商应通过以下方式建立健全 HSE 管理体系：

(1) 确定 HSE 管理体系所需的过程及其在项目建设中的应用；

(2) 确定这些过程的顺序和相互作用；

（3）确定为确保这些过程有效运作和控制所需的准则和方案；

（4）确保可以获得必要的资源和信息，以支持这些过程的运作、检查和检验；

（5）检查和分析这些过程；

（6）适时必要的措施，以实现这些过程的策划结果；

（7）按导则的要求管理和持续改进这些过程。

5.3.2 安全生产措施

安全生产是工程建设过程的核心，环境保护是经济发展的必然结果，在沉管隧道的施工中需做好以下措施：

（1）根据沉管段各施工阶段的作用状况，选用适宜的通风方式、通风设备及温控措施，以满足国家工业卫生标准要求；

（2）沉管段各管节要配置完备的人员进出人孔井筒的通道，发生事故时确保管节内施工人员迅速撤离；

（3）沉管隧道施工、干坞沉管预制过程中，必须配置完善的排水系统，确保施工安全；

（4）所有作用场所都必须配置照明及消防设施；

（5）潜水员作业要有严格的组织，医疗检查制度完备，设备维修保养良好，符合有关安全规定要求；

（6）所有作用场所的起吊、提升作业的机具，都要经有关部门检查后才能投入使用；

（7）针对施工可能发生对周边环境的影响，应采取相应措施，减少施工噪声、震动、水质和土壤污染，控制地表下沉；

（8）隧道爆破作业施工，要控制爆破震动对周围环境和江河海洋生态的影响。

5.4 工期保证体系

围绕工程项目总工期和阶段工期目标，以控制工程——沉管隧道工程为重点强化工期管理，高度重视、优先处理对工程影响大的临时工程、航道疏解、设计图纸供应等几大外在因素，创造工期保证的良好外部环境；工程项目管理针对施工组织设计动态调控、施工合同监管、工程进度信息化管理和进度管理激励制度四项保障措施，在工程中将依靠科技进步和技术创新，提高施工效率，为工程的工期实现提供保障。

针对本工程项目建设，施工中建立一套完整的工期保证体系，健全工期保证组织结构，明确职责划分，做到目标明确，结构健全，制度完善，措施有效，落实到位。一般项目工期保证体系应有以下内容：

（1）组织保证措施。

（2）制度保证措施：

1）建立健全工期管理责任制；

2）建立健全工期进度控制责任制；

3）建立健全进度检查监督考核制度；

4）建立健全奖惩制度。

（3）技术保证措施。

（4）物资保证措施。

（5）合同管理措施。

（6）信息化管理措施。

（7）经济管理措施。

（8）雨期、不利气候工期保证措施。

（9）风险管理措施：

1）风险预测；

2）降低风险的应对措施。

5.5 工程质量管理体系及保证措施

通常的质量方针：坚持“百年大计，质量第一”的方针。精益管理，科学组织，精细施工，追求卓越，铸造精品。

建立完整的质量保证体系、质量事故申报体系及质量考核体系。建立完备的个人质量责任档案，实现工程质量责任的可追溯性，实行工程质量责任追究制度。

质量保证体系，对上级管理机构发出的指令、整改要求的执行情况和结果及时反馈，形成制度，对耽误时机、久拖不报的责任人要追究责任。按指令→回复→整改→验收形成闭合体系。

5.5.1 质量控制重点

质量管理重点及主要控制项目应包含表5-2的内容。

质量管理重点及主要控制项目一览表 **表5-2**

工 序	质量控制项目	控制要点与内容
管节预制场建设	预制场边坡防护质量、预制台座平整度	结构尺寸、承载力满足设计要求
管节预制	混凝土	强度合格、自防水达到要求、耐久性达设计使用寿命、无裂纹
	结构尺寸	结构尺寸满足设计要求
	接头防水	止水带安装牢固、紧密，达到防水和耐久性要求
	表面外观	无蜂窝、麻面、水纹，平整、美观
干坞	坞门及防水	无渗漏，坞门牢固
	边坡	防护到位，分级放坡，边坡稳定
管节沉放	基槽粗挖、精挖	基槽浚挖的标高、尺寸、平整度、坡率、碎石垫层平整度控制
	位置	对接位置准确
	对接	对接后的接头复核几何精度，拉合满足设计要求
	地基基础	加固满足设计
	基础垫层	底部平整，充填密实，符合设计要求

5.5.2 质量保证措施

工程实施过程中具有极高的风险及质量要求，确保工程质量是项目施工关键所在，施工全过程中必须紧紧抓住质量问题，从事前、事中和事后三个阶段对各分项工程进行控制。

一般项目工期保证体系应包括：组织保证措施，制度保证措施，技术保证措施，监测保证措施，物资保证措施，雨期、不利气候施工质量保证措施。

6 施工测量

6.1 一般规定

(1) 测量前应对施工现场进行踏勘，接收和收集相关测量资料；办理测量资料交接手续，并对既有测量控制点进行复测和保护。

(2) 应结合隧道设计方案特点及要求，沉管安装施工方案和测量仪器精度等，制定隧道施工测量方案。并建立符合精度要求的次级平面控制网和高程控制网。施工测量主要内容包括：地面（水域）控制测量、联系测量、地下控制测量、隧道安装施工测量、贯通测量和竣工测量。

(3) 地面施工测量控制点必须埋设在施工影响的变形区以外。在筑岛上，可以将测量控制点逐步引设到具有稳定基础的暗埋段地板上。由于施工现场条件限制，对埋放在变形区内的施工测量控制点必须经常复测、校核。

(4) 按施工进度、测量数据，作为评定工程质量和验证工程设计是否符合要求、施工是否合格的依据。并记录、编绘竣工图。

6.2 地面（水域）控制测量

(1) 平面和高程控制网应与当地同等或高一等的控制网联测、校核。

(2) 控制网由业主移交，取得控制网后，应按数据加密后建立次级控制网。施测与复测均按《全球定位系统（GPS）测量规范》（GB/T 18314—2009）B级GPS测量精度进行作业，其他各级加密网应按《公路勘测规范》（JTG C10—2007）一级GPS测量精度施测。

在控制网测量时观测时间及时段数应符合表6-1要求。

B、C、D、E级GPS网观测的基本技术要求 **表6-1**

GPS网级别	观测时段时间长度	观测时段数
B	≥23h	≥3
C	≥4h	≥3
D	≥60min	≥1.6
E	≥40min	≥1.5

注：引自《全球定位系统（GPS）测量规范》（GB/T 18314—2009）。

(3) 工程施工测量遵循从整体到局部、先控制后施工的原则。整个施工控制网分级逐级布设。加密控制网在已有控制网的基础上建立，然后在此基础上再进行各分项工程施工测量工作。按照隧道长度、地形条件制订合理的控制测量方案，选用导线测量、三角测量、三边测量等适当的方法来设定基准点。

（4）两岸（筑岛）上隧道段必须建立统一的施工控制测量系统，每个隧道口部应布设不少于3个控制点。

（5）水准点应以国家一等水准点作为高程起算控制点，一般采用闭合水准路线或符合水准路线方法设置水准点。水准测量应符合《地下铁道、轻轨交通工程测量规范》（GB50308—1999）中的精度要求，具体精度符合表6-2、表6-3和表6-4要求。

GPS测量精度要求　　**表6-2**

平均边长（km）	最弱点的点位中误差（mm）	相邻点的相对点位中误差（mm）	最弱边的相对中误差	与原有控制点的坐标误差（mm）
2	±12	±10	1/90000	<150

精密导线测量精度要求　　**表6-3**

平均边长（m）	导线长度（km）	每边测距中误差（mm）	测距相对中误差	测角中误差（″）	测回数		方位角闭合差（″）	全长相对闭合差	相邻点的相对点位中误差（mm）
					DJ_1	DJ_2			
350	3～5	±6	1/60000	±2.5	4	6	$5\sqrt{n}$	1/35000	±8

注：n为导线的角度个数。

精密水准测量精度要求　　**表6-4**

每千米高差中数中误差（mm）		线长度（km）	水准仪的型号	水准尺	观测次数		往返较差、附合或环线闭合差	
偶然中误差（mm）	全中误差（mm）				与已知点联测	附合或环线	平地（mm）	山地（mm）
±2	±4	2～4	DS_1	铟钢尺	往返各一次	往返各一次	$\pm8\sqrt{L}$	$\pm2\sqrt{N}$

注：L为往返测段、符合或环线的路线长度（以km计）。N为单程的测站数。

6.3　施工高程控制测量

（1）测量高程系统统一参照1985年国家高程基准。采用不低于国家二等水准测量精度联测首级网点、首级加密点和全线高程贯通测量，采用不低于国家三等水准测量精度联测首级网点和其他各级加密网点。

（2）首级控制网点高程及加密高程复测按同级二等水准精度要求施测，其高程精度为每公里全中误差≤±2mm。测量成果与移交资料进行对比分析，作为复测报告整理提交，并整理归档。

（3）次级与下级加密控制网点高程测量采用不低于三等水准联测，其高程精度为每公里全中误差≤±6mm。加密网点资料数据作为工程控制测量成果上报审批，待批准后方可实施应用。

（4）当使用GPS高程拟建立高程控制网时，应采用水准测量方法进行实测检验和高程修正。

（5）地面近隧道口部高程和近隧道口部高程路线应符合相关要求。

6.4 联系测量

（1）复核工作完成后，在已有控制点的基础上合理加密施工测量控制网。首选静态GPS测量技术进行拟布设的控制网和控制网联测。

（2）应在两岸（筑岛）上布设不少于3个一级加密控制点。并按工程进展逐步增加布设二级加密控制点。

（3）在布设一、二级加密控制网时，必须以首级控制点作为基础，联测不少于4个首级控制网控制点，并将其作为施工区域控制网的固定起算点进行约束平差，要求加密网最弱相邻点点位中误差应小于±10mm。布设的加密网点至少与2个上级控制点通视，满足常规测量需要。

（4）地面隧道口部导线、近隧道口部导线应采用附合路线形式，导线测量应符合要求。

（5）方向导入：将方向传递到隧道内，一般可采用联系三角形法。采用测锤、经纬仪、垂直器等进行。也可采用陀螺仪与垂准仪组合定向法等。并可采用两个以上不同的方法进行检测。

（6）高程导入：将高程导入隧道内，一般可采用悬吊钢尺，或水准尺采用水准仪导入。传递高程时应独立进行3次测量，高程较差应小于3mm；采用钢尺时，高差应进行温度、尺长改正。

（7）次级与下级加密控制网点高程测量采用不低于三等水准联测，其高程精度为每公里全中误差≤±6mm。加密网点资料数据作为工程控制测量成果上报审批，待批准后方可实施应用。

（8）当使用GPS高程拟建立高程控制网时，应采用水准测量方法进行实测检验和高程修正。

6.5 地下（或水下）控制测量

（1）地下控制测量主要内容应包括地下施工导线测量、施工控制导线测量、地下水准测量和施工控制水准测量。沉管安装后再进行修正是非常困难的，应保证每节沉管的安装精度，并测得已安装沉管偏离数值后，在下一节沉管安装时修正，避免产生误差数值累加的情况出现。

（2）地下控制测量起算点必须采用直接从地面通过联系测量传递到隧道内的平面和高程控制点，通常地下平面起算点不应少于3个，起算方位边不应少于2条，高程起算点不应少于2个。测点的间隔，一般曲线段30～50m，直线段为120m左右。

（3）控制点应埋设在稳定的隧道结构上，通常位于隧道两侧或底板便于观测的位置，并应埋设强制对中装置。

（4）地下高程测量与地下高程控制测量、施工导线测量与施工控制导线测量，一般采用支导线和支水准路线，应通过横通道形成附合路线或节点网。

（5）施工导线和施工水准应随管节沉放对接向前布设，当隧道延伸长度大于200m或到达曲线段时，应布设施工控制导线和控制水准。每次延伸控制导线和控制水准点，应对已有施工控制点进行检测。检测点如变动应删除，重新引测合格的导线进行延伸测量。

（6）施工控制导线应满足以下技术要求：

1）直线隧道的导线平均边长宜为一管节长度，曲线隧道的导线平均边长宜为60m。

2）采用DJ2全站仪施测，左右角各测2测回，左右角平均值之和与360°较差应小于6″。

3）导线点横向中误差 m_u 宜满足以下要求：

$$m_u \leqslant m \times 4l_d/5L_d \tag{6-1}$$

式中：m_u——导线点横向中误差（mm）；

m——贯通中误差（mm）；

l_d——导线长度（m）；

L_d——贯通距离（m）。

（7）施工控制水准应满足以下规定：

1）水准点按每管节长度间距设置2个；

2）水准点可利用导线点，也可单独埋设在墙上；

3）水准测量技术要求应符合表6-4的规定精度要求。

（8）在隧道贯通前，地下控制导线和控制水准测量不应少于3次，重合点坐标较差应小于10mm，且应采用平均值作为测量结果。

（9）当采用支导线方法布设地下控制网不能满足隧道贯通误差要求时，应采用布设导线网或加测陀螺边等方法，也可使用高精度测量仪器。

6.6 施工测量

（1）施工测量主要内容应包括：

1）管节预制过程精度控制测量；

2）与沉放有关预埋件测量；

3）管节起浮姿态控制测量；

4）基槽开挖及先铺法基础处理垫层精度控制测量；

5）各种水下桩、系泊系统锚块、后填法基础处理临时支座等测量；

6）管节沉放对接定位测量；

7）压接后管节各参数的测量；

8）隧道贯通测量；

9）施工时所需管节附属设备及设施安装调试测量；

10）对沉管管节施工范围内水文及潮汐监控。

（2）管节预制过程精度控制测量应采用人工测量，并设置测量标志点应符合下列规定：

1）标志点应牢固放置在管节纵向或横向截面上，且不应少于2个，标志点间距离应尽量大；

2）标志点间三维坐标系统应和管节几何坐标系统一致，当不一致时，应建立明确的换算关系；

3）当以地下控制导线点和水准点测定管节测量标志点时，测量误差为±3mm。

(3) 管节起浮姿态控制测量，可采用精密水准仪和特制的水准尺进行测量，以此测量数据调节各压载水舱的水量，达到管节起浮过程姿态控制的目的。

(4) 沉管段各施工工序包括基槽开挖、各种水下桩施工、先铺法基础处理垫层、后填法基础处临时支座、管节沉放对接等的施工作业船舶，应对其每一作业位置进行系泊位置的测量。

(5) 基槽开挖及先铺法基础处理垫层应视沉管段长度及水深条件采用如下不同的测量方法：

1）较短及水深较浅的沉管段可采用两岸（岛）上段设置的三角网控点和水准点进行测量；

2）较长及水深较深沉管段应通过平面控制研究和精度分析、水位控制和精度分析，建立合适基准站测量控制系统及方法。

(6) 先铺法基础处理垫层测量主要内容包括：每段垫层的竖向偏差、俯仰角和端面里程。其测量三维坐标系统应与地下控制测量坐标系统一致，当不一致时应建立明确的换算关系。

(7) 采用先铺法基础处理垫层，管节竖向偏差、俯仰角是无法调整定位，应根据已沉放对接的管节地下控制测量高程数据作为下一节管基础处理垫层测量控制的基础。而平面控制则可根据地下控制测量的数据对沉放管节进行平面中线调整定位。

(8) 管节沉放对接施工测量应精确测量沉放对接管节与两岸（岛）上隧道段、已沉放就位管节之间的相对位置。

(9) 管节沉放对接主要有如下测量定位方法：

1）测量塔法（利用光线），详见图 6-1；

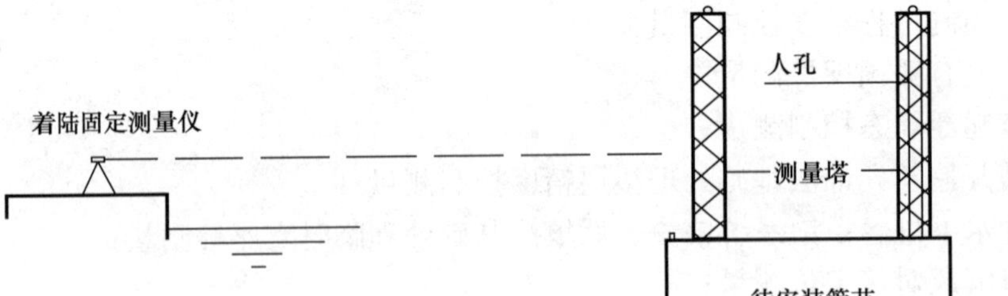

图 6-1　沉管沉放施工测控塔法示意图

2）声学定位法（利用声线），详见图 6-2；

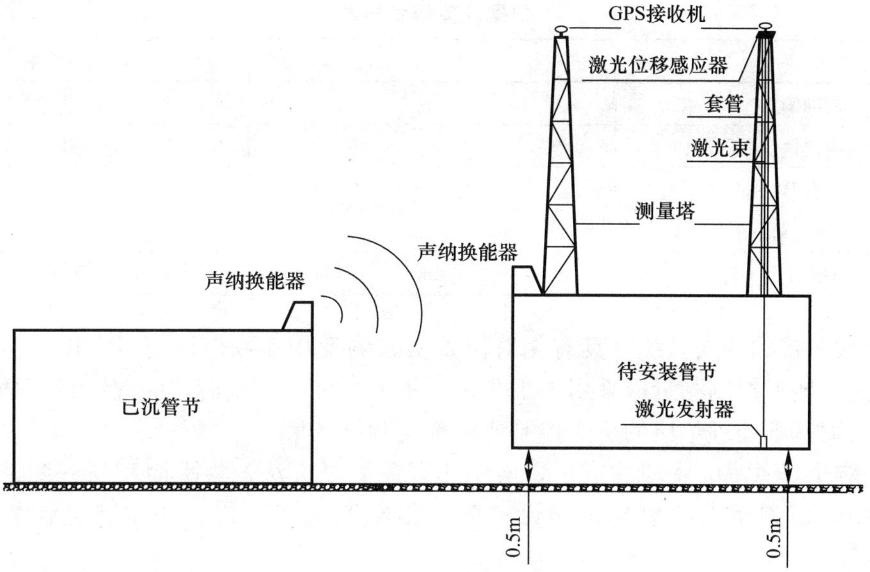

图 6-2 沉管沉放施工声纳法示意图

3）拉线法（利用金属线），详见图 6-3。

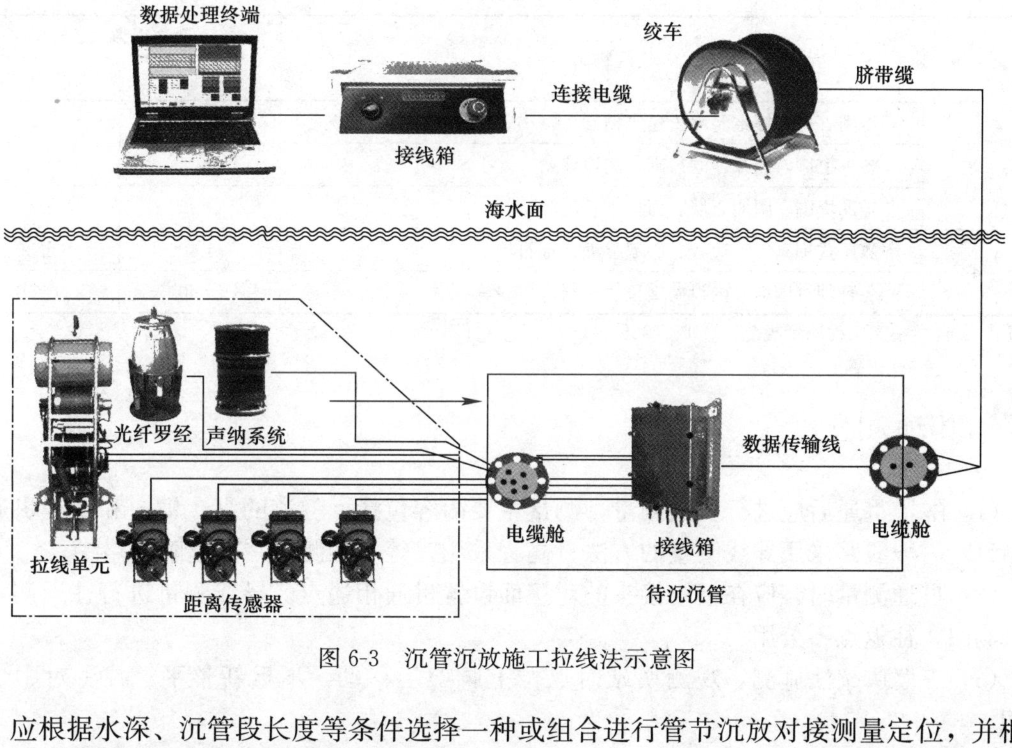

图 6-3 沉管沉放施工拉线法示意图

应根据水深、沉管段长度等条件选择一种或组合进行管节沉放对接测量定位，并根据不同测量定位方法要求布设测量控制点。

（10）管节沉放对接姿态测量应满足下列要求：

1）管节姿态测量主要内容应包括横向偏差、竖向偏差、俯仰角、方位角和端面里程。

2）管节姿态计算数据精度要求应参照表 6-5 的要求。

数据计算精度要求 表 6-5

名　称	单　位	精度要求
横向偏差	mm	1
竖向偏差	mm	1
俯仰角	mm	1
方位角	mm	1
端面里程	m	0.01

3）沉放对接的导向系统宜具有相对位置实时测量功能，最终姿态定位测量以地下控制测量为主，地下控制测量应采用人工测量。每节管沉放对接后，应继续进行地下控制测量，并应根据基础处理垫层的沉降控制要求确定测量频率。

（11）隧道岸（岛）上段建成后，应采用联系测量方法，将平面和高程测量数据传入隧道内控制点，测量点的数量及布设视管节横断面形式而定，并应满足管节对接贯通要求。

（12）岸（岛）上段包括隧道的敞开段和暗埋段，岸（岛）上段轴线（中线）、边线平面控制点和高程控制点测设要求应符合表 6-6 规定。

岸（岛）上隧道段施工测量要求 表 6-6

建筑材料	建筑物名称	允许误差（mm）	
		平面	高程
混凝土	堤围、栏杆等主要水工建筑物	±20	±20
	各种道墙、竖井、洞衬砌、隧道墙壁	±25	±20
	辅助堤围、围堰心墙、面板堆石坝等	±30	±30
土石料	碾压式坝（堤）边线、心墙、面板堆石坝	±40	±30
	各种坝（围堤）内设施定位、填料分界线等	±50	±50

注：引自《建筑工程测量规范》(GB 50026—2007)。

6.7 贯通测量

（1）隧道贯通后应进行贯通测量，测量主要内容包括：隧道的纵、横向和高程贯通误差测量。一般线路采用导线测量的方法；高程采用三等水准测量，往返附合路线。

（2）贯通测量时，应在最终接头的对接面设置贯通相遇点。导线测量进行往返测，观测三测回，往返点不公用。

（3）三联脚架法施测，观测换站时点位上脚架不移动，不重新整平，减少对中误差累积。

（4）纵、横向贯通误差，可利用隧道贯通面两侧中线在贯通相遇点的坐标闭合差确定，也可利用隧道贯通面两侧中线在贯通相遇点的间距测定；隧道的纵、横向贯通误差应投影到路线的法线上。

（5）沉管施工隧道贯通测量误差应符合表 6-7 规定。

沉管隧道贯通测量误差 **表 6-7**

类别	洞口间长度（km）	贯通测量误差（mm）
横向	$L<4$	100
	$4\leqslant L<8$	150
	$8\leqslant L<10$	200
高程	不限	70

注：引自《建筑工程测量规范》(GB 50026—2007)。

(6) 贯通误差测定方法如下：

1) 将两岸（岛）上段轴线（中线）首级（二级）测量控制线分别向各自隧道延伸，在贯通相遇点两侧各取一点，量测两点的实际横坐标和纵坐标，并投影到设计图纸上，与设计的横坐标和纵坐标的差异即为平面贯通误差，平面贯通误差不得超过 20mm；

2) 将两岸（岛）上段轴线（中线）首级（二级）测量控制线分别向各自隧道延伸，在贯通相遇点两侧各取一点，量测两点的实际标高，并投影到设计图纸上，与设计的标高的差异即为高程贯通误差，高程贯通误差不得超过 10mm。

(7) 贯通误差的调整：

1) 测设放样阶段：

应采用折线法调整轴线（中线）或边线的平面贯通误差；对于曲线宜采用曲线两端向贯通面按长度比例调整轴线（中线）或边线，也可采用坐标增量平差来调整。调整高程贯通误差时，应以贯通相遇点附近的水平控制点分别向两侧引测，所得的高程平均值作为调整后的高程。

2) 调线调坡阶段：

隧道贯通后，平面贯通误差和高程贯通误差可在后浇带处进行调整，若不设后浇带，则需在装修层、压载层、路面或轨道道床进行调整。

6.8 竣工测量

(1) 隧道贯通后以隧道两岸（岛）起止点里程的控制点为起头点，对隧道内的导线点和水准点分别重新组合附合路线或附合网，测量结果作为后续施工的测量依据。

(2) 竣工测量主要内容包括隧道轴线平面偏差、高程偏差以及隧道纵、横断面测量等。竣工测量结果应按要求归档，并作为隧道验收依据。

(3) 应根据有关设计规范要求确定测量断面间距和测点位置。

(4) 横断面测量可采用全站仪极坐标法或断面仪等进行测量，测量误差为±10mm。

(5) 隧道永久中线点，应在竣工测量后用混凝土包埋金属标志，直线上的永久中线点每 200m 设一点；曲线上应在缓和曲线和圆曲线的起点和终点各设一个，曲线中部可根据通视条件适当增加。永久中线点设立后，应在隧道边墙上画标志。隧道内水平点每 800m 埋设一处，也应在隧道边墙上画出标志。

7 施工风险评估及应急预案

在 2004 年国际隧道协会（ITA）出版的《隧道风险管理指南》中，风险管理被定义为一个包括风险识别、风险评价、风险分析、风险消除、减弱或者控制的集合名词。

在国际隧道保险集团公司（ITIG）编写，由英国隧道学会于 2003 年 9 月出版的《隧道工程风险管理操作标准手册》中，将风险管理定义为一个系统的过程，包括：

（1）通过风险评估进行灾害及相关风险的区分，以及这部分支出对于项目费用和工程进程的影响，包括它对第三方的影响；

（2）风险的量化包括工程进程及费用相关联的部分；

（3）已明确的计划中排除或减轻风险的预防措施；

（4）确定可采用的风险控制方法；

（5）将风险分配给合约中的不同责任方；

（6）风险可定义为灾害的重要性和可能性的结合，可表示为：

风险＝风险后果/灾害重要性×灾害发生的可能性

风险管理的主要环节包括：风险规划、风险识别、风险分析、风险评估和风险处置。风险管理的主要环节及流程详见图 7-1。

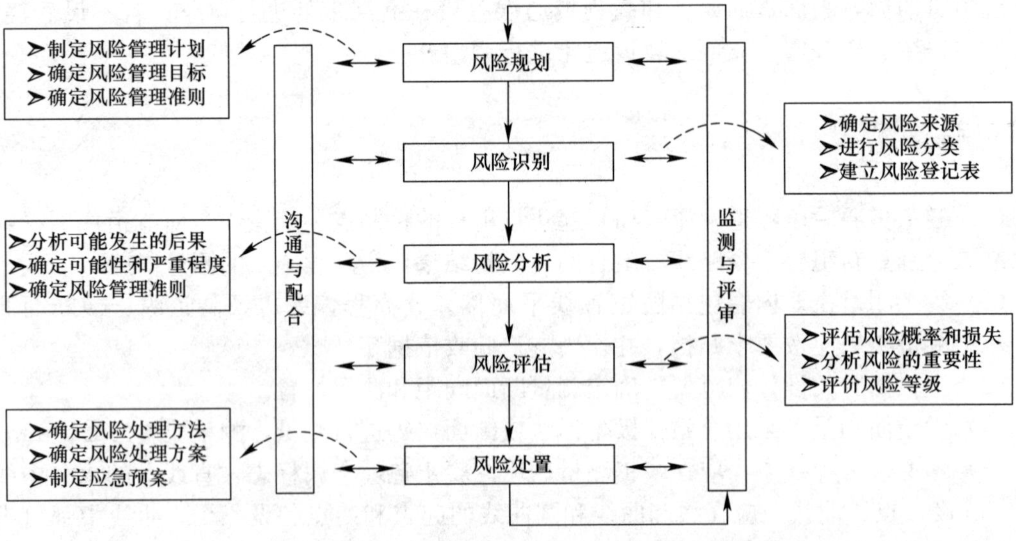

图 7-1　风险管理主要环节及流程

风险预测与防范是风险管理的核心内容。风险预测包括风险识别和风险分析。首先对国内外其他同类工程进行调研，应针对工程的具体特点，利用专家调查、头脑风暴等多种方法与手段对可能的风险源进行逐一识别和等级划分，并针对具体风险点给出具有针对性的防范措施。另外对工程实施过程中不同阶段与工序中所面对的一些共性风险，如设计遗留风险、不利气象与水流条件、航道管理风险、对生态的影响以及多源叠加风险等情况进行专门分析，特别对潜水作业风险和工期风险进行专项分析。

风险防范主要是通过对识别出的风险进行处置实现风险转移或降低。风险处置的手段包括：规避、降低、分担和保留风险。

（1）规避风险是指在可能的条件下，阻止或中断可能导致风险的活动；

（2）降低风险则是改变风险发生的可能性，或者降低风险发生的负面结果的严重性；

（3）分担风险就是在共同同意的情况下，引入另外的单位来承担或者分担部分风险，如保险；

（4）保留风险，在风险被改变或者分担后，仍然会有一部分残留风险被保留下来，这些风险往往是在可接受的水平以下，无需采取进一步的防范措施和应急预案。

7.1 风险管理的必要性

沉管隧道的工程规模较大，建设周期较长，施工工艺复杂、作业环境差、施工区域多为环境敏感区域，施工不可预见性因素多，风险识别、评估是项目风险管理的重点和难点。从项目管理者的角度出发，项目存在的风险因素主要有：环境风险、进度风险、费用风险、技术风险、管理风险等。

7.1.1 环境风险

包括自然环境风险、社会环境风险和政策环境风险。

（1）自然环境影响

环境影响方面的风险一方面是指水文气象（台风、波浪、洪水、潮汐、区域特殊气候）风险，它们出现的频率、强度和影响范围难以准确预测，另一方面是指工程施工建设对周围水域的水资源、渔业资源、土地、岸线、自然环境等产生的负面影响，从而致使项目不能顺利实施或需要增加工程费用进行治理等。

（2）政策环境影响

承包商在融资、大型设备的采购等方面受政策影响，区域发展政策、规划的调整都会对项目的运作带来风险。

（3）社会环境影响

项目建设各方对承包管理模式在沟通上的障碍会给项目实施带来风险。此外还有项目实施可能对周边各利益群体产生负面影响的协调，例如施工中对于航运的组织、第三方利益的协调问题等。

7.1.2 进度风险

项目的进度受到设计、采购、施工、试运行等不同阶段的进度影响，因而不同阶段进度风险的把握是至关重要的。

对于设计阶段的方案设计、图纸绘制、设计说明的编写，需要技术全面、经验丰富且有相应资质的人员参与实施，可以最大程度地满足设计的进度要求和避免设计中的失误，同时还必须有一套标准核对表进行程序化管理，对规避设计风险予以保障。

由于水上作业工程对自然条件的高度敏感性及施工作业环境的可变性和预测的复杂

性，因此制定合理的进度计划尤为重要，把工程所在地的台风、洪水、分包实施计划、采购风险、资源设备供应风险以及其他足以影响到工程进度的因素都纳入到风险管理范围内。

7.1.3 费用风险

由于承包商在工程量的估计可能存在一定的风险，在施工期临时工程设计参数的确定，燃油价格、人工费、材料费、机械台班费和其他各种费率的可能变化都将带来费用风险。

由于气候影响、自然条件变化、施工组织、施工外部社会环境影响等方面的问题，将可能带来工程量增加和工期延长，造成费用增加。

由于承包项目管理水平低，不能利用合同进行风险预防和风险转移，进行工程索赔的意识不强、知识不足、能力不够、条件欠缺等，也是导致费用风险产生的重要原因。

由于承包商对风险管理知识、风险管理方法不熟悉，风险管理法规和制度不健全，没有科学合理地办理工程担保和工程保险，这都会直接产生费用风险。

7.1.4 技术风险

沉管隧道工程项目有些是在陌生的水域开展的，与项目实施密切相关的水文泥沙、地质地貌、气候波浪等资料不全，项目技术复杂，设计参数包括设计标准的确定，施工工艺不成熟，需要进行技术研发，施工技术和设备的可靠性，施工组织的合理性，施工能力与水平，船机调遣等这些技术方面的风险源都会对项目的顺利建设产生重大的影响。

7.1.5 管理风险

项目管理对项目的成功及效益至关重要，其中，项目领导的组织协调能力、专业素养，项目组织机构及人员的配置能否满足项目成功运作的需要，设计、采购、施工、试运行等不同阶段的协调等都会产生风险。

沉管隧道工程涉及规划、海事、海洋、渔政、港口、航道等政府管理部门，因此项目管理者的政府公关能力也是该工程项目的风险因素之一。

在项目实施过程中，要加强对风险因素的控制，在风险事故发生时执行应急计划，必要时执行替代方案，预想几种可能的权变措施，当实际发生的风险事件后果比预期的严重，上述应急计划、替代方案及权变措施均不足以解决时，应及时重新进行风险分析并制定新的风险管理计划。

定期审查与项目实施有关的重要文件，在项目实施过程中，根据各方面的反馈意见，对已完成的部分工作进行检测并随时监控项目风险，根据项目实施情况，向各方提出风险控制建议。

7.2 沉管隧道动工前必须进行施工风险评估及应急预案的审查

沉管隧道施工的承包商必须编制施工风险评估及应急预案，并按合同规定的隧道工程开工之前的时间向业主提交。

业主接收到承包商编制施工风险评估及应急预案文件后，按合同规定的隧道工程开工之前的时间，组织设计、监理、社会等方面专家进行专项审查。施工风险评估及应急预案经专家审查通过，并经业主审批后，沉管隧道才能动工修建。

7.3　施工风险评估的主要内容和要求

7.3.1　工程简介

（1）工程地点：包括隧址地理位置、工程定性、工程范围；

（2）工程规模：把单位工程及工程项目列表示出。

7.3.2　工程环境

（1）沿线（含干坞）周边环境（包括航道、轮船锚泊区等）；

（2）沿线建（构）筑物（包括陆上、水上建构筑物）；

（3）沿线管线（包括陆上、水上管线）。

7.3.3　工程地质及水文地质

（1）工程地质条件包括地层概述、线路通过地层；

（2）水文地质条件包括地表水、地下水类型、地下水动态特征。

7.3.4　工程设计简介

（1）主要技术标准；

（2）管节结构设计及预制条件、方法；

（3）基槽开挖方案；

（4）管节浮运、沉放、对接工艺要求；

（5）各类接头设计及处理要求；

（6）基础处理及回填处理设计及工艺要求；

（7）内装及路面（道床）设计和施工要求。

7.3.5　工程特点、重点及难点

应列出工程特点、重点及难点。

7.3.6　风险源辨识

（1）为有效地降低施工安全风险，保证沉管隧道安全、经济、高效地建成，对各类施工风险进行有针对性的管理和控制，依据沉管隧道的工程特点、工程环境及施工条件，对施工过程中可能出现的风险进行认真研究和分析，对涉及施工安全、质量和周边环境的重大风险源进行识别、辨识；

（2）列出沉管隧道施工各种风险，以及每种施工风险的主要风险点；

（3）其他施工风险包括台风、暴雨、船舶机械设备、吊装、火灾、触电、停电等引起的风险。

7.3.7　风险分析评估

（1）风险评价在应用中依据评价的对象、种类等因素的不同而有多种不同的评价方法，常用的有综合评价法、安全检查表法、敏感性分析、风险树分析方法、层次分析法、$R=P\times C$ 定级法等。建议运用 $R=P\times C$ 定级法作为风险评价方法。

（2）依据国际隧协（ITA）制定的《隧道风险管理指南》，风险发生概率可划分为很可能、可能、偶尔、不可能、很不可能五个级别。风险概率的分级标准，详见表 7-1。

风险概率分级标准 **表 7-1**

等级	1	2	3	4	5
	很不可能	不可能	偶尔	可能	很可能
概率间隔	<0.0003	0.0003~0.003	0.003~0.03	0.03~0.3	>0.3
中间值	0.0001	0.001	0.01	0.1	1

(3) 依据国际隧协(ITA)制定的《隧道风险管理指南》，风险后果的分级标准可分别从经济损失、人员伤亡、工期延误、环境危害等几个方面进行衡量，其中经济损失又分为业主和施工的经济损失。风险后果的分级标准，详见表 7-2。

风险后果分级标准 **表 7-2**

等级	1	2	3	4	5
	较微	较严重	严重	很严重	灾难性
承包商经济损失(百万欧元)	<0.003	0.003~0.03	0.03~0.3	0.3~3	>3
业主经济损失(百万欧无)	<0.03	0.03~0.3	0.3~3	3~30	>30
工期延误(月)	<0.01	0.01~0.1	0.1~1	1~10	>10
人员伤亡	无人伤亡	轻伤一人	重伤 1 人轻伤 1~10 人	死亡 1 人重伤 1~10 人	死亡 1 人重伤 10 人以上
环境危害	暂时性轻微破坏	暂时性严重破坏	长期影响	永久性轻微破坏	永久性严重破坏

应参考表 7-2，依据沉管隧道的工程实际情况进行工程灾害与风险分析研究，提出推荐施工风险后果分级标准为数据。

(4) 采用风险矩阵对风险发生概率和后果进行组合相乘，就可得到风险等级。风险等级分级标准，详见表 7-3。

风险等级矩阵 **表 7-3**

等级	后果				
	1	2	3	4	5
1	可忽略	可忽略	可接受	可接受	合理可靠降低区
2	可忽略	可忽略	可接受	合理可靠降低区	合理可靠降低区
3	可接受	可接受	合理可靠降低区	合理可靠降低区	不可接受
4	可接受	合理可靠降低区	合理可靠降低区	不可接受	不可接受
5	合理可靠降低区	合理可靠降低区	不可接受	不可接受	不可接受

注：1. 可忽略的含义为不需过多考虑该风险。
2. 可接受的含义为在工程中应该管理控制这项风险，但不需考虑减低风险的措施。
3. 合理可靠降低区的含义是只要减低风险的投入不足与减低风险效益不成比例，就应该采取降低风险措施。
4. 不可接受的含义是不管降低风险的投入多少都应该将风险减小到合理可靠降低区。

(5) 按照 $R=P\times C$ 定级法对辨识出的风险点进行综合分析和评估，施工风险发生的概率及后果依据专家经验及调查资料确定，最终确定施工风险的等级及控制的级别。应把施工风险项目相应的风险概率(包括概率%、等级)、风险后果(包括后果、等级)、风险等级、降低风险措施列成施工风险评估一览表。

针对每一施工风险项目提出相应的施工风险控制对策及应急措施。

7.3.8 风险处置原则

遵照本项目风险管理的总体目标，对于不同等级的风险，将采取不同的处置策略。目前国际范围内流行的 ALARP 原则，结合风险矩阵表，项目的风险处置策略可表达为图 7-2 和表 7-4。

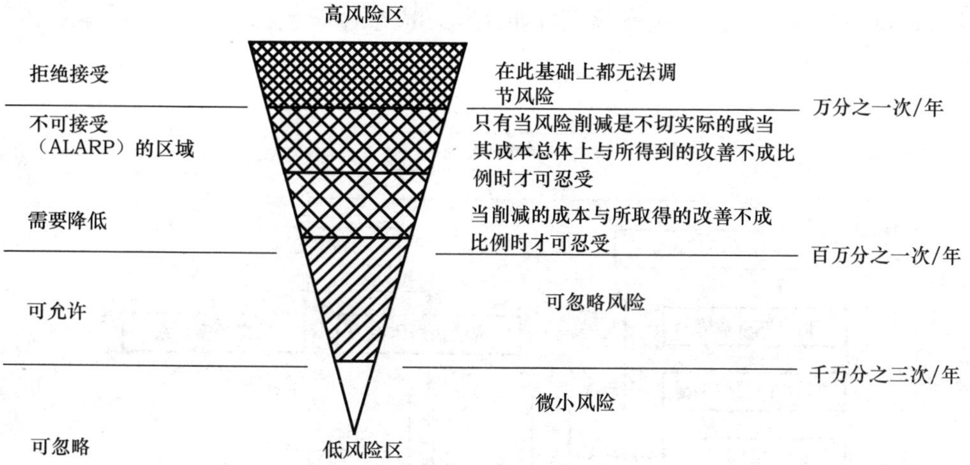

图 7-2 沉管隧道工程风险管理原则（ALARP 原则）示意图

风险接受准则 **表 7-4**

风险级别	风险量化等级	说 明
拒绝接受		不惜一切代价降低和转移风险
不可接受		明确并执行预防措施尽可能降低风险
需要降低		需引起重视并采取防范与监控措施
可允许		风险处于可容忍的边缘，预防措施可能需要
可忽略		风险是可容忍的，不必另设措施

7.4 应急预案

为了预防或减少沉管隧道施工过程中的各类事故灾害，及时有效地实施应急救援工作，最大程度地减少人员伤亡、财产损失，确保沉管隧道保质、保量、安全、按期建成，作为编制应急预案的目的，事故的应急响应坚持“以人为本、统一领导、分级负责、快速反应、协同应对”的原则。

7.4.1 编制依据

（1）《中华人民共和国安全生产法》（中华人民共和国主席令第 70 号）；

（2）《中华人民共和国环境保护法》（中华人民共和国主席令第 22 号）；

（3）《建设工程安全生产管理条例》（国务院令第 393 号）；

（4）《环境保护行政主管部门突发环境事件信息报告办法（试行）》（国家环境保护总局环发〔2006〕50 号）；

（5）《生产经营单位安全生产事故应急预案编制导则》（AQ/T 9002—2006）、《中华人民共和国突发事件应对法》（中华人民共和国主席令第 69 号）和国务院有关规定；

（6）沉管隧道工程项目本身的指导性、实施性施工组织设计。

7.4.2 应急体系

建立完善的应急组织体系，明确应急组织体系中有关部门职责，明确负责安全生产事故灾难信息发布的责任部门，负责信息发布工作。应急体系包括：应急救援体系和应急预案体系，详见图 7-3。

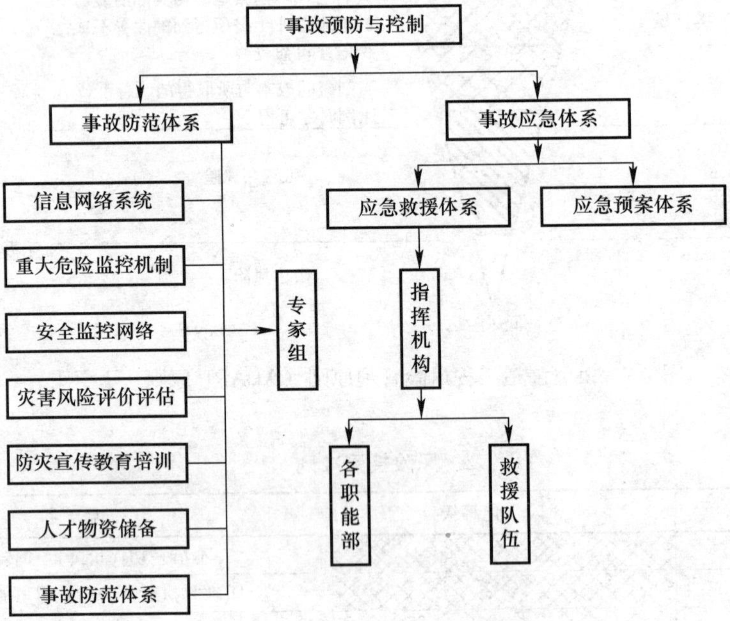

图 7-3 应急体系图

7.4.3 应急工作原则

（1）以人为本，坚持把保障员工的生命安全和身体健康作为应急工作的根本要求；

（2）依法规范，坚持预案与有关法律、法规、规章、政策等相衔接；

（3）分级负责，坚持分级管理、分级响应的原则，明确各部门及其应急救援组织的职责，落实岗位责任制明确责任人及其指挥权限，确保分级响应，应急联动；

（4）资源整合，结合项目的实际情况，充分利用和整合现有资源，建立和完善项目安全生产事故应急救援网络，统一协调指挥应急救援工作。

7.4.4 预防与预警

预防与预警包括危险源监控（对已通过、正在通过、计划通过的风险点进行动态管理）、预警行动（当风险点出现危险信号时，按照应急预案及时研究确定应对方案，并通知相关部门采取相应行动预防事故发生）、信息报告与处置。

7.4.5 应急响应

（1）按照事故的可控性、严重程度和影响范围进行应急响应分级。

一般的生产安全事故类应急响应分级详见表 7-5，由于该应急响应分级为企业内部的划分标准，在制定应急响应分级时需结合企业的情况和工程项目的特点进行编制。

一般的生产安全事故类应急响应分级　　表 7-5

建安类事故			环境污染事故	
一级	二级	三级	一级	二级
1）死亡1人以上； 2）或者重伤2～3人； 3）或者直接经济损失500万元以下	1）重伤1人； 2）或者直接经济损失100万元以上，不满500万元	1）轻伤1人； 2）或者直接经济损失30万元以上，不满100万元	1）发生1人以上、3人以下死亡，或中毒（重伤）10人以上、50人以下； 2）3类放射源丢失、被盗或失控	1）发生中毒（重伤）10人以下； 2）4、5类放射源丢失、被盗或失控

注：表中分级标准有关数量的表述中，“以上”含本数，“以下”不含本数。

（2）制定响应程序

应急响应过程中的保障措施包括通信与信息保障、应急队伍保障、物资保障、经费保障、交通运输保障、医疗卫生保障等。

应急结束后的事故调查处理报告内容包括：事故经过、事故原因分析、事故责任分析、对事故责任者的处理意见。有关资料内容包括：现场调查记录、图纸、照片，技术鉴定和试验报告，物证、人证材料，直接和间接经济损失材料，事故责任者的自述材料，医疗部门对伤亡人员的诊断书等。

7.4.6　培训与演练

（1）应急预案和应急计划确立后，承包商应组织有关项目管理部门及各劳务层的全体人员进行有效的培训，从而具备完成其应急任务所需的知识和技能；

（2）按应急响应分级要求，分不同应急响应等级编制培训计划；

（3）应急预案和应急计划确立后，经过有效的培训，应制订演练计划，承包商的有关项目管理部门及各劳务层的全体人员，都按演练计划和要求进行演练。

8 混凝土沉管隧道管节预制场

8.1 管节预制形式

8.1.1 干坞预制管节形式

（1）沉管隧道轴线——岸上段临时作为干坞预制管节，管节全部预制出坞后再进行该岸上段施工。这种预制管节形式仅在沉管段不长、管节数量较少、隧址附近无选择干坞条件或要花很大代价开辟管节浮运航道的情况下采用。国内在广州市珠江隧道工程、广州市生物岛至大学城隧道工程、天津海河隧道工程和广州市洲头咀隧道工程均采用轴线干坞方案，广州市洲头咀隧道工程干坞和广州市生物岛至大学城隧道工程干坞平面分别详见图 8-1、8-2。

图 8-1 广州市洲头咀隧道工程干坞平面

图 8-2 广州市生物岛至大学城隧道工程干坞平面

（2）在隧址附近建造预制管节的干坞，这是较为常用预制管节形式。该干坞可为临时性干坞，完成预制管节任务后拆除，亦可为永久性干坞，即能重复进行使用为多条沉管隧道建设服务。在隧址附近建造预制管节的上海外环隧道工程，详见图 8-3。

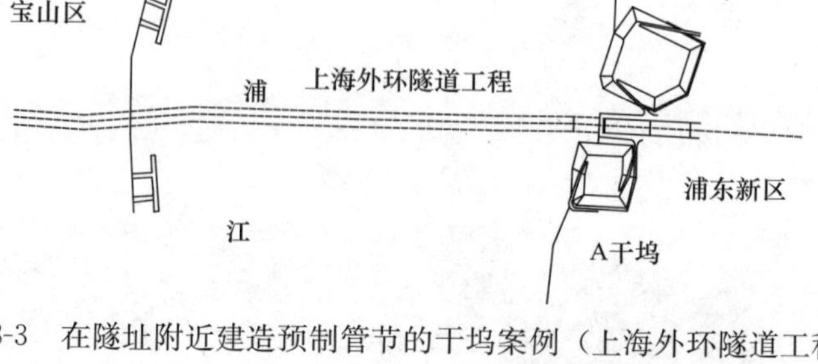

图 8-3 在隧址附近建造预制管节的干坞案例（上海外环隧道工程）

（3）工厂化预制管节的干坞，这是用于长柔性管节的预制形式。首先把管节分为若干节段，在车间室内控制条件下预制一节段并顶推滑移出厂，再行预制另一节段，形成流水形式连续预制节段，完成最后节段、连接成整体管节后，再采用船闸技术浮运出坞。工厂化预制管节的干坞的案例——厄勒隧道工厂法预制管节概念图详见图 8-4。

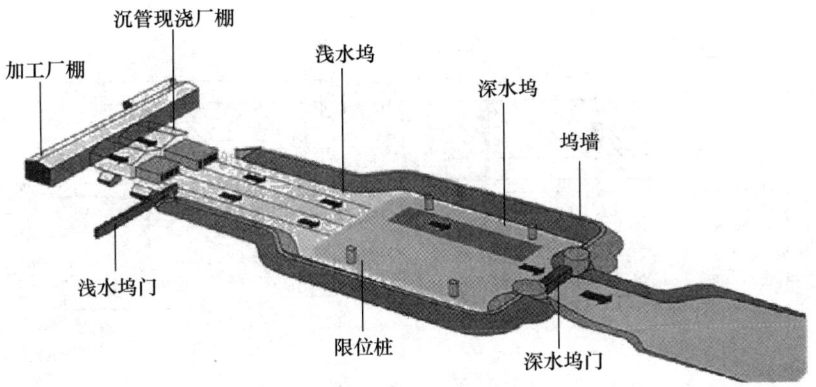

图 8-4　厄勒隧道工厂法预制管节概念图

8.1.2　岸上预制管节形式

（1）在造船厂船台或岸边码头预制管节，然后下水，这种形式多用于预制钢管或钢结构与混凝土复合结构的管节。预制好的钢管或钢结构下水后，一般在浮态中浇筑混凝土。在造船厂船台或岸边码头预制管节的示意图详见图 8-5。

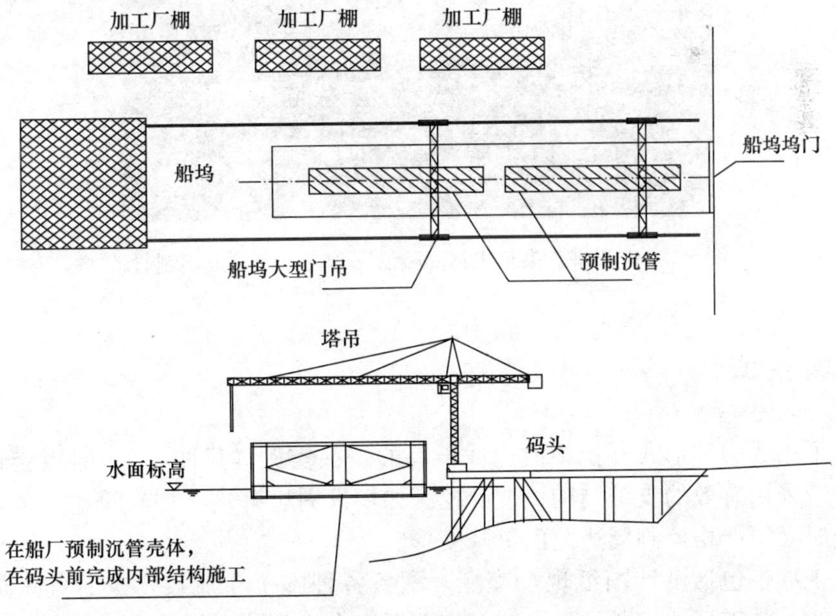

图 8-5　在造船厂船台或岸边码头预制管节的示意图

（2）在岸边码头或岸上预制管节，然后通过气垫顶推上半潜驳，再拖运到隧址附近，在下潜池内将半潜驳下潜，管节起浮脱离半潜驳，半潜驳起浮后拖离隧址。

8.1.3 半潜驳上预制管节形成

半潜驳靠在岸边码头，在半潜驳甲板上预制管节，这种形式受半潜驳的船型尺寸、吨位、吃水深度等条件限制，一般用于预制长度较短、横断面面积不大的管节。半潜驳上预制管节的平面布置详见图 8-6，广州市仑头至生物岛隧道工程在半潜驳上预制管节详见图 8-7。

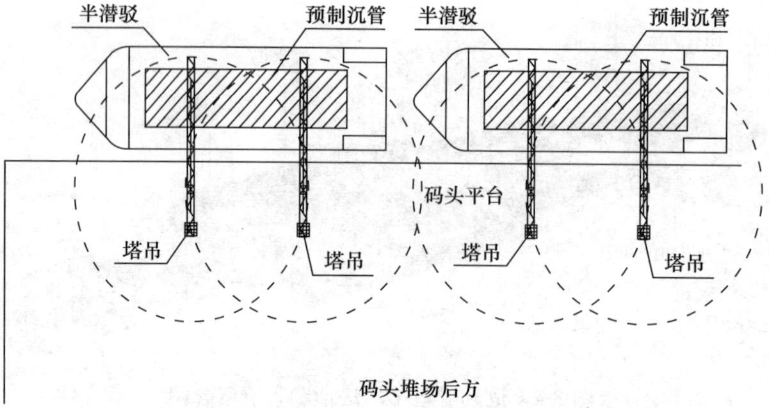

图 8-6 半潜驳上预制管节的平面布置图

图 8-7 广州市仑头至生物岛隧道工程在半潜驳上预制管节

8.2 干坞施工

干坞宜采用放边坡形式开挖，放边坡干坞的一项实例详见图 8-8，但当受到场地环境的影响时，应采用有效的支护结构护壁开挖。如坞址周边有建（构）筑物、道路及管线等设施，开挖时必须严格控制周边地面沉降变形。

干坞施工准备包括设计图纸现场交底，配备各种施工作业技术及劳务人员和配套设备、测量放线、施工场地三通一平、铺筑作业场地内临时碎石便道及开挖时的排水沟。

8.2.1 干坞基本施工工序

（1）干坞周边止水帷幕（构筑防渗墙）。

（2）井点降水施工。

图 8-8 放边坡干坞的实例

(3) 土石方开挖（如遇岩层则需要进行爆破作业）。

(4) 修坡、护坡、建立坞底及坡面排水系统。

(5) 当干坞坞底承载力不足时，应作地基处理。常用地基处理方法包括碎石换填、搅拌桩等。坞底换填施工流程为：坞底土体整修→清除浮土→抛填碎石→碾压、铺填石屑→碾压→铺填中砂透水层→铺设 PVC 盲沟管→现浇（钢筋）混凝土垫层。

8.2.2 施工主要注意事项

(1) 坞底纵向应设有排水明沟，横向需设排水盲沟，并连通至周边的排水沟，汇集至坞底的集水井。

(2) 干坞坡面排水由平台上截水沟通过顺坡面的排水沟流入坞底边沟，最后汇集至坞底集水井中。

(3) 在开挖施工过程中，应时刻关注纵坡的保护工作，开挖过程中对纵坡应能随时修坡，遇上暴雨的天气，应停止开挖施工，并离开开挖作业平台。

(4) 开挖过程中及时修挖排水沟和集水井，并派专人进行基坑排水，以保证基坑内不积水。

(5) 严禁在边坡中部开设集水井，严禁坡顶及坡面积水。

(6) 土方开挖控制挖土标高，在开挖至设计标高上约 30cm 后改用人工开挖，避免坑底土体的扰动，影响基底承载能力。

(7) 采用爆破作业时需控制装药量，以减少爆破作业对周围环境和生态的影响。

(8) 如土（石）方开挖采取渣土水运或用于填海、筑岛时，应控制其施工船舶对大气环境、水中生态环境的影响。

(9) 干坞应根据有关基坑支护技术的规定进行施工，基坑开挖时支护结构体系除应满足自身稳定性外，尚应考虑支护结构变形对周边环境的影响。

(10) 干坞应采取信息化施工，确保基坑安全和作为对周边环境影响进行报警的重要手段。各类建筑物对差异沉降的承受能力相差较大，因干坞开挖施工所引起的附加变形应与建（构）筑物已产生的变形一并考虑。

(11) 干坞施工前应对周边建（构）筑物进行签定，施工过程应对周边建（构）筑物进行第三方监测。

施工中还应注意，干坞的支护结构一般应具有自稳能力，无须加设支撑系统，当受到场地环境影响而采用有效的支护结构护壁开挖，必须在支护结构中埋设变形监测系统，在管节预制过程中监测支护结构的稳定情况。

8.3 坞门和围堰施工

当干坞场地面积受到限制，需要分批在干坞内预制管节时，应采用坞门或临时围堰结构将坞口封闭。

8.3.1 坞门封闭坞口的施工

(1) 采用坞门封闭坞口，坞门主要有钢筋混凝土坞门和钢结构坞门两种形式。

(2) 钢筋混凝土坞门，其结构为沉井压重形式，形成一个重力坎，采用钢板桩墙的支承结构体系。管节起浮出坞之前，干坞充水，拆除钢板桩墙，移开钢筋混凝土坞门。管节出坞后，钢筋混凝土坞门重新就位，然后再打入钢板桩墙，抽干坞内的水，预制另一批管节。

(3) 钢结构坞门，其坞口与造船厂船坞的坞口结构形式相同，由坞墩、坞槛构成。

(4) 坞墩、坞槛的施工工序：干坞边坡或支护结构的坞口处采用临时围堰封闭→进行墩槛处修整→开挖坞墩坞槛基础→绑扎钢筋→装设模板→浇筑混凝土。

(5) 坞墩、坞槛与坞门结合面的垂直度和平直度应达到设计技术要求。

(6) 坞墩与干坞边坡或支护结构的连接处要有良好水密性，坞槛与基底要防止管涌发生。

8.3.2 双层钢板桩临时围堰封闭坞口的施工

(1) 按设计要求的间距打入双层钢板桩；

(2) 在双层钢板桩内充填黏土，分层碾压，一般要求密实度≥93%；

(3) 在双层钢板桩内充填黏土墙内构筑防渗墙，防渗墙应与干坞边坡防渗墙连为一体，形成干坞完整防渗体系；

(4) 双层钢板桩临时围堰位于干坞侧面时，要严格按照设计坡度进行放坡。

8.3.3 土石临时围堰封闭坞口的施工

(1) 围堰填筑料土石比例宜为25～55%，最大粒径不应超过1.3m，不得夹有树根、草皮、淤泥等有机物，有机质含量≤1.5%。

(2) 水（海）面以下需要采用水下填土，水（海）面以上则需要采用干填碾压。干填碾压的黏土要控制最佳含水率ω（%），要求分层碾压，每层实铺厚度不得超过350mm，一般要求密实度≥93%。对于非黏性土（砂土），要求相对密实度D_r=0.65～0.70。

(3) 土石围堰要严格按照设计坡度进行放坡。

(4) 土石围堰中的防渗墙宜采用（钢筋）混凝土连续墙结构，需按设计要求的宽度、深度进行施工，宜采用冲孔锤或液压式抓斗或槽机开槽，水下浇筑混凝土，亦可采用定喷射混凝土施工防渗墙。不论采取哪一种形式的防渗墙，其最大渗透系数应≤1.0×10^{-6}cm/s。

(5) 不含钢筋的防渗墙的抗剪能力甚差，因而必须确保土石围堰的稳定，以防止防渗墙失效。

(6) 围堰内外边坡的倒滤层由二片石、土工布和护面块石组成。二片石要求粒度为30～150mm。土工布为两布一膜双层增强性无纺布，基本项技术指标应符合表8-1要求。

土工布基本项技术要求 **表 8-1**

项目指示规格	100	150	200	250	300	350	400	450	500	600	800	
单位面积质量偏差（%）	−6	−6	−6	−5	−5	−5	−5	−5	−4	−4	−4	
厚度≥(mm)	0.8	1.2	1.6	1.9	2.2	2.5	2.8	3.1	3.4	4.2	5.5	
幅宽偏差（%/m）	−0.5											
断裂强力≥(kN/m)	4.5	7.5	10.0	12.5	15.0	17.5	20.5	22.5	25.0	30.0	40.0	横向
断裂伸长率（%）	40～80											
CBR 顶破力≥(kN)	0.8	1.4	1.8	2.2	2.6	3.0	3.5	4.0	4.7	5.5	7.0	
等效孔径（mm）	0.007～0.2											
垂直渗透系数（cm/s）	$K\times(10^{-1}\sim10^{-3})$											K=1.0～9.9
撕破强力≥(kN)	0.14	0.21	0.28	0.35	0.42	0.49	0.56	0.63	0.70	0.82	1.10	纵横向

1）规格按单位面积质量，实际规格介于表中相邻规格之间时，按内插法计算相应考核指标；超出表中范围时，考核指标由供需双方协商确定。
2）标准值按设计或协议。
3）参考指标，作为生产内部控制，用户有要求的按实际设计考核。

注：引自《土工布国家行业标准》(GB/T 17639—1998)。

（7）护面块石要求级配良好，块重为 15～300kg，在修整边坡时意保护土工布，不得损伤土工布。

8.4 干坞施工允许偏差

干坞的规模尺寸是根据施工组织、经济性、管节几何尺寸（长度和宽度）以及数量等因素而定，管节高度、干舷高度及出坞水位决定了坞底的标高。干坞施工必须保证其设计的外部、内部尺寸和标高的准确性。

干坞施工主要控制项目应符合表 8-2 要求。

干坞施工主要控制项目 **表 8-2**

序　号	主要控制项目名称	说　明
1	围堰（坞口）轴线位置	指轴线起点和终点坐标与设计之差
2	坞底标高	沉管浇筑台座面标高
3	围堰顶面标高	
4	边坡坡度	
5	围堰堤坝坡度	
6	坞口及坞门尺寸	指任意两对角线之差
7	坞墩及坞门标高	
8	坞墩及坞门垂直度	
9	防渗墙厚度	
10	防渗墙深度	

8.5 预制管节期间干坞的养护

预制管节期间要严密监测干坞基底沉降、边坡滑移或支护结构位移沉降、封闭坞口临时围堰或坞墩和坞槛位移沉降，出现问题应立即采取整修措施，确保预制管节期间的施工安全，应当关注的干坞养护事宜如下：

(1) 边坡滑移包括干坞周边边坡的滑移和封闭坞口临时围堰的滑移，周边边坡在开挖前要认真验算边坡的稳定性，边坡安全系数宜≥1.6。同时在预制管节期间应密切观测边坡的稳定性变化的动态，若出现滑坡征兆，须立即采取措施整修。

(2) 当基底沉降量与位移出现剧变时，应及时查明原因，采取基础处理办法解决基底沉降与位移问题。

(3) 当干坞底部出现渗水、管涌，应查明位置，根据涌水量和涌水压力，采取不同的堵漏处理措施。

(4) 需综合考虑干坞工程对环境的影响，如渗水对周边地层的影响。

(5) 预制管节期间要确保排水系统畅通，如发现堵塞则要及时整修。坞底集水井要定期清理，排水泵及管道应处于良好工作状态。

(6) 进出坞及坞底道路应保持路面状况良好，如发现坑洼不平应及时整修。

(7) 一批预制完成的管节出坞、再次封闭坞口抽干坞内的水后，应对干坞进行仔细检查，检查内容包括边坡、坡面、排水系统、坞底集水井、坞内道路和基底等，如发现问题则要及时整修，为预制下一批管节做好准备。

8.6 施工附加荷载的要求

坞顶周边场地，应严格按照设计提出允许的承受荷载要求，布设设备、设施及周边道路，同时要注意设备及车辆动载对平坞边坡或支护结构的影响。

坞顶（坞墩）周边布设为管节起浮稳定、坞门开/闭运动的系缆柱，应按围堰（坞口）轴线坐标及里程进行放线预埋，完工后应检查系缆柱的基础牢固性及承载能力。

8.7 工厂化预制管节的干坞

8.7.1 工厂化预制管节的干坞的优点

(1) 预制与拼装按施工流程分区进行。预制管节浇注混凝土和下水作业所要求的区域较小，因而干坞用地面积可大为减小。

(2) 预制与拼装按施工流程分区进行，钢筋作业、舾装作业不占关键线路，形成管节预制和下水的流水线作业，大大提高了预制管节效率。

(3) 预制过程均室内进行，有利于工程质量的控制。养护条件差异少。

(4) 这种预制管节的形式特别适用沉管段长、管节数量多、管节超长的管节预制。工厂法在特定的施工条件下，具有一定的施工优势。

8.7.2 工厂化预制管节的干坞的特点

(1) 工厂化预制管节的干坞由预制厂房（钢筋加工及绑扎）、混凝土浇筑厂房（模板装拆、浇筑混凝土、钢筋混凝土养护）、浅水坞（把预制成的每节段顶推、连接成一完整管节）、浇筑厂房与浅水坞之间的水平滑动门、深水坞（浮态贮存已预制成的管节，亦是管节浮运的待发区）、深水坞口的浮坞门等组成。

(2) 浅水坞的基底标高应高于水面高程。

(3) 深水坞的基底标高由管节高度、干舷高度及其管节浮运出坞水位等组合而定。

(4) 浅水坞与深水坞地面标高以上周边采用围护结构墙（坝）围蔽，围护结构墙（坝）的顶面标高由管节高度、干舷高度以及管节浮运的安全净高等组合而定。

(5) 浮动坞门封闭深水坞坞口的高度，应从坞口底部（坞槛）至周边围护结构墙（坝）的顶面。浮动坞门一般处于封闭位置，只有管节浮运出坞时才打开。

(6) 水平滑动坞门在把预制成的管段拼接成一管节过程处于打开位置，在浅水坞处于干作业环境，此时深水坞的水面标高低干浅水坞的基底标高。

(7) 预制成的管段拼接成一管节，等待浮运至深水坞时，将坞门、水平滑动门关闭，同时向浅水坞、深水坞灌水至浅水坞可起浮管节的水位，管节浮运至深水坞后，浅水坞、深水坞同时排水至低于浅水坞基底水位，坞门水平滑动门打开，循环至上一工序作业。

(8) 综上所述，工厂化预制管节的于坞可以形成流水线式管节预制生产作业。

8.7.3 深水坞施工

(1) 深水坞根据周边环境条件可采用放边坡形式开挖或采用有效的支护结构护壁开挖；

(2) 无论采用放边坡形式开挖或采用有支护结构护壁开挖，都应考虑地面标高以上的围护结构墙（坝）的荷载对边坡或支护结构护壁稳定的影响；

(3) 采用放边坡形式开挖的深水坞，其基本施工工序为：深水坞周边止水帷幕（构筑防渗墙)→井点施工→土（石）方开挖（如遇岩层则需要进行爆破作业)→修坡→护坡→建立坞底及坡面排水系统；

(4) 采用放边坡开挖形成的深水坞，其周边止水帷幕（构筑防渗墙）宜在浅水坞坞底标高以上支护结构墙（坝）施工完成后支护结构墙（坝）顶一并施工，在深水坞与浅水坞连接处，防渗墙应在浅水坞侧施工，这样形成深水坞独立防渗墙体系（包括坞口)；

(5) 采用支护结构护壁开挖的深水坞，其支护结构与浅水坞坞底标高以上的支护结构连成一体，必须具有较可靠自稳能力，与浮动坞门的坞口和浅水坞水平滑动门的坞口，形成完整支护和防渗体系；

(6) 由于深水坞施工完成后，在整个预制管节期间都处于充水状态，对基底无特殊承载要求，需要考虑在较长时间的预制管节期间进行清淤。

8.7.4 浅水坞施工

(1) 浅水坞根据周边环境条件可采用筑坝或采用有效的支护结构，在地面标高以上构筑。

(2) 浅水坞的周边围护结构墙（坝）的顶面标高由地面标高、管节浮运安全净高、管节高度及其干舷高度等组合确定。

(3) 浅水坞的周边围护结构墙（坝）应与深水坞地面以上的周边围护结构墙（坝）连成一体。

(4) 采用放边坡（坝）形式构筑的浅水坞基本施工顺序为：平整基底面（如基底承载力不足时，应作地基处理)→周边边坡（坝）止水帷幕（构筑防渗墙)→修坡→护坡→建立基底面排水系统→浇筑施工钢筋混凝土滑梁的支承管段移动滑移的支承桩→浇筑钢筋混凝土滑梁。

(5) 管段移动滑梁主要有如下功能：在管节下水进入深水坞前，作为管节（管段）临时支承基础、管段推进滑行的道轨，并可设置成为管段推进液压推进系统，提供反推力的结构。

(6) 钢筋混凝土滑梁可采取桩基础支承，桩基础应按设计要求间距、桩径及桩深进行施工。浇筑钢筋混凝土滑梁时应按设计要求长度预留中间伸缩接头。

(7) 钢筋混凝土滑梁的表面粘贴纵向不锈钢板或特殊树脂板作为滑动层，两钢筋混凝土滑梁面高度允差为±3mm，每根钢筋混凝土滑梁的平直度为±5mm/100m。

(8) 浅水坞通常采用地面标高以上筑坝来构筑。一般为土石坝，其基本施工工序为：坝基处理→构筑土石坝→止水帷幕（构筑防渗墙）→修坡→护坡→建立坞底排水系统。浅水坞的坝体与深水坞地面标高以上的坝体作为一个整体施工。

(9) 浅、深水坞的筑坝技术要求基本与土石围堰技术要求相同。

(10) 在浅水坞完成一批管节预制、灌水起浮管节、浮运至深水坞、再行抽干水后，要检坝基、坝边坡、坞底及钢筋混凝土滑梁情况，如发现问题应及时整修，然后再行预制下一批管节。

8.7.5 深水坞坞口的浮坞门

(1) 深水坞坞口的浮坞门可为钢筋混凝土或钢结构，通常较多采用钢筋混凝土结构。

(2) 浮坞门比封闭深水坞的坞口高度甚高，即为浅水坞坝顶标高与深水坞坞底标高之和，且坞内外存在较大水位差。

(3) 钢筋混凝土浮坞门为长方形钢筋混凝土格状结构，为了保证浮坞门必需的浮态时干舷高度，中腔的横格体可用钢板替代以减小重量。

(4) 深水坞的坞口处要浇筑支承浮坞门的钢筋混凝土基础，坞口两侧可采用钢板桩档墙（坞墩）作为浮坞门与坞口围堰的连接面。浮坞门底部与支承钢筋混凝土基础之间采用止水橡胶带密封。

(5) 浮坞门必须配置压载水泵、导向装置、系缆桩、人行道等设备设施。

(6) 浮坞门关闭时，采用注入压载水的方式使坞门产生负浮力，像重力坝一样由底部基础支承，实现封闭坞口。若抽掉压载水后，使其产生正浮力，浮坞门处于浮态。处于浮态时，浮坞门底部与底部基础面之间必须保证有不小于500mm的空隙，以保证浮坞门浮态作业的安全。

(7) 浮坞门关闭，坞内外存在较大水位时，保证浮坞门稳定性的因素包括浮坞门的自重、压载水容量（压载重量）、静水压力和在各种作业水位时的上浮力、浮坞门与底部基础和钢板桩档墙（坞墩）之间连接处防水密封（橡胶止水接头）、土壤的可渗透性（在底部基础面以下的旋喷注浆隔断帷幕和排水）、使荷载适当地转移到底部基础上（垂直和水平反作用力，避免倾覆）、浮坞门处于浮态时应对应不同压载水量进行定倾中心计算。

(8) 浮坞门的压载水舱应分隔舱，每一隔舱装设一台潜水泵，泵操作员根据垂直、固定安装的气泡（spirit）水准仪显示的数据，准确地对浮坞门进行调整。

(9) 在浮坞门下部混凝土结构中预埋两根大直径管，管上安装了手工操作阀门连接水泵以抽干坞内存水或调节坞内外水位差。

8.7.6 浅水坞与混凝土浇筑厂房分隔的水平滑动门

(1) 浅水坞与混凝土浇筑厂房之间的浅水坞坝口放置水平滑动门，管段预制拼接成管节时，浅水坞为干作业区，此时水平滑动门打开，管节预制完成后，浮态转运至深水坞前，水平滑动门处于关闭状态，然后向浅水坞注水，管节起浮转运至深水坞。

(2) 水平滑动门一般为钢筋混凝土结构和钢结构的复合结构，由于水平滑动门封闭的浅水坞的坞（坝）口较宽，因此在坞（坝）口处的一侧要预留有足够长度的水平滑动门的停放区。

(3) 根据水平滑动门开/闭合循环次数，考虑水平滑动门的结构、基础（包括坞口和停放区基础）、支撑结构设计，水平滑动门的结构应尽量轻而使滑动摩擦力小，其滑动动力系统应为管段水平顶推滑移的液压系统。水平滑动门关闭状态的防水密封设施应简单、可靠和经济，要具有良好的水密性，以确保浅水坞注水后钢筋加工及绑扎、混凝土浇筑厂房能正常安全进行连接作业。

(4) 水平滑动门在坞（坝）口处要处理好与管段水平滑移的钢筋混凝土滑梁之间接口密封。

(5) 浅水坞的坞（坝）口两侧构筑有足够承载力和刚度的坞墩，水平滑动门迎水面与坞墩面接触面的阶梯止口通过橡胶止水带密封止水。

(6) 浅水坞的坞（坝）口水平滑动门的基础为钢筋混凝土箱形结构，其面上预留有一定宽度的纵向凹槽（导向槽），凹槽导向槽上设有钢导轨，该导轨的水平滑动门的底部导轨接触面为钢/钢滑动摩擦，水平滑动门水平滑动时凹槽（导向槽）钢导轨面要涂上润滑油脂。

(7) 水平滑动门的底部与基础面之间装设止水橡胶带，当水平滑动门处于关闭位置时，与凹槽（导向槽）的钢导轨脱离接触，水平滑动门的自重压在止水橡胶带上起到底部密封作用。

(8) 水平滑动门处于打开状态时，其支撑位置应作基础处理（支承桩），能保证水平滑动门在停放时垂直沉降量控制在允许范围（<2mm）。

(9) 浅水坞的坞（坝）口处，管段水平滑移的钢筋混凝土滑梁在水平滑动门范围，当水平滑动门关闭时要断开，水平滑动关闭时要接上，这段可移动的钢筋混凝土滑梁与水平滑动门基础（钢筋混凝土箱形结构）的连接要可靠，连接后的刚度应与整条钢筋混凝土滑梁的刚度保持一致。

8.8 坞门

坞门主要起挡水作用，为满足多批次进行管节预制作业，要求坞门启闭方便，又有良好的水密性。

8.8.1 坞门形式常用的有浮箱式坞门和卧倒式坞门

管节预制的干坞一般是采用浮箱式坞门，虽然它启闭时间较长，操作较复杂，且受水域自然条件风、浪、流、冰影响，而且造价高，但管节预制干坞坞门的启闭次数少。

卧倒式坞门结构简单、操作方便、启闭时间短，故多次被船坞采用。但必须在坞口前设置一个较深的卧门池，故淤积严重的地区及管节预制干坞不宜采用。

8.8.2 浮箱式坞门制作及安装要求

(1) 浮箱式坞门相当于一艘船舶，具有船舶所固有的结构构造、装备系统和设备。

（2）浮箱式坞门关闭时，将坞门由水上拖运至坞口并在门墩的门槽内对中，然后在舱格中注入压舱水，使其在规定位置下沉，而开启式的操作程序则相反。

（3）浮箱式坞门一般采用两层或三层甲板，根据中甲板至上甲板的高度和受水压力的大小，考虑埋设1～2道水平桁架或隔板，下甲板（除水舱处外）可采用桁架结构。

（4）浮箱式坞门门体梁格的布置，有纵骨架（水平）和横骨架（竖向）两种，一般采用纵骨架。梁格布置使面板支架的长短边比大于1：5且使长边沿主梁轴线方向。

（5）坞门结构应进行承载力、刚度和稳定性验算。

（6）钢质坞门选用钢材：

1）钢质坞门可按坞口几何尺寸大小（跨度、水深）要求选用钢材。

2）船体结构用钢，均应由船级社认可的钢厂生产，检验合格的产品应盖有中国船级社（CCS）的印记。船体结构用钢按化学成分和性能分为一般强度船体结构钢和高强度船体结构钢两种，船体各类构件（钢板）所需求的钢材级别详见表8-3。

船体各类构件（钢板）所需求的钢材级别 **表8-3**

构件类别	构件名称	材料级别或钢级	
		船中0.4L内	船中0.4L外
次要类	1. 纵舱壁板，除主要类要求者外； 2. 露天甲板板，除主要类和特殊类要求者外； 3. 舷侧板	Ⅰ	A/AH
主要类	1. 船底板，包括平板龙骨； 2. 强力甲板板，不包括特殊类要求的甲板板； 3. 强力甲板以上的纵向连续构件，不包括舱口围板 4. 纵舱壁最上列板； 5. 列板（舱口纵桁）和顶边舱的最上一列斜板	Ⅱ	A/AH
特殊类	1. 强力甲板处的舷侧顶列板①； 2. 强力甲板处的甲板边板①； 3. 在纵舱壁处的甲板列板②； 4. 集装箱船和其他有类似舱口的船舶在货舱口角隅处与舷侧之间的强力甲板板③； 5. 散货船、矿砂船、兼用船及其他有类似舱口的船舶在货舱口角隅处的强力甲板板④； 6. 舭列板⑤⑥； 7. 长度超过0.15L的纵向舱口围板⑦； 8. 纵向货舱舱口围板的端肘板和甲板室过度⑦	Ⅲ	Ⅱ （船中0.6L外为Ⅰ）

注：① 船厂大于250m的船舶，在船中0.4L范围内选用应不低于E/EH钢级。
② 不包括双壳船载内壳纵舱壁处的甲板板。
③ 在货仓区域的长度范围内选用应不低于材料级别Ⅲ。
④ 在船中0.6L区域内选用应不低于材料级别Ⅲ，在货舱区域其余长度范围选用应不低于材料级别Ⅱ。
⑤ 船长小于150m且整个船宽范围内设有双层底的船舶，舭列板可以选用材料级别Ⅱ。
⑥ 船长大于250m的船舶在船中0.4L范围内，列板选用应不低于D/DH钢级。
⑦ 选用应不低于D/DH钢级。
1. 上表引自中国船级社的钢质海船入级规范2011年修改通报。

3）锅炉、受压容器用钢有360A、360B、410A、410B、460B、490A、490B及1Cr0.5Mo和2.25CrMo等。

4）机械结构用钢可以用一般船体结构钢、高强度船体结构钢及锅炉与受压容器用钢。

5）船用钢材的应用类型及其标注方法：

钢板（plate）——船体结构的主要组成部分，占船体结构钢材总用量的 60%～65%，如船壳板、甲板板及分舱隔板等，一般厚度在 4mm 及以下的钢板称为薄板，4mm 以上的称为厚板。船用钢板的尺寸范围一般为：厚 6～10mm，宽 1200～3000mm，长 6000～14000mm。

型钢（section steel）——在船体结构中所占的比例仅次于钢板，其占船体结构钢材总用量的 35%～40%，主要用作船体骨架。按其横剖面形状型钢可分为：扁钢（Flat Bar）、球扁钢（Bulb Bar）、角钢（Angle Bar-A/B）、工字钢（Ⅰ-bar）、T 型钢（T-bar，又称丁字钢）及槽钢（Channel Bar）等。

铸钢与锻钢——船舶的首尾柱、锚、导缆孔、缆柱及尾轴管等常采用铸钢（Casting），而船舶的舵杆、轴等形状简单的构件则较多采用锻钢（Forging）。锻钢的机械强度和韧性优于铸钢，但因加工工艺的限制，其构件结构不宜太复杂。

船用钢材的标注方法，详见表 8-4。

船用钢材的标注方法 **表 8-4**

序号	名 称	符号及尺寸含义		标注举例（单位：mm）
1	钢板	厚度 厚度×宽度 厚度×宽度×长度		12 12×1500 12×1500×6000
2	扁钢	—	宽度×厚度	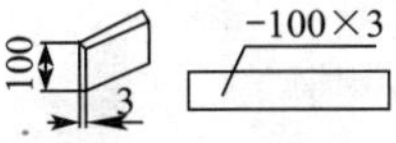
3	折边型材	L	厚度×高度 折边宽度	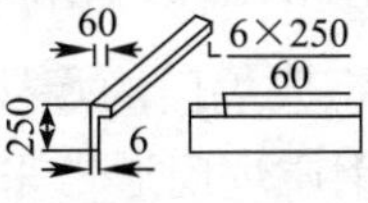
4	角钢	L L	边宽×边宽×边厚 长边宽×短边宽×边宽	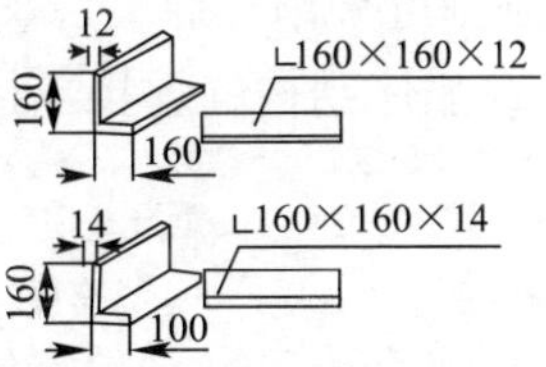
5	不等边 不等厚角钢	L	型号或长边宽×短边宽×长边厚×短边厚	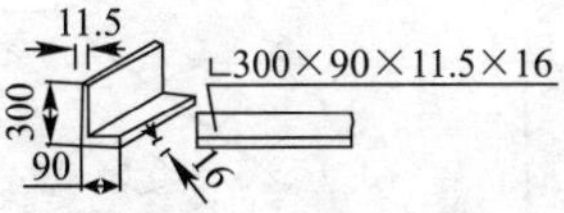
6	球扁钢		型号或高度×球宽度×壁厚	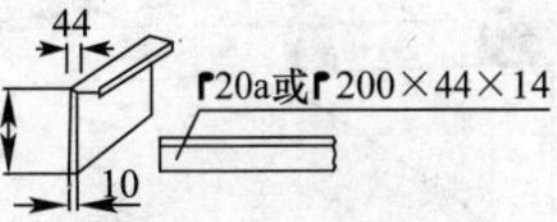
7	对称球扁钢		型号或高度×球宽度×壁厚	

续表

序号	名 称	符号及尺寸含义		标注举例（单位：mm）
8	T形钢	⊤	型号或$\frac{\text{厚度×高度（面板）}}{\text{厚度×总高度（腹板）}}$	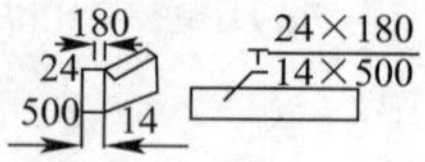
9	槽钢	[	型号或高度×宽度×壁厚	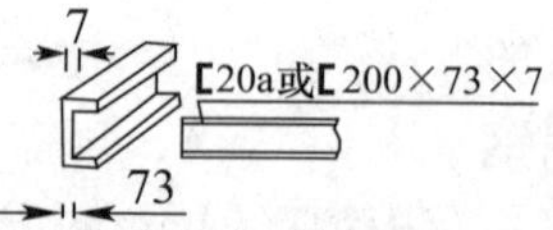
10	工字钢	I	型号或高度×宽度×壁厚	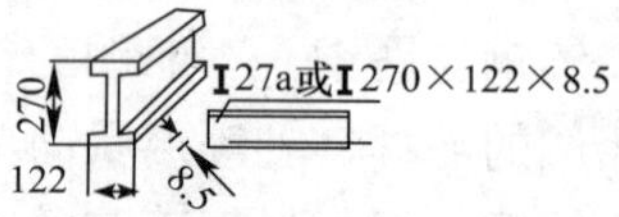
11	方钢 方形钢管	□	宽度（方钢） 宽度×厚度（方形钢管）	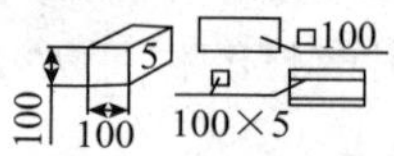
12	钢管	○	外径×厚度	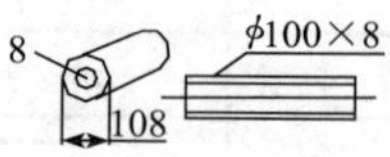
13	圆钢	●	直径	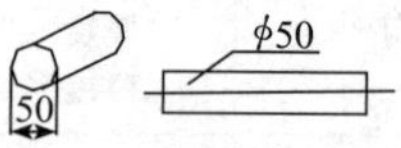
14	半圆钢	◗	直径×厚度	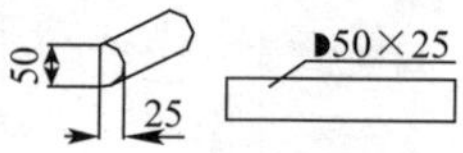

注：引自林国庚编《船体结构与识图》，哈尔滨船舶工程学院出版社，1987。

6）钢质坞门的焊接要求：

① 钢质坞门通常采用电弧焊、电渣焊、CO_2 气体保护焊。对于薄板的焊接和铸钢件的修补则可采用气焊。

② 船体结构的焊接连接方法，详见图 8-9。

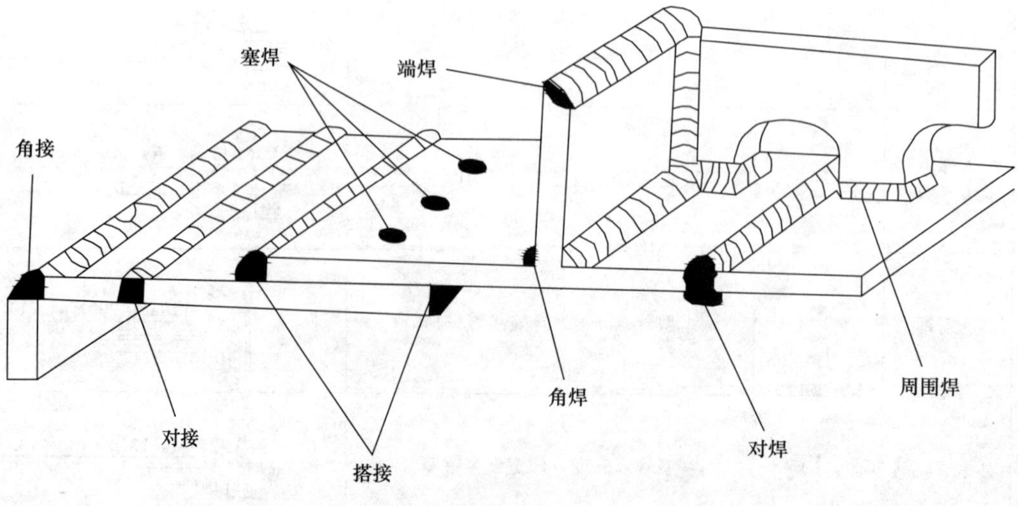

图 8-9　船体结构的焊接连接方法示意图

③ 其焊缝形式及其图形符号，详见表 8-5。

焊接形式及其图形符号　　　　**表 8-5**

序号	焊缝名称	焊缝形式	图形符号	序号	焊缝名称	焊缝形式	图形符号
1	弯边			6	单边 U 形		
2	不开口坡口			7	角焊	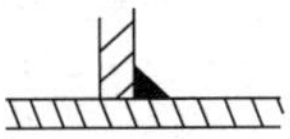	注焊脚高度
3	V 形			8	塞焊	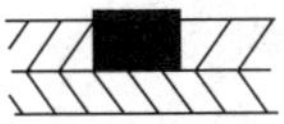	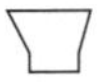
4	单边 V 形			9	接触电焊	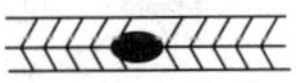	
5	U 形			10	接错焊缝	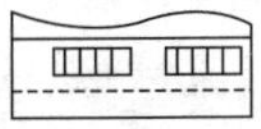	

注：引自《焊缝符号表示法》(GB 324—2008)。

④ 除确能保证完全焊透之外，对接焊的焊件边缘应开单面或双面坡口，坡口角度一般在 40°～60°之间，若焊件边缘拟加工成其他坡口形式时，则应征得监理工程师同意。

⑤ 若全焊透对接焊缝因结构原因而无法进行封底焊时，经监理工程师同意，允许加固定垫板进行对焊。此种接头的坡口形式及装配间隙应保证熔敷金属与垫板能完全熔合。

⑥ 钢质坞门构件的角焊缝和板材的对接缝在交叉处，应符合下列规定：

(A) 应将交叉处的对接焊链的余高铲平，或将跨过对接焊缝的构件腹板边缘挖孔(通焊孔)，以使构件与板材能贴紧，保证焊接质量；

(B) 连续角焊缝的构件腹板上如有对接焊缝时，应先焊好对接焊缝，并将角焊缝处的余高铲平，然后进行连续角焊接。

7) 钢筋混凝土浮箱式坞门制作工艺要求参照钢筋混凝土沉箱。

8) 坞门制作完成后应进行倾斜试验和浮沉试验。

9) 坞门门体上应装设止水、承压装置。对于钢质坞门应采取防腐蚀措施。

8.9　干坞灌排水系统

干坞灌排水系统是干坞的重要临时施工设施之一。排水是通过临设泵房的水泵系体来完成。临设泵房一般设置在干坞底标高最低点采水井处。

关于灌排水的功效取决于干坞的尺度、管节起浮过程沉管内渗漏检查、管节预制周边作业空间大小以及经济性及水力特性的要求。

8.9.1　灌排水时间要求

(1) 灌水时间一般为 24h 以内；

(2) 排水时间一般为 48h 以内。

8.9.2 灌水系统的水力计算要求

（1）灌水系统水力计算内容包括：

1）确定断面和线型；

2）计算流量系数和灌水时间；

3）计算并绘制流量系数与时间、水头与时间及流量与时间等关系曲线；

4）校核廊道灌水阀开启过程中，阀门值收缩断面的流速和负压值；

5）校核虹吸管驼峰处的最大负压值。

（2）灌水系统的水力计算

1）流量系数；可按下式计算：

$$\mu_n = \frac{1}{\sqrt{\sum \xi + \xi_n}} \tag{8-1}$$

式中：μ_n——灌水系统在阀门开度为 n 时的流量系数；

$\sum \xi$——除阀门外灌水系统各部分阻力系数总和；

ξ_n——灌水阀门开启度为 n 时的阻力系数。

2）淹没出流计算：

阀门瞬间开启（$t_0=0$），可按下式计算：

$$t = \frac{2\Omega(\sqrt{H}-\sqrt{h})}{\mu\omega\sqrt{2g}} \tag{8-2}$$

$$T_0 = \frac{2\Omega\sqrt{H}}{\mu\omega\sqrt{2g}} \tag{8-3}$$

$$Q_t = \mu\omega\sqrt{2gh} \tag{8-4}$$

阀门连续均匀开启，可按下式计算：

① 当 $0<t<t_0$ 时

$$\frac{2\Omega(\sqrt{H}-\sqrt{h})}{\mu\omega\sqrt{2g}} = t_0\int_0^n \mu'_n dn \tag{8-5}$$

$$Q_t = \mu_n\omega\sqrt{2gh} \tag{8-6}$$

② 当 $t_0<t<T$ 时

$$\frac{2\Omega(\sqrt{H}-\sqrt{h})}{\mu\omega\sqrt{2g}} = t - t_0(1-\int_0^n \mu' dn) \tag{8-7}$$

式中：t——从灌水开始起算的时间（s）；

Ω——坞室水面面积（m^2）；

H——初始水头（m），对廊道灌水一般取坞外水外与坞底标高之差；

h——时间为 t 时的水头（m）；

μ——灌水系统在阀门全开时的流量系数；

ω——灌水廊道计算断面面积（m^2），对廊道灌水一般取灌水阀门的断面，对虹吸灌水一般取驼峰断面；

T_0——阀门瞬间开启的灌水总历时（s）；

t_0——阀门开启时间（s）；

T——灌水总历时（s）；

Q_t——时间为 t 时的灌水流量（m^3/s）；

$$\mu'_n = \frac{\mu_n}{\mu}$$

$$T = \frac{2\Omega\sqrt{H}}{\mu\omega\sqrt{2g}} + t_0(1 - \int_0^n \mu' dn) \quad (8\text{-}8)$$

Q_t 可按公式（8-4）计算。

3）自由出流计算：

阀门全开时，可按下式计算：

$$Q = \mu\omega\sqrt{2gH_0} \quad (8\text{-}9)$$

式中：Q——灌水系统为自由出流时的流量（m^3/s）；

H_0——坞外水位与灌水系统出口中心线之高差（m）；

4）淹没出流情况下灌水阀门后收缩断面的流速和压力可按下式计算：

$$V_c = \frac{Q_t}{\omega_n \varepsilon} \quad (8\text{-}10)$$

$$\frac{P_c}{\gamma} = a + h_1 + (\xi_n + \xi_2)\frac{v^2}{2g} - \frac{v_0^2}{2g} \quad (8\text{-}11)$$

式中：V_c——阀门后收缩断面的流速（m/s）；

ε——收缩系数；

$\frac{P_c}{\gamma}$——阀门后收缩断面的压力水头（m）；

a——阀门断面中心至坞底的距离（m）。低于坞底为正值，反之为负值；

h_1——坞内水深（m）；

V——廊道计算断面平均流速（m/s）；

ξ_2——阀门后灌水廊道阻力系数总和；

ξ_n——灌水阀门开启度为 n 时的阻力系数；

ω_n——灌水阀门开启度为 n 时的断面的积（m^2）。

5）虹吸灌水系统驼峰底最小压力可按下式估算：

$$H_i = H + \frac{b}{\partial} - C_p \frac{v_1^2}{2g} \quad (8\text{-}12)$$

$$C_p = \left[\frac{\partial}{\left(\frac{R}{C} - 1\right)\ln\left(\frac{\frac{R}{C} + 1}{\frac{R}{C} - 1}\right)}\right]^2 - 1 \quad (8\text{-}13)$$

式中：H_i——驼峰底最小压力水头（m）；

H——从上游（或下游）按能量方程计算得出的驼峰断面中心的平均压头（m）（其中阻力计算不包括驼峰弯道的局部阻力）；

b——驼峰断面高度（m）；

C——驼峰断面高度（m）；

C_p——压降系数；

R——驼峰中心转弯半径（m）；

v_t——驼峰断面平均流速（m/s）。

8.9.3　排水系统的水力计算要求

（1）主泵排水时间可按下式计算：

$$T_1 = \frac{V}{\sum Q_1} \tag{8-14}$$

式中：T_1——主泵排水时间（s）；

V——干坞水量（m^3），系指坞无管节，水位为进出坞设计水位时的水量；

$\sum Q_1$——各台主泵在排水过程中的平均流量总和（m^3/s）。

（2）当主泵出水管采用虹吸出水形式时，最大扬程（即起动扬程）可按下式进行计算：

$$H_j = K(h_1 + h_2 + h_3) \tag{8-15}$$

式中：H_j——起动扬程（m）；

K——系数，当真空破坏阀在19.6kPa正压下可自行排气时，取K=1.05～1.10；

h_1——坞外为进出坞设计水位时虹吸管出口上缘的淹没深度（m）；

h_2——出水管和吸水管的水头损失（m）；

h_3——主泵可能起动的坞内最低水位（取龙骨墩顶面标高）与虹吸驼峰中心之高差（m）。

（3）当主泵出水管采用非虹吸出水形式时，最大扬程可按下式计算：

$$H_m = H_T + \Delta h_1 + \Delta h_2 \tag{8-16}$$

式中：H_m——主泵最大扬程（m）；

H_T——抽水几何高度（m），坞外水位取进出坞设计水位；

Δh_1——出水管的水头损失（m），当出水出口与坞口水域用渠道进水廊道及主泵流道系统的水头损失；

Δh_2——吸水管的水头损失（m），包括大明渠进水廊道及主泵流道系统的水头损失。

9 钢筋混凝土管节预制

9.1 一般要求

钢筋混凝土管节预制及相应的施工技术、物料选择、测试、施工质量控制和质量检验在按现行规范执行的前提下，可结合本章有关条文使用。

9.1.1 按照设计使用寿命确定管节结构的主要构造要求

（1）混凝土强度等级、抗渗等级；

（2）钢筋材料；

（3）管节之间接头GINA橡胶止水带、OMEGA橡胶止水带、管节施工缝止水带等的选型；

（4）管节之间接头受力件材料的选择；

（5）管节永久性钢结构件的材料选择和防腐措施。

9.1.2 结构混凝土耐久性设计应满足的主要要求

（1）考虑使用期间水体中氯化物对结构的渗透和腐蚀的影响，保证有足够的抗腐蚀保护措施，满足结构的耐久性和强度要求；

（2）考虑使用期间结构内部环境对结构腐蚀的影响，保证有足够的抗腐蚀保护措施，满足结构的耐久性和材料强度要求；

（3）考虑混凝土的收缩特征和温度效应，应有足够的抗裂措施，满足结构的耐久性和强度要求；

（4）结构使用阶段的维护、修理与检测要求；

（5）有利于减轻环境影响的结构形式、布置和构造；

（6）达到混凝土结构材料的耐久性质量要求、钢筋的混凝土保护层厚度。

9.1.3 混凝土的重度控制要求

混凝土重度变化对管节能否起浮以及在浮态时的干舷高度控制影响十分敏感，施工过程中必须建立对混凝土重度的严格控制要求。

9.1.4 整体式管节与节段式管节

（1）根据沉管结构分类，钢筋混凝土管节分为整体式管节和节段式管节。预制时质量控制和舾装施工内容基本一致。由于整体式管节纵向钢筋连续，模板设计和钢筋安装应根据其结构形式差异在组织施工中区别对待。

（2）整体式管节预制过程中，由于各施工分段存在先后施工而形成收缩变形的差异，所以整体式管节在预制中，都设置后浇带。

（3）节段式管节因纵向钢筋断开，不连通，各施工分段之间不设置后浇带。各施工分段之间设置咬合的剪切键及防水装置，如止水带。

9.1.5　全断面预制与非全断面预制

（1）中国大陆在实施港珠澳大桥沉管隧道之前，预制管节均采用分层浇筑的非全断面预制施工工艺。分层浇筑施工，模板方案简单，每次浇筑时间比较短，浇筑施工可操控性强，对施工工艺技术要求不高。

（2）随着施工工艺技术的发展，沉管预制采用全断面的浇筑工艺越来越多。全断面预制的沉管整体性好，混凝土控裂、防水效果好。

（3）工厂化预制中采用全断面浇筑工艺，更能体现工厂化生产的特性。

9.1.6　传统干坞法与工厂化预制

由于工厂化预制在丹麦厄勒海峡隧道的成功应用，根据预制工艺的不同，可以将管节预制分为传统干坞法预制和工厂化预制两类。

（1）工厂化预制

从工厂化预制的工艺特点看，是沉管预制时只移动沉管而不移动模板位置，只有节段式管节适用。目前沉管管节还没有先节段预制后整体拼装的设计和成功案例。现时设置在沉管的纵向预应力只是临时性的。下文根据厄勒海峡隧道的施工经验，及正在施工中的港珠澳大桥沉管预制案例，就节段式管节工厂化预制作介绍。

工厂化预制需要在工厂化预制的干坞中实施，请结合前文管节预制场相关介绍来理解工厂化预制。

（2）传统干坞法

传统干坞法预制工艺特点是沉管预制时只移动预制模板而不移动沉管本身。整体式管节预制和节段式管节预制均适用于传统干坞法。

9.2　传统干坞法预制沉管

9.2.1　施工流程

施工流程详见图 9-1。

9.2.2　模板工程

9.2.2.1　模板的作用和一般技术要求

（1）模板作为浇筑钢筋混凝土管节的胎模，在浇筑混凝土过程中及混凝土未能受力的一段时间内，还承受着混凝土和钢筋的重量、侧压力、振捣力、作业人员及必要施工机具的作用力等各种荷载。

（2）模板的一般技术要求：

1）模板几何尺寸、相对位置和高程必须准确，以控制管节的几何尺寸和相对位置的浇筑精度，便于钢筋骨架成型、混凝土浇筑等；

2）模板必须有足够的稳定性、承载力和刚度，以保证在混凝土浇筑过程中不损坏、变形小；

3）尽量采用整体性模板，接缝要求严实、紧密，确保混凝土在振捣过程中不漏浆，模板与浇筑混凝土粘贴的表面应平整光滑，以保证拆模后管节的外观质量；

4）构造简单、拆装方便；

5）模板的周转率高，材料用量少，费用省。

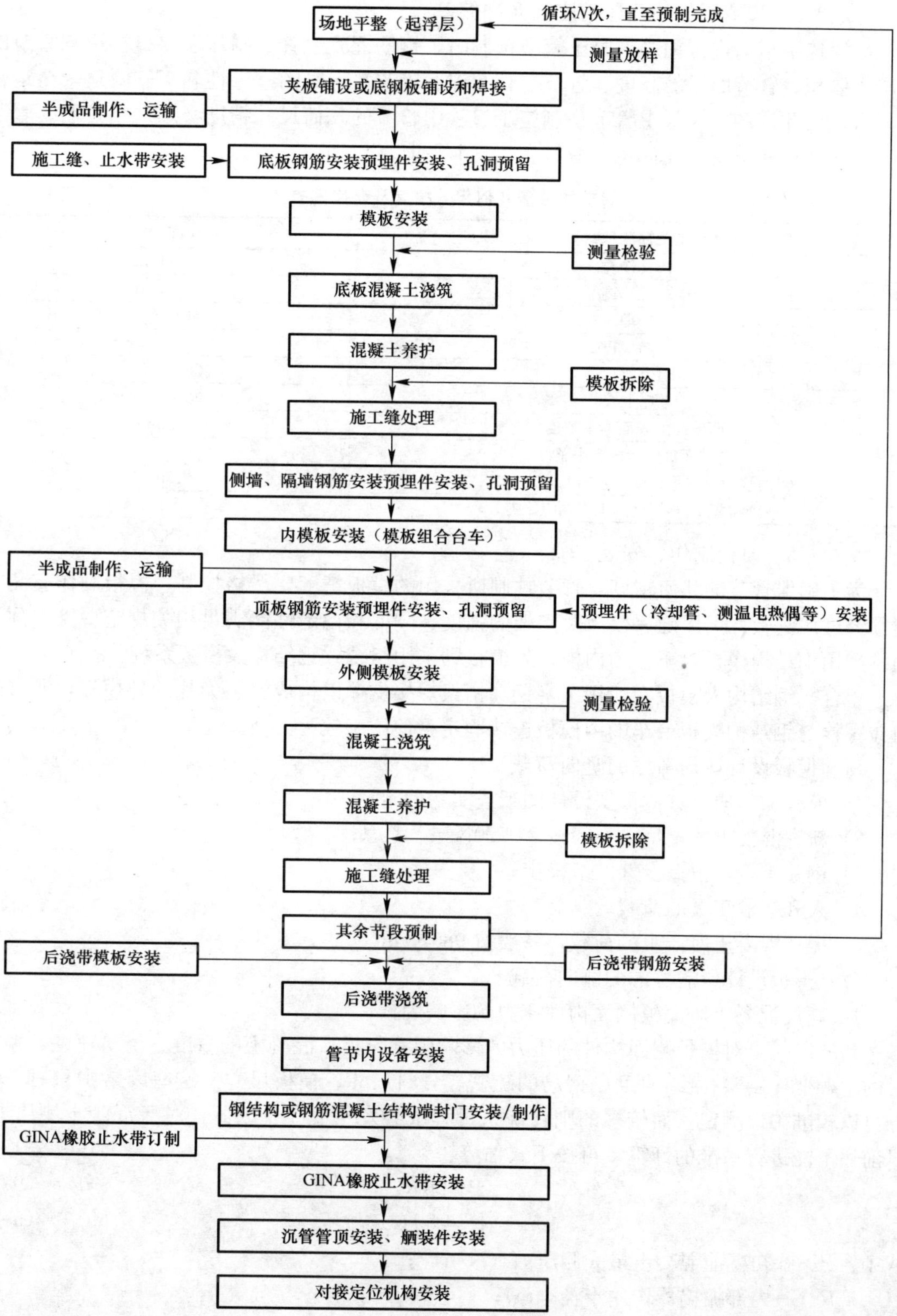

图 9-1　管节预制工艺流程

注：后浇带流程只适用于整体式管节施工。

9.2.2.2 管节制作的几何精度及允许偏差

应用传统干坞进行钢筋混凝土管节预制时，钢筋混凝土管节制作误差直接影响管节的混凝土体积、管节的干舷高度、管节能否起浮、管节浮运时的稳定性和沉管隧道安全运营的要求。因此，钢筋混凝土管节预制施工过程中管节的几何尺寸精度必须严格控制。管节的一般几何尺寸精度及允许偏差应符合表 9-1 要求。

管节的一般几何尺寸精度及允许偏差 **表 9-1**

主要控制项目	允许偏差
内孔净宽	0～+10mm
内孔净高	0～+10mm
壁厚	−10～0mm
管节宽度	−20～+5mm
管节高度	−20～+5mm
管节长度	−30～+30mm
两端面的表面不平整度	<3mm
两端面每延米内不平整度	<1mm
两端面横向垂直度（左右两点之差）	<3mm
两端面竖向倾斜度（上下两点之差）	<3mm

9.2.2.3 模板制作、安装

为了确保管节的几何精度，管节预制所采用的模板精度要严格控制。模板制作安装方案须经过认真验算，以确保模板及支架的强度、刚度和稳定性能满足相关规定。管节预制通常采用钢结构模板台车作为内模，外模板则采用组合式钢结构大模板系统。

组合式钢结构大模板一般用工字钢和桁架焊接支撑以构成整装大片的外模板，通常用对拉螺栓与钢结构模板台车的内模板连接固定，使施工较为方便。

（1）模板设计所需考虑的竖向荷载

1）模板和支架自重，根据设计图纸或实物确定；

2）新浇混凝土的重量，一般按 24 520N/m^3 考虑；

3）钢筋重量，根据设计图纸确定；

4）人和运输工具的荷载；

5）振捣混凝土所产生的荷载，一般按 980N/m^2 考虑。

（2）模板设计所需考虑的侧向荷载

1）新浇混凝土对模板侧面构件压力的影响因素

新浇混凝土对模板侧面构件的压力的影响因素包括：混凝土的重度、浇筑速度、振捣时的“触变作用”、凝结速度、钢筋的疏密、骨料尺寸、模板尺寸。这些因素中只有一部分可以较准确地测定，而较多的则在浇筑过程中会发生变化，因此，对于混凝土侧压力，目前还不能进行精准的计算，可按下式估算：

$$P = \gamma R \tag{9-1}$$

$$P = \gamma H \tag{9-2}$$

式中：P——初凝前混凝土最大侧压力（N/m^2）；

R——内部振捣器作用半径（m）；

H——初凝前混凝土浇筑厚度（m）；

γ——混凝土重度（N/m^3）。

注：公式（9-1）适用于 $H \geqslant R$ 的情况，其荷载图形为梯形；公式（9-2）适用于 $H<R$ 的情况，其荷载图形为三角形。

2）浇筑混凝土所产生的水平动力荷载

浇筑混凝土所产生的水平动力荷载应符合表 9-2 要求。

浇筑混凝土产生的水平动力荷载 **表 9-2**

项次	向模板中供料方法	作用于侧面模板的水平荷载（N/m^2）
1	用溜槽、串筒式直接由混凝土导管流处	2000
2	用容量小于 0.2m^3 运输工具倾倒	2000
3	用容量 0.2～0.8m^3 的运输工具倾倒	4000
4	用容量大于 0.8m^3 的运输工具倾倒	6000

3）风荷载

高度大于 6m 或处于滨海、沿河岸等地的预制管节的模板和支架，应验算其在风荷载作用下的抗倾稳定性。风荷载的计算可参照港口工程技术规范中的有关规定进行。

（3）荷载组合

计算模板和支架时，最不利的荷载组合按表 9-3 确定。

模板和支架的荷载组合 **表 9-3**

项次	模板构件名称	荷载项目	
		计算强度用	计算刚度用
1	梁、板及拱的底模板和支架	模板和支架自重＋新浇混凝土的重量＋钢筋重量＋人和运输工具的荷载	模板和支架自重＋新浇混凝土的重量＋钢筋重量
2	柱或墙的侧模板	振捣混凝土所产生的荷载＋倾倒混凝土所产生的水平动力荷载	风荷载
3	梁的侧模板	振捣混凝土所产生的荷载＋新浇混凝土对模板侧面构件的压力＋倾倒混凝土所产生的水平动力荷载	风荷载
4	厚大结构侧模板	新浇混凝土对模板侧面构件的压力＋倾倒混凝土所产生的水平动力荷载	风荷载

（4）模板和支架的允许挠度值

1）模板除满足承载力要求外，还应满足刚度要求；

2）对于结构外露表面的模板，其挠度不得超过模板构件跨度的 1/400；

3）结构隐蔽表面模板的挠度不得超过模板构件跨度的 1/250。

（5）钢结构模板台车和组合式钢结构大模板制作安装允许偏差

钢结构模板台车和组合式钢结构大模板制作焊接可参照《钢结构工程施工质量验收规范》（GB 50205—2001）和相关地区规范，按高标准要求施工。确保钢材材质、焊缝质量，严格控制焊接残余变形。钢结构台车和组合式钢结构大模板制作安装主要允许偏差应符合表 9-4 要求。

钢结构模板台车和组合式钢结构大模板制作安装允许偏差 **表 9-4**

主要控制项目			允许偏差
焊缝质量检查合格率			1%
制作精度	任意两对角线长度差		±2mm
	表面平整度		1mm
	螺栓孔孔位误差	位置	1.5mm
		孔径	0.5mm

续表

主要控制项目				允许偏差
安装精度	长度	管节长度≤50m		±3mm
		50m≤管节长度≤100m		±5mm
		管节长度≥100m		±6mm
	宽度	隧道孔洞		±1mm
		管道孔洞		±5mm
		外廊		±1.5mm
	厚度	外侧墙		±1mm
		中隔墙		±3mm
		底板、顶板		±1mm
	侧向弯曲	外侧墙、底板、顶板		L/1000，≤5mm
		中隔墙		L/1500，≤5mm
	板的表面平整度			2mm
	相邻两板表面高差			0.5mm
	对角线差			2.5mm
	翘曲			L/1500
	设计顶拱			±1mm
	预埋件	预埋钢板（抗剪键）中心位置		3mm
		插筋	中心位置	2mm
			外露长度	±6mm
		预埋螺栓	中心外置	2mm
			外露长度	±7mm
		中心位置		8mm
		尺寸		±5mm

注：引自公路桥涵施工技术规范（JTG T F50—2011）。

（6）模板工程装配要求

关于模板的结构形式应按管节横断面结构形式而定，其套数视管节预制生产能力要求而定。模板支立前应清理干净并涂刷隔离剂。模板铺设应牢固、平整、接缝严密不漏浆。相邻两块模板接缝高低差不应大于 2mm。

预制场支立模板的地基承载力需经过验算，以保证施工期间地基的稳定性。对于软弱地基尚需加固处理后方能作为预制场地的基础。在实际施工中，结合理论计算值和现场实测地基沉降数据的反馈，对浇筑管节施工段尺寸进行预控。

1）保证结构形状、位置和尺寸正确；

2）构造简单，施工方便，装拆灵活，有利于循环作业，能满足钢筋安装、绑扎和混凝土浇筑等工艺要求；

3）外侧墙、中隔墙模板应预留吹扫孔和振捣窗。

9.2.2.4　非全断面浇筑沉管的模板

非全断面浇筑的混凝土施工采用分层浇筑的方式，混凝土结构的外模板按施工工序要求分为：浇筑底板的外模板和浇筑外侧墙的外模板。通常的整体管节分层浇筑模板断面详见图 9-2。

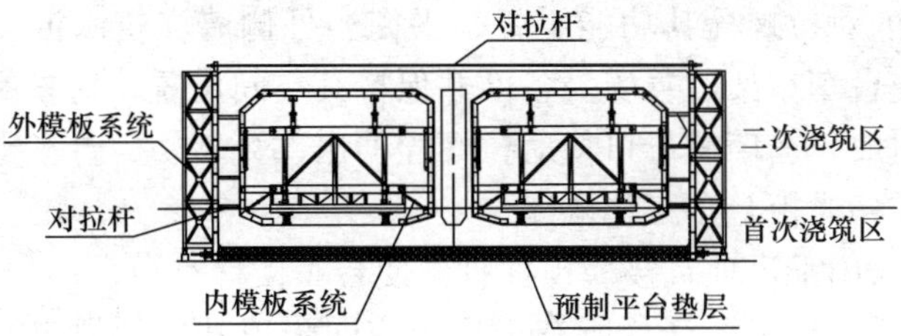

图 9-2 整体管节分层浇筑模板断面图

(1) 浇筑底板的外模板

若设置防水底钢板，则利用防水底钢板作为浇筑底板的外侧模板，并设置围檩及支撑体系。

若不采用防水钢板，就必须在底板外侧设置模板及其支撑系统，支撑系统应牢固、可靠，结构梗斜和底板模支立应正确、牢固、平整。

(2) 浇筑外侧墙的模板

浇筑外侧墙时，外模板一般采用拉杆螺栓固定，螺栓两端应加垫块，拆模后其垫块孔应用膨胀水泥砂浆堵塞严密。但随着施工技术的提高、施工设备的改进，为提高结构混凝土的自防水能力，取消贯穿侧墙的拉杆螺栓已成为现实，目前已在国内多个工程实例中得到应用。模板通常在外模支承处设置地脚螺栓，并加强模板的刚度。

(3) 内模板为钢结构模板台车

管节内模板应为钢结构模板台车，其设计外侧墙内模板、中隔墙侧模板应与顶板底模板连成一体，这样可避免错台现象发生。

1) 钢结构模板台车的走行轨一般铺设在已浇筑完成的底板面上，钢结构模板台车可沿轨道纵向移动。

2) 钢结构模板台车可通过卷扬机牵引或由自身的电动机——减速箱驱动系统驱动轮对沿轨道纵向行走，一般行走速度 $V \leqslant 1\text{m/s}$。

3) 钢结构模板台车必须具有足够的整体稳定性和强度，轴线定位准确，以确保管节几何形状、尺寸的准确和施工安全。

模板台车的承重车架部分，其功能是在浇筑混凝土时承受和传递混凝土压力、台车自重及全部施工荷载，脱模后负担运载模板。车架由若干个桁架用角钢或交形剪刀撑及工字钢连杆连接而成，车架是台车的主体，骨架的各连接点均用焊接，以保证台车的整体性和坚固性。

模板台车的调整顶升就位或下降脱模机构，其功能是调整模块的空间位置，使浇筑后的混凝土的形状和几何尺寸达到设计精度要求。该部分由千斤顶（液压千斤顶或螺杆千斤顶）、法兰螺杆（或油缸）及转动铰组成的空间杆系，装在台车柱脚的千斤顶应具有适当的行程，以调整台车的水平位置，装在两翼的螺杆（或油缸）主要用来调整两翼（墙身模板）的竖直度及其位置。

4) 为了保证管节隧孔内混凝土表面质量，模板应由有加强肋的异型钢模板组成。

5) 通过支承梁将混凝土压力及施工荷载传给车架或对拉螺栓，并为模板提供挂靠位置。传力梁网由顶板次梁、顶板主梁、墙模竖压梁、墙模水平压梁组成。主梁与车架桁架的交点用螺栓连接。

6）抗衡侧压力的对拉螺栓其功能主要是平衡当外侧墙浇筑满混凝土时产生对内外模板的侧压力，从而使台车车架改善受力条件并保持其空间位置。对拉螺栓由内外螺栓、套筒螺母（驳接器）组成，套筒螺母可使对拉螺栓伸出部分不妨碍台车走行。

（4）组合式钢结构模板台车工作顺序

1）台车就位后，用千斤顶直接横顶柱脚，使台车横移对中；

2）用顶升千斤顶使台车上升（所有千斤顶应同步顶升）到规定的水平线上，摇动两侧的法兰螺杆（或操作油缸使活塞杆推出），使两翼张开到达墙身和顶板底面的设计位置并调整垂直度和水平度，检查模板周界符合设计要求后，即可进行混凝土浇筑；

3）混凝土达到一定强度后即可收缩模板脱模。

9.2.2.5　全断面浇筑混凝土模板

（1）管节全断面浇筑混凝土可解决分步浇筑混凝土而产生的温差问题，一般每施工段浇筑长度宜为 18～23m，施工段之间设一道横向变形缝。外侧墙与底板、顶板之间的纵向变形缝则可取消。

（2）内模板亦为组合式钢结构模板台车，其走行轨则不能铺设在已浇筑好的底板面上，要另设立走行轨专门的支承体系。一般支承设置在施工段外，在两支承点间通过纵梁承担内模的受力。

（3）底板外侧面、外侧墙的外模板可组合为一整体，并可组合成为一管节外侧面的外钢结构模板台车，台车可沿铺设在管节两侧轨道走行。

（4）管节全断面浇筑混凝土技术，随着生产工艺技术的不断提高及对工程质量的要求，全断面浇筑混凝土技术将逐渐得到应用和推广。

管节全断面浇筑模板断面，详见图 9-3。

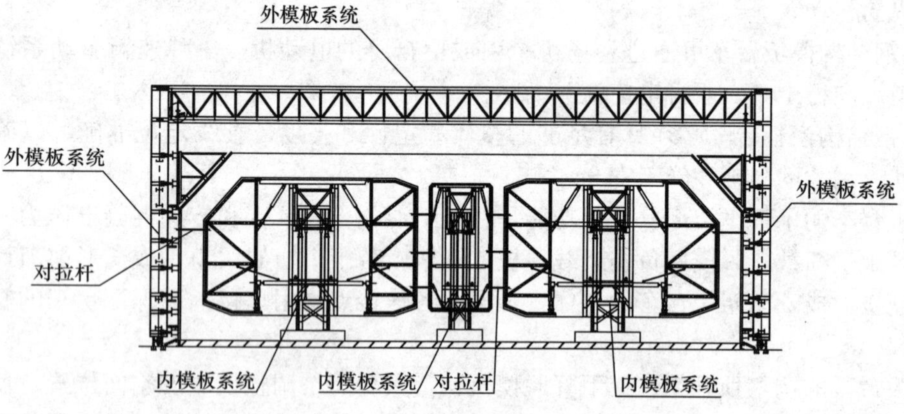

图 9-3　管节全断面浇筑模板断面图

9.2.2.6　端头模板

（1）整体式管节施工段均应安装端头模板，端头模板的支立要牢固，并装拆方便；端头模板应设填缝板，填缝板和嵌入式止水带中心线应与设计要求位置重合，并用模板固定牢固，且要求止水带不得穿孔或用铁钉固定。端头模板支立允许偏差：平面位置±10mm、垂直度 2‰。

（2）钢端壳可作为端头模板；若仅在端头凸缘设部分钢端壳时，则要在其他端面位置安装端头模板，并要注意处理钢端壳与端头模板的接口关系；若不设钢端壳时，则要另支立端头模板。支立时要配备完善人工测量措施，以确保钢端壳或端头模板支立安装精度。

（3）端模的设计应考虑曲线端的制作，以及与沉管段纵断面的关系。

9.2.3　钢筋安装及预埋件施工

9.2.3.1　钢筋安装

（1）钢筋性能

管节钢筋混凝土常用热轧钢筋的力学性能详见表9-5，钢筋的化学成分详见表9-6。

热轧钢筋的力学性能　　**表9-5**

牌　号	Rel（MPa）	Rm（MPa）	A（%）	Agt（%）
	不小于			
HRB335 HRBF335	335	455	17	7.5
HRB400 HRBF400	400	540	16	
HRB500 HRBF500	500	630	15	

注：引自《钢筋混凝土用钢第二部分：热轧带肋钢筋》（GB 1499.2—2007）。

钢筋的化学成分　　**表9-6**

名　称	化学元素含量（%）					
	碳（C）	硅（Si）	锰（Mn）	磷（P）	硫（S）	碳当量（Ceq）
HRB335 HRBF335	0.25	0.8	1.6	0.045	0.045	0.52
HRB400 HRBF400						0.54
HRB500 HRBF500						0.55

注：引自《钢筋混凝土用钢第二部分：热轧带肋钢筋》（GB 1499.2—2007）。

钢筋的物理、力学常数　　**表9-7**

名　称	符　号	单　位	数　值	名　称	符号	单　位	数　值
容量	γ_c	kg/m³	7850	导热系数	λ	kcal/m·h·℃	38.5
比热	C	kcal/kg·℃	0.11	导热率		kcal/m²·h·℃	0.1387
熔点		℃	1559	导电率		%	11～16.5
泊松比	μ		1/6	电阻率	ρ	Ω·mm²/m	0.13
线膨胀系数	α	1/℃	0.0000118	弹性模量	E_g	kgf/cm²	2.1×10^6 2.0×10^6
导温系数		m²/h	0.0447	粘接力（与混凝土）		kgf/cm²	25～40

注：引自水利电力部水利水电建设总局主编的《水利水电工程施工组织设计手册》，中国水利水电出版社，2007。

钢筋材料必须全部符合国家有关技术标准，进入施工现场的钢材还必须进行二次抽检，常规的抽检方法：按照每60t一批次抽检（不足60t按一批次），对于出现试件不合格的批次，须再次加倍抽检，如果还不合格，要查明原因，再判定该批次钢筋是否合格。对于隧道结构使用的钢筋直径较大，抽检的频率应适当调整。

（2）钢筋加工

1）管节预制场，一般设有专门的钢筋加工工厂，进行钢筋加工。

2）钢筋配料依据：设计图纸和修改通知；浇筑部位和分层分块图，月浇筑计划；混凝土入仓方式；钢筋运输、安装方法及接头形式。

3）钢筋下料长度的计算要计入钢筋焊接、绑扎需要的长度和因弯曲而延伸的长度。钢筋对焊接头缩短值应符合表 9-8 要求，钢筋搭接焊搭接长度应满足表 9-9 要求，钢筋绑扎最小搭接长度满足表 9-10 要求，钢筋弯钩末端平直段长度应满足表 9-11 要求，钢筋加工允许偏差应符合表 9-12 要求。

钢筋对焊接头缩短值 **表 9-8**

项目名称	HRB335	HRB400	HRB500
调伸长度	随钢筋牌号的提高和钢筋直径的加大而增长 HRB400、HRB500 等级别，调伸长度宜在 40～60mm		
烧化留量	不小于 10mm		
顶锻留量	随钢筋牌号的提高和钢筋直径的加大而增加 应为 4～10mm		

注：引自《钢筋焊接及验收规程》(JGJ 18—2012)。

钢筋搭接焊接长度 **表 9-9**

焊接形式	HRB300	HPB235、HRB335 HRBF335、HRB400 HRBF400、HRB500 HRBF500、RRB400
双面焊	≥4*d*	≥5*d*
单面焊	≥8*d*	≥10*d*

注：引自《钢筋焊接及验收规程》(JGJ 18—2012)。

受拉钢筋绑扎搭接长度 **表 9-10**

钢筋类型	混凝土强度等级		
	C20	C25	＞C25
HRB235	35*d*	30*d*	25*d*
HRB335	45*d*	40*d*	35*d*
HRB400、HRB500		50*d*	45*d*

注：1. 受压区钢筋绑扎接头的搭接长度，应取受拉钢筋绑扎接头搭接长度的 0.7 倍。
2. 当带肋钢筋直径 *d* 大于 25mm 时，其受拉钢筋的搭接长度应按表中值增加 5*d* 采用；当带肋钢筋直径 *d* 小于或等于 25mm 时，其受拉钢筋的搭接长度按表中值减少 5*d* 采用。
3. 当混凝土在凝固过程中受力钢筋易受扰动时，其搭接长度应增加 5*d*。
4. 在任何情况下，纵向受拉钢筋的搭接长度均不应少于 300mm，受压钢筋的搭接长度均不应少于 200mm。
5. 环氧树脂涂层钢筋的绑扎搭接长度，受拉钢筋按表值的 1.5 倍采用。
6. 两根不同直径的钢筋的搭接长度，以较细的钢筋直径计算。
7. 引自《公路桥涵施工技术规范》(JTG/T F50—2011)。

钢筋弯钩末端平直段长度 **表 9-11**

弯曲角度	钢筋种类	公称直径（mm）	平直段长度
180°	HRB235 HRB300	6～22	≥3d
135°	HRB335 HRB400 RRB400	6～50	≥5d
90°	HRB335 HRB400 RRB400	6～50	≥10d

注：引自《公路桥涵施工技术规范》（JTG/T F50—2011）。

钢筋加工允许偏差 **表 9-12**

项　目	允许偏差
受力钢筋顺长度方向加工后全长	±10mm
弯起钢筋各部分尺寸	±20mm
箍筋、螺旋筋各部分尺寸	±5mm

注：引自《公路桥涵施工技术规范》（JTG/T F50—2011）。

（3）钢筋安装

1）管节钢筋安装，一般采用集中加工，现场人工绑扎。

2）绑扎工序包括：铺料、划线、绑扎、焊接和仓位清理。

3）钢筋连接一般采用焊接、绑扎或机械连接。钢筋直径在 25mm 以下者，可采用绑扎接头。钢筋焊接按工艺分包括：手工电弧焊、接触电渣焊、铝热焊、钢筋套筒连接和剥肋直螺纹套筒连接等。

对于手工电弧焊按操作方法分平、立、横、仰焊，按接头焊接形式分搭接、绑条、破口、熔槽焊。接头焊接的一般要求和参数，关于接头焊接类型、焊缝要求及适用范围，弧焊机规格及性能，电焊条规格、性能，电焊条、弧焊机选择可参照表 9-13～表 9-15 规定进行。

钢筋焊接方法的适用范围 **表 9-13**

焊接方法	接头形式	适用范围	
		钢筋牌号	钢筋直径（mm）
电阻点焊	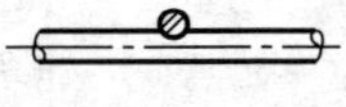	HPB300 HRB335 HRBF335 HRB400 HRBF400 CRB550	6～16 6～16 6～16 5～12
闪光对焊	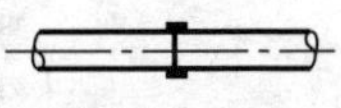	HPB300 HRB335 HRBF335 HRB400 HRBF400 HRB500 HRBF500 RRB400	8～22 8～32 8～32 10～32 10～32
箍筋闪光对焊	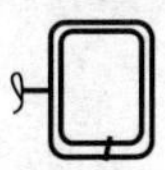	HPB300 HRB335 HRBF335 HRB400 HRBF400	6～16 6～16 6～16

续表

焊接方法			接头形式	适用范围	
				钢筋牌号	钢筋直径（mm）
电弧焊	搭接焊	双面焊	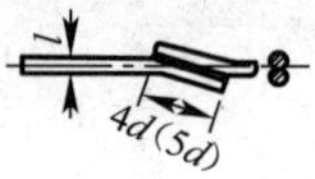	HPB300 HRB335 HRBF335 HRB400 HRBF400 HRB500 HRBF500	6～22 6～40 6～40 6～40
		单面焊		HPB300 HRB335 HRBF335 HRB400 HRBF400 HRB500 HRBF500	6～22 6～40 6～40 6～40
	绑条焊	双面焊	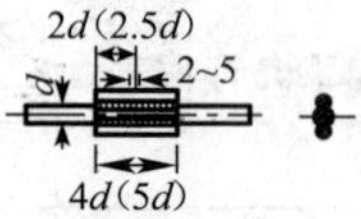	HPB300 HRB335 HRBF335 HRB400 HRBF400 HRB500 HRBF500	6～22 6～40 6～40 6～40
		单面焊	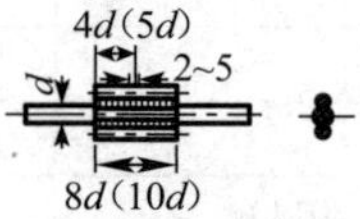	HPB300 HRB335 HRBF335 HRB400 HRBF400 HRB500 HRBF500	6～22 6～40 6～40 6～40
	坡口平焊		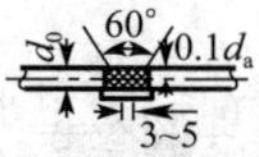	HPB300 HRB335 HRBF335 HRB400 HRBF400 HRB500 HRBF500	18～40 18～40 18～40 18～40
	坡口立焊		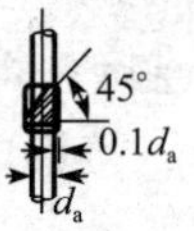	HPB300 HRB335 HRBF335 HRB400 HRBF400 HRB500 HRBF500	18～40 18～40 18～40 18～40
	熔槽焊		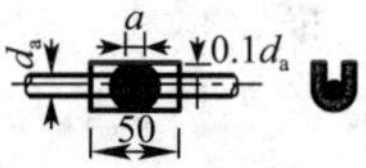	HPB300 HRB335 HRBF335 HRB400 HRBF400 HRB500 HRBF500	20～22 20～40 20～40 20～40
	钢筋与钢板搭接焊		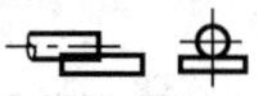	HPB300 HRB335 HRBF335 HRB400 HRBF400 HRB500 HRBF500	8～40 8～40 8～40 8～40
	窄间隙焊			HPB300 HRB335 HRBF335 HRB400 HRBF400	16～40 16～40 16～40
	预埋件钢筋	角焊		HPB300 HRB335 HRBF335 HRB400 HRBF400 HRB500 HRBF500	6～25 6～25 6～25 6～25
		穿孔塞焊		HPB300 HRB335 HRBF335 HRB400 HRBF400 HRB500 HRBF500	20～25 20～25 20～25 20～25
		埋弧压力焊 埋弧螺柱焊	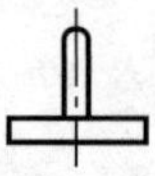	HPB300 HRB335 HRBF335 HRB400 HRBF400 HRB500 HRBF500	6～25 6～25 6～25 6～25

续表

焊接方法		接头形式	适用范围	
			钢筋牌号	钢筋直径（mm）
电渣压力焊			HPB300 HRB335 HRBF335 HRB400 HRBF400 HRB500 HRBF500	12～32 12～32 12～32 12～32
铝热焊	对接	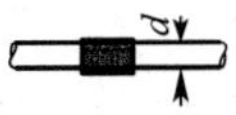	HPB300 HRB335 HRBF335 HRB400 HRBF400 HRB500 HRBF500	12～32 12～32 12～32 12～32
气压焊	固态 熔态	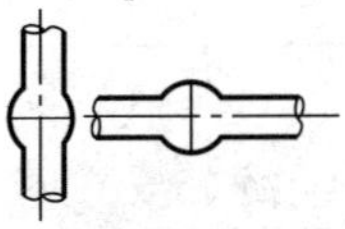	HPB300 HRB335 HRBF335 HRB400 HRBF400 HRB500 HRBF500	12～40 12～40 12～40 12～40

注：引自《钢筋焊接及验收规程》(JGJ 18—2012)。

预埋件钢筋弧焊机选用　　**表 9-14**

序　号	钢筋直径（mm）	焊机型号	焊接电流调节范围（A）
1	6～10	RSM-1000	—1000
2	12	RSM-1000/RSM-2500	—1000/—2500
3	14	RSM-2500	—2500
4	16～25	RSM-2500/RSM-3150	—2500/—3150
5	28	RSM-3150	—3150

注：引自《钢筋焊接及验收规程》(JGJ 18—2012)。

钢筋电弧焊焊接材料匹配推荐表　　**表 9-15**

钢筋牌号	电弧焊接头形式			
	帮条焊 搭接焊	坡口焊熔槽帮条焊 预埋件穿孔塞焊	窄间隙焊	钢筋与钢板搭接焊 预埋件T形角焊
HPB 235	GB/T 5117：E43XX GB/T 8110： ER49、50-X	GB/T 5117：E43XX GB/T 8110： ER49、50-X	GB/T 5117：E43XX GB/T 8110： ER49、50-X	GB/T 5117：E43XX GB/T 8110： ER49、50-X
HPB 300	GB/T 5117：E43XX GB/T 8110： ER49、50-X	GB/T 5117：E43XX GB/T 8110： ER49、50-X	GB/T 5117：E43XX GB/T 8110： ER49、50-X	GB/T 5117：E43XX GB/T 8110： ER49、50-X
HRB 335 HRBF 335	GB/T 5117： E43XX E50XX GB/T 5118：E50XX-X GB/T 8110： ER49、50-X	GB/T 5117：E50XX GB/T 5118： E50XX-X GB/T 8110： ER49、50-X	GB/T5117： E5015、16 GB/T 5118： E5015、16-X GB/T 8110： ER49、50-X	GB/T 5117： E43XX E50XX GB/T 5118：E50XX-X GB/T 8110： ER49、50-X
HRB 400 HRBF 400	GB/T 5117：E50XX GB/T 5118：E50XX-X GB/T 8110： ER 50-X	GB/T 5118： E55XX-X GB/T 8110： ER 50、55-X	GB/T 5118： E5515、16-X GB/T 8110： ER 50、55-X	GB/T 5117：E50XX GB/T 5118：E50XX-X GB/T 8110： ER 50-X

续表

钢筋牌号	电弧焊接头形式			
	帮条焊 搭接焊	坡口焊熔槽帮条焊 预埋件穿孔塞焊	窄间隙焊	钢筋与钢板搭接焊 预埋件T形角焊
HRB 500 HRBF 500	GB/T 5118： E55、60XX-X GB/T 8110： ER 55-X	GB/T 5118： E60XX-X	GB/T 5118： E6015、16-X	GB/T 5118： E55、60XX-X GB/T 8110： ER 55-X
KL 400	GB/T 5118： E55XX-X GB/T 8110： ER 55-X	GB/T 5118： E55XX-X	GB/T 5118： E5515、16-X	GB/T 5118： E55XX-X GB/T 8110： ER 55-X

注：引自《钢筋焊接及验收规程》(JGJ 18—2012)。

4）接触电渣焊焊接工艺比手工电弧焊经济、安全和工效高。接触电渣焊的电热有三种方法产生，即导电剂法、电弧引燃法和铁丝球法，以用导电剂（一般锰矿石）和铁丝球比较稳妥。在焊接参数中，稳弧电流变幅不能太大，焊接时间要严格控制，加压要求稳(不使上钢筋摆动)、快（把熔渣一次挤出)。

5）电渣焊“手控”焊接应符合表9-16要求。

电渣压力焊焊接参数 **表9-16**

钢筋直径(mm)	焊接电流	渣池电压（V）		焊接时间（s）	
		电弧过程 $U_{2.1}$	电渣过程 $U_{2.1}$	电弧过程 t_1	电渣过程 t_2
12	160～180	35～45	18～22	9	2
14	200～220			12	3
16	220～250			14	4
18	250～300			15	5
20	300～350			17	5
22	350～400			18	6
25	400～450			21	6
28	500～550			24	6
32	600～650			27	7

注：引自《钢筋焊接及验收规程》(JGJ 18—2012)。

6）为了保证焊接接头质量，电源压力低于380V、降雨无遮盖措施、焊剂受潮未烘焙不要进行焊接。

7）接触电渣焊接头应进行外观检查和抽样检验，抽样方法和检验标准按施工规范要求进行，电渣压力焊接头缺陷及防止措施按表9-17执行。

电渣压力焊接头缺陷及防止措施 **表9-17**

序	缺陷名称	缺陷外形	产生原因	防止措施
1	偏心	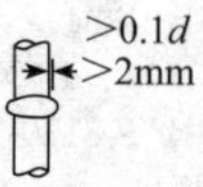	1. 钢筋端部不直； 2. 钢筋安放不正； 3. 钢筋断面不平	1. 钢筋端部要直； 2. 钢筋安放正直； 3. 钢筋段面要平

续表

序	缺陷名称	缺陷外形	产生原因	防止措施
2	倾斜		1. 钢筋一端歪斜； 2. 钢筋安放不正； 3. 夹具放松过早	1. 钢筋端部要直； 2. 钢筋安放正直； 3. 焊毕稍冷后（约 2min）再卸机头
3	咬肉	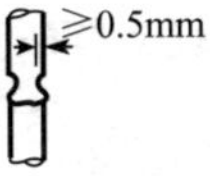	1. 焊接电流太大； 2. 通电时间过长； 3. 停机太晚	1. 适当减小焊接电流； 2. 适当缩短焊接通电时间； 3. 及时停机
4	氧化膜	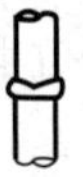	1. 焊接电流太小； 2. 焊接电流断电过早	1. 适当加大焊接电流； 2. 检查微动开关，调整小凸轮位置
5	未焊透		1. 焊接过程中断弧； 2. 焊接电流断电过早	1. 提高凸轮转速； 2. 检查未动开关，调整小凸轮位置
6	焊包偏斜	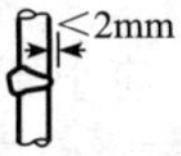	1. 钢筋端部不平； 2. 铁丝圈安放不当	1. 钢筋端部要平； 2. 铁丝圈安放在中心
7	气孔		焊剂受潮未烘干	按规定及时烘焙焊剂
8	烧伤		1. 钢筋端部未除锈； 2. 钢筋夹不紧	1. 钢筋端部除锈； 2. 把钢筋夹紧
9	成型不好 （焊包上翻）		凸轮转动不灵活	拆洗凸轮
10	成型不好 （焊包下溜）		焊接过程中焊剂泄露	把石棉布垫塞好

注：对于接头缺陷，发生 1～5 项是不允许的；6～10 项应避免；如发现应及时纠正。
引自《钢筋焊接及验收规程》(JGJ 18—2012)。

8）铝热焊的优点是不需要电源、效率高、接头质量稳定，而且受外界因素影响较小。以 ϕ32～36 钢筋计算，铝热焊的工效为绑条焊或熔槽焊的 4 倍左右。目前采用的铝热焊有两种：铝热焊模焙接头，简称“MR”工艺；铸熔锁定联接接头，简称“SD”工艺。对于 ϕ22～36 的Ⅱ、Ⅲ级钢筋，或水平、垂直或倾斜一定坡度；气温 －3～38℃，相对湿度 50％～85％的适用铝热焊。

9）铝热焊接材料有：高温火柴、铝焊剂（由铝粉、铁磷和添加剂根据需要按一定比例配合）、钢垫片和耐火封泥。铁磷有 Fe_2O_3、Fe_3O_4，常用 Fe_2O_3；添加剂有磁粉、锰铁、硅铁、钛铁、钼铁、铌铁、氟化钙、氧化钙等，其中常用锰铁和硅铁。

10）铝热焊接使用的型模器具：“MR”工艺常用砂模，“SD”工艺用钢套筒、坩埚和夹钳（具）。

11）受力钢筋的接头全部使用机械连接（挤压套筒），其有关质量标准须符合《钢筋机械连接通用技术规程》（JGJ 107—2010）和有关地区技术规程的规定。

12）钢筋的接头宜布置在受力最小处，同一纵向受力钢筋不宜设置两个以上接头，接头末端至钢筋弯起点的距离不应小于钢筋直径的 10 倍。设置在同一构件内的接头宜相互错开。纵向受力钢筋接头连接区段的长度为 35D（D 为纵向受力钢筋的最大直径）且不小于 500mm，同一连接区段内，纵向受力钢筋的接头面积百分率在受拉区（底板、外侧墙、中隔墙、顶板）不宜大于 50%。

9.2.3.2 受力钢筋和箍筋的弯钩和弯折要求

如果沉管隧道需满足地震设防要求，钢筋加工则需符合抗震要求，受力钢筋和箍筋的弯钩和弯折可参照下列规定：

（1）HPB235 级钢筋末端应做 180°弯钩，其弯弧内径不应小于钢筋直径的 2.5 倍，弯钩的弯后平直部分长度不应小于钢筋直径的 3 倍；

（2）当设计要求钢筋末端须作 135°弯钩时，HRB335 钢、HRB400 级钢筋的弯弧内直径不应小于钢筋直径的 4 倍，弯钩后平直部分的长度应符合设计要求；

（3）钢筋做不大于 90°的弯折时，弯折处的弯弧内径不应小于钢筋直径的 5 倍；

（4）箍筋制作也需要符合下列规定：除焊接封闭形式箍筋外，箍筋末端应做弯钩，弯钩形式应符合设计要求。

9.2.3.3 钢筋绑扎安装位置的允许偏差

钢筋绑扎安装位置的允许偏差应符合表 9-18 要求。

钢筋绑扎安装位置的允许偏差 **表 9-18**

项目			允许偏差（mm）
绑扎钢筋网	长度、宽度		±10
	网眼尺寸		±20
绑扎钢筋骨架	长度		±10
	宽度、高度		±5
	间距		±10
	排距		±5
	保护层厚度	外侧墙	±3
		中隔墙	±3
		底板、顶板	±3
绑扎钢筋、横向钢筋间距			±2.0
钢筋弯起点位置			20
预埋件	中心线位置		5
	水平高差		+3.0

注：引自《公路桥涵施工技术规范》（JTG/T F50—2011）。

9.2.3.4 钢筋绑扎的现场管理要求

钢筋一般宜在工厂加工，运至现场安装成钢筋骨架。如采用工厂化生产节段式管节时，则在生产线上设置钢筋骨架制作工作，整架制作时后滑送至浇筑厂房或分底、侧、顶结构制作后送至浇筑厂房拼成整架。具体要求如下：

（1）钢筋运输、储存应保留标牌，并分批堆放整齐，不得锈蚀和污染。

（2）钢筋接头在工厂加工时宜采用闪光接触对焊。

（3）钢筋加工及钢筋骨架制作工厂，应根据管节每延米横断面的含钢量、管节每施工段的长度、每周要求生产钢筋骨架的数量来确定其生产能力。

（4）绑扎钢筋骨架前，应清点钢筋数量、类别、型号、直径；锈蚀严重的钢筋应除锈，弯曲变形的钢筋应校正；清理结构内杂物，调直施工缝处的钢筋；检查结构位置、高程和模板支立情况，测放钢筋位置后方可进行绑扎。

（5）结构不在同一高程或坡度较大时，必须自下而上进行绑扎，必要时应埋设适当固定点或加设支撑。

（6）绑扎钢筋的操作人员宜站在自动升降的工作台上，以垂直的方位绑扎墙体的钢筋骨架，这个工作台可以使绑扎钢筋操作人员在胸部的高度绑扎所有的钢筋。

（7）钢筋绑扎应用与管节结构同等级砂浆垫块，垫块间距为1～2m，并按行列式或交错式摆放，垫块或塑料卡与钢筋应固定牢固。

（8）钢筋绑扎必须牢固稳定，不得变形松脱和开焊。变形缝处主筋和分布筋均不得触及止水带和填缝板，混凝土保护层、钢筋级别、直径、数量、间距、位置等应符合设计要求。预埋件固定应牢固，位置要正确。

（9）钢筋连接采用滚轧直螺纹钢筋接头时，应符合有关技术规程要求。

（10）拼接成整体钢筋骨架后，应采取必要技术措施保证大跨度钢筋骨架允许挠度要求。

9.2.3.5 预埋件施工

（1）预埋件包括：

1）临时施工所需构件，例如：浮运、沉放、对接等各工序所需定位调整的构件，压载水舱、端封门、节段式管节临时预应力拉索等安装固定的预埋件。

2）运营期间各类设备、设施和沉管（管节）接头（阶段接头）、各种受力件所需安装固定的预埋件。

（2）各类预埋件的安装坐标应与管节几何尺寸坐标系统保持一致，其位置允许偏差参见表9-18。不同的预埋件应根据使用功能确定允许偏差，对于永久构件、止水功能的预埋件必须达到高精度安装的要求；对于机电设备需要的预埋件可根据设备要求适当放宽；对于施工阶段使用的预埋件将根据施工设备的要求确定允许偏差。

（3）预埋件的临时固定措施应牢固，并需避免在浇筑混凝土时发生变位。

（4）各类预埋件还应处理好与浇筑管节模板的接口关系，并对外露螺栓、螺母的螺纹加以保护。

9.2.3.6 预留孔施工

（1）预留孔应包括：

1）临时施工所需预留孔洞，如管节顶板预留人孔；

2）营运期间的各类设备、设施所需预留孔洞，如中隔墙的联络通道门洞、风阀及风口孔洞等。

（2）临时施工所需预留孔洞应预留永久封堵措施。

（3）预留孔坐标应与管节几何尺寸坐标系统保持一致。

（4）预留孔的几何尺寸允许偏差应符合相关施工图技术要求。

(5) 预留孔的模板应处理好与浇筑管节模板的接口关系。

9.2.3.7　施工缝(管段接头)预埋止水带施工

(1) 不论传统或全断面管节混凝土浇筑方式都要进行分段浇筑，各施工段之间形成环向施工缝；整体式管节分层浇筑方式各施工段一般分底板、侧墙/中隔墙、顶板分步浇筑，各分步之间形成纵向施工缝。

(2) 节段式管节，一般采用全断面浇筑，各节段之间的接头，如采用可注浆钢边止水带时，则需按预埋钢边可注浆止水带施工要求进行安装。

(3) 预埋止水带材料包括：金属材料(包括：紫铜带、铝带、镀锌钢带、不锈钢片等)、非金属材料(包括：聚氯乙烯塑料带、橡胶带等)。

(4) 常用止水带材料的物理力学性能应满足表 9-19 要求。

止水带材料的物理力学性能　　**表 9-19**

材料名称	容量(kg/m^3)	抗拉极限(kgf/cm^2)	伸长率(%)	熔点(℃)
紫铜带	8900	2248	24.3	1283
铝带	2700	1781	1.5	658
塑料带	1200	186	369	160
橡胶带	990	260	500	

注：引自水利电力部水利水电建设总局主编的《水利水电工程施工组织设计手册》，中国水利水电出版社，2007。

钢边可注浆止水带物理性能指标：材质为丁苯橡胶，硬度为 60±5(邵氏 A)，拉伸强度≥17MPa，扯断伸长率≥375%，撕裂强度≥31N，橡胶与金属粘合性≥1000(N/25mm)，压缩永久变形≤10%(20℃×72h)。

(5) 止水带技术要求：

1) 金属材料止水带，冷弯 180°无裂缝；在冷弯 0～60°时，连续张闭 50 次，无裂缝。

2) 聚氯乙烯塑料止水带，抗拉强度应在 $120kgf/cm^2$ 以上，伸长率不小于 280%，热老化系数为 0.9～0.95。

3) 橡胶止水带，抗拉强度要求大于 $140kgf/cm^2$，伸长率大于 500%，热老化系数大于 0.85。

4) 如使用寿命有特殊要求，对于金属材料止水带按增加厚度处理，需作注浆处理的止水带则需预埋注浆管。

(6) 对于可注浆钢边止水带，则需预埋注浆管并应选择合适浆液及制定相应注浆工艺。

(7) 止水带预埋属隐蔽工程，应选择质量可靠、易于安装的产品，安装应位置准确、固定要牢固，并有保护或补救措施，在连续浇筑混凝土前仔细清理止水带表面，务必保证止水带表面无杂物附着。

(8) 对于环向施工缝的止水带预埋应处理好与端横板接口关系。

9.2.3.8　管节外侧墙冷却水管预埋施工

(1) 管节外侧墙冷却水管的埋管管路多呈蛇形布置，埋管材料有 ϕ19～25 钢管或铝管。

(2) 通常将冷却水管按预定位置直接铺设或悬空架空，并在混凝土浇筑前，通气(水)检查，保证管道畅通。

9.2.4　管节浇筑混凝土

9.2.4.1　混凝土运输

（1）对混凝土运输工作要求

混凝土的运输是将混凝土从管节预制场的搅拌站送到浇筑现场。混凝土运输的工作量大，施工条件复杂，受到气温、道路、运距等因素的影响，若组织不好，将会延缓工程进度和降低混凝土的施工质量。

1）保持混凝土的均匀性，不允许混凝土发生离析分层现象。在运输过程中，转运和倒料时混凝土容易发生粗骨料和水泥砂浆的分离，当混凝土从高处自由下落时，高度过大也会发生分离，需要采取措施。

2）应缩短运输时间，以保证混凝土运至浇筑地点时没有初凝，留有充裕时间进行平仓和振捣作业。

3）在运输过程中，应采取措施使混凝土入仓温度能满足要求，避免受外界气温等自然条件的影响。

4）要尽量减少转运次数，要注意运输道路条件，避免混凝土受到剧烈的振动。

5）运输混凝土的容器应不吸水、不漏浆。

（2）混凝土的运输方式

应根据搅拌站到管节预制浇筑仓面的运距、高差和道路条件，选择混凝土的运输方式。

1）直接用双轮手推车、机动翻斗车运送混凝土入仓

这种方式可将混凝土直接或通入溜槽、串筒等浇筑设备卸入浇筑管节施工段中。双轮手拉车和机动翻斗车是比较轻便的运输工具。双轮手推车的斗容量0.07～0.1m^3，载重一般为200kg，操作灵活、装卸方便，但劳动强度大，除了在运输量不大、运距不长的小型工程中用它作为主要运输工具外，一般都用它来作辅助运输。机动翻斗车，一般载重量为1t，它速度快，调动方便，对道路要求低，灵活机动，但斗容量不大，运距过长时会降低效率。

2）汽车和起重机配合方式

管节预制场，地形高差大，汽车等水平运输工具不便入仓，因此，较多采用与起重机配合的方式，这样可省去自卸汽车直接将混凝土卸入管节施工段所需搭设栈桥或铺设出入干坞底道路等许多临时工程。

自卸汽车运输混凝土，将混凝土卸入放置在起重机旁的吊罐中，然后由起重机吊运到位进行浇筑。这种方式常用的起重机有：塔式起重机、万能杆式起重机（履带或汽车式）。

以上两种运输方式工效低，劳动力投入大，浇筑时间长，也不利于混凝土的质量控制，一般只用于临时的辅助施工。

3）用连续式运输工具运送混凝土的方式

皮带运输机运输混凝土方式，可用皮带运输机来转运或直接运送混凝土入仓。一般来说，因其构造简单、设备轻、临时设施费用少，故投资较低、生产效率高，还可以爬一定的坡度。但运输中混凝土与大气接触面积大，容易改变混凝土的坍落度及和易性；同时由于频繁扰动混凝土容易产生离析和漏浆，因此，在运用皮带运输机运输混凝土时，必须采用相应的防范措施，如要运用槽形断面皮带，其运送混凝土最大允许倾角应符合表9-20要求。

皮带运输机运输混凝土最大允许倾角　　表 9-20

坍落度（mm）	最大允许倾角（°）	
	向上提升时	向下降落时
<40	18	12
40～80	15	10

皮带运输机最好设在廊道中，尽量减少转运次数，卸料处应有挡板等设施，以使混凝土垂直集中下落，进行配比设计时，要考虑到运输中含有 2～3%的砂浆漏失和水分蒸发等。

4）泵送混凝土的方式

混凝土泵是利用压力来连续运混凝土的机械，混凝土在其压力作用下沿着金属管道压送到浇筑点，并保持与外界隔离，能一次完成水平及垂直运输工作。这种方法经济可靠，快速方便，不仅生产率高，而且由于混凝土在被泵送过程中受到挤压，其密实度大为增加，从而提高了混凝土的强度。

混凝土泵的缺点是一旦卡管，会造成混凝土浇筑停顿，必须将管道全部拆卸以排除堵塞，因此造成混凝土的浪费，所以应严格控制粗骨料的粒径。

混凝土泵目前应用较多的是活塞式，混凝土泵每小时可输送混凝土 5～90m^3（最高可达 150m^3）。单纯进行水平运输时，运距可达 90～150m（最高达 600m）；单纯进行垂直运输时，运送高度可达 30～90m（最高达 150m）。混凝土泵机械配合布料杆使用，工效高，劳动力投入少，现基本得到普及。

采用混凝土泵时，对混凝土的和易性有较高的要求，其水灰比一般为 0.5～0.75，坍落度宜控制在 80～180mm 之间，含砂率为 35%～40%。为使混凝土在输送时有足够的流动性，应掺入加气剂或塑化剂（掺入量为水泥重量的 0.1～0.15%）。粗骨料最大粒径不大于管道直径的 1/3，宜选用卵石，以免造成堵塞。

输送管道有用钢、铅或塑料等制成的硬管及用橡胶、钢材绕制或塑料制成的软管两种，要求其内壁光滑平整、接口严密、轴线对齐、安设平顺。开始泵送之前，应先用水泥砂浆或水泥浆通过管道使其润滑，以减少输送阻力，在混凝土压送完毕后，必须进行清洗。

9.2.4.2　整体式管节的混凝土浇筑

整体式管节由于受纵向温度应力、水下地基基础部均匀沉降的影响，一般管节最大长度<150m，通常分若干施工段进行浇筑，浇筑段的长度一般为 15～20m。为了消除管节因温度应力而产生的裂缝，管节可在浇筑施工段之间预留一条约 1.5m 宽的后浇带最后浇筑，把已制作完成的相邻施工段连接起来。

管节预制时，应从中间往两端施工，并按照底板→中隔墙→外侧墙→顶板的流程分步进行混凝土浇筑。底板与外侧墙之间应设纵向水平施工缝，施工段之间以及施工段与后浇带之间应设横向施工缝。

（1）影响施工进度计划的因素

管节预制前应编制施工进度计划，影响施工进度计划的因素包括：

1）预制场的规模；

2）对于分多批次管节预制场地，必须待同一批预制的管节浮运出预制场后才能进行下一批次管节的预制，这就需要预留作业的间歇时间；

3）在管节预制时，混凝土需达到一定强度后才能脱模，另外还有一些专门部位，例如设置后浇带时，后浇带完成后则需要较长的稳定时间，这就是要考虑的技术间歇时间；

4）气候、水文、地理环境条件，例如大风、暴雨、酷暑、严寒等都会对施工进度造成较大的影响；

5）管节预制施工采用流水作业，管节浇筑分段数量及模板套数等对施工进度亦会造成影响。

（2）浇筑混凝土前的准备工作

混凝土开始浇筑之前，除按设计要求做好模板安装、钢筋绑扎、所有预埋件和观测仪器的安设以外，还必须做好变形缝、施工缝处理以及浇筑前的检查。

1）施工缝的处理

管节采用分层浇筑混凝土结构的施工缝的一般构造详见图 9-4，施工缝的处理首先清除浮在表面的乳皮，并造成粗糙表面以保证新老混凝土能够紧密结合。清除乳皮的方法有：人工凿毛、机械凿毛、风砂枪冲毛及洒缓凝剂等。喷洒缓凝剂在新浇的混凝土表面，如喷亚硫酸盐酒精溶液，可以使混凝土表面一层一定厚度内的混凝土硬化过程延缓，强度降低，这样就很容易凿毛。施工缝经过凿毛后，还必须进行仔细的清扫和冲洗仓面的工作，方法是先进行初步清扫再用低压水冲洗。

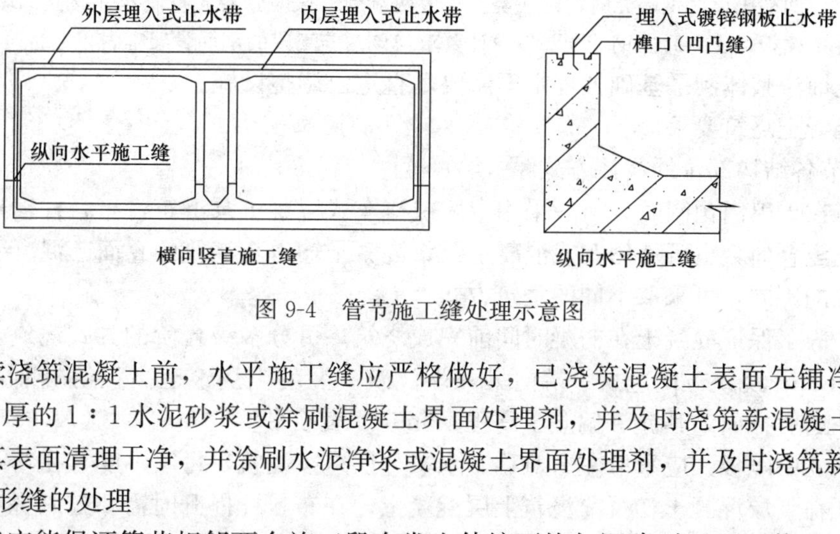

图 9-4　管节施工缝处理示意图

在继续浇筑混凝土前，水平施工缝应严格做好，已浇筑混凝土表面先铺净浆，再铺 20～50mm 厚的 1∶1 水泥砂浆或涂刷混凝土界面处理剂，并及时浇筑新混凝土。垂直施工缝应将其表面清理干净，并涂刷水泥净浆或混凝土界面处理剂，并及时浇筑新混凝土。

2）变形缝的处理

变形缝应能保证管节相邻两个施工段在发生伸缩不均匀沉降时互不干扰，又能保证施工缝水密性要求。浇筑混凝土前，检查嵌入式止水带的安装位置及固定方法是否符合设计要求，并应校正止水带安装位置，表面应清理干净，止水带损坏处应修补。

变形缝的实施过程须采取措施防止施工期间外露钢筋发生锈蚀和变形。

3）浇筑混凝土前的检查

① 模板、钢筋、预埋件、止水带、预留孔洞等的数量、尺寸、位置及牢固程度；

② 仓内清理情况（清理杂物）；

③ 模板、漏斗、滑槽、导管等是否已湿润；

④ 机械、工具、材料的数量以及风、水、电的供应准备。

（3）管节预制需关注事宜

1）管节内设备安装，包括压载水仓、压载水仓水位调节系统、人行通道、人孔爬梯、施工通风系统、管节端封墙门之间隔舱排水系统（包括管道、通大气管、阀门、水泵等）。

2）GINA 橡胶止水带为特种材料，需要预先定制。

3）管节沉放时按拉合千斤顶拉合座的安装：

如拉合千斤顶的拉合座设置在管节端头顶面时，则在管节端头顶面安装拉合座。如拉合千斤顶设置在管节端墙门时，则在一管节对接端的端封门上安装拉合千斤顶及活塞杆伸出处的密封装置，而在对接的另一管节对接端的端封墙上安装拉合座，此时在安装拉合千斤顶的管节内安装液压工作站。

4）对接定位机构安装：

定位机构设置在两管节对接端的顶面时，则分别在这两管节对接端顶面安装定位梁和定位座。同时在沉放对接管节两端外或内侧安装两对临时垂直向下支承千斤顶。在管节内安装时，则要在管节内安装液压工作站。

定位机构设置在两管节对接端端封门（或中隔墙端头）时，则分别在两管节对接端安装上、下鼻式托座，在已沉放管节的下鼻式托座两侧安装临时支承向上垂直千斤顶，其液压工作站需装在已沉放管节内。在沉放对接管节另一端外或内侧安装一对临时垂直向下支承千斤顶，在管节内安装时，则要在管节内安装液压工作站。

注：如管节两端头设有钢端壳时，则在浇筑管节两端施工段时，要先行制作并支立钢端壳，作为这两施工段的端头模板，支立后的钢端壳要按设计要求与该两施工段的钢筋骨架牢固、可靠连接。

采用先铺法整体刮平基础处理则不需要垂直定位调整设施。

（4）混凝土浇筑要求

1）管节各结构部位的浇注方式

如管节在干坞内预制时，一般采用台式或汽车式混凝土泵浇筑，布料杆输送，布料杆可以直接浇至仓面，也可使用车式混凝土泵将混凝土输送至浇筑的仓面。混凝土浇筑时根据管节部位的不同，可采取不同的浇筑方式：

底板：为了保证混凝土在初凝时间前完成浇筑，可分多级台阶的方式浇筑，分层高度应小于 500mm，浇筑方向应从一端向另一端浇筑。混凝土浇筑至高程初凝前，应用表面振捣器振一遍后抹面，其允许偏差：高程±5mm、表面平整度 5mm。

外侧墙、中隔板：应采取左右对称、水平分层连续浇筑，每层厚度宜在 500mm 以内，且必须保证在下层混凝土初凝前浇筑上层混凝土，在布料杆提升时需要控制提升速度，一般应控制为 500mm/h。

顶板：应采取连续、水平、分台阶由中隔板、外侧墙分别向施工段中间方向浇筑。混凝土浇筑至高程初凝前，应用表面振捣器振捣一遍后抹面，其允许偏差为：高程±5mm、表面平整度 5mm。

浇筑混凝土时，必须对称浇筑，以确保模板及支架受力平衡和稳定，防止局部超载而导致模板支架倾斜、变形或失稳。

2）平仓

应把卸入仓内成堆的混凝土料按一定顺序和厚度摊开，并铺成均匀的混凝土层，以便进行振捣。正确的平仓方法和操作对混凝土浇筑强度和质量有很大影响，往往由于仓面不平，引起分层、骨料架空、泌水、漏振或冷缝事故。

管节混凝土浇筑宜采用人工平仓，人工平仓一般用铁锹和铁耙进行，不允许用振捣器插入堆料内部，借混凝土在振动作用下的液化自动摊平，因为这容易造成分层离析等质量事故。

为了减少平仓工作量，防止混凝土分离，应特别注意混凝土入仓时分料工作，要尽量使混凝土投入到接近最终铺筑的位置，卸料时应从低到高，均匀对称卸料，减少混凝土流动。

3）振捣

振捣的目的在于排除混凝土中所含的空气，使混凝土获得最大的密实性。

管节混凝土浇筑宜采用内部式振捣器（又称插入式振捣器）进行振捣。插入式振捣器一般应垂直插入，其深度到下层尚未初凝的混凝土中 5～10cm，以促使上下层相互结合。振捣时应均匀有序振捣，并做到快插快拔。

振动点按梅花形布置，间距为 300mm（一般不超过振动棒有效作用半径尺的 1.5 倍，振动时间要适中，约 40s），看到混凝土不再显著下沉，不再出现气泡，表面开始泛出灰浆，振捣即应停止。使用插入式振捣时，应该避免碰撞钢筋、模板、预埋件等。振动器离模板的距离不得大于 $R/2$。

（5）拆模时间

为了保证钢筋混凝土管节的外观质量及确保拆模时混凝土和施工的安全，拆模时间满足表 9-21 要求。

拆模时间　　　　**表 9-21**

模板名称	拆模时间
外模板	混凝土强度达到 80％
整体内模板（台车）	混凝土强度达到 100％

注：1. 拆模期限和拆除程序应严格按施工图设计的要求进行；非承重侧模应在混凝土强度达到 2.5MPa，且能保证其表面及棱角不致因拆模而受损坏时方可拆除。
2. 引自《公路桥涵施工技术规范》(JTG/T F50—2011)。

（6）混凝土管节养护

混凝土管节一般采用自然养护，即利用平均气温高于 5℃的自然条件，用湿麻袋、草席、土工布覆盖混凝土，并经常适当浇水来维持表面潮湿。

1）管节的不同部位应采用不同的养护方法

对于底板及顶板的上表面，养护条件相对较好，在混凝土浇筑振捣完毕并完成收水后，即可覆盖土工布浇水维持表面潮湿。待混凝土终凝之后，在板表面蓄水养护，蓄水深度可根据热交换原理来计算，即在规定时间内，混凝土中心温度降低到表面温度时放出的热量，等于混凝土在养护期间散失到大气中的热量。

对于中隔墙的养护，可在拆模两天后覆土工布并喷水保温养护。

对于外侧墙的养护，在工期允许的条件下，适当推迟混凝土拆模时间，可在混凝土浇筑 7d 内带模养护。拆模后，继续保温保湿养护，养护时间不少于 14d。为避免管节内出现“穿堂风”现象，内模拆除后在隧孔两端孔口处用土工布挂帘法封口，阻止空气流动，减少隧孔的水分散失，并经常在隧孔内及外侧墙内表面浇水，保持隧孔内相对湿度大于 85％

以上。

2）养护时间

混凝土潮湿养护，一般在浇筑完毕表面结硬后进行。潮湿养护不少于10～15d，具体时间主要取决于当地气温和水泥品种。海上沉管隧道的管节，为了能在其表面形成一层抵抗海水侵蚀的碳酸钙薄层，浇筑完后应暴露在空气中存放21d以上。

在自然气温条件下（高于5℃），对于一般混凝土应在浇筑后10～12h内（炎夏时可缩短至2～3h），对于管节的后浇带采用硬性混凝土应在浇筑完成后1～2h内，用麻袋进行覆盖，并及时浇水养护以保持混凝土具有足够润湿状态，但管节施工段混凝土养护时间需根据养护手段综合确定。

混凝土在养护过程中，如发现遮盖不好、浇水不足，以致表面泛白或出现干缩的细小裂缝时，要立即仔细加以遮盖，加强养护工作，充分浇水，并延长浇水日期，加以补救。

3）冬季养护措施

新旧混凝土相接的施工缝处混凝土（外侧墙及中隔墙）必须在0℃以上浇筑。如旧混凝土的表面处在露天状态0℃以下，必须采取保温措施提高表面温度至0℃以上方可进行混凝土浇筑。

加强养护，达到保温保湿的效果，要求在管节两端隧孔封口挂土工布帘，对外侧墙混凝土，尽量延迟拆模时间，拆模后需继续保温保湿养护，养护时间不少于14d；底板及顶板混凝土的外表面须注意保温保湿养护使用草袋、土工布、蓄水等方法，养护期14d以上。

（7）后浇带处理

后浇带的两侧作为施工缝处理，密度应根据操作空间、施工技术水平等因素确定，一般宜为1.0～1.5m。后浇带位置的结构主筋不宜断开，如必须断开时，主筋需焊接，并满足接头错开距离≥35d，且不小于500mm，接头区段内受力钢筋接头面积的允许百分率≤50%。

后浇带应在两侧混凝土龄期达到42d后再施工，后浇带混凝土的养护时间不得少于28d。后浇带应采用补偿收缩混凝浇筑，其强度等级应高于两侧混凝土。

9.3 工厂化预制沉管

9.3.1 施工流程

施工流程详见图9-5。

工厂化预制管节为流水施工工艺，每条生产线由3个钢筋绑扎台座、1个混凝土浇筑台座、4套活动底模、1套临时内模、1套内模、1套外模及1个钢筋笼滑移托架形成流水作业，节段预制施工流程见图9-6。

9.3.2 模板工程

9.3.2.1 模板的作用、一般技术要求和设计思路

（1）工厂化预制模板的作用与传统干坞法预制模板作用一致。由于工厂化是连续施工，作为浇筑钢筋混凝土管节的胎模，在每次施工时，需要进行重复的精确的装拆。为体现工厂化特点，应简化装拆的流程，将模板设计成整体式，按整体性承受各种荷载。

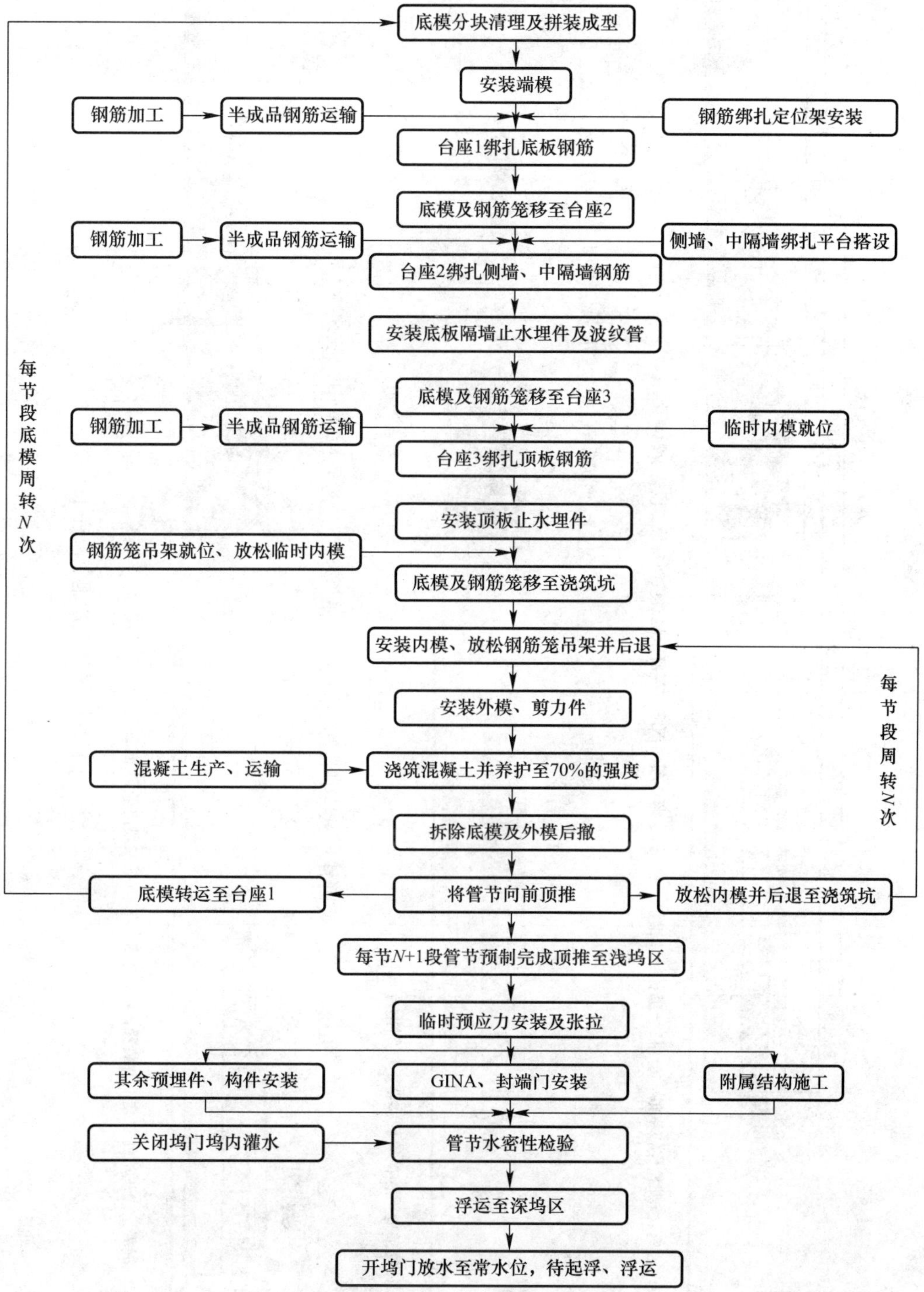

图 9-5 管节工厂化预制流程框图

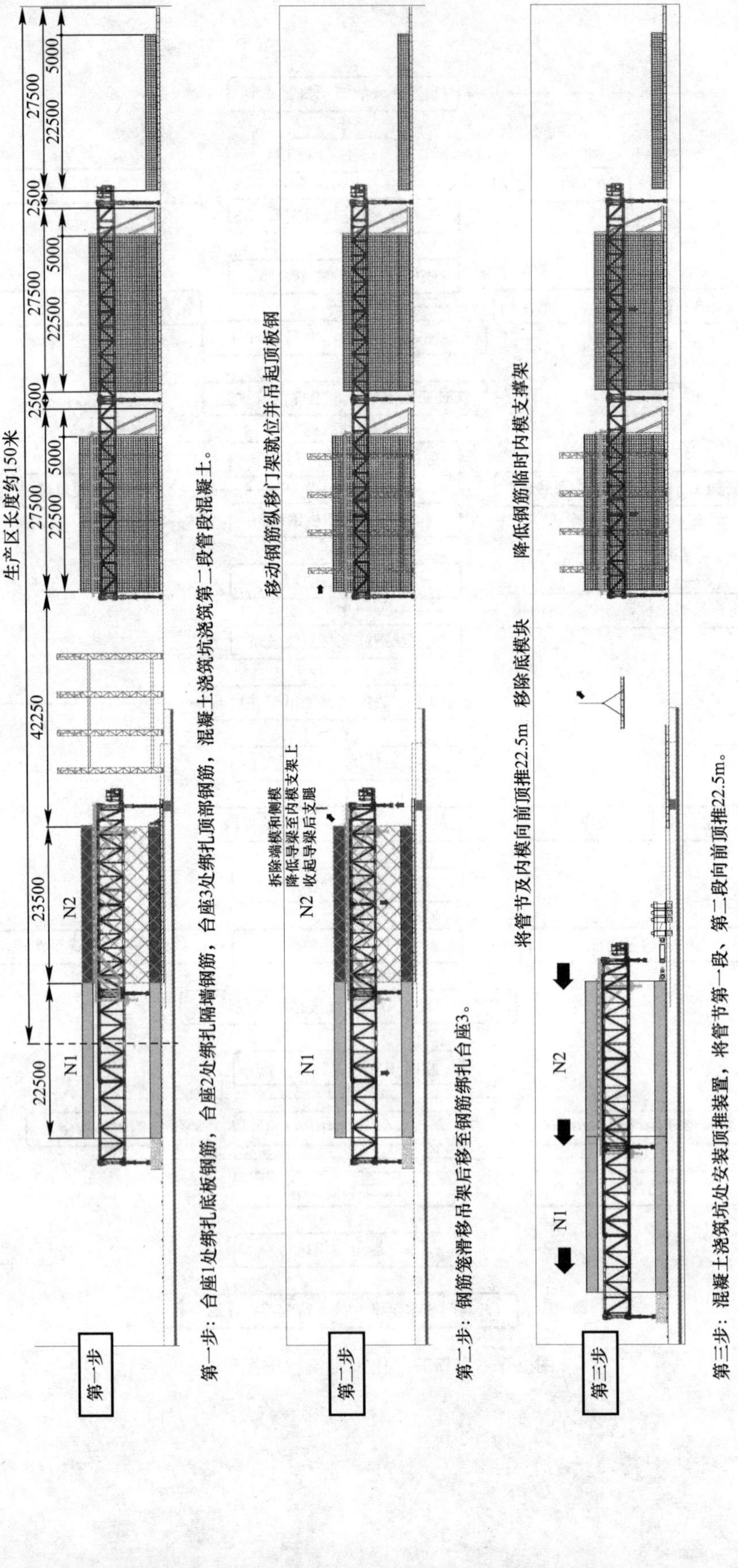

图 9-6　节段预制施工流程（一）

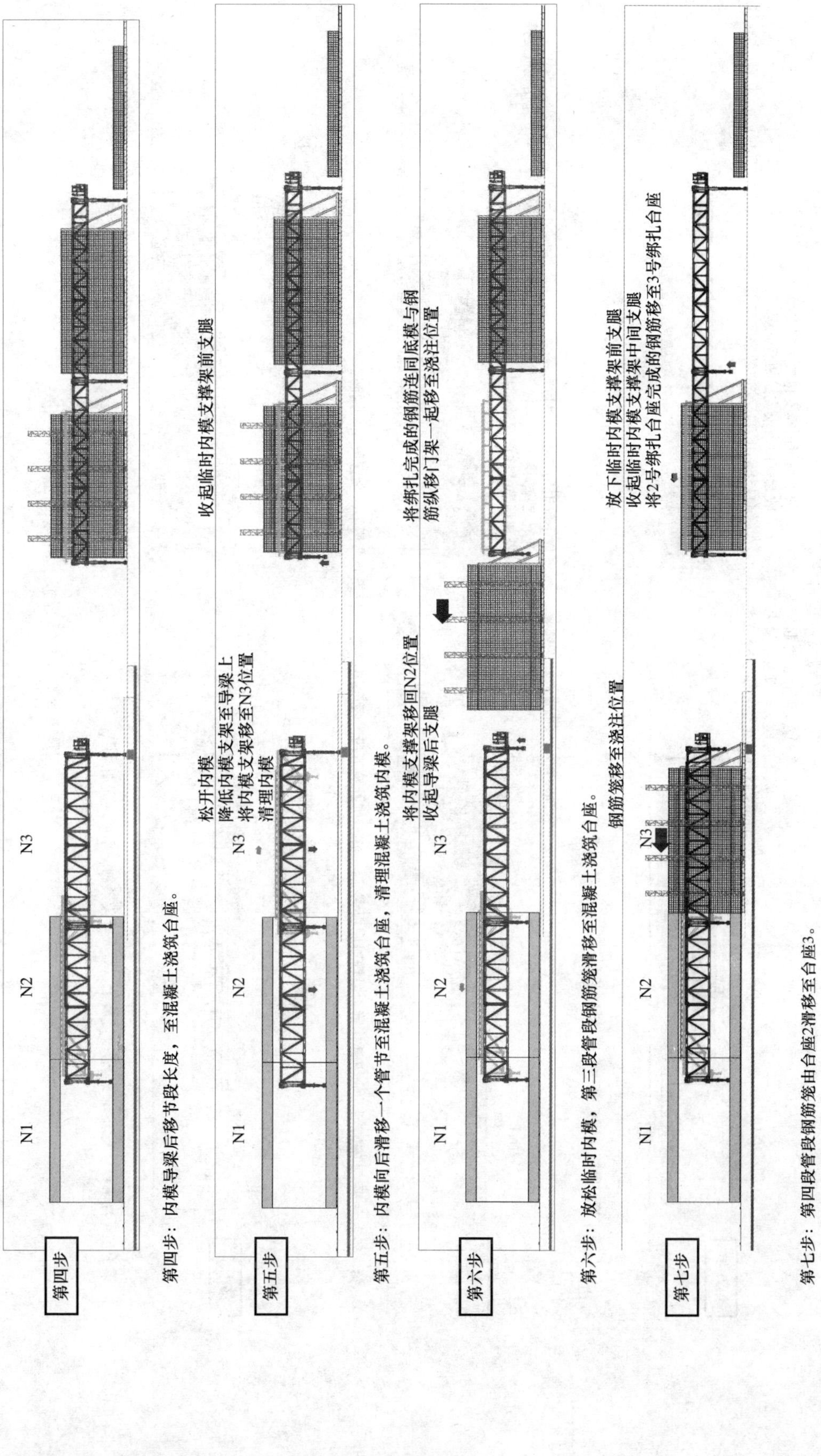

图 9-6　节段预制施工流程（二）

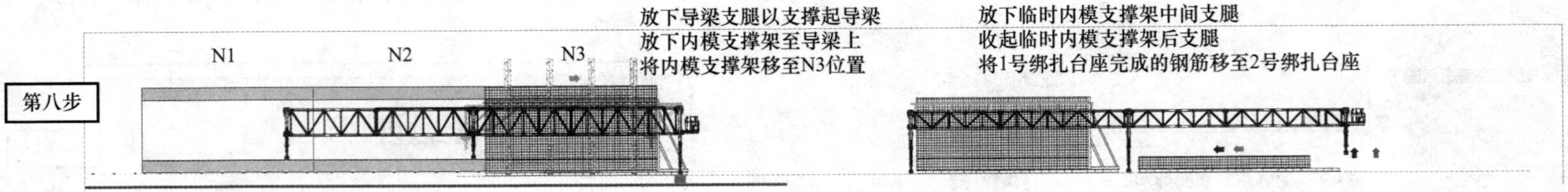

第八步：第五段管段钢筋笼由台座1滑移至台座2。

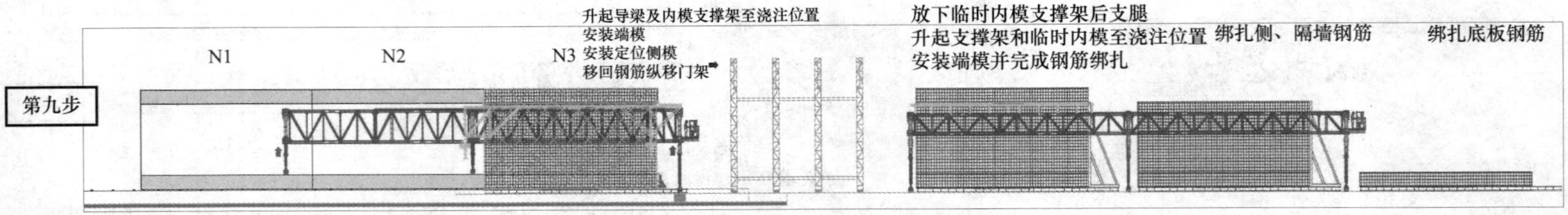

第九步：台座1处安装活动底模绑扎第六段管段底板钢筋，台座2绑扎第五段管段隔墙钢筋，台座3处绑扎第四段管段顶板钢筋。

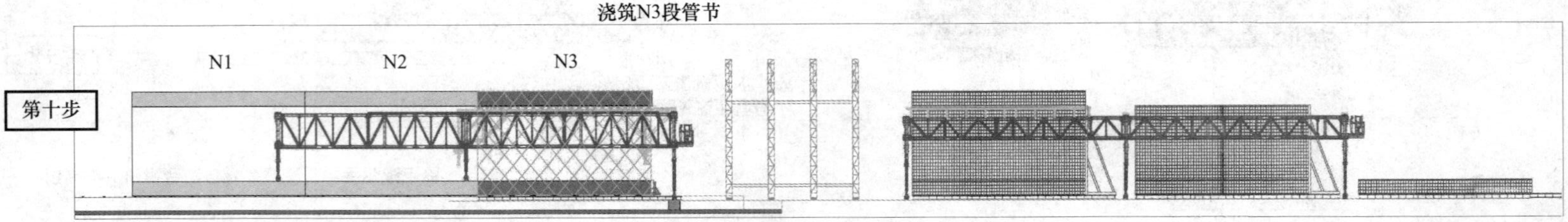

第十步：浇筑台座浇筑第三段管段混凝土，完成管段预制一个循环周期施工。

图 9-6　节段预制施工流程（三）

（2）模板的一般技术要求与传统干坞法预制模板大致相同。几何尺寸、相对位置和高程必须准确，以控制管节的几何尺寸和相对位置的浇筑精度，便于钢筋骨架成型、混凝土浇筑等。

（3）沉管隧道管节预制模板的设计思路

针对工厂化管节生产模式，为提高工效与混凝土浇筑质量侧模及内模系统将使用液压操纵钢模板作为管节制作的模板系统。侧模采用整体拼装、整体脱模、整体移动，内模采用穿入式移动模架。沉管模板分为侧模、侧模移动架、内模结构、内模支架、活动底模、底模轨道及导梁等。

每条预制生产线配置 4 套可移动底模、1 套内模、1 套侧模、1 套临时内模、1 套钢筋笼移动托架及内模导梁支架。

9.3.2.2　模板制作、安装

（1）模板系统的组成

1）底模：设置一套底模固定于浇注台座，可通过底部千斤顶支撑系统上、下移动。

2）内模：设置一套穿入式移动内模，可做拆、合模动作和纵向移动。

3）侧模：设置一套外模固定于浇筑台座，通过液压驱动仅做横向合模和拆模动作，侧模外侧设置一混凝土框架挡墙作为侧模板横向支撑面。

4）端模：设置两套可拆卸式端模，用门吊安装和拆除，一套用于节段接头端面，另一套用于管节接头端面。

（2）底模

固定底模通过千斤顶支撑在混凝土基础上。固定底模可上下移动，通过液压系统升降实现安装和脱模工艺。

底模钢模板主要分为行车道底模、廊道底模、边模和翻折底板四大部分。浇筑状态下底模液压系统处于工作状态，使底板顶伸至理论高度后锁死；当管节脱模和顶推时，液压系统将底板缓慢降低一定高度，完成拆模工作。

（3）侧模

侧模系统固定安装于浇筑台座两侧，后方设置混凝土挡墙支撑，可以省略侧模对拉杆。每两块侧模组成一个整体，采用液压千斤顶操作做拆模、合模动作。侧模系统可沿固定轨道后退 1.0m，待钢筋笼下放就位至底模后，再完成侧模安装，底模、侧模、支架和挡墙布置见模板系统示意图（图 9-7）。

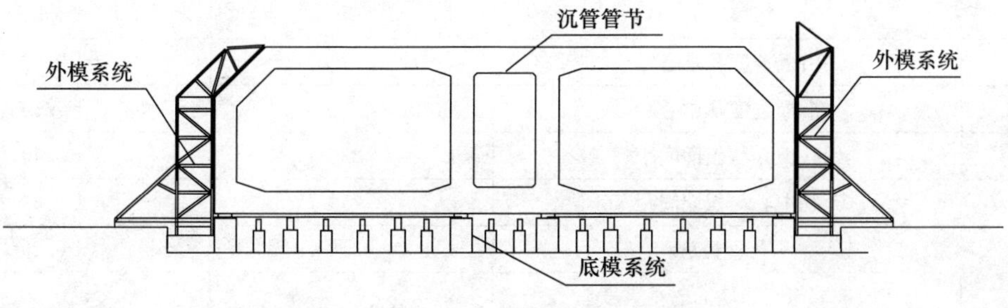

图 9-7　模板系统示意图

（4）内模

内模采用穿入式移动模架，内模系统由模板结构、液压系统、内模针形梁及支撑行走系统组成，内模布置图见图 9-8。

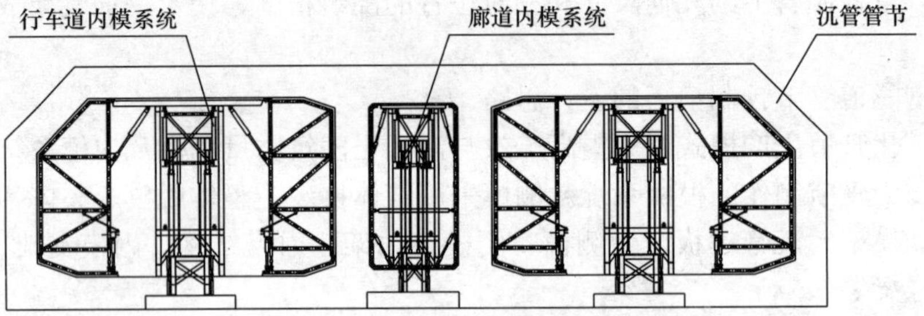

图 9-8　内模布置图

内模位于管节内部，针形梁在内模滑移时提供内支撑和滑移轨道，可满足内模的前后移动；内模支腿就位后，针形梁支腿收起，亦可在内模轨道上滑动，从而实现内模和针形梁的自由前后移动。

（5）安装

模板的安装分为三个阶段：

1）模板系统应提前完成，并指导工厂设备基础的施工及预埋件的埋设；

2）模板应在加工工厂内预拼，同时进场组装时也应预拼，为安装验收进行施工现场的验收工作；

3）模板应由加工工厂负责安装，并按要求进行质量验收。

9.3.2.3　端头模板

采用工厂化预制时，当完成首节段后，端头模板就只有一侧。施工要求与传统干坞法预制要求相同。

9.3.2.4　模板质量控制指标

模板制作质量应符合表 9-22 要求，模板加工焊缝应符合表 9-23 要求，模板安装质量应符合表 9-24 要求。

钢模板制作质量允许偏差　　**表 9-22**

序　号	项　目	要求尺寸	允许偏差（mm）
1	长度 L	—	0，−0.90
2	宽度 B	—	0，−0.70
3	肋高 H	—	±0.50
4	沿板长度孔中心距	—	±0.60
5	沿板宽度孔中心距	—	±0.60
6	孔中心与板面间距	22	±0.40
7	孔中心与板端间距	75	±0.30
8	孔直径 ϕ	13.8	±0.25
9	面板端与两凸棱面的垂直度△	90°	≤0.50
10	板面平面度 $f1$	—	≤1.00
11	凸棱直线度 $f2$	—	≤0.50

注：引自《公路桥涵施工技术规范》（JTG/T F50—2011）。

模板加工焊缝质量要求 表 9-23

焊缝	要求尺寸	允许偏差（mm）
肋间焊缝长度	30	±5.00
肋间焊脚高度	2.5	+1.00，0
肋与面板焊缝长度	10	+5.00，0
肋与面板焊缝高度	2.5	+1.00，0

注：引自《公路桥涵施工技术规范》(JTG/T F50—2011)。

预制构件模板安装的允许偏差及检验方法 表 9-24

项目		允许偏差（mm）	检验方法
长度	板	±5	钢尺量两角边，取其中较大值
	墙板	0，−5	
宽度	板、墙板	0，−5	钢尺量一端及中部，取其中较大值
高度	板	+2，−3	钢尺量一端及中部，取其中较大值
	墙板	0，−5	
侧向弯曲	板	$L/5000$ 且≤15	拉线、钢尺量最大弯曲处
	墙板	$L/5000$ 且≤15	
板的表面平整度		3	2m 的靠尺和塞尺检查
相邻两板表面高低差		1	钢尺检查
对角线差	板	7	钢尺量两个对角线
	墙板	5	
翘曲	板、墙板	$L/5000$	调平尺在两端量测

注：1. L 为构件长度（mm）。
2. 引自《公路桥涵施工技术规范》(JTG/T F50—2011)。

9.3.3 钢筋安装及预埋件施工

9.3.3.1 节段式钢筋混凝土管节结构特点

节段式钢筋混凝土管节，分若干节段进行制作，各节段之间纵向钢筋是断开的。长期运营使用期间，各节段之间节段接头（施工缝）采用止水带进行防水。对有抗震设防要求的沉管隧道，管节施工缝应考虑设置抗震要求的垂直和水平剪切键。

管节纵向钢筋断开，因为不受纵向温度应力和应变的影响，管节长度可为 150～200m，节段长度可为 18～23m。这种结构形式，较为适用于沉管段较长（>3km）的沉管隧道。

这种管节结构形式，为了适应管节浮运、沉放、对接等各工程要求，在管节预作期间，应按设计要求预留预应力拉索孔，各施工段制作拼接完成后，需安装预应力拉索，并按设计要求施加预应力，使各节段拼着在一起成为完整的管节，以满足管节安全浮运、沉放、对接等工序的需要。管节沉放、对接、就位、基础处理完成，直至沉管隧道连成后，剪断或松开预应力拉索，亦可按设计要求保持部分预应力。

9.3.3.2 钢筋加工与安装

（1）钢筋统一在加工车间下料加工，利用 2×10t 龙门吊将钢筋直接卸运在施工区域，在台座 1、台座 2、台座 3 上进行流水绑扎。每条流水线设有 4 套可移动底模，按工序依次进行底板钢筋、侧墙及中隔板钢筋绑扎、顶板钢筋绑扎（顶板钢筋绑扎由临时内模支撑）及一套正处于浇筑状态的底模，四套底模形成流水作业。

（2）钢筋绑扎台座两侧厂房内设置有配套的钢筋加工区域，每个绑扎台座配套钢筋加工区均由原材料待检区、检验合格区、钢筋加工区、半成品堆放区四个区域组成。钢筋起重转运采用桥吊和龙门吊进行配合作业，在钢筋绑扎台座设置垂直生产线方向桥吊，钢筋储存、钢筋加工区设置垂直生产线龙门吊，龙门吊与桥吊重合10m完成厂内运输。

（3）钢筋连接：

钢筋连接采用焊接接头或机械连接的钢筋接头，不采用绑扎接头，以机械连接接头为宜。

如采用滚压直螺纹，加工完成后，用塑料套头对主筋裸露丝头进行保护。直螺纹连接事前需进行工艺试验。工艺试验分两种情况：一是在连接钢筋完全顶到位（满丝）的情况；二是连接钢筋未完全顶到位（中间间隙1cm以内）的情况。

钢筋的焊接采用手工搭接焊，焊条型号为J502焊条，单面施焊，焊缝长度应符合规范及设计图纸要求。

为提高钢筋使用效率及加快施工速度，应提前进行各部分钢筋的配料设计，钢筋应尽量在厂家进行定制。管段纵截面上，管段钢筋采用定制的通长钢筋为宜，以减少损耗。

（4）钢筋安装、绑扎：

1）底板钢筋

钢筋安装前，将加工好的钢筋胎架固定于底模上，并在底板上按照2.0m间距铺设垫块，然后将已加工好的横向钢筋依次放置于胎架上，然后铺设纵向钢筋并绑扎，此时仅对已铺设垫块的横向钢筋进行绑扎，待其成型并形成骨架后再对未铺设垫块的横向钢筋进行绑扎。绑扎完成后，松开与定位胎架板连接的螺杆，取出定位胎架板，并调节胎架支撑螺杆调节高度，调节到位后安装定位胎架板，进行底板上层钢筋绑扎。

2）侧、隔墙钢筋

侧、隔墙钢筋绑扎时需搭设简易绑扎平台并在绑扎平台上安装可拆卸式钢筋定位胎架。侧、隔墙钢筋绑扎先对竖向钢筋在胎架进行定位，然后在竖向钢筋内侧绑扎上、中、下横向钢筋各三道以形成整体，再依次按从下到上的顺序进行横向钢筋的绑扎，随后依次绑扎拉钩钢筋。

3）顶板钢筋

顶板钢筋绑扎前，需先安装临时内顶模。顶板底层钢筋定位主要依靠已绑扎好的侧、隔墙钢筋，顶板上层钢筋定位需安装定位胎架。待顶板钢筋绑扎完成后，移动钢筋纵移门架就位并吊起顶板钢筋，放松临时内模，将钢筋纵移门架及钢筋笼滑移至混凝土浇筑台座处。

（5）钢筋笼的移动：

钢筋绑扎均在活动底模上进行，生产线分别设置3个钢筋绑扎台座、1个混凝土浇筑坑，分别进行底板钢筋绑扎、隔墙钢筋绑扎、顶板钢筋绑扎、混凝土浇筑，相应位置工序施工完成后，利用千斤顶将绑扎完成的钢筋笼连同活动底模一起顶推移动至下一施工区域进行下道工序施工。

混凝土浇筑完成并达到80%强度后，将浇筑坑活动底模脱模并后退至模板休整区拆分，通过悬臂吊转运至平板车后转移，在台座拼装成整体进入下步工序。

（6）工厂化钢筋质量要求与传统干坞法要求一致。

9.3.4 工厂化预制浇筑混凝土

工厂化预制管节混凝土浇筑工艺与传统干坞法工艺基本一致。

9.3.5 流水作业的顶推系统

（1）顶推系统由同步顶推、支座、导向及控制等子系统组成。

（2）同步顶推子系统：

1）同步顶推子系统主要有两种形式：集中式端头底部顶推、分散式底部顶推。施工方案应根据管节重量、几何尺寸、流水作业等条件进行选取；

2）同步顶推子系统一般采用液压千斤顶进行顶推，其液压系统必须配备合适的同步回路，以实现推力均衡、行程同步；

3）应具有足够的顶推力，其顶推总行程应能将制作好的节段顶推至浅坞内。

（3）支座子系统：

1）应采用液压支座，为保持管节顶推过程的稳定性，支座高度应尽量低、调节高度行程短；

2）应通过计算分析，确定支座数量及平面布置，各支座应能实现顶推过程反力误差为±25%（每个支座控制高程），综合调节控制；

3）支座与钢筋混凝土滑移梁的支撑导轨接触面形式的摩擦副，摩擦面应选用耐磨、摩擦系数小的材料，金属材料应防腐蚀，要求导轨固定可靠。

（4）导向子系统：

1）导向子系统的导轨中心线与两导向侧面平行度误差应符合设计定线精度要求；

2）导向子系统应配置顶推过程导向精度测量及导向偏差调节系统，两系统应能实时闭环控制，随时纠正节段式管节的纵向移动轨迹。

（5）控制子系统：

① 控制子系统包括：液压工作站和综合控制中心；

② 控制子系统为顶推、支座及导向等子系统提供液压动力和实现综合控制；

③ 控制中心应设置计算机控制系统，以控制液压工作站、顶推参数（包括：压力、行程、节段或管节位置、定线、警示、反力等）、支座参数（包括：平均行程、压力、摩擦系数等）、导向参数。

（6）施工段或整节管顶推滑移工作循环：

1）将支座按设计要求布置在钢筋混凝土滑梁上。

2）按支座的分组，连接液压管道，并进行液压系统充油及排气。

3）安装管节施工段底板模板（或在浇筑位置进行底板、侧/中隔墙、顶板的钢筋骨架拼装。

4）将钢筋骨架滑移至浇筑位置。

5）安装预埋件（包括节段接头的可注浆钢边橡胶止水带）。

6）安装调整组合式钢结构内模板台车，支立调整外模板和端模板。

7）浇筑混凝土。

8）拆除外模板、端模板和组合式钢结构内模板台车。

9）各支座顶升，将浇筑完成施工段的重量转移到支座上。

10）在钢筋混凝土滑梁端头（或底部）安装移动迈步式顶推装置。

11）顶推装置已制作完成的施工段就位。

12）最后一段施工段制作完成后，整节管拼装完成。顶推装置把整节管顶推进浅水坞水平滑动闸门内，水平滑动闸门关闭。

13）关闭各支座液压回路闸门，然后拆除和移走液压管道和导向装置以便重复利用，而支座则要在钢筋混凝土滑梁上固定好。浅水坞注水，管节起浮、浮运至深水坞，然后浅水坞抽干水，回收支座并进行清洁检修，以备下次使用。

9.3.6 管节中各节段预应力拉索的临时连接

管节中各节段预应力拉索宜采用体内索，即在各节段横断面中按设计要求预留预应力拉索孔道。各节段预留的预应力拉索孔道的位置要准确，预留孔道宜采用内壁比预应力拉索直径大 15～20mm 的镀锌金属波纹管，固定波纹管的托架应与结构钢筋连接牢固，托架间距不应大于 600mm。

预应力拉索宜布设在底板和顶板内，其位置应便于沉管隧道建成后切断。预应力拉索应成组布置，以简化端部锚块结构设计，布置的位置应避开压载水舱位置，同时其位置和间隔要避免与现浇中隔墙和管节端部预埋件发生干扰。

施加预应力时要防止在管节各节段之间接头中设置的剪切缝产生拉力。实施预应力拉索作业前，要根据浮运、沉放、对接、基础处理作业现场的水深、最大波浪高和波浪周期复核预应力拉索的设计。

管节两端头如不采用钢端壳时，要求管节混凝土强度等级为 C50，其弹模量 $E=3.55\times10^4$ MPa。

（1）预应力拉索

预应力拉索为预应力钢束，其材料宜选用符合现行国家标准《预应力混凝土用钢绞线》(GB/T 5224—2003) 的高强度、低松弛预应力钢绞线，低松弛的钢绞线可不进行预拉。

预应力钢束宜采用多股进行编束，每条钢束宜为 17 或 18 股，钢绞线公称直径为 15.24mm，公称截面面积 139.35mm²，抗拉强度标准值 $f_{pk}=1860$MPa，弹性模量 1.95×10^5 MPa，松弛率不大于 2.5%（70%破断荷载作用 1000 小时）。这样有利于安装预应力拉索，在管节一端施加预应力、注浆和切断钢束的工期作业安排。

预应力钢束加工验收后应妥善保管，防止损伤、变形和锈蚀。

（2）施加预应力

预应力拉索采用后张法进行预应力预加作业。

张拉机具与锚具应配套使用，张拉设备和仪表应配套校验。其压力表精度不宜低于 1.5 级，校验张拉设备的试验机测力计精度不得小于±2%，校验时的千斤顶活塞运行方向应与实际张拉工作状态一致。标定有效期为一个月不超过 200 次张拉作业，拆修更换配件的张拉千斤顶必须重新标定。

预应力钢束的张拉方法和控制应力应符合设计要求，如超张拉时，最大张拉控制应力允许值不应超过表 9-25 数值。

最大张拉控制应力允许值 **表 9-25**

钢材种类	张拉方法	
	先张法	后张法
碳素钢丝、刻痕钢丝、钢绞线	$0.80f_{ptk}$	$0.75f_{ptk}$
热处理钢筋、冷拔低碳钢丝	$0.75f_{ptk}$	$0.70f_{ptk}$
冷拉钢筋	$0.95f_{pyk}$	$0.90f_{pyk}$

注：1. f_{ptk}为预应力筋极限抗拉强度标准值；f_{pyk}为预应力筋屈服强度标准值。
2. 引自《公路桥涵施工技术规范》(JTG/T F50—2011)。

预应力钢束张拉采用应力控制时，应以伸长值进行校核，实际伸长值与理论伸长值之差应控制在6%以内。

预应力锚具及配套的螺旋筋应采用可靠厂家的定型产品，其材质应分别符合现行国家标准《优质碳素结构钢技术条件》（GB 699—1999）和《合金结构钢》（GB 3077—1999）的规定，其锚固性能应符合现行国家标准《预应力筋用锚具、夹具和连接器应用技术规程》（JGJ 85—2010）的规定。成套锚具的组合件，各套间应能互换使用。

（3）孔道注浆

沉管隧道建成后进行内装前，在管节中各节段接头处剪断预应力拉索（或松弛预应力），预应力拉索就不起作用，采用孔道注浆进行永久性封堵，剪口位置要用水泥砂浆封平。

采用水泥浆作为注浆材料，宜为425号以上的普通硅酸盐水泥或矿渣硅酸盐水泥，水灰比为0.4～0.45（沁水率不应大于4%），可掺入适量膨胀剂（其膨胀率不应大于10%），稠度为14～18s（流动度为120～170mm）。

（4）预应力拉索的要求

当沉管隧道需考虑抗震设防要求时，管节还要考虑配置满足抗震设防要求的预应力拉索，沉管隧道建成后，这些预应力拉索不需剪断，其要求如下：

1）抗震设防配置的预应力拉索其条数、每条钢束股数、钢绞线公称直径、公称截面面积应符合抗震设防要求；

2）抗震设防配置的预应力拉索，应能对节段接头的止水带起到保护作用，以确保节段接头的水密性；

3）孔道注浆对预应力拉索进行防腐处理，注浆浆体可为水泥浆，对钢绞线应无腐蚀作用。

9.4 混凝土的原材料选择和配合比要求

9.4.1 混凝土的原材料选择

（1）水泥

1）品种

各品种水泥由于水泥熟料矿物组成不同或掺不同种类数量的混合材料，具有不同的特性。对于沉管隧道大体积混凝土，通常采用普通酸盐水泥。沉管隧道工程常用的水泥品种及各种水泥掺混合材料品种及掺量参考表9-26要求。硅酸盐水泥熟料是由主要含CaO、SiO_2、Al_2O_3、Fe_2O_3的原料，按适当比例磨成细粉烧至部分熔融所得以硅酸钙为主要矿物成分的水硬性胶凝物质。其中硅酸钙矿物不小于66%，氧化钙和氧化硅质量比不小于2.0。

各种水泥掺混合材料品种和掺量　　表9-26

品种	代号	组分				
		熟料＋石膏	粒化高炉矿渣	火山灰质混合材料	粉煤灰	石灰石
硅酸盐水泥	P·I	100	—	—	—	—
	P·Ⅱ	≥95	≤5	—	—	—
		≥95	—	—	—	≤5

续表

品种	代号	组分				
		熟料＋石膏	粒化高炉矿渣	火山灰质混合材料	粉煤灰	石灰石
普通硅酸盐水泥	P·O	≥80 且＜95	＞5 且≤20[a]			—
矿渣硅酸盐水泥	P·S·A	≥50 且＜80	＞20 且≤50[b]	—	—	—
	P·S·B	≥30 且＜50	＞50 且≤70[b]	—	—	—
火山灰质硅酸盐水泥	P·P	≥60 且＜80	—	＞20 且≤40[c]	—	—
粉煤灰硅酸盐水泥	P·F	≥60 且＜80	—	—	＞20 且≤40[d]	—
复合硅酸盐水泥	P·C	≥50 且＜80	＞20 且≤50[e]			

注：1. 引自《通用硅酸盐水泥》(GB 175—2007)。
2. 本组分材料为符合本标准 5.2.3 的活性混合材料，其中允许用不超过水泥质量 8％且符合本标准 5.2.4 的非活性混合材料或不超过水泥质量 5％且符合本标准 5.2.5 的窑灰代替。
3. 本组分材料为符合 GB/T 203 或 GB/T 18046 的活性混合材料，其中允许用不超过水泥质量 8％且符合本标准第 5.2.3 条的活性混合材料或符合本标准第 5.2.4 条的非活性混合材料或符合本标准第 5.2.5 条的窑灰中的任一种材料代替。
4. 本组分材料为符合 GB/T 2847 的活性混合材料。
5. 本组分材料为符合 GB/T 1596 的活性混合材料。
6. 本组分材料为由两种（含）以上符合本标准第 5.2.3 条的活性混合材料或/和符合本标准第 5.2.4 条的非活性混合材料组成，其中允许用不超过水泥质量 8％且符合本标准第 5.2.5 条的窑灰代替。掺矿渣时混合材料掺量不得与矿渣硅酸盐水泥重复。

2）等级

不同品种不同等级的水泥，按国家标准试验方法的各龄期强度均应不低于表 9-27 数值。

水泥的各龄期强度 **表 9-27**

品种	强度等级	抗压强度		抗折强度	
		3d	28d	3d	28d
硅酸盐水泥	42.5	≥17.0	≥42.5	≥3.5	≥6.5
	42.5R	≥22.0		≥4.0	
	52.5	≥23.0	≥52.5	≥4.0	≥7.0
	52.5R	≥27.0		≥5.0	
	62.5	≥28.0	≥62.5	≥5.0	≥8.0
	62.5R	≥32.0		≥5.5	
普通硅酸盐水泥	42.5	≥17.0	≥42.5	≥3.5	≥6.5
	42.5R	≥22.0		≥4.0	
	52.5	≥23.0	≥52.5	≥4.0	≥7.0
	52.5R	≥27.0		≥5.0	
矿渣硅酸盐水泥 火山灰硅酸盐水泥 粉煤灰硅酸盐水泥 复合硅酸盐水泥	32.5	≥10.0	≥32.5	≥2.5	≥5.5
	32.5R	≥15.0		≥3.5	
	42.5	≥15.0	≥42.5	≥3.5	≥6.5
	42.5R	≥19.0		≥4.0	
	52.5	≥21.0	≥52.5	≥4.0	≥7.0
	52.5R	≥23.0		≥4.5	

注：引自《通用硅酸盐水泥》(GB 175—2007)。

3）水化热

沉管隧道管节一般推荐采用低水化热的粉煤灰热硅酸盐水泥、火山灰质热硅酸盐水泥、矿渣硅酸盐水泥。

4）常用水泥主要性能及适用范围

常用水泥主要性能及适用范围可参考表 9-28。

常用水泥主要性能及适用范围 **表 9-28**

<table>
<tr><th>水泥品种
性能及应用</th><th>硅酸盐水泥</th><th>普通水泥</th><th>矿渣水泥</th><th>火山灰质水泥</th><th>粉煤灰水泥</th></tr>
<tr><td>水化热</td><td colspan="2">高</td><td colspan="3">低</td></tr>
<tr><td>凝结时间</td><td>较快</td><td>较快</td><td colspan="3">较慢</td></tr>
<tr><td>比重</td><td>3.1～3.2</td><td>3.1～3.2</td><td>2.9～3.1</td><td>2.7～2.1</td><td>2.8～3.1</td></tr>
<tr><td>强度</td><td>早期强度较高</td><td>早期强度较高</td><td colspan="3">早期强度较低，后期强度增长率较高</td></tr>
<tr><td>抗硫酸盐侵蚀性</td><td colspan="2">差</td><td>较强</td><td>当 SiO_2 多时较强
当 Al_2O_3 多时较差</td><td>较强</td></tr>
<tr><td>抗溶出性侵蚀</td><td colspan="2">差</td><td colspan="3">强</td></tr>
<tr><td>抗冻性</td><td colspan="2">好</td><td colspan="3">较差</td></tr>
<tr><td>干缩</td><td colspan="2">小</td><td>较大</td><td>大</td><td>较小</td></tr>
<tr><td>保水性</td><td colspan="2">较好</td><td>差</td><td>好</td><td>好</td></tr>
<tr><td>需水性</td><td colspan="2">小</td><td>较大</td><td>大</td><td>较小</td></tr>
<tr><td rowspan="2">适用范围</td><td colspan="2" rowspan="2">一般混凝土，钢筋混凝土及预应力钢筋混凝土；地下和水中结构（包括受反复冻融作用的结构）；抗耐磨的混凝土工程</td><td colspan="3">大体积混凝土；一般地上、地下和水中混凝土和钢筋混凝土；蒸汽养护的混凝土构件</td></tr>
<tr><td>适宜于有耐热要求的混凝土结构</td><td>宜用于水工大体积内部混凝土；有抗溶出侵蚀的水下外部混凝土</td><td>宜用于水工大体积混凝土和泵送混凝土</td></tr>
<tr><td>不适用范围</td><td colspan="2">大体积内部混凝土及环境水有溶出性侵蚀和硫酸盐侵蚀的外部混凝土</td><td colspan="3">抗冲耐磨部位混凝土以及不采取措施使用于有抗冻要求的混凝土</td></tr>
</table>

注：引自王寿华等编写的《施工手册》（第四版），中国建筑工业出版社，2003。

（2）混合材料

为了降低混凝土水化热升温，提高混凝土耐久性，充分发挥掺合料的活性、填充、密实等效应，并节约水泥，可在施工现场掺混合材料，也可把混合材料掺入水泥熟料中一起碾磨后使用。

1）分类

混合材料分为活性和非活性两大类。粒化高炉矿渣、火山灰质材料和粉煤灰可与水泥中析出的氧化钙作用，称为活性混合材料，其他为非活性混合材料。

粒化高炉矿渣——在高炉冶炼生铁时，所得以硅酸钙与铝硅酸钙为主的熔融物，经淬冷成颗粒后，即为粒化高炉矿渣。

火山灰混合材料——天然的或人工的以氧化硅和氧化铝为主要成分的矿物质材料，磨成细粉与石灰混合物后再加水拌制成胶泥状态，具有水硬性能者，称为火山灰混合材料。

粉煤灰——从煤粉炉烟道气体中收集的粉末称为粉煤灰。

非活性混合材料——凡是不具有活性或活性甚低的人工或天然的矿物材料，称为非活性混合材料（其中包括石英岩、石灰石、砂岩、黏土以及不符合技术要求的粒化高炉矿渣和火山灰质混合材料）。

2）应用要求

掺量——应根据水泥品种、混合材料质量、生产工艺条件、技术经济等因素综合考虑，最后通过试验确定最佳掺量。采用的粉煤灰必须来自燃煤电厂，由无烟煤或者烟煤煅烧收集的F类且组分均匀、各项性能指标稳定的低钙灰，细度（45μm方孔筛筛余）不大于12%，烧失量不大于5%，需水量比不大于100%。采用的粒化高炉矿渣粉的比表面积宜控制在360～440m^2/kg；流动度比不小于90%，烧失量不大于3%，28d活性指数≥95%。

后期强度——粉煤灰的活性主要靠二次水化作用，90d后活性才能正常发挥出来。因此，粉煤灰混凝土的后期强度增长率较高。如掺量适宜，90d龄期时可以赶上或超过未掺粉煤灰的混凝土强度。为了克服早期强度较低的弱点，应采取措施保护早期混凝土的表面，以防温度骤降使混凝土发生裂缝。

和易性——掺煤灰可以改善混凝土的和易性，特别是在贫混凝土中粉煤灰超量取代时（粉煤灰掺量超过取代的水泥量），效果更为显著。

掺用工艺——掺用粉煤灰方法分干掺与湿掺两种。其中干掺是将干灰或具有含水量较小的粉煤灰与水泥一样，作为混凝土的一种原材料进入拌和机，这种掺法需要适当增加混凝土的拌和时间，一般增加30s即可。而湿掺是把粉煤灰（也可用含水量较多的湿排灰）预先在拌浆桶中制成浆，直接入拌和机，这种方法不需要增加混凝土的拌和时间，也较均匀，但受混凝土加冰拌和等条件限制。

选用哪种掺灰方法，要根据灰源、拌和设备及原材料质量情况而定。掺灰工艺的好坏是保证粉煤灰混凝土质量的关键。

（3）外加剂

管节混凝土中掺用了各种外加剂，可达到提高混凝土耐久性和强度、改善和易性等目的。同时还可以改善混凝土施工工艺，如掺萘系减水剂，混凝土的可泵送性增大（流动性加大）；掺用缓凝减水剂，可进行大仓面混凝土浇筑。

沉管隧道管节混凝土常用的外加剂按其功能可分为：减水剂、引气剂、缓凝剂、速凝剂。根据工程的实际需要添加早强剂，其适宜掺量应按工程要求经试验确定。掺外加剂的混凝土28d收缩率比应小于125%。

1）外加剂应用范围应满足表9-29要求。

外加剂应用范围 **表9-29**

种　类	应用范围
减水剂	各种混凝土施工，包括滑摸、泵送混凝土、大体积混凝土浇筑及夏季施工；对富混凝土效应更为显著
高效减水剂	高强混凝土或大流动度混凝土
引气剂	有抗冻及抗渗要求的混凝土，但降低混凝土强度；对提高一般混凝土的耐久性，效果也显著。提高混凝土和易性，对贫混凝土效果较好
缓凝剂	在高温季节或运距较长需要延缓混凝土凝结时间的大体积混凝土施工，混凝土施工缝缓刷毛
早强剂	要求早强的混凝土或冬季施工
速凝剂	一般10min内达到终凝，早期强度高，后期强度稍降低。用于要求速凝硬化的混凝土工程，如喷混凝土、堵漏等

注：引自王寿华等编写的《施工手册》（第四版），中国建筑工业出版社，2003。

2）外加剂品质技术标准应符合表9-30要求。

外加剂品质技术标准 **表 9-30**

项目		外加剂品种												
		高性能减水剂 HPWR			高效减水剂 HWR		普通减水剂 WR			引气减水剂 AEWR	泵送剂 PA	早强剂 Ac	缓凝剂 Re	引气剂 AE
		早强型 HPWR-A	标准型 HPWR-S	缓凝型 HPWR-R	标准型 HWR-S	缓凝型 HWR-R	早强型 WR-A	标准型 WR-S	缓凝型 WR-R					
减水率（%），不小于		25	25	25	14	14	8	8	8	10	12	—	—	6
泌水率比（%），不大于		50	60	70	90	100	95	100	100	70	70	100	100	70
含气量（%）		≤6.0	≤6.0	≤6.0	≤3.0	≤4.5	≤4.0	≤4.0	≤5.5	≥3.0	≤5.5	—	—	≥3.0
凝结时间之差（min）	初凝	−90～+90	−90～+120	>+9	−90～+120	>+9	−90～+90	−90～+120	>+90	−90～+120	—	−90～+90	>+9	−90～+120
	终凝			—		—			—			—	—	
1h 经时变化量	坍落度（mm）	—	≤80	≤60	—	—	—	—	—	—	≤80	—	—	—
	含气量（%）	—	—	—						−1.5～+1.5	—			−1.5～+1.5
抗压强度比（%）不小于	1d	180	170	—	140	—	135	—	—	—	—	135	—	—
	3d	170	160	—	130	—	130	115	—	115	—	130	—	95
	7d	145	150	140	125	125	110	115	110	110	115	110	100	95
	28d	130	140	130	120	120	100	110	110	100	110	100	100	90
收缩率比（%），不大于	28d	110	110	110	135	135	135	135	135	135	135	135	135	135
相对耐久性（200 次）（%），不小于		—	—	—	—	—	—	—	—	80	—	—	—	80

注：1. 表 1 中抗压强度比、收缩率比、相对耐久性为强制性指标，其余为推荐性指标。
2. 除含气量和相对耐久性外，表中所列数据为掺外加剂混凝土与基准混凝土的差值或比值。
3. 凝结时间之差性能指标中的“−”号表示提前，“+”号表示延缓。
4. 相对耐久性（200 次）性能指标中的“≥80”表示将 28d 龄期的受检混凝土试件快速冻融循环 200 次后，动弹性模量保留值≥80%。
5. 1h 含气量经时变化量指标中的“−”号表示含气量增加，“+”号表示含气量减少。
6. 其他品种的外加剂是否需要测定相对耐久性指标，由供、需双方协商确定。
7. 当用户对泵送剂等产品有特殊要求时，需要进行的补充试验项目、试验方法及指标，由供需双方协商决定。
8. 引自《混凝土外加剂》(GB 8076—2008)。

3）缓凝剂掺量和性能应符合表 9-31 要求。

缓凝剂掺量和性能　　表 9-31

名　称	掺量（%）	性　能
糖类及碳水合物（葡萄糖、糖蜜、蔗糖等）	0.1～0.3	初凝时间可延长 3h 以上
木质素磺酸盐类	0.2～0.3	有较强减水增强作用，而缓凝性能较温和；初凝时间可延长 3～4h
羟基羧酸类（酒石酸、乳酸、柠檬酸、酒石酸钾钠、水杨酸、醋酸等）	0.1～0.3，喷洒混凝土表面为 80～110g/m^2	喷洒在混凝土表面，便于表面冲毛处理。柠檬酸为食品工业原料，价高
无机盐类（硼酸盐、磷酸盐、亚硫酸钠、硫酸亚铁、锌盐等）	0.1～0.2	有缓凝作用，水灰比大的混凝土泌水离析现象加剧

注：引自王寿华等编写的《施工手册》（第四版），中国建筑工业出版社，2003。

4）速凝剂的促凝效果与掺入水泥中的数量正比，但掺量超过 4%～6%后则不再进一步促凝。主要用于喷射混凝土、砂浆及堵漏抢险工程。一般来说，气温低掺量适当加大，而气温高时酌减。在满足施工要求的前提下掺量宜取底限。最佳量为 2.5%～4%。（引自王寿华等编写的《施工手册》（第四版），中国建筑工业出版社，2003。）

5）早强剂的掺量和性能，详见表 9-32。

早强剂的掺量和性能　　表 9-32

名　称		掺量（%）
复合早强剂	三乙醇胺＋氯化钠	（0.03～0.05）＋0.5
	三乙醇胺＋氯化钠＋亚硝酸钠	0.05＋（0.3～0.5）＋（1～2）
	硫酸钠＋亚硝酸钠＋氯化钠＋氧化钙	（1～1.5）＋（1～3）＋（0.3～0.5）＋（0.3～0.5）
	硫酸钠＋氯化钠	（0.5～1.5）＋（0.3～0.5）
	硫酸钠＋亚硝酸钠	（0.5～1.5）＋1.0
	硫酸钠＋三乙醇胺	（0.5～1.5）＋0.05
早强减水剂	硫酸钠＋萘系减水剂	（1～3）＋（0.5～1.0）
	硫酸钠＋木质素减水剂	（1～3）＋（0.15～0.25）
	硫酸钠＋糖钙减水剂	（1～3）＋（0.05～0.12）

注：1. 早强剂用来提高混凝土早期抗冻害能力时，硫酸钠的用量可提高到 3%，减水剂掺量应取表中上限值。
2. 引自王寿华等编写的《施工手册》（第四版），中国建筑工业出版社，2003。

（4）骨料

1）分类

细骨料——按形式条件分为天然砂、人工砂；按细度模数 F.M 分，粗砂为 F.M＝3.7～3.1、中砂为 F.M＝3.0～2.3、细砂为 F.M＝2.2～1.6。砂宜选用细度模数为 2.9～2.6 的中粗砂，2.36mm 筛孔的累计筛余宜小于 15%，0.3mm 筛孔的累计筛余量宜在 85%～92%范围内。不得使用海砂、山砂或风化严重的多孔砂。

粗骨料——按种类分为卵石、碎石、破碎卵石，可混合使用；按粒径一般分为：150～80mm 或 120～80mm 粒径的特大石、80～40mm 粒径的大石、40～20mm 粒径的中石和 20～5mm 粒径的小石。

2）质量要求

隧道的结构设计使用寿命一般在100年以上，提高混凝土的耐久性须从所采用的原材料进行控制，混凝土的碳化、氯离子侵蚀和碱-骨料反应等因素均影响混凝土耐久性，碱-骨料反应主要是活性骨料与碱发生反应膨胀造成混凝土破坏，需要通过严格的质量检验，从原材料上控制混凝土的质量。

骨料的一般质量要求，骨料必须坚硬、致密、耐久、无裂隙，骨料中的黏土、淤泥、粉屑、有机物或其他杂质的含量不应超过规定数量。

细骨料的细度模数一般应在2.2～3.0范围内，施工时宜控制在2.6±0.2。细骨料（砂）质量应符合表9-33要求。

细骨料（砂）质量要求　　　　**表9-33**

项　目		技术要求		
		Ⅰ类	Ⅱ类	Ⅲ类
有害物质含限值	天然砂含泥量（按质量计%）	<1.0	<3.0	<5.0
	云母（按质量计%）	<1.0	<2.0	<2.0
	轻物质（按质量计%）	<1.0	<1.0	<1.0
	有机物（比色法）	合格	合格	合格
	硫化物及硫酸盐（按 SO_3 质量计%）	<0.5	<0.5	<0.5
	氯化物（以氯离子质量计%）	<0.01	<0.02	<0.06
亚甲蓝试验	人工砂（MB值<1.4或合格）石粉含量（按质量计%）	<3.0	<5.0	<7.0[(1)]
	人工砂（MB值>1.4或不合格）石粉含量（按质量计%）	<1.0	<3.0	<5.0
	天然砂、人工砂泥块含量（按质量计%）	<0	<1.0	<2.0
坚固性（硫酸钠溶液法经5次循环后）质量损失小于值%		<8	<8	<10
人工砂粒单级最大压碎值%		<20	<25	<30
表观密度（kg/m^3）		>2500[3]		
松散堆积密度（kg/m^3）		>1350		
空隙率（%）		<47		
碱集料反应		经碱集料反应试验后由砂制备的试件无裂封、酥裂、胶体外溢等现象，在规定的试验龄期膨胀率小于0.10%		

（1）为该含量可根据使用地区和用途，在试验验证的基础上，由供需双方协商确定

注：1. 当碱集料反应不符合表中要求时，应按有关采取抑制碱骨料反应的技术措施。
2. 根据《公路工程混凝土结构防腐蚀技术规范》（JTG/TB 07—01—2006），宜对于重要结构建议提高要求：
① 处在冻融循环下的重要工程混凝土应进行坚固性和抗冻融试验。坚固性试验结果失重率应小于5%。
② 对于可能处于干湿循环、冻融循环下的混凝土含泥量应低于1%。
③ 硫化物及硫酸盐折合 SO_3 含量均不宜超过胶凝材料重的0.5%。
3. 引自《公路桥涵施工技术规范》（JTG T F50—2011）。

粗骨料质量应符合表9-34要求。

粗骨料质量要求　　　　**表9-34**

项　目	技术要求		
	R235	Ⅱ类	Ⅲ类
碎石压碎指标（%）	<10	<20	<30
卵石压碎指标（%）	<12	<16	<16

续表

项目		技术要求		
		R235	Ⅱ类	Ⅲ类
坚固性（按质量损失计%）		<5	<8	<12
针片状颗粒含量（按质量计%）		<5	<15	<25
有害物质	含泥量（按质量计%）	<0.5	<1.0	<1.5
	泥块含量（按质量计%）	<0	<0.5	<0.7
	有机物含量（按质量计%）	合格	合格	合格
	硫化物及硫酸盐（按 SO_3 质量计%）	<0.5	<1.0	<1.0
岩石抗压强度		火成岩>80MPa；变质岩>60MPa；水成岩>30MPa		
表观密度		>2500kg/m^3		
松散堆积密度		>1350kg/m^3		
空隙率（%）		<47		
碱集料反应		经碱集料反应试验后，试件无裂封、酥裂、胶体外溢等现象，在规定试验龄期的膨胀率应小于0.10%		

注：1. R235宜用于强度等级大于C60的混凝土；Ⅱ级宜用于强度等级大于C30～C60及有抗冻、抗渗或其他要求的混凝土；Ⅲ级宜用于强度等级小于C30的混凝土。
2. 岩石的抗压强度与混凝土强度等级之比不应小于1.5倍，或制成的混凝土其性能（如弹模，抗渗等）应高于设计、规范要求。
3. 参照《公路工程混凝土结构防腐蚀技术规范》（JTG/T B07—01—2006）的要求，建议对于重要结构提高要求：
① 为配制耐久性混凝土的指标，碎石、卵石压碎指标应小于10%；吸水率应小于2%；针片状颗粒含量（按质量计%）应小于7%。
② 对于可能处于干湿循环、冻融循环下的混凝土会泥量应低于0.7%。
③ 硫化物及硫酸盐折合 SO_3 含量均不宜超过胶凝材料重的0.5%。
4. 材料的坚固性还应满足（表6.2.3-3）碎石或卵石的坚固性试验的要求。
5. 引自《公路桥涵施工技术规范》(JTG T F50—2011)。

粗骨料级配建议范围应满足表9-35要求。

碎石或卵石的颗粒级配规格　　　表9-35

级配情况	公称粒级（mm）	2.36	4.75	9.50	16.0	19.0	26.5	31.5	37.5	53	63	75	90
连续级配	5～10	95～100	80～100	0～15	0	—	—	—	—	—	—	—	—
	5～16	95～100	85～100	30～60	0～10	0	—	—	—	—	—	—	—
	5～20	95～100	90～100	40～80	—	0～10	0	—	—	—	—	—	—
	5～25	95～100	90～100	—	30～70	—	0～5	0	—	—	—	—	—
	5～31.5	95～100	90～100	70～90	—	15～45	—	0～5	0	—	—	—	—
	5～40	—	95～100	70～90	—	30～65	—	—	0～5	0	—	—	—
单粒级	10～20	—	95～100	85～100	—	0～15	0	—	—	—	—	—	—
	16～31.5	—	95～100	—	85～100	—	—	0～10	0	—	—	—	—
	20～40	—	—	95～100	—	80～100	—	—	0～10		—	—	—
	31.5～63	—	—	—	95～100	—	—	75～100	14～75	—			—
	40～80	—	—	—	—	95～100	—	—	70～100	—			

注：引自《公路桥涵施工技术规范》(JTG T F50—2011)。

混凝土结构物处于表 9-36 所列条件下时，应对碎石或卵石进行坚固性试验，试验结果应符合表内的规定。

碎石或卵石的坚固性试验　　　　**表 9-36**

混凝土所处环境条件	在溶液中循环次数	试验后质量损失不宜大于（%）
寒冷地区，经常处于干湿交替状态	5	5
严寒地区，经常处于干湿交替状态	5	3
混凝土处于干燥条件，但粗集料风化或软弱颗粒过多时	5	12
混凝土处于干燥条件，但有抗疲劳、耐磨、抗冲击要求高或强度大于 C40	5	5

注：1. 有抗冻、抗渗要求的混凝土用硫酸钠法进行坚固性试验不合格时，可再进行直接冻融试验。
2. 处在冻融循环下的重要工程混凝土应进行坚固性和抗冻融试验。坚固性试验结果失重率应小于 10%。
3. 引自《公路桥涵施工技术规范》(JTG T F50—2011)。

在一般情况下骨料的弹性模量越高，则由这种骨料制成的混凝土弹性模量也越高。各种岩石骨料的弹性模量变化范围很大，即使同一种岩石其弹性模量也有很大变化。强度越高的骨料其弹性模量也越高。选择沉管隧道沉管段管节混凝土骨料，不能认为强度越高越好，而且应考虑既能提高抗裂防渗能力，又能满足强度等性能要求。

骨料的热性能对混凝土的热性能有很大影响，管节的底、顶板及侧墙均为大体积混凝土，骨料的热性能对其控制防止裂缝有重要意义。因此，必须考虑骨料的热性能（包括热膨胀系数、比热、导热系数、导温系数）。

3）选择骨料的要求

砂石料以就地取材为原则，用人工骨料应进行技术经济比较后选定；应充分利用干坞开挖出的弃渣（块石）加工作为混凝土骨料。在选择骨料级配时，应在可行的条件下，尽量使弃料最少，为满足级配要求，卵石亦可破碎后使用。

（5）水

通常适合于饮用的水，都适合于拌制和养护混凝土。对于可能含有大量酸、碱、有机质和油脂等有害物质的工业废水、污水和沼泽水，不能在管节混凝土的拌制和养护中使用。

饮用水一般可不进行化学分析便可使用。当采用其他水源时水质应满足表 9-37 规定。

拌和用水的品质指标　　　　**表 9-37**

项　目	预应力混凝土	钢筋混凝土	素混凝土
pH 值	≥5.0	≥4.5	≥4.5
不溶物（mg/L）	≤2000	≤2000	≤2000
可溶物（mg/L）	≤2000	≤5000	≤10000
氯化物（以 CL-计）（mg/L）	≤500	≤1000	≤3500
硫酸盐（以 SO_4^{2-}计）（mg/L）	≤600	≤2000	≤2700
碱含量（rag/L）	≤1500	≤1500	≤1500

注：1. 对于设计使用年限为 100 年的结构混凝土，氯离子含量不得超过 500mg/L；对使用钢丝或经热处理钢筋的预应力混凝土，氯离子含量不得超过 350mg/L。
2. 碱含量按 $Na_2O+0.658K_2O$ 计算值来表示。采用非碱活性骨料时，可不检验碱含量。
3. 引自《公路桥涵施工技术规范》(JTG T F50—2011)。

如对水质发生怀疑时，应进行砂浆强度试验。如用该水制成的砂浆抗压强度低于饮用水制成的砂浆 28d 龄期的抗压强度的 90%，则这种水不宜用以拌制和养护混凝土。

9.4.2 混凝土配合比

（1）混凝土配合比的一般要求

混凝土配合比是在满足沉管隧道工程设计和施工中所要求的强度、容重、抗裂性、耐久性及和易性的条件下，尽量做到优质、经济地选出单位体积混凝土的各种组成材料的配合比。

水灰比——是决定混凝土强度和耐久性的主要因素。所以，水灰比的选定主要根据混凝土所要求的强度和耐久性。

用水量——在满足施工和易性的条件下，力求单位用水量最小。

最大的粗骨料粒径——根据沉管隧道结构断面和钢筋稠密程度以及施工设备等情况，选择尽可能大的粗骨料粒径。

骨料级配——根据就地取材原则，考虑料场的天然级配的实际情况，选择级配时应尽量减少弃料，降低造价。

砂率——根据选定的骨料级配和和易性要求，选择最优砂率。

水泥——根据混凝土的强度、耐久性、温度控制要求，合理地选择水泥品种和等级。

其他——为降低水泥用量，防止温度裂缝，提高耐久性，应考虑掺用优质混合材料（如粉煤灰）和外加剂。

（2）混凝土配合比试验的基础资料

管节结构的混凝土配合比试验的基础资料，主要是设计对混凝土的要求、施工对混凝土的要求以及原材料性能的要求。混凝土配合比试验的基础资料应包括表 9-38 所列内容。

混凝土配合比试验的基础资料　　表 9-38

序　号	基础资料类别	基础资料的主要内容
1	管节结构设计对混凝土的要求	混凝土强度等级及其龄期
		抗冻、抗渗等级
		强度保证率
2	管节预制施工对混凝土的要求	容许的粗骨料最大粒径
		混凝土的坍落度及和易性
		混凝土强度均方差或离差系数
3	原材料性能的要求	水泥品种、等级和比重
		粗骨料种类、级配和捣实容量
		细骨料种类、细度模数
		骨料饱和面干比重、吸水率
		混合材料和外加剂的种类及其主要特征

（3）选择混凝土配合比的主要步骤

1）根据设计要求的强度和耐久性选定水灰比；

2）根据施工要求的和易性、坍落度和粗骨料最大粒径等选择砂率和用水量；

3）按照“绝对体积法”或“容重法”计算砂石用量；

4）通过试拌调配，确定适宜的配合比。

（4）选择水灰比

1）混凝土的配制强度

当混凝土的设计强度等级小于C60时，配制强度应按下式计算：

$$f_{\mathrm{cu},0} \geqslant f_{\mathrm{cu,k}} + 1.645\sigma \tag{9-3}$$

式中：$f_{\mathrm{cu},0}$——混凝土配制强度（MPa）；

$f_{\mathrm{cu,k}}$——混凝土立方体抗压强度标准值，这里取设计混凝土强度等级值（MPa）；

σ——混凝土强度标准差（MPa）。

$$f_{\mathrm{cu},0} \leqslant 1.15 f_{\mathrm{cu,k}} \tag{9-4}$$

混凝土强度标准差σ应按照下列规定确定：

当具有近1～3个月的同一品种、同一强度等级混凝土的强度资料时，其混凝土强度标准差σ应按下式计算：

$$\sigma = \sqrt{\frac{\sum_{i=1}^{n} f_{\mathrm{cu},i}^{2} - n m_{\mathrm{fcu}}^{2}}{n-1}} \tag{9-5}$$

式中：σ——混凝土强度标准差；

$f_{\mathrm{cu},i}$——第i组的试件强度（MPa）；

m_{fcu}——n组试件的强度平均值（MPa）；

n——试件组数，n值应大于或者等于30。

对于强度等级不大于C30的混凝土，当σ计算值不小于3.0MPa时，应按公式（9-5）计算结果取值；当σ计算值小于3.0MPa时，σ应取3.0MPa。对于强度等级大于C30且小于C60的混凝土，当σ计算值不小于4.0MPa时，应按式（9-5）计算结果取值；当σ计算值小于4.0MPa时，σ应取4.0MPa。

当没有近期的同一品种、同一强度等级混凝土强度资料时，其强度标准差σ可按表9-39取值。

标准差σ值（MPa）　　**表9-39**

混凝土强度标准值	≤C20	C25～C45	C50～C55
σ	4.0	5.0	6.0

2）根据保证强度选择水灰比

混凝土强度与灰水比C/W成直线关系。在适用范围内，可适用3～5个水灰比（例如0.40～0.70），通过试验建立强度与灰水比的关系，使可选择相应于保证强度的水灰比。在没有相应试验资料时，对于不掺加外加剂和混合材料的混凝土，水灰比可按下式进行选择：

$$R_{28} = A R_{c}\left(\frac{C}{W} - B\right) \tag{9-6}$$

式中：R_{28}——混凝土28d强度（$\mathrm{kgf/cm^2}$）；

R_{c}——水泥28天软练等级（$\mathrm{kgf/cm^2}$）；

A、B——系数应参考表9-40取值；

$\frac{C}{W}$——水灰比。

系数 A、B 与水泥品种关系 **表 9-40**

混凝土类别	水泥品种	A	B
碎石混凝土	普通 矿渣	0.525 0.503	0.569 0.581
卵石混凝土	普通 矿渣	0.444 0.501	0.459 0.666

注：引自水利电力部水利水电建设总局主编的《水利水电工程施工组织设计手册》，中国水利水电出版社，2007。

根据工程需要，通过试验可确定混凝土强度随龄期的增长系数，即在标准养护条件下，各龄期强度与 28d 强度之比。普通混凝土强度随龄期增长系数应参考表 9-41 取值。

强度随龄期增长系数参考表 **表 9-41**

水泥品种	7d	28d	90d	180d	365d
硅酸盐水泥	0.65	1	1.20	1.30	1.40
矿渣硅酸盐水泥及火山灰水泥	0.54	1	1.35	1.45	1.55

3）根据设计要求的抗渗、抗冻等级选择水灰比

根据设计要求的原材料（包括外加剂及混合材料），通过混凝土的试验选定。《混凝土质量控制标准》（GB 50164—2011）和《水运工程混凝土施工规范》（JTS 202—2—2011）中，混凝土的抗渗性应按经过标准养护 28d 试件所能经受的最大水压力确定。混凝土抗渗等级选定标准应符合表 9-42 要求。

混凝土抗渗等级选定标准 **表 9-42**

最大作用水头与混凝土壁厚之比 δ	抗渗等级
$\delta<5$	P4
$5\leqslant\delta<10$	P6
$10\leqslant\delta<15$	P8
$15\leqslant\delta<20$	P10
$\delta\geqslant20$	P12

在没有试验资料时，海水环境混凝土的水灰比最大允许值应符合表 9-43 要求。

海水环境混凝土的水灰比最大允许值 **表 9-43**

环境条件			钢筋混凝土、预应力混凝土	
			北方	南方
水下区	不受水头作用		0.60	0.60
	受水头作用	最大作用水头与混凝土壁厚之比<5	0.60	
		最大作用水头与混凝土壁厚之比 5～10	0.55	
		最大作用水头与混凝土壁厚之比>10	0.50	

注：引自《海港工程混凝土结构防腐蚀技术规范》（JTJ 275—2000）。

混凝土的抗冻等级依据《混凝土质量控制标准》（GB 50164—2011），混凝土工程的结构（包括构件）混凝土基本都采用抗冻等级（快冻法），符号为 F；建材行业中的混凝土制品基本还沿用抗冻等级（慢冻法），符号为 D；混凝土抗冻性能等级划分应参考表 9-44 执行。根据工程所处地区、混凝土构件以及混凝土的工作环境，在《水运工程混凝土施工

规范》（JTS202-2—2011）中，确定不同工作环境下混凝土抗冻性能等级划分，应参考表 9-45 执行。《普通混凝土长期性能和耐久性能试验方法标准》（GB/T50082—2009）中有慢冻法试验方法。

混凝土抗冻性能等级划分　　表 9-44

抗冻等级（快冻法）		抗冻等级（慢冻法）
F50	F250	D50
F100	F300	D100
F150	F350	D150
F200	F400	D200
＞F400		＞D200

注：引自《混凝土质量控制标准》（GB 50164—2011）。

不同工作环境下混凝土抗冻性能等级划分　　表 9-45

所在地区	海水环境		淡水环境	
	钢筋混凝土预应力混凝土	素混凝土	钢筋混凝土预应力混凝土	素混凝土
严重受冻（最冷月月平均气温低于−8℃）	F350	F300	F250	F200
受冻地区（最冷月月平均气温−8℃～−4℃）	F300	F250	F200	F150
微冻地区（最冷月月平均气温低于−4～0℃）	F250	F200	F150	F100

注：引自《海港工程混凝土结构防腐蚀技术规范》（JTJ 275—2000）。

海水环境混凝土的水灰比最大允许值，建议采用《海港工程混凝土结构防腐蚀技术规范》（JTJ275—2000）的指标，具体数值应符合表 9-46 要求。

海水环境混凝土的水灰比最大允许值　　表 9-46

环境条件		钢筋混凝土、预应力混凝土	
		北方	南方
大气区		0.55	0.50
浪溅区		0.50	0.40
水位变动区	严重受冻（F350 \ F300）	0.45	—
	受冻（F300 \ F250）	0.50	—
	微冻（F250 \ F200）	0.55	—
偶冻、不冻		—	0.50

注：引自《海港工程混凝土结构防腐蚀技术规范》（JTJ 275—2000）。

最后确定的水灰比，应使混凝土既能满足强度等级和保证率的要求，同时满足抗渗、抗冻等耐久性的要求。

（5）确定水量

根据《普通混凝土配合比设计规程》（JGJ 55—2011）规定，每立方米干硬性或塑性混凝土的用水量应符合下列规定：

1）混凝土水胶比在 0.40～0.80 范围时，可按表 9-47 和表 9-48 选取；

2）混凝土水胶比小于 0.40 时，可通过试验确定。

干硬性混凝土的用水量（kg/m³）　　**表 9-47**

拌合物稠度		卵石最大公称粒径（mm）			碎石最大粒径（mm）		
项目	指标	10.0	20.0	40.0	16.0	20.0	40.0
维勃稠度（s）	16～20	175	160	145	180	170	155
	11～15	180	165	150	185	175	160
	5～10	185	170	155	190	180	165

塑性混凝土的用水量（kg/m³）　　**表 9-48**

拌合物稠度		卵石最大粒径（mm）				碎石最大粒径（mm）			
项目	指标	10.0	20.0	31.5	40.0	16.0	20.0	31.5	40.0
坍落度（mm）	10～30	190	170	160	150	200	185	175	165
	35～50	200	180	170	160	210	195	185	175
	55～70	210	190	180	170	220	105	195	185
	75～90	215	195	185	175	230	215	205	195

注：1. 本表用水量系采用中砂时的取值。采用细砂时，每立方米混凝土用水量可增加 5～10kg；采用粗砂时，可减少 5～10kg。
2. 掺用矿物掺合料和外加剂时，用水量应相应调整。

掺外加剂时，每立方米流动性或大流动性混凝土的用水量（m_{wo}）可按下式计算：

$$m_{wo} = m_{wo'}(1-\beta) \tag{9-7}$$

式中：m_{wo}——满足实际坍落度要求的每立方米混凝土用水量（kg/m³）；

$m_{wo'}$——未掺外加剂时推定的满足实际坍落度要求的每立方米混凝土用水量（kg/m³），以表 9-48 中 90mm 坍落度的用水量为基础，按每增大 20mm 坍落度相应增加 5kg/m³ 用水量来计算，当坍落度增大到 180mm 以上时，随坍落度相应增加的用水量可减少；

β——外加剂的减水率（%），应经混凝土试验确定。

（6）确定水泥用量

水泥用量，可按下式进行计算：

$$C = \frac{W}{W/C} \tag{9-8}$$

式中：C——水泥用量（kg/m³）；

W——用水量（kg/m³）；

W/C——水灰比。

（7）砂率的选择

砂率是细骨料在粗、细骨料的实体积中所占的百分率。由于砂与石子的比重相近，常以砂和石子的重量来代替实体积来求砂率。

优质混凝土要求砂率适中，在此砂率下，混凝土拌和物既能满足和易性要求，又实现用水量最小。砂率的选择应通过试拌确定。

试拌时，一般先按选定的水灰比选用几种砂率，每种相差 1%～2%，从最大的砂率开始，逐次递减，进行试拌，并建立砂率、水灰比（或水泥用量）的关系曲线和图表。

当缺乏砂率的历史资料时，混凝土砂率的确定应符合下列规定：

1）坍落度小于10mm的混凝土，其砂率应经试验确定；

2）坍落度为10～60mm的混凝土砂率，可根据粗骨料品种、最大公称粒径及水灰比按表9-49选取；

3）坍落度大于60mm的混凝土砂率，可经试验确定，也可在表9-49的基础上，按坍落度每增大20mm、砂率增大1%的幅度予以调整。

混凝土的砂率（%）　　表9-49

水胶比（W/B）	卵石最大公称粒径（mm）			碎石最大粒径（mm）		
	10.0	20.0	40.0	16.0	20.0	40.0
0.40	26～32	25～31	24～30	30～35	29～34	27～32
0.50	30～35	29～34	28～33	33～38	32～37	30～35
0.60	33～38	32～37	31～36	36～41	35～40	33～38
0.70	36～41	35～40	34～39	39～44	38～43	36～41

注：1. 本表数值系中砂的选用砂率，对细砂或粗砂，可相应地减少或增大砂率。
2. 采用人工砂配制混凝土时，砂率可适当增大。
3. 只用一个单粒级粗骨料配制混凝土时，砂率应适当增大。
4. 引自《普通混凝土配合比设计规程》(JGJ 55—2011)。

（8）粗、细骨料用量计算

按已确定的用水量、水泥用量和砂率，用“绝对体积法”或“容重法”计算1m³混凝土中粗、细骨料用量，粗、细骨料重量都以饱和面干状态为准。

1）绝对体积法

假设新拌混凝土的体积等于各组成材料的绝对密实体积与所含气泡体积之和。在确定水灰比及其用水量等情况下，计算步骤如下：

骨料的绝对体积，可按下式计算：

$$V_N = 1000 - \left[W + \frac{C}{P_C} + \partial \times 1000\right] \tag{9-9}$$

式中：V_N——单位体积混凝土中粗、细骨料的绝对体积（L）；

W——用水量（kg/m³）；

C——水泥用量（kg/m³）；

P_C——水泥比重；

∂——混凝土含气量（%）。

细骨料用量，可按下式计算：

$$S = V_N \gamma \rho_s \tag{9-10}$$

式中：S——细骨料用量（kg/m³）；

γ——砂率（%）；

ρ_s——细骨料饱和面干比重。

粗骨料用量，可按下式计算：

$$G = V_N(1-\gamma)\rho_G \tag{9-11}$$

式中：G——粗骨料用量（kg/m³）；

ρ_G——粗骨料饱和面干比重。

各级石子用量，按级配比例计算。

求出混凝土配合比：水泥：水：砂：石=1：$\frac{W}{C}$：$\frac{S}{C}$：$\frac{G}{C}$

2）容重法

混凝土容重通过试验求得。在确定水灰比及用水量后，试拌时假定容重应参考表9-50取值。

新拌混凝土容重参考值 **表9-50**

混凝土种类	粗骨料最大粒径（mm）				
	20	40	80	120	150
普通混凝土容重（kg/m^3）	2420	2460	2500	2520	2530
加气混凝土容重（kg/m^3）	2320	2380	2430	2460	2470
普通混凝土含气量（%）	1.3	1.2	0.6	0.4	0.4
加气混凝土含气量（%）	5.5	4.5	3.5	3.0	3.0

注：引自水利电力部水利水电建设总局主编的《水利水电工程施工组织设计手册》，中国水利水电出版社，2007。

计算步骤如下：

粗、细骨料总重量，可按下式计算：

$$N=\mu-(W+C) \tag{9-12}$$

式中：N——混凝土的骨料总重量（kg/m^3）；

μ——混凝土假定容重（kg/m^3）。

细骨料用量，可按下式计算：

$$S=\frac{N}{\rho_N}\gamma\rho_s \tag{9-13}$$

式中：ρ_N——粗、细骨料的饱和面干加权平均比重，可按下式计算：

$$\rho_N=\gamma\rho_s+(1-\gamma)\rho_G \tag{9-14}$$

粗骨料用量，可按下式计算：

$$G=N-S \tag{9-15}$$

求出混凝土配合比：

$$水泥：水：砂：石=1：\frac{W}{C}：\frac{S}{C}：\frac{G}{C}$$

（9）沉管段管节混凝土配合比的具体要求

1）混凝土配合比既要满足浇筑阶段和易性要求，又要满足密实混凝土初凝和建成后管节结构具有较高的抗拉应变能力的要求。

2）浇筑阶段所需要的混凝土是：掺入缓凝矿物类添加剂（比如粉煤灰和矿渣），采用相对较高的水灰比（大于0.4）；初凝和建成阶段要求所需要的是很密实的、较低氯化物扩散函数的混凝土，可通过掺入微矿粉和矿灰和采用较低水灰比（小于0.4）来实现。

3）平衡两阶段的目标要求，建议使用的混凝土配合比：采用普通波兰特水泥，掺入粉煤灰，水灰比为0.4～0.42，新拌混凝土的和易性采用足尺试验来确定。混凝土配合比的参考数据（实际采用的混凝土配合比按设计要求，而且需通过全面的试验研究来确定），具体数值建议参考表 9-51 取值。

混凝土配合比的参考数据　　**表 9-51**

水灰比最大值	W/C（C+0.5FA）	0.40～0.42
粉煤灰最大值	粉末的%	20%
氯化物扩散率最大值 28d	m^2/s	5×10^{-12}
粗骨料最大名义尺寸	mm	25
圆柱体最小抗压强度	MPa	>28
和易性		足尺试验确定

9.5　混凝土生产

9.5.1　混凝土生产和裂缝控制

管节预制场地中，应自设混凝土生产线，原则上要求把混凝土从生产线出料口直接送至管节预制模板中。混凝土生产工艺流程，详见图 9-9。

（1）混凝土生产线

1）水泥储罐；

2）粉煤灰或其他混合材料储罐；

3）粗、细骨料堆栈和水洗筛分楼；

4）制冰（冰水）设备或液氮瓶；

5）混凝土搅拌和楼（含计量设备）；

6）混凝土输送设备和设施；

7）试验室。

（2）管节混凝土浇筑的要求

管节预制场应配备卸料码头，粗、细骨料一般通过码头卸料，采用传送带系统把骨料从卸料码头分别输送到粗、细骨料堆栈中。砂石料应按规格分类堆栈，并使其与拌和楼成直线布置，这样传送带可直接取料送至拌和楼采料层。在气温高的地区，骨料堆栈应加设防晒设施，并在堆栈底部设置坑道，通过取自坑道内的砂石料以减少混凝土温度控制的能耗。

应根据每批预制管节数量、每延米管节的混凝土方量、施工工序（全断面连续浇筑成为底板、中隔墙、外侧墙、顶板顺序浇筑施工段）、24h 周期内浇筑若干节一定长度施工段的混凝土方量来确定混凝土生产线的生产能力。

（3）混凝土生产线的供电系统

由具有可靠的供电系统供电，管节预制场的供电负荷包括：

1）混凝土生产线设备；

2）施工机具及排水设备；

3）起吊运输设备；

4）钢筋加工机具；

5）原材料运输系统；

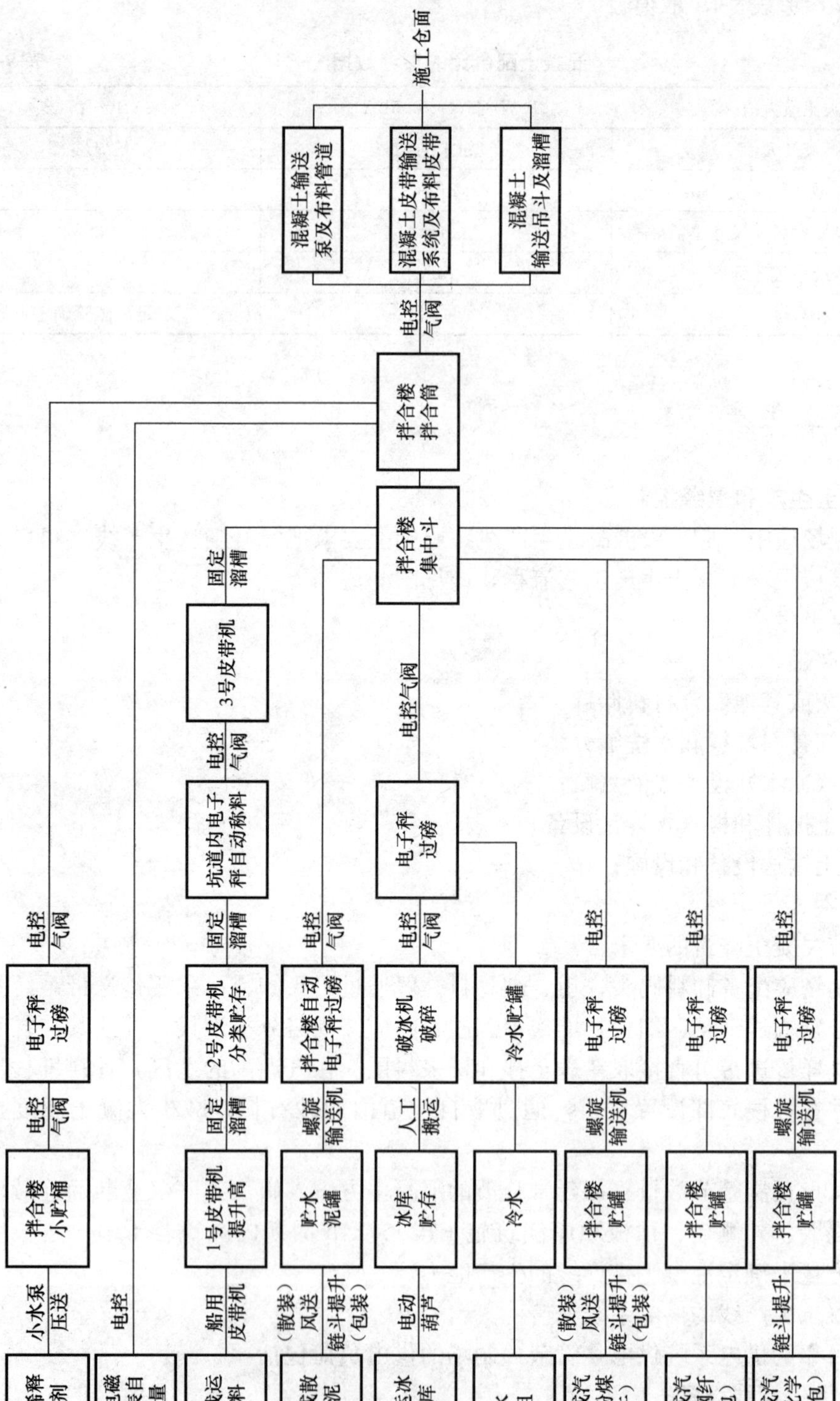

图 9-9 混凝土生产工艺流程图

6）混凝土输送设备；

7）照明。

供电系统应有可靠的供电系统，供电负荷应满足生产、生活负荷要求，同时在现场应配置自备电源供电。

（4）混凝土生产线的供水系统

混凝土生产线的用水由管节预制场的供水系统供给，管节预制厂的供水系统包括：

1）供水总管；

2）供水支管；

3）阀门、接头和计量仪表。

供水量根据施工组织设计拟定的施工人数、生产作业用水、混凝土生产线及消防用水等来确定，供水总管与市政供水管（或自备水源）接通。

（5）混凝土生产线的计量误差

1）水泥<1%；

2）碎石<2%；

3）外加剂<1%。

9.5.2 混凝土裂缝控制

（1）对于沉管隧道的管节应以结构自防水为主，因此必须严格控制裂缝宽度和防渗等级。需研究裂缝产生的机理，制定合理的综合预防裂缝的措施，并建立相应的温度控制与监测方案。

（2）在管节预制中，控制混凝土结构开裂的手段主要是降低混凝土的水化热温度，减少混凝土的外约束与非线性降温和收缩所产生的拉应力，提高混凝土相应龄期的抗拉强度和极限拉伸。另外，还应改善混凝土表面的散热条件，防止管节预制过程中地基出现过大的不均匀沉降。对于结构控裂宜全面分析产生裂缝的各种因素，采用综合措施，包括涉及混凝土配合比、降低底板和侧墙间温差、全断面连续浇筑以及制定施工期间的特殊措施等。

（3）管节预制应制定混凝土的温度控制标准：

1）基础温差

基础温差是指混凝土浇筑体在某约束范围内混凝土最高温度与设计最终温度之差。其中：设计最终温度可能是结构物的稳定温度或是年平均温度，以及经过论证的其他温度，混凝土浇筑体发生的最高温度为混凝土的浇筑温度加上其水化热温升。

2）内外温差

浇筑体混凝土的平均温度与表面温度（包括拆模或气温骤降引起的表面温度下降）之差称为混凝土内外温差。为防止混凝土表面裂缝，在施工中应控制其内外温差，内外温差的控制标准一般为20～25℃。

3）表面保温标准

大体积混凝土构筑物采用表面保温，减少内外温差防止裂缝，是一种很有效的措施。施工过程中应根据当地气候条件，研究确定表面保护的时间和材料。

4）水管冷却温差标准

为了防止初期水管冷却时水温与混凝土体温度的温差过大，冷却速度过快和冷却幅度太大而产生裂缝，要对冷却水温、初期冷却速度、允许冷却时间或降温总量进行适当控制。

(4) 混凝土温度控制的措施：

1) 混凝土的出机温度主要取决于拌和前各种原材料的温度，至于拌和时机械产生的温度甚微，不予考虑。降温的措施不同，降温的效果差别较大。通常粗骨料最多可降低3～5℃，拌和水可降低2℃，砂子一般可不进行降温处理，特别需要时，可采用真空气化法冷却。

2) 为了降低混凝土浇筑温度，往往需要对混凝土原材料采取降温措施，以降低混凝土出机口温度。为控制混凝土出机温度，采取预冷骨料、加冰拌和的方式。

3) 采用预冷骨料的方式，根据拌和前混凝土原材料总热量与拌和后流态混凝土的总热量相等的原理，混凝土的出机口温度 T_0 可按下式计算：

$$T_0 = \frac{(C_S + C_W q_S)W_S T_S + (C_G + C_W q_G)W_G T_G + C_C W_C T_C + C_W(W_W - q_S W_S - q_G W_G)T_W}{C_S W_S + C_G W_G + C_C W_C + C_W W_W} \tag{9-16}$$

式中：T_0——混凝土出机口的温度（℃）；

C_S、C_G、C_C、C_W——分别为砂、石、水泥和水的比热［kcal/(kg·℃)］；

q_S、q_G——分别为砂、石的含水量（%）；

W_S、W_G、W_C、W_W——分别为每立方米混凝土中砂、石、水泥和水的重量（kg）；

T_S、T_G、T_C、T_W——分别为砂、石、水泥和水的温度（℃）。

若取 $C_S = C_G = C_C = 0.2$kcal/kg·℃，$C_W = 1.0$kcal/kg·℃，则混凝土的出机口温度 T_0 可按下式计算：

$$T_0 = \frac{(0.2 + q_S)W_S T_S + (0.2 + q_G)W_G T_G + 0.2W_C T_C + (W_W - q_S W_S - q_G W_G)T_W}{0.2(W_S + W_G + W_C) + W_W} \tag{9-17}$$

根据公式（9-14）计算可知，在各种原材料中，对混凝土出机口温度影响最大的是石子温度，砂及水的温度次之，水泥的温度影响最小。所以，降低混凝土出机口温度最有效的办法，是降低石子的温度，石子温度下降1℃，出机口的混凝土温度约可降低0.6℃。

4) 采用加冰拌和的方式，由于冰屑在拌和过程中融解，将吸收80kcal/kg的潜热，从而可进一步降低混凝土的出机口温度。混凝土的出机口温度 T_0 可按下式计算：

$$\begin{aligned} T_0 = &[(0.2 + q_S)W_S T_S + (0.2 + q_G)W_G T_G + 0.2W_C T_C \\ &+ (1 - P)(W_W - q_S W_S - q_G W_G)T_W - 80P(W_W - q_S W_S \\ &- q_G W_G)]/[0.2(W_S + W_G + W_C) + W_W] \end{aligned} \tag{9-18}$$

式中：P——加冰率（实际加水量的%）。

加冰拌和的效果应符合表9-52要求。

加冰拌和的效果 **表9-52**

加冰率（%）	25	50	70	100
降温值（℃）	2.8	5.7	8.5	11.4

注：引自水利电力部水利水电建设总局主编的《水利水电工程施工组织设计手册》，中国水利水电出版社，2007。

一般每立方混凝土中每加 10kg 冰，可降低混凝土出机口温度 1℃左右。

5）混凝土的入仓温度和浇筑温度随混凝土输送形式、时间和转运次数而改变。混凝土入仓温度 $T_{B,p}$ 可按下式计算：

$$T_{B,P} = T_0 + (T_\partial - T_0)(\theta_1 + \theta_2 + \cdots\cdots + \theta_n) \quad (9\text{-}19)$$

式中：$T_{B,p}$——混凝土入仓温度（℃）；

T_0——混凝土出机温度（℃）；

T_∂——混凝土输送时的气温（℃）；

θ_i（$i=1$，2，3，…，n）——有关的系数；

t——输出时间（min）；

A——系数（混凝土输送过程冷量“或热量”损失计算参考值）。

混凝土入仓经过平仓振捣后的温度为浇筑温度，可按下式计算：

$$T_p = T_{B,p} + 0.003\tau(T_\partial - T_{B,p}) \quad (9\text{-}20)$$

式中：T_p——混凝土浇筑温度（℃）；

τ——浇筑平仓振捣到上层混凝土覆盖前的全部时间（min）。

6）混凝土浇筑后，由于水泥水化热的作用，温度降急剧上升，水泥的水化热应由试验确定。

7）由于不同品种和不同等级的水泥，其水化热也不相同，应根据《水泥水化热测定方法》（GB 12959—2008）的测定方法测定。在整理水化热试验资料时，累积水化热可按下列公式计算：

第一种计算方法：

$$Q_\tau = Q_0(1 - e^{-m\tau}) \quad (9\text{-}21)$$

式中：Q_τ——龄期 τ 时的累积水化热（kcal/kg·℃）；

Q_0——水泥的水化热总量（kcal/kg·℃）；

τ——龄期（d）；

m——系数，随水泥品种、细度和浇筑温度，应按表 9-53 取值。

m 值与浇筑温度的关系 **表 9-53**

浇筑温度（℃）	5	10	15	20	25
m（1/d）	0.295	0.318	0.340	0.362	0.384

第二种计算方法：

$$Q_\tau = \frac{1}{n+\tau} Q_0 \tau \quad (9\text{-}22)$$

式中：n——系数［类似于公式（9-21）中的 m］。

水化热绝热温升可按下式计算：

$$\theta_\tau = \theta_0(1 - e^{-m\tau}) \quad (9\text{-}23)$$

其中：$\theta_0 = \dfrac{WQ_0}{\rho C}$ (9-24)

式中：θ_0——混凝土最终绝热温升（℃）；

θ_τ——混凝土 τ 时的绝热温升（℃）；

W——混凝土的水泥用量（kg/m^3）；

ρ——混凝土容重（kg/m^3）；

C——混凝土的比热［kcal/(kg・℃)］；

Q_0——水泥水化热总量［kcal/(kg・℃)］。

混凝土水化热温升可按解析法［包括：理论解法、简捷计算法（包括公式计算法、图表法)］、差分法（包括差分图解法、单向差分法、双向差分法）、有限单元法进行计算。

混凝土水化热及绝热温升应符合表 9-54 要求。

混凝土水化热及绝热温升 **表 9-54**

混凝土龄期 τ（d）	1	2	3	4	5	6	7
水化热（kcal/kg）	29.87	38.43	44.42	48.20	51.29	53.23	54.47
混凝土绝热温升（℃）	12.11	15.58	18.00	19.54	20.79	21.57	22.08

注：引自水利电力部水利水电建设总局主编的《水利水电工程施工组织设计手册》，中国水利水电出版社，2007。

8）水管冷却作为沉管隧道钢筋混凝土管节的一种冷却方法，因其具有很大的适应性和灵活性而被广泛地采用。

钢筋混凝土管节的施工段一般采取底板、外侧墙（包括中隔墙）、顶板的施工顺序，水管冷却通常用于外侧墙。冷却水管大多采用直径 25mm 的钢管或铝管，预装在外侧墙的钢筋笼内，通常单层布置，水管垂直间距应通过试验及计算来确定。

水管冷却的冷却过程一般分为两期，即一期冷却和二期冷却。

一期冷却是在混凝土浇筑完毕后立即通水，或在浇筑过程中同步通水冷却，其作用是消减混凝土的水化热温升和减少温差，对防止早期混凝土的表面裂缝有显著作用，钢筋混凝土管节的外侧墙通常只采用一期冷却。

二期冷却的目的主要是为了满足构筑物接缝注浆的要求。二期冷却所需要的时间，取决于设计注浆温度、冷却水管的间距和冷却水的温度等。

一期冷却的温度计算，可按下式计算：

$$T_m = T_w + X_1 T_0 + X_2 \theta_0 \tag{9-25}$$

$$T_{\tau w} = T_w + Y_1 T_0 + Y_2 \theta_0 \tag{9-26}$$

式中：T_M——冷水管全长 L 的混凝土平均温度；

$T_{\tau w}$——管长 τ 处的水温；

T_w——冷却水初温；

T_0——混凝土冷却前的温度与冷却水初温之差值；

X_1、Y_1、Z_1——函数，由图 9-10～图 9-12 查出；

θ_0——混凝土的最佳绝热温升值，即 $\theta_0=\dfrac{A_0}{mC_\rho}=\dfrac{A_0 a}{\lambda m}$ (9-27)

X_2、Y_2——计算变数，由图 9-13～图 9-15 查出。

图 9-10～图 9-12 是在 $\dfrac{b}{c}=100$ 的条件下给出的，当 $\dfrac{b}{c}\neq 100$ 时，可用一个化引的混凝土导温系数 a' 代替 a，仍可用图 9-10～图 9-12 计算，a' 可按下式计算：

$$a' = \left(\frac{a_1 b}{0.7176}\right)^2 a \tag{9-28}$$

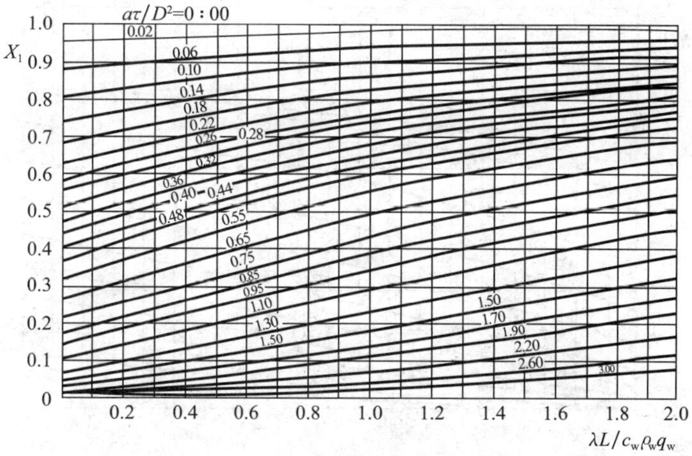

图 9-10　当$\frac{b}{c}$=100 时 X_1 曲线

注：b 为每一冷却水管担负的冷却体半径；c 为冷却水管外半径。

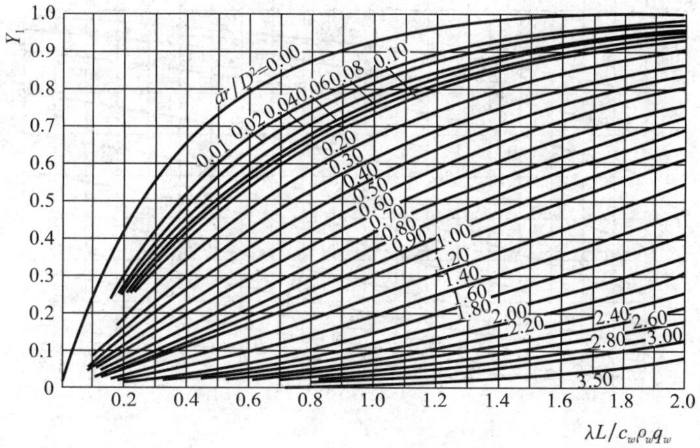

图 9-11　当$\frac{b}{c}$=100 时 Y_1 曲线

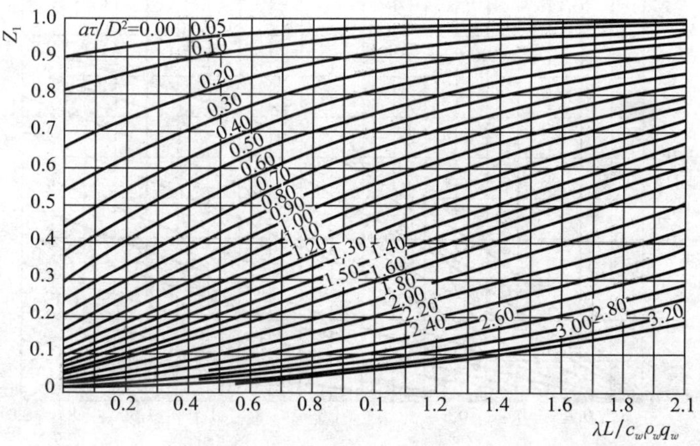

图 9-12　当$\frac{b}{c}$=100 时 Z_1 曲线

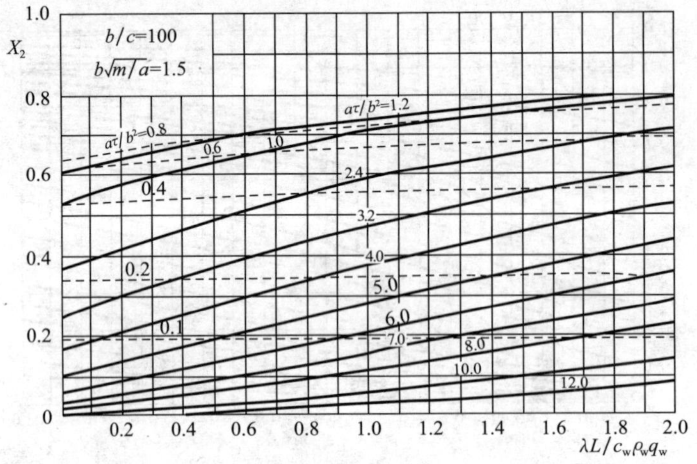

图 9-13 X_2 计算图

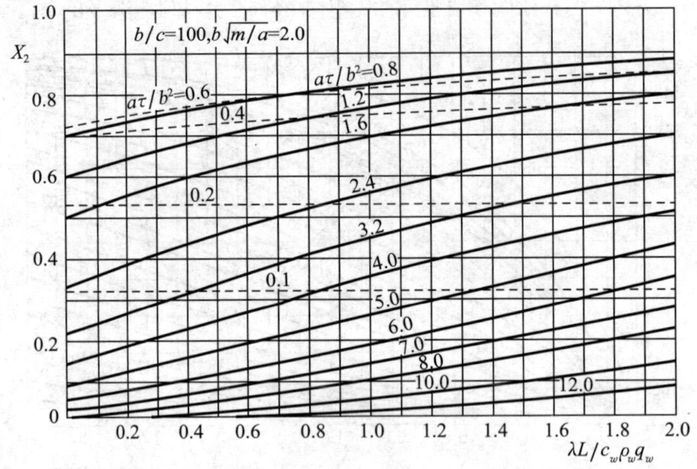

图 9-14 X_2 计算图

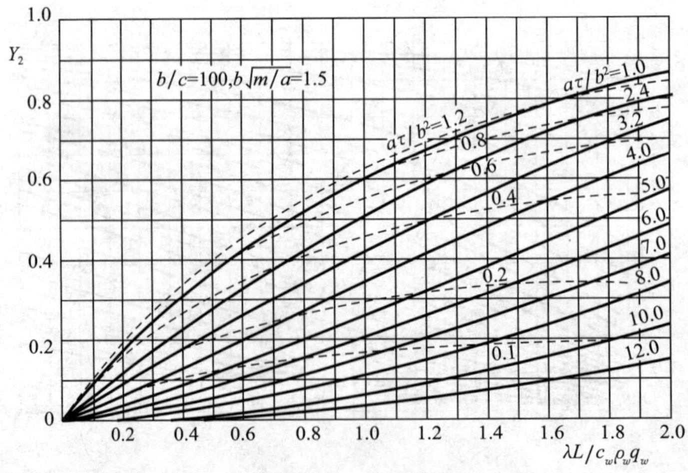

图 9-15 Y_2 计算图

a_1b 与$\frac{b}{c}$的关系，由图 9-16 查出。

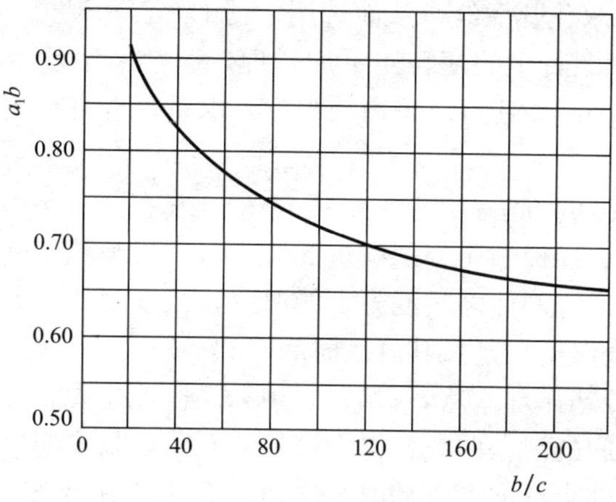

图 9-16 a_1b 与$\frac{b}{c}$关系曲线

注：图 9-10～图 9-16 引自水利电力部水利水电建设总局主编的《水利水电工程施工组织设计手册》，中国水利水电出版社，2007。

9）混凝土表面保护

① 在低温季节，混凝土表面保护可减小混凝土表层温度梯度及内外温差，保持混凝土表面温度，防止产生裂缝。为满足这一要求，寒冷地区保护层的放热系数应不大于 2kcal/(kg·℃)。

② 在高温季节，对混凝土表面进行保护，防止外界高温热量向混凝土倾灌。

③ 减小混凝土表层温度年变化幅度，可防止因年变幅度过大产生混凝土开裂。

④ 防止混凝土产生超冷，避免产生贯穿裂缝。

⑤ 延缓混凝土的降温速度，以减小外侧墙与底板、顶板的新旧混凝土约束温差。

⑥ 管节预制一般采取短期保温措施，其目的是防止混凝土早期由于寒潮或拆模等引起温度骤降而发生表面裂缝。根据当地气温情况，经论证确定保护持续时间，一般 3～15d。保温部位主要是管节的外侧墙、底板和顶板。

⑦ 根据混凝土表面保护的目的不同（防冻和防裂或兼而有之），应选择不同的保护措施。

⑧ 尽量选用不易燃、吸湿性小、耐久和便于施工的材料，混凝土板、木纹板、岩棉板、泡沫混凝土、珍珠岩、泡沫塑料板等材料应优先选用。

⑨ 保护层放热系数 β 值，一般应根据不同部位、气温情况和不同的保护目的经计算确定。

⑩ 短期保护的外侧墙外侧面，依据保护要求和保护材料的放热系数确定保护层的结构形式，在寒冷地区最好采用组合式保护。

（5）混凝土配合比的要求：

1）应由试验室专门设计混凝土配合比并经试块验证，其中除常规试验项目外，还要专门进行水泥水化热、水泥干缩、混凝土收缩、混凝土温升、浮球试验、通电 Cl^- 扩散系数等一系列项目的试验论证，从而得到符合强度、抗渗、耐久性要求的最优配合比。

2）选用合适的水泥，应对预选种类的水泥进行水化热试验，得出各种牌号水泥对应4d不同时段环境温度的水化热曲线，从而选用合适的水泥。

3）为了使管节预制混凝土的配合比更加合理，通常采用减少水泥用量，混凝土的水泥用量宜为200～300kg/m^3。还可以采用减少掺入水量，也可在混凝土中掺入钢纤维或杜拉纤维。

（6）控制混凝土温差的方法：

当按底板、外侧墙、顶板顺序分别浇筑混凝土时，为了减少外侧墙与底板、顶板中心部位与外层之间以及施工缝两侧之间混凝土的温差，可采用如下方法：

1）降低混凝土进仓温度并延长其凝固时间。

2）在外侧墙预埋冷却循环水管，设置自动冷却水泵送系统，冷却外侧墙新浇筑的混凝土，使底板和顶板之间的温差曲线变得平缓，从而减小温度应力。冷却水流应由外侧墙底部迂回向上，随着冷却水的向上流动温升增加，冷却能力越来越低。

3）通过加热底板亦可以有效地降低底板和外侧墙之间的温差。

（7）施工中的措施：

1）按底板、外侧墙、顶板顺序分别浇筑混凝土时，延长拆除模板的时间以使管节施工段温度降到适当程度。顶板新浇筑的混凝土上覆盖一层隔热性能较好的模板，以降低外侧墙内外层、侧墙与底板的温差。

2）若采用全断面连续浇筑管节整个施工段的混凝土，以解决不同时间浇筑混凝土时产生新旧混凝土之间存在温差的问题。

9.5.3　混凝土的重度控制

（1）混凝土重度变化对管节起浮和在浮态时的干舷高度影响十分敏感，因此，对混凝土重度控制十分严格。

（2）混凝土的重度必须控制在设计值的±0.3kN/m^3 的误差范围内。在此误差范围以外的试验结果不应超过总结果的2.5%。对管节实际采用水泥、砂石料、外加剂、钢纤维和化学纤维等应进行多组试验，混凝土生产线的称量系统需经常进行保养和标定，以控制混凝土的重度。

9.5.4　混凝土试验和检测

试验和检测宜分阶段进行，包括实验室初步试验、高级实验和足尺试验。

实验室初步试验的目的是确定混凝土配合比的关键系数，检测所用混凝土材料是否能达到氯化物扩散系数以及混凝土质量的要求。在实验室初步试验成果的基础上，对合格的混凝土配合比进行综合性的高级试验。在高级试验成果的基础上，再采用实际的施工方法进行足尺试验。

在国外类似规模工程中，有针对沉管混凝土足尺模型试验的报道。厄勒海峡沉管隧道在正式预制沉管管段之前，进行了全断面试浇筑。试验选择配合比与施工方法的适应性，并考虑运输、浇筑和养护方法。试验基本在全尺寸条件下进行，并且要求这些全尺寸试验浇筑必须在每次新型结构管节使用前进行。韩国釜山沉管隧道正式预制前也进行了半幅沉管足尺模型试验以验证混凝土及混凝土浇筑工艺的合理性。厄勒海峡沉管隧道的试浇筑块详见图9-17，釜山沉管隧道的半幅足尺钢筋混凝土模型详见图9-18。

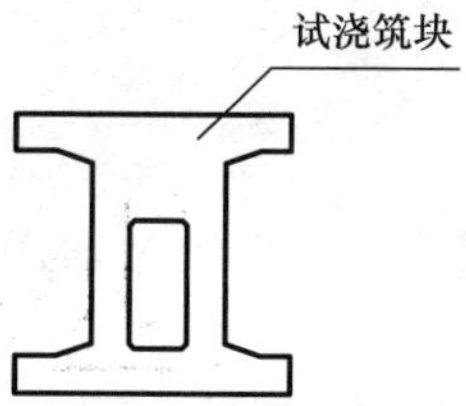

图 9-17　厄勒海峡沉管隧道的试浇筑块

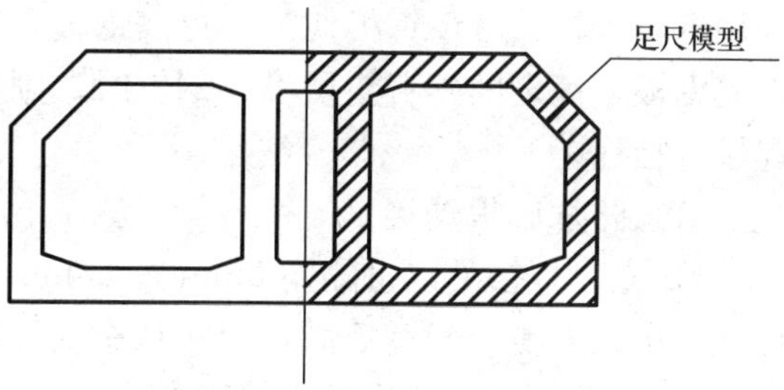

图 9-18　釜山沉管的半幅结构足尺模型

港珠澳大桥沉管隧道工程也采用管节的足尺模型试验，以管节的横断面尺寸、隧道纵向长度为 5.6m 的两个节段，进行全断面的混凝土浇筑，验证管节结构的全断面浇筑工艺合理性。港珠澳大桥沉管隧道的全断面混凝土足尺模型详见图 9-19。

图 9-19　港珠澳大桥管节足尺模型

足尺模型试验验证管节预制拟采取的控温、控裂措施，是通过沉管隧道结构 1∶1 模型的全断面浇筑全面检验原材料、配合比、施工工艺以及裂缝控制措施的可行性，并根据足尺模型试验结果对施工工艺、控裂措施进行再优化设计，形成针对不同工况条件的大型管节全断面浇筑成套工艺措施，提高沉管管道预制施工质量，最终确保沉管管节不出现危害性裂缝。在足尺模型中应开展以下工作的研究：

（1）研究并验证管节全断面浇筑施工的浇筑工艺、设备、模板及功效等；

（2）沉管管段混凝土配合比优选及试浇现场混凝土性能测试；

（3）现场温度、应变监测试验；

（4）温度监测报警机制的研究；

（5）提出针对实体沉管结构的具体温度、应变监测方案以及不同天气条件下的施工控制措施，形成管段裂缝控制专用施工规程。

对于沉管隧道，首先要确定火灾的规模（容量），制定混凝土和管节接头的耐高温措施，据此确定混凝土防火耐热的性能要求，进行防火耐热试验，评价掺入化学纤维对提高混凝土防火耐热的效果。

9.6　防水底钢板、钢端壳、端封门的制作和安装

9.6.1　防水底钢板的制作和安装

对于整体式钢筋混凝土管节制作，如需设置防水底钢板时，则要进行防水底钢板的制作及安装。防水底钢板一般采用牌号为 Q235 的钢材，钢板厚一般约为 6mm。

管节设置防水底钢板时一般都相应在管节两端设置钢端壳，防水底钢板与钢端壳连接处按钢板规格整块布置且以长边连接，并在拼装时先焊此缝。整个防水底钢板配料应充分

利用钢板规格，减少钢板切割，提高钢板利用率。防水底钢板采用工形对接焊缝。如在防水底钢板下铺设的碎石垫层设有钢轨时，则需要在焊缝底部设置垫块，防止钢板与钢轨在焊接时粘连。

（1）防水底板焊接：

1）先在焊接处以每隔200mm焊20mm短焊缝，然后跳格施焊，焊缝分两次填满，即焊完一次后打渣，然后填满，焊接从中间开始向四周施焊。

2）为防止防水底钢板焊接时变形，可在其外侧贴焊角钢以增加刚度，（内侧）每隔一定距离设角钢斜撑以保证其垂直度。底板焊接每隔一定距离设自制夹钳用以固定钢板，施焊前用工字钢在焊缝两侧压紧，并采用跳焊、间断焊等方法予以配合。

（2）变形的矫正方法：

1）手工矫正，主要是采用锤击法，从凸起中点开始锤击，然后向四周扩展。

2）火焰矫正，根据凸起的大小采用不同的加热位置和加热形状（点或条形等）及加热量进行矫正。一般采用点状加热。点间距为150mm，呈梅花形布设，少数采用条形加热，加热温度为600～800℃。

（3）焊接锚固件。

（4）验收（包括焊缝质量、焊缝填满度、防水底钢板变形程度等）。

9.6.2　钢端壳的制作、安装和浇筑混凝土的特殊要求

管节两端如设置钢端壳时，则要进行钢端壳的制作和安装，钢端壳一般为采用Q235钢材焊接成的钢结构。

（1）备料：

1）按设计的形状和尺寸，并考虑加工制作过程的误差、装配需要的公差、间隙及变形值，同时还要考虑焊接、火焰矫正等的收缩量，经过具体计算得出下料尺寸后进行放样。

2）放样应做到合理使用钢材，精心安排工件图形，先大后小并进行多次调整，使每张钢板达到最高利用率。放样后须进行校对，宜用数控自动切割加工中心切割开料。

3）坡口加工是焊接金属结构制作中的重要工序，它直接关系到焊接的质量和强度，钢端壳制作中的坡口加工宜用半自动气割机来完成，坡口加工应正确掌握好坡口的大小和合适的角度。

（2）制作：

1）钢端壳体量大，但本身刚度不大，在工厂加工成整体是很困难的，且做成整体运输、安装就位都十分困难，因此钢端壳一般采用分部件焊接，运输到现场支立组焊成整体。

2）焊缝焊接质量均为二级，焊缝质量必须满足等级和缺陷检验标准。

3）在厂房内进行部件焊接时，应采用工装夹具进行支撑固定，然后再焊接。当焊接后仍存在变形时，则可采用机械矫正或火焰矫正。

4）加工好的钢端壳的部件，应标出基线、中线及其他控制线。

5）钢端壳现场安装前，须在管节两端设立安装支架，用以固定钢端壳和作为操作平台，支架还可以固定部件作为焊接夹具，钢端壳焊接完成后，在管节浇筑混凝土时还要承受管节两端混凝土的轴向推力。

6）安装支架支立后，应标出各部件的相应控制线，根据设计定位图的控制线对各部件进行空间定位，一般采用人工测量的方式进行空间定位及测量验收。各部件定位后通过临时支承固定在支架上，焊接前用模块和调整螺栓孔进行微调，微调完成后复查钢端壳中心线、对角线及端面平直度等各个控制参数，然后进行焊接，采用间断焊。焊接后采用机械矫正和火焰矫正钢端壳的焊接变形，最后进行全面的验收测量。

7）钢端壳面板安装精度要求：

① 横向垂直度（左、右外侧墙上钢端壳面板外缘两点之差）<3mm；

② 竖向倾斜度（底板、顶板外钢端壳面板外缘两点之差）<3mm。

8）钢端壳制作几何尺寸允许误差

① 外包宽度：＋4mm；

② 外包高度：＋3mm；

③ 面板不平整度≤3mm、每延米内不平整度<1mm。

9）验收后钢端壳应按设计要求与管节钢筋骨架连接固定后方可浇筑混凝土。

（3）钢端壳内腔浇筑混凝土的特殊要求：

1）钢端壳面板焊接后，应用软木塞临时封住浇筑孔和排气孔，防止杂物进入或堵塞孔口，浇筑时打开软木塞。

2）浇筑前必须清理钢端壳各隔腔杂物，如有积水时不得浇筑混凝土。

3）浇筑细石混凝土施工工艺：

① 应采用无收缩、易流动的细石混凝土材料；

② 细石粒径在2～5mm之间，材料的抗压强度标准值不低于C35；

③ 细石混凝土浇筑压力用控制在0.3～0.5MPa；

④ 细石混凝土浇筑宜从下至上、从中间至两边、分步对称缓慢均匀进行；

⑤ 每一隔腔的浇筑，应待其相应的排气孔持续流出混凝土5s后方可封闭排气孔，封孔后继续加压浇筑10～20s后方可封闭浇筑孔。

⑥ 浇筑过程应做好记录，对每隔腔实际浇筑量和理论体积应逐一比较，如果发现出入应找原因并采取措施，保证浇筑细石混凝土的密实度。

（4）钢端壳表面应按设计要求进行防腐处理，使钢端壳与主体结构具有相同的设计使用寿命。

9.6.3 端封门的制作与安装

（1）钢筋混凝土端封门的制作和安装

1）钢筋混凝土端封门表面不平整度允许偏差应<5mm。

2）钢筋混凝土端封门的制作顺序：

① 管节两端的施工段预制时，应预埋上部钢牛腿的预埋件以及下部钢筋混凝土枕梁的预埋件；

② 施工上部钢牛腿和下部钢筋混凝土枕梁；

③ 支立H型钢，并与上部钢牛腿及下部钢筋混凝土枕梁连接牢固；

④ 绑扎端封门钢筋、预留孔洞（人孔及观察人孔等）、预埋件（通气管、给排水管或拉合油缸活塞杆密封装置等）；

⑤ 支立端封门模板、浇筑混凝土；

⑥ 拆除端封门模板，并在外表涂刷防水涂料；

⑦ 安装人孔、观察人孔水密门、通气管道、给排水管道（包括阀门）或拉合油缸活塞杆密封装置。

3）钢筋混凝土端封门制作的要求：

① 端封门与管节（两端施工段）顶板接缝处浇筑混凝土难度较大，施工时应采取一些必要的特殊措施来保证混凝土浇筑质量（如掺加微膨胀剂来配制微膨胀混凝土等），以确保其水密性要求；

② 端封门制作时应保证 H 型钢支撑与端封门内表面紧密贴合；

③ 端封门制作后必须具有良好的水密性；

④ 端封门使用完后，应考虑采用机械方式破除，不得损伤管节两端永久结构构件；

⑤ 端封门拆除时应先拆除 H 型钢支撑，然后再破除端封门。

（2）钢端封门制作

1）制作和安装工艺

安装钢封门的后 H 型钢支撑时，各 H 型钢支撑与上下支的相对位置应调整正确，应保证各 H 型钢支撑靠着管节两端施工段端部外侧的翼缘板，使之处于同一平面内。

吊装端封门钢面板，并将其与 H 型钢支撑和管节两端施工段端面四周的预埋钢板焊接。由于钢端封门面积大，整块制作安装困难，因此先制成片块然后现场组装。

钢端封门片块划分原则：

① 钢端封门的片块相接处不要太复杂，应便于安装时操作；

② 钢端封门的片块划分应便于各项尺寸的校对；

③ 钢端封门的片块划分应不会改变或不会削弱端封门结构的刚度、刚度及受力状态。

焊接 H 型钢支撑的加强肋，加强肋与管节两端隧孔口搭接的长度不得小于设计要求，然后进行钢面板焊接。钢面板之间、钢面板与 H 型钢支撑和预埋钢板之间的焊缝等级为一级，其他为二级。钢端封表面清除油渍、锈迹后，采用防锈漆均匀涂刷两道。

安装人孔、观测人孔水密门、通气管道、给排水管道（包括阀门）或拉合油缸活塞杆密封装置。

2）钢端封门制作和安装要求

① 为了保证钢端封门制作、安装质量和提高工效，应尽量采取平焊避免立焊和仰焊；

② 钢面板与预埋钢板焊接时，应采取有效措施减少由于焊接高温对管节两端头混凝土结构产生不利影响；

③ 钢面板分片块吊装、焊接时，分片块位置宜设置在 H 型钢支撑中心位置，不得设置在相邻两根 H 型钢支撑之间的跨中位置，并尽可能离开管节两端隧孔口边缘 1.2m 以上；

④ 分片块焊接时要采取对接焊，焊缝强度不得低于钢板本体强度，且满足水密性的要求；

⑤ 钢端封门制作和安装后必须有良好水密性。

钢端封门、钢端壳在管节的端部布置，详见图 9-20。

图 9-20 钢端封门、钢端壳在管节的端部布置

9.7 压载水舱的制作和安装

压载水舱是安装在管节内的施工用临时设施。管节预制完成后，根据计算往压载水舱内注入适度水量，使管节起浮时保持纵向、横向平衡，并调节干舷高度。管节浮至沉放位置，注入足够水量，使其产生设计要求的负浮力，使管节顺利沉放、定位、对接。对接完成后，再注入适度水量，使管节保持有 1.03～1.05 的抗浮系数，以确保后续工序施工的安全。

沉管隧道主体工程施工完成后，逐步拆除压载水舱，并用隧孔内底部混凝土压重层代替，最后在混凝土压重层上进行路面或轨道道床工程施工作业。

压载水舱制作和安装要求：

（1）压载水舱一般为钢结构、组合结构或水囊。压载水舱体量大，整体制作有困难，可按其纵向分隔舱作为单元分别制作，最终焊接成整体的压载水舱。

（2）压载水舱是在管节内狭窄的空间进行制作和安装，因此要注意现场焊接组装时的施工安全和质量。其骨架与预埋件焊接要牢固，竖向、横向、纵向的焊缝长度应按设计要求施焊。

（3）对于钢结构压载水舱的端、侧面板以及各隔舱之间的隔板与型钢骨架、钢板分片块之间的焊接要密实，均为二级焊缝，确保压载水舱不漏水。对于组合结构压载水箱应在型钢骨架焊接完成后，采用非金属材料作为水箱的端、侧面板进行安装，水箱内侧采用塑料布或不透水材料进行固定形成压载水箱。

压载水舱制作和安装完成后，要进行注、排水系统（包括管道、阀门、水泵等）安装。管道系统安装完成后，亦要进行管道系统试漏。管节对接端的隔舱的水压接排水系统应与压载水舱的注、排水系统一并设置。

9.8 GINA 及 OMEGA 橡胶止水带安装

9.8.1 GINA 及 OMEGA 橡胶止水带的应用

（1）采用水压接原理连接的沉管隧道的沉管（管节）接头均要装设 GINA 橡胶止水带，以实现接头初始密封。

(2) 采用水压接原理连接的沉管隧道的沉管（管节）接头若为柔性结构时，一般采用OMEGA橡胶止水带作为第二道密封。

(3) 节段式管节的节段接头，水密性若采用多道设防时，最后一道密封一般采用较小规格的OMEGA橡胶止水带。

9.8.2 橡胶止水带储运安装前的要求

(1) GINA橡胶止水带一般出厂前已按设计要求硫化接驳成整体产品，由于其形状复杂、几何尺度大，在储运过程中应防止过度折弯，发生臭氧开裂面，避免运输和卸货过程中出现产品损坏，因此必须按照厂家的储藏和运输程序要求进行。对于横断面尺寸较大的管节，为了使GINA橡胶止水带运输方便，亦可采用分段出厂，但应最大限度地减少每一接头的橡胶止水带分段数量。

(2) OMEGA橡胶止水带通常出厂前已按设计要求硫化接驳成整体产品，由于考虑施工现场安装的次序，OMEGA橡胶止水带的整体产品留下一个接驳口，待施工安装时进行现场硫化接驳成一整体产品；也可采用分段出厂，在现场按设计要求硫化接驳成整体产品，分段出厂的橡胶止水带应按同一整体产品分段及其编号一并进行储运，安装前必须核对，运至现场后，由供货商进行硫化接驳成一整体产品，硫化接头的接驳质量应按采购合同有关系数进行检验和验收。

(3) GINA橡胶止水带在出厂前要进行压缩试验和水密性试验，以检查其压缩性和水密性是否符合要求。OMEGA橡胶止水带则要进行相关的变形试验和水密性试验，以检查其变形数据和水密性是否符合要求。

(4) 橡胶止水带安装前，所有预埋件、预留孔洞以及所有安装固定的紧固件均应经供货商确认。

(5) 为了保证质量，宜定制一段1m长的橡胶止水带进行相应的压板、抗剪块，调整垫块、螺栓、螺母、垫圈等紧固件进行预压、预紧试验，安装时参照供货商安装说明进行。

(6) 所有紧固件应按设计要求进行防腐处理，GINA橡胶止水带紧固件需达到与主体结构具有相同的设计使用寿命。

9.8.3 GINA橡胶止水带吊装的要求

(1) 传统管节预制方法，GINA橡胶止水带是在干坞内进行吊装作业；而工厂化管节预制方法，GINA橡胶止水带是在浅坞内进行吊装作业，在管节端头必须预留吊机及吊具作业的必需空间。

(2) 吊具：

1) 吊具的主件一般为H型钢横梁，H型钢横梁应具有足够强度和刚度，其长度大于GINA橡胶止水带的宽度；

2) H型钢横梁的吊点间距约为1～5m；

3) GINA橡胶止水带的上部和下部底面均设横面L型软质托架；

4) 每个吊点设上下吊拉铁链，铁链通过尼龙吊带捆着L型软质托架悬吊着GINA橡胶止水带。

(3) GINA橡胶止水带起吊时，为了防止局部损坏和重量引起的超载，应非常认真、仔细地操作起吊机，吊梁应保证水平，避免偏心。

9.8.4 GINA橡胶止水带安装要求

GINA橡胶止水带是通过螺栓、螺母、垫圈、压板、调整垫块、抗剪块等紧固件夹紧GINA橡胶止水带的两侧翼缘，将其安装固定到管节端面上。GINA橡胶止水带连接详见图9-21。

图9-21 GINA橡胶止水带连接示意图

(1) 安装GINA橡胶止水带螺栓、螺母的固定方式：

1) 当管节端面为钢筋混凝土时：

可采用膨胀螺栓的固定方式，膨胀螺栓孔的钻孔应严格按照设计要求进行。为保证每组压板能在管节端面顺利安装，钻孔时需用钻模定位或用压板进行配钻。

亦可采用预埋螺母的方式，预埋螺母时螺母要与钢筋骨架牢固连接定位，确保螺母位置的精度，管节制作过程对螺母的螺孔应加以保护。

2) 当管节端面采用钢端壳时：

当管节端面采用钢端壳时，钢端壳端面的螺母安装孔应需用钻模定位或压板进行配钻，螺母在钢端壳端面背面必须焊牢，管节制作过程对螺母的螺孔应加以保护。

(2) GINA橡胶止水带安装时的定位：

在安装GINA橡胶止水带的管节端面上的两排紧固螺栓的螺孔，每隔10个螺孔拧入一对一头带螺纹的定位销；通过吊具垂直吊着GINA橡胶止水带，然后平移渐渐靠近管节端面，使其两翼缘端面慢慢滑进管节端面两排定位销之间，直至GINA橡胶止水带底面贴着管节端面位置；安装压板，逐步拧下定位销，拧上紧固螺栓。操作人员必须在排架上尽量保持站立状态完成上述作业，并使用扭力扳手按设计要求施加预应力。

(3) 安装GINA橡胶止水带时，要按供货商要求按顺序和预紧力要求，对每个螺栓施工预紧力，螺栓拧入螺母螺孔前应上防锈油，压板、调整垫块、抗剪块应上防锈漆。预应力施加完成后，螺栓、压板、调整垫块、抗剪块互相点焊。

(4) GINA橡胶止水带安装完成后，拆除吊具，在管节端头顶部加装GINA橡胶止水带顶部保护罩，以防止管节起浮，浮运过程碰坏GINA橡胶止水带。管节浮运就位后可拆除保护罩进行沉放对接作业。

GINA橡胶止水带安装详见图9-22。

(5) GINA橡胶止水带的所有紧固件应按设计寿命要求作相应防腐处理。

9.8.5 OMEGA橡胶止水带的安装要求

(1) 沉管（管节）接头OMEGA橡胶止水带的安装要求

1) 沉管（管节）接头的OMEGA橡胶止水带是在管节沉放、水压接后，打开端封墙

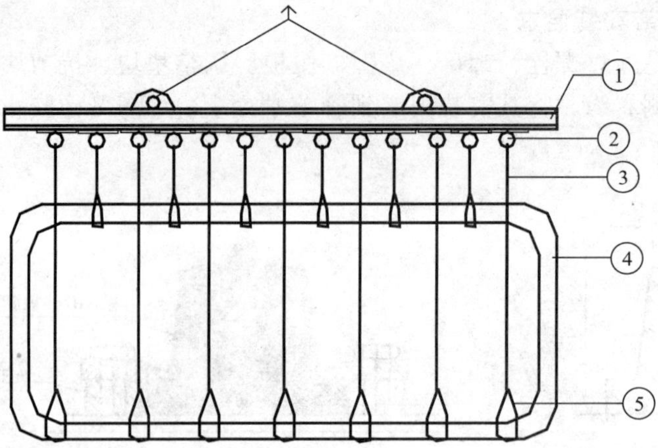

止水带起吊示意图

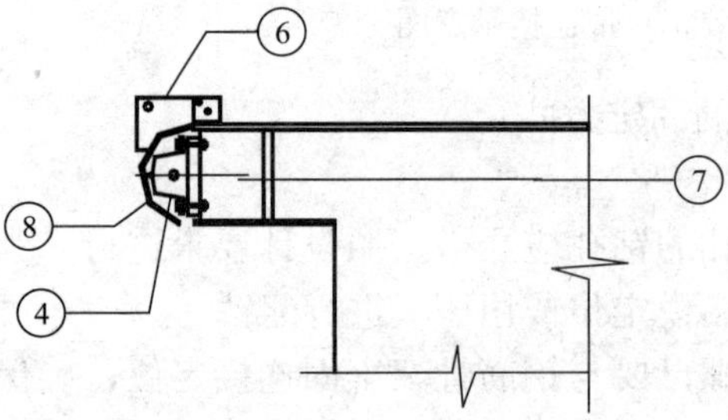

GINA止水带保护罩

	名称
①	吊具
②	葫芦
③	尼龙吊缆
④	GINA止水带
⑤	尼龙吊带
⑥	加强板
⑦	端钢壳
⑧	弧形保护罩

图 9-22　GINA 橡胶止水带安装示意图

人孔，作业人员进入两端封墙之间隔舱内进行安装；

2）对于沉管（管节）接头，OMEGA 橡胶止水带的安装纳入接头处理的工序，在第 11 章的接头处理中加以论述。

(2) 节段式管节的节段接头 OMEGA 橡胶止水带的安装要求

1）在多道水密性设防的节段接头最后一道密封一般采用 OMEGA 橡胶止水带。

2）OMEGA 橡胶止水带应在干坞或在工厂化管节预制方法中的流水作业线浅坞管节内进行安装。

3）节段接头一般数量较多，宜采用可移动脚手架进行安装。紧固件一般采用预埋螺栓，作业人员应按设计要求的顺序和预紧力拧紧压板螺母，应采用控力扳手拧紧压板螺母。

4）在安装顶部紧固件时，应注意在作业人员仰状作业时提出要求。

5）当节段接头采用可注浆钢边橡胶止水带作为第一道主密封、OMEGA 橡胶止水带作为第二道主密封时，在干坞内进行两道主密封之间进行水压试验，水压试验前应检查试验管路是否畅通，试验水压可为 1.5 倍止水带承受额定水压维持 2h，水压无下降。如出现渗漏应作处理，处理后再作水压试验。

9.8.6　节段接头其他水密性止水带的安装要求

(1) 在水密性多道设防的节段接头，除安装一至两道主密封橡胶止水带外，一般在迎水面设置一道防泥沙进入接头缝内的封缝橡胶密封。抗震设防的节段接头中，在最后一道主密封（OMEGA 橡胶止水带）背后装设充气缓冲橡胶带，或在单道主密封且为可更换的 OMEGA 橡胶止水带的节段接头中，在 OMEGA 橡胶止水带迎水压侧装设可充气临时密封橡胶止水带，当需更换 OMEGA 橡胶止水带时，充气起到临时密封作用。

（2）封缝密封止水带：

1）封缝密封止水带主要有如下两种形式：

① 嵌缝遇水膨胀止水条；

② 预埋橡胶止水带。

2）嵌缝遇水膨胀止水条安装要求：

① 遇水膨胀止水条应在完成管节制作后在各节段接头嵌链安装；

② 安装前应用压缩空气吹喷安装位置，使其一干二净；

③ 安装过程要注意底部滑移梁上两支座之间部位嵌链必须到位。

3）预埋橡胶止水带进行封缝的要求：

① 预埋橡胶止水带外表面为迎水面，内表面为预埋面，该面为可预埋固定结构形式；

② 预埋橡胶止水带一般应由供货商在现场硫化连接成整体，并应根据供货合同要求检验硫化接头的连接质量；

③ 浇筑混凝土前预埋橡胶止水带必须固定牢固，其迎水面应紧贴底、外侧墙模板内表面，浇筑顶板混凝土时应注意对其迎水面的保护，同时不要使其发生位移和松动。

（3）可充气橡胶带：

1）可充气橡胶带应在完成管节制作后在管节内各节段接头上安装。

2）安装前应用压缩空气吹喷安装位置。

3）安装固定后连接预埋充气管，充气检查其与节段接头端面接触情况，对于抗震设防充气缓冲橡胶带要按设计要求压力充气，并检查其本体和充气保压系统气密性。对于临时充气密封充气止水带亦要按设计要求压力充气，并检查其本体和充气保压系统气密性，检查完后放气，清洁接触面后，封装 OMEGA 橡胶止水带。

4）在管节内进行其他作业时，要注意对充气保压阀及仪表保护。

（4）可注浆钢边橡胶止水带预埋安装要求：

1）在节段接头中可注浆钢边橡胶止水带可作为一道主密封或第一道迎水主密封；

2）可注浆钢边橡胶止水带一般由供货商在现场硫化（橡胶）、铆接（钢边）连接成整体，并应根据供货合同要求检验硫化、铆接后接头质量；

3）可注浆钢边橡胶止水带及其注浆系统管道预埋位置要准确、牢固可靠，并要处理好与各节段端模板接头的关系，在浇筑混凝土、振捣时要注意避免其变位；

4）管节制作完成后，应在管节内按设计要求进行注浆处理，注浆完成后要进行注浆管封堵。

9.9 管节外防水处理

钢筋混凝土管节是以结构自防水为主、外防水为辅，亦可不做外防水处理。当钢筋混凝土管节采用底钢板和钢端壳时，管节其他外露表面可做外防水处理，这样形成完整的外防水体系。当钢筋混凝土管节不采用底钢板和钢端壳时，只能在顶板和外侧墙表面做外防水处理。在做防水施工前如发现结构体有裂缝，应立即选用具有补强性能的注浆材料进行裂缝修复（如环氧树脂类），灌浆材料性能应符合《混凝土裂缝用环氧树脂灌浆材料规范》（JC/T 1041—2007）要求。

外防水处理要求：

（1）防水采用的原材料、制品和配件等应符合设计要求，并有出厂合格证，经检验符合要求后方可使用。

（2）各种拌合物成分和调制应符合设计要求并通过试验确定。

（3）卷材和涂膜防水层施工环境和温度应符合产品技术要求，不得在雨、雪及大风天气中施工，要严格按照防水材料规范要求施工。

（4）外防水层应在基层面及管节结构检验合格并填写隐检记录后方可施工。

（5）采用卷材时，应先铺顶板顶面，后铺外侧墙表面，交接处应交叉搭接。卷材与底钢板及钢端壳接口处理，卷材应搭接在钢板面上。

（6）卷材或涂抹防水层完工后应及时施工保护层，保护层应符合下列规定：

1）顶板、外侧墙保护层平整度允许偏差为5mm；

2）保护层砂浆终凝后应及时养护。

9.10 防锚层施工

当沉管隧道顶部有足够的覆盖层，可以不设置防锚层。

9.10.1 防锚层的功能

（1）防止船舶抛锚时对管节结构和外防水层的破坏；

（2）调节管节起浮及浮运时的干舷高度。

9.10.2 管节防锚层混凝土组成部分

（1）管节外侧墙与顶板连接角隅处的护边部分现浇混凝土或铺设预制块；

（2）顶板面的现浇混凝土。

9.10.3 现浇防锚层施工顺序

（1）绑扎角隅部位钢筋；

（2）检查顶板预留剪切钢筋；

（3）在管节预制场浇筑角隅处护边混凝土；

（4）管节起浮后，在浮态下进行顶面舾装时浇筑顶板防锚层。

9.10.4 防锚层施工要求

（1）管节制作时，由于管节几何尺寸误差、混凝土容量误差等因素的影响，管节的实际干舷高度可能与理论值不同，管节制作完成后，承包商应对管节进行详细的测量，并计算出实际干舷，提供给设计部门作为调整防锚层厚度的依据；

（2）顶板防锚层的高度应根据承包商计算的干舷高度和管节在浮态舾装设备安装后实测干舷高度而定，并在满足最小干舷控制值的情况下确定防锚层的高度，防锚层浇筑和舾装完成后，管节的干舷值通常应控制在100～150mm，为有利于运营期间的抗浮要求，承包商也可在有可靠的安全保证措施的情况下，适当调整干舷下限值；

(3) 浇筑防锚层混凝土前，要注意保护好已完工的外防水层，协调好留出安装在顶板的舾装件位置；

(4) 防锚层混凝土浇筑前应清除管节顶面杂质；

(5) 防锚层应分段进行混凝土浇筑，从中间向两端对称间隔施工；

(6) 振捣混凝土时，应严格控制振捣深度，不得破坏管节外防水层；

(7) 由于管节干舷较低，混凝土浇筑过程中应采取防冲刷措施。

9.11 管节舾装的金属结构件制作、预埋件预埋及安装

管节舾装时需安装数量相当多的金属结构件，其制造精度和焊缝质量都要求较高，对于现场的加工和拼装需要有一定的要求，要严格控制制作质量。

9.11.1 主要舾装金属构件的类型

通常沉管隧道的埋设深度较浅、水流速度较小，且沉管段长度较短的情况下，管节浮运沉放的主要舾装金属构件为：

(1) 系缆柱。

(2) 管节顶板上的人孔钢护筒。

(3) 管节沉放的吊点。

(4) 测量塔和定位塔。

(5) 沉放对接定位装置。

1) 采用鼻托式的定位装置：

① 安装在岸上段端头或已沉放定位管节端面的下鼻托；

② 安装在沉放管节对接端的上鼻托；

③ 安装在下鼻托两侧的临时垂直向上支撑千斤顶的支座。

2) 采用管节顶面端部的定位装置：

① 安装在岸上段顶面端头或已沉放定位管节顶面端头的定位座；

② 安装在沉放管节对接端顶面的定位梁。

管节舾装构件布置详见图 9-23。

对于沉管隧道的埋设深度较大、水流速度较高且沉管段长度较长的情况下，可不设置定位塔和人孔钢护筒，管节沉放期间的管内设备的供电线和控制线可穿过端封门连接到水面的船舶，若出现设备故障时可采用专用的小型潜艇或潜水钟与管节顶端人孔连接，工作人员进入管节进行设备维修。

9.11.2 预埋件预埋要求

(1) 管节预制时应将舾装构件的预埋件准确安装就位，严格控制预埋件的埋设方向，严禁错埋、漏埋。

(2) 预埋件安装后应对其外露构件涂抹防锈油脂，并采用土工布、塑料布等有效材料进行包覆，以防混凝土浇筑时造成其损失、锈蚀。

(3) 管节混凝土浇筑时，应对预埋件下的混凝土仔细振捣，确保预埋件与混凝土密贴。

(4) 管节顶板面预埋件的焊缝质量等级为二级。

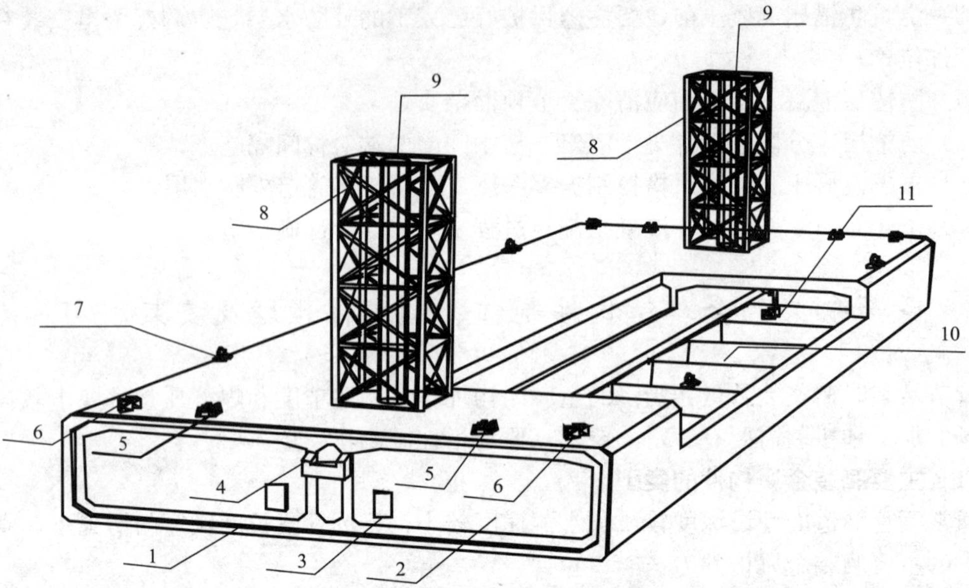

图 9-23　管节舾装构件布置图

1—GINA 橡胶止水带；2—端封墙（钢结构或钢筋混凝土结构）；3—端封门（钢结构）；4—鼻式拖定位装置；5—拉合千斤顶座；6—测量对准安装座；7—管顶系缆柱；8—测量塔和定位塔；9—人孔钢护筒；10—压水箱；11—水箱控制系统

（5）管节舾装构件预埋件的精度要求：

1）各舾装构件预埋板螺栓孔和构件连接板螺栓孔之间的相对位置允差≤1mm；

2）拉合座及定位度预埋件整体水平位置允差≤5mm；

3）测量塔和定位塔四角预埋钢板间距允差≤5mm；

4）其他预埋件整体允差≤20mm，也可根据使用功能要求确定允差。

9.11.3　管节舾装构件与预埋件连接要求

管节舾装构件与其预埋件采用螺栓连接时，应对每个螺栓对称、均匀、分次施加预紧力至设计值，预紧力可采用扭角法，给螺栓施加预紧力时，应严格控制初拧及终拧的施工工序，不得出现漏拧和重拧现象。

管节舾装构件与预埋件连接后，应对连接螺栓进行快干防锈漆封闭。

9.11.4　人孔钢护筒

（1）人孔钢护筒的功能

1）人孔钢护筒是管节在沉放、对接、定位、基础处理等施工作业过程供施工人员从水面进入管节内或从管节内爬出水面的通道，人孔钢护筒内应设有施工人员进出管节的爬梯；

2）管节内临时施工用电铺设进线电缆的通道；

3）管节内临时施工通风铺设风管的通道；

4）管节内压载水舱铺设注、排水管的通道；

5）两管节对接端之间隔舱通大气的通道。

（2）人孔钢护筒要求

1）人孔钢护筒是用钢板制作的焊接钢管，其钢板厚度及筒内直径应符合设计要求，必须具有足够的强度和刚度。

2）人孔钢护筒底部通过法兰与管节顶板人孔固边预埋螺栓连接，连接处应具有良好的水密性，其顶部通过法兰与测量塔或定位塔水面以上平台相连接。如管节沉放水深较大时，人孔钢护筒可为多节法兰连接而成，法兰连接处应具有良好的水密性。

3）人孔钢护筒内径应按设计要求大于管节顶板预留人孔的内径，以便有足够空间完成封孔作用。

4）为了增加人孔钢护筒的强度和刚度，一般人孔钢护筒设置在测量塔或定位塔内，与其焊接成整体钢结构。

5）人孔钢护筒所有焊缝要求通满焊，质量等级为一级。人孔钢护筒焊接及安装完成后，应按设计要求进行水密性试验，如有渗漏应及时补救。

6）人孔钢护筒制作安装完成后，筒内外及所有钢构件的表面应涂防锈漆。

7）人孔钢护筒应设施工作业人员进、出管节隧孔的爬梯，爬梯安装应牢固。

8）铺设在人孔钢护筒内的电缆电线应做绝缘固定。

(3) 管节顶板人孔的作业程序

管节顶板人孔，在管节浮运、沉放、对接、定位、基础处理等作业完成后，人孔钢护筒拆除前应在人孔钢护筒内进行管节顶板人孔封孔。其作业程序如下：

1）人孔内侧及底面预埋钢板表面除锈、清理油污。

2）将人孔底面钢封板与人孔底面预埋钢板焊接，要求通长满焊，焊缝质量等级为一级。

3）绑扎钢筋，然后分层填充C35以上强度等级混凝土至顶板面，并振捣密实。

4）顶板面人孔混凝土浇筑完成后，对人孔混凝土顶面处理：

① 对钢构件表面进行除锈、除油污等清理工作；

② 将人孔混凝土顶面的钢盖板与人孔周边的预埋件焊接，要求通长满焊，焊接质量等级为一级；

③ 在人孔混凝土顶面的钢盖板上均匀涂抹环氧沥青膏漆两道，涂层厚度大于0.2mm；

④ 待环氧沥青干透后，在人孔混凝土顶面的钢盖板上再铺盖一层250mm厚的水泥砂浆（强度等级M10），内设一层$\phi 8@100$mm双向钢筋网片。

9.11.5 沉管接头与节段式管节的节段接头的垂直剪切键和水平剪切键

(1) 垂直剪切键和水平剪切键的设置

垂直剪切键一般分设在接头两侧的外侧墙内侧和中隔墙的端面上。

水平剪切键一般分设在接头两侧顶、底板端面上。

(2) 垂直剪切键和水平剪切键的形式及相应要求

1）钢结构垂直剪切键和水平剪切键

① 钢结构垂直剪切键和水平剪切键采用钢板焊接结构形式，焊接时应保证垂直剪切键上、下键或水平剪切键左、右键接触面与安装基准面的垂直度要求。

② 接头两侧端面安装固定垂直剪切键和水平剪切键的预埋钢板位置应准确。

③ 垂直剪切键上、下键和水平剪切键左、右键之间应设置一定弹性的橡胶垫（节段式管节节段接头可不设置），焊接时应保持接触面平行，以及保证与安装基准面的垂直度要求。要求通长满焊，焊缝质量等级为一级。

④ 垂直剪切键、水平剪切键和预埋钢板应除锈、除油污，垂直剪切键和水平剪切键表面应均匀涂抹环氧沥青膏漆两道，涂层厚度大于 0.2mm。

⑤ 垂直剪切键与水平剪切键安装完成后，若采用凹槽配对形式，则凹槽处应用水泥砂浆（强度等级 M10）填满，表面抹平。

2）钢筋混凝土结构的垂直剪切键和水平剪切键

① 采用钢筋混凝土结构的垂直剪切键和水平剪切键时，接头两侧端面安装上、下垂直剪切键或左、右水平剪切键位置，应按设计要求预埋钢筋接驳器，钢筋接驳器预埋位置应准确，固定应牢固。管节各施工段浇筑混凝土过程，应采取措施对接驳器的内螺孔加以保护。

② 若采用凹槽配对形式，则凹槽处理应用水泥砂浆（强度等级 M10）填满、表面抹平。

③ 施工顺序：

施工缝两端面钢筋混凝土端面凿毛，清洗干净→绑扎钢筋→支立模板→上、下垂直剪切键与左、右水平剪切键之间设置橡胶垫→浇筑混凝土→拆模。

④ 垂直剪切键与水平剪切键的混凝土强度等级与管节本体混凝土强度等级一致。

9.11.6　后填法基础处理所采用的临时支承垂直向下千斤顶的构件安装

（1）临时支承垂直向下千斤顶设置在管节隧孔内

1）在管节外侧墙隧孔内壁安装临时支承垂直向下千斤顶反力架位置上，预留安装反力架的空间，并且在该空间顶面预埋安装固定反力架的钢板和固定螺母。

2）在管节靠外侧墙隧孔底板，安装临时支承垂直向下千斤顶活塞杆顶推的支承杆外伸出管节底板外密封装置位置，预留安装密封装置的孔及预埋封孔钢盖板的连接钢板。

3）安装千斤顶的预埋件应准确安装就位，水平精度≤3mm，千斤顶油缸中心线垂直度误差≤0.085°，其中心线应与支承杆中心线一致，并应与管节底板垂直。

4）支承杆的密封装置如采用填料密封时，应按设计要求通过填料压盖对填料施加压紧力，保证密封的水密性要求。

5）管节沉放、对接、基础处理完成后管节座放在基础上，千斤顶拆除之前，应把支承杆与密封装置预埋连接钢板焊接在一起，起到密封作用，然后拆除千斤顶，切断支承杆（切口应整平预埋连接钢板），最后进行封孔钢盖板与连接钢板焊接在一起。上述焊缝质量等级均为一级。

（2）临时支承垂直向下千斤顶设置在管节外侧墙外表面

1）在管节预制时，应在管节外侧墙的外表面预埋安装固定千斤顶的预埋件（预埋钢板和螺母）；

2）预埋件的位置应准确，固定应牢固，在施工过程应对预埋钢板和螺母螺孔加以保护；

3）千斤顶由潜水员进行水下作业安装，应按设计要求对螺栓施加预紧力，千斤顶油缸中心线垂直度误差≤0.085°；

4）在管节完成水下对接、基础处理和垂直剪切键安装，潜水员可进行千斤顶的水下拆除。

9.11.7　后填法基础处理

（1）管节内砂流法基础处理

管节内砂流法基础处理是在底板按设计要求预埋灌砂球阀，贯穿结构内外的输砂管或金属构件，应在构件外周等距焊上止水环，以实现水密性效果的预埋方式。

管节内砂流法基础处理的施工步骤和要求如下：

1）采用隧孔内灌砂时，灌砂球阀的连接输砂管的法兰应伸至隧孔底板之上，在隧孔内连接、拆除输砂管。

2）灌砂球阀的外周应按设计要求焊有止水环做水密性预埋。

3）灌砂球阀和其配套的检测及灌浆管的预埋位置要准确、固定要牢固。

4）在浇筑底板混凝土时要对该阀的浮球加以保护。

5）管节浮运、沉放、对接时，应对浮球保护罩加以保护。

6）基础处理作业完成后灌砂球阀处理：灌砂球阀的配套检测机灌浆管采用注浆封堵；灌砂拆除后，用法兰钢封盖焊接封堵，阀腔注浆充填密实。

（2）管节外砂流法基础处理

采用管节外砂流法基础处理时，输砂管预埋在管节的结构内，其优点是输砂管的埋设不影响结构的防水体系。

管节外砂流法基础处理的施工步骤和要求如下：

1）灌砂管预埋位置要准确、固定牢固。

2）管节浇筑混凝土时两侧管口应作临时封堵，直至管节沉放、就位进行基础处理施工作业，由潜水员水下作业接管时打开。

3）灌砂管两端应装设快速接头，应能使潜水员能在水中快速接、拆管。

4）基础处理完成后，潜水员水下作业拆除水中输砂软管，并接上注浆软管对输砂管进行注浆封堵。注浆软管由潜水员水下作业装拆。

（3）采用注浆法的后填基础处理

后填法基础处理采用注浆法时，则要在底板按设计要求预埋注浆孔。一般采用管节内进行注浆。基础处理完成后注浆孔要进行封堵。

9.11.8　测量塔和定位塔

（1）管节沉放、对接、就位作业通过测量塔进行管节轴线、高程精度控制的相对位置测量。

1）如测量塔上设有控制室时则称为测量控制塔。此时，每节管配一套。

2）如测量塔上装设管节沉放、对接、就位作业时对中绞车、钢缆微调系统时，则称为测量定位塔。此时，每节管通常要配两套。

（2）测量塔为多节拼装在一起的钢结构：

1）每节为焊接钢结构：焊缝的质量等级均为二级，上下连接法兰面各自的接触面的平行度允许偏差≤1mm。

2）各节法兰通过螺栓、螺母进行连接，应按设计要求对螺栓与螺母连接施加预紧力。同时应防止螺母返松。

3）测量塔的钢结构表面应做防锈处理。

（3）测量塔与管节顶板通过锚固螺栓与螺母连接。

1）锚固螺栓在管节顶板预埋位置要准确，管节混凝土浇筑时应用土工布、塑料布等材料包裹进行保护；

2）安装时，锚固螺栓与螺母连接应按设计要求施加预紧力，同时应防止螺母返松；

3）管节沉放对接就位后，测量塔由潜水员水下作业拆除，重复使用。

9.11.9 管节顶板面的吊点

（1）管节顶板面一般布设有四套吊点。

（2）吊点为焊接钢结构，焊缝质量等级为一级，吊点钢结构表面应做防锈处理。

（3）吊点与管节顶板通过锚固螺栓、螺母连接，吊点与管节顶板连接的预埋螺栓，应通过固定钢板焊接在一起整体预埋，确保螺栓之间相对位置精度，并提高锚固螺栓抗拔能力；锚固螺栓、螺母连接，应按设计要求施加预紧力，同时应防止螺母返松。

（4）吊点的底面与锚固螺栓的固定钢板之间接触应密贴。

（5）在管节完成水下对接、基础处理和剪切键安装，并在管顶实施覆盖前，潜水员进行吊点的水下拆除后重复使用。

9.11.10 系缆栓

（1）系缆栓可选用船舶、码头的标准图来进行加工制造。

（2）钢结构系缆栓表面应作防锈处理。

（3）系缆栓与管节顶板面通过锚固螺栓、螺母连接，锚固螺栓在管节顶板上预埋位置要准确；安装时应按设计要求对紧固螺栓、螺母连接施加预紧力。应防止螺母返松。

（4）在管节完成水下对接、基础处理和剪切键安装，并在管顶实施覆盖前，潜水员进行系缆柱的水下拆除后重复使用。

9.12 管节内临时施工设施及舾装作业安全要求

管节在现场预制完成后，进行管节内临时施工设施安装作业时，管节两端的端封门中的观察人孔的水密门必须打开，使管节内保持良好的通风条件。

管节一次舾装完成后（即：管节两端的端封门完成封闭），管节内不允许进行焊接及切割作业，如必须进行这些作业时，要有良好的通风条件，并要配备必要的消防设备。

人孔钢护筒内的作业人员爬梯，必须连接到管节内的施工走道，走道遇到压载水舱时，则要与压载水舱面走道连接，走道必须配备拉杆扶手。

10　沉管隧道水下开挖

10.1　沉管隧道水下开挖主要内容

（1）沉管段基槽开挖；

（2）辅助航道开挖；

（3）管节浮运航道开挖；

（4）沉管段清淤；

（5）管节采用半潜驳运输时，半潜驳下潜管节起浮港池开挖。

10.2　沉管隧道水底开挖前的工程现场调查和勘测

沉管隧道水底开挖作业施工之前，应对工程现场进行调查和勘测，主要包括：

10.2.1　水深、河（海）底地形测量

（1）测图比例尺：

1）沉管段基槽开挖 1∶500～1∶2000；

2）辅助航道开挖 1∶1000～1∶5000；

3）管节浮运航道开挖 1∶1000～1∶2000；

4）沉管隧道两岸/岛上段基础开挖 1∶500～1∶2000。

（2）平面控制网宜在国家等级控制网内加密布设，应采用统一的高斯正形投影平面直角坐标系。在未建立控制系统的小测区，可采用简易方法定向建立独立的坐标系统，在一个测区应采用同一坐标系。

（3）水深测量的深度基准面，在沿海和感潮河段应采用多年平均河海面起算的理论最低潮面；在内河应采用航行基准面。当采用其他深度基准面时，应求得其与当地高程基准之间的关系，同一工程的测图，应采用同一基准面。

（4）水深和河（海）床地形的测绘精度以中误差作为衡量标准，以 2 倍中误差（95%）作为极限误差。

（5）测深定位点的点位中误差应不大于图上 1.5mm；1∶500 测图定位点的点位中误差应不大于图上 2.0mm。

（6）测深应满足下列技术要求：

1）当不考虑平面位移时，水深测量的深度误差极值应符合表 10-1 要求。

深度误差极值　　**表 10-1**

水深 H（m）	$H \leqslant 20$	$H > 20$
深度误差极值（m）	±0.2	$\pm 0.01H$

2）测深线的布置应满足下列要求：

① 测深线的间距布置应根据工程要求和河（海）底特性确定。测深线和水深点间距，应符合表 10-2 要求。

测深线间距和水深点间距 **表 10-2**

测量项目	测深线间距		图上内插水深点
	硬底质	中、软底质	最大间距（mm）
沿海	图上 10mm	图上 15mm	7.0
内河	图上 10mm	图上 10mm	7.0
水下基槽开挖	5m	5～10m	5.0
吹填测量	20～25m		10.0
取土区测量	25～50m		7.0

注：引自天津航道局主编的《疏浚工程技术规范》（JTJ 319—1999）。

② 图上测深线的长度应超出挖槽边坡外 30mm。

③ 主测深线的方向应大致与主等深线、挖槽轴线或边坡垂直。

④ 疏浚工程测量除主测深线外，还应布设垂直于主测深线的纵向测深线，其间距不宜大于主测深线间距的 4 倍，在航道内纵向测深线的布设应不少于两条。

（7）测区应布设测深检查线，以检查测深的正确性。

测深检查线应满足下列要求：

① 测深检查线宜垂直于主测深线，其长度不宜小于主测深线总长度的 5%。在疏浚前测量中，检查线可用纵向测量线代替，疏浚中测量及竣工测量的检查线应布设在挖槽边坡以外。

② 测深检查线与主测深线相交处图上 1mm 内水深点的深度比对点差，应符合表 10-3 要求。

深度对比点差 **表 10-3**

水深 H（m）	深度对比点差（m）	水深 H（m）	深度对比点差（m）
$H \leqslant 20$	$\leqslant 0.4$	$H > 20$	$\leqslant 0.02H$

（8）测深操作应符合以下规定：

1）测深前应校对水尺或水位计的零点与深度基准面的关系，测深仪应进行声速校正和确定测头（换能器）吃水的改正值；

2）使用单频回声测深仪时，工作频率宜选用 210kHz，波束角宜选用窄波束角；

3）在使用模拟记录时，记录纸的竖向比例应能保证水深准确判读，通常宜选用 1：100；

4）测深仪纸速通常宜选用 5mm/s；

5）有浮泥层存在的港口、航道和河口地区，宜采用双频或多频的回声测深仪进行测量，以测出浮泥层厚度，浮泥层的密度为 1.05～1.25L/m^3，当浮泥层下为硬底质时，可采用双频测深仪频率为 33kHz 和 210kHz。

6）当在海上波高大于 0.6m 时，内河波高大于 0.4m 水域进行测量且精度要求较高时，应配备波浪补偿装置。

7）必要时可使用多波束测深系统，对测区进行全覆盖（100%）的水深测量。

10.2.2　水文资料

（1）对受潮汐影响的河（海）域，应收集了解现场的潮位资料，包括潮汐的类型、潮位的特征值、潮汐预报表等。潮位特征值包括：

1）最高潮位；

2）最低潮位；

3）平均大潮高潮位；

4）平均大潮低潮位；

5）平均小潮高潮位；

6）平均小潮低潮位和平均潮位。

（2）当挖泥船乘潮施工时，应收集一年或多年的高潮和低潮累积频率曲线以及潮位历时累积频率曲线资料。

（3）在内河应收集当地最高水位、最低水位、平均水位、水位过程线和比降等资料。

（4）收集水文资料时，必须了解水位站的位置，水位观测的方法和精度、水尺所使用的基准面和陆地高程基准面或工程采用的深度基准面的关系。

（5）在缺乏水位观测资料的施工现场，应设立临时水位站进行水位观测，以找出当地潮位与邻近水位站的关系，在大潮期间应进行1～3次同步连续24h观测或连续观测15d的水位。

（6）水流资料的收集和观测：

1）对于海域及潮流界下的河口段，应调查涨、落潮流的最大流速、平均流速及流向，至少应收集15d以上的包含大潮和小潮的不同深度和时间的流速和流向资料。

2）对内河应根据需要收集一年或多年不同季节、不同水位时的流量、流速、流向和流态的资料，水位、流量受上、下闸坝控制的河段，应了解闸坝的运行情况及不同蓄水位或排泄不同流量时的流速和流向资料。

3）当施工现场缺乏流速资料时，应根据工程的需要进行必要的水流观测，观测可以采用浮标跟踪法测量水体表层运动的轨迹或用流速仪定点直接测量流速。选用单站定点连续观测，多站同步连续观测和大面流路观测等方法。流速测量的精度应达到0.1kn，流向的精度应精确到1°。

4）测流工作应与风速、风向、水位、波浪、含砂量（包括悬浮和推移质）等测量工作密切配合，必要时应进行同步观测。

5）收集长期波浪记录资料，如无长期资料应收集河（海）况条件恶劣时期的波浪资料，所收集的波浪资料应包括：

① 浪高、周期、波向和持续时间；

② 统计分析不同方向、不同级别波浪的出现频率和持续时间；

③ 对挖泥船施工可能造成不利影响的大浪出现的频率、持续时间和出现季节，以及相对应的风速、风向资料。

6）在收集波浪资料时，应了解波浪观测的位置、观测方法和精度。在缺乏波浪资料的水域，应根据工程的需要进行观测，并选择对施工水域具有代表性的观测位置。

(7) 水温和含盐量资料的收集：

1) 在亚热带、热带或高温地区以及寒冷地区，应调查收集水温和含盐量的资料，特别是极端和特征值的资料。

2) 在感潮河段应调查收集该河段含盐量的资料，包括洪水期和枯水期的变化情况。

(8) 泥沙运动和冲淤（悬浮质和推移质）资料的收集：

1) 泥砂运动的调查应包括输砂量和输砂方向，对内河应收集不同季节、洪水期和枯水期不同的流速、流向和流量时的含砂量资料；对海域和潮汐河口应收集整个潮汐循环期内的含砂量、流速、流向以及大风期的含砂量资料；在有浮泥层存在的水域还应收集浮泥流动的资料以及 8 级以上大风可能出现的骤淤资料。

2) 应调查收集海底和河底地质的资料，根据地质的矿物成分和粒径的沉积变化，判断泥沙来源和运动方向。

3) 收集该水域历史上的水深、地形图，分析比较水深地形变化，了解冲淤情况和判断泥砂运动方向。

4) 调查该地区历史上的疏浚情况和水深变化，包括疏浚时间、疏浚土方量、疏浚后的回淤量和回淤强度等资料。

10.2.3 气象资料

(1) 风资料的调查：

1) 历年各月或月平均不同风速、风向出现的频率、平均风速、最大风速、风玫瑰图和各级风频率图等资料；

2) 历年 6 级以上（含 6 级）大风的次数、持续时间和出现季节；

3) 热带低压、热带风暴、强热带风暴、台风和飓风出现的次数、月份、持续时间、最大风速和最大风的半径等资料。

(2) 雾资料的调查应收集历年能见度小于 1000m 雾日逐月出现的天数和持续时间，包括最大值、最小值和平均值等资料。

(3) 降雨量和气温调查：

1) 应根据工程的需要对降雨进行调查，调查内容包括年平均总降雨量、最大降雨量出现月份、最大降雨量强度和年平均降雨月数等。

2) 收集有关气温资料，包括月平均气温、最高气温、最低气温及其出现的日期、持续时间等。

(4) 在寒冷地区及我国北方冬季进行水底开挖作业时，应进行冰况调查。其内容包括开始结冰的时间、封冻时间、解冻时间、流冰开始日期、持续时间、冰层厚度和范围。

10.2.4 地质勘查资料

(1) 沉管隧道水底开挖施工之前，必须充分调查施工现场的地质条件。

(2) 地质勘察资料的要求可参照现行行业标准《港口工程地质勘察规范》(JTJ 240—1997) 的规定。

(3) 勘察工作应查明水底开挖作业区内岩土的类型、岩土的工程特征及其具体分布的详细资料，作为确定水底开挖施工方法、选择挖泥船、安排工期和计算费用的依据。

(4) 在施工过程中，如实际开挖遇到的岩土与设计预计开挖的岩土不符，并相差较大时，应做补充勘察。

（5）勘探线、点的布置应满足以下要求：

1）勘探点（包括钻孔、探坑、探井）的布置，应根据详勘阶段的要求和水底开挖作业区的地形、地貌和岩土层的复杂程度确定；

2）勘探线、点间距应符合表10-4要求。

勘探线、点间距　　**表10-4**

工程地区	地质条件	定　义	勘探线间距（m）或条数	勘探点间距（m）
内河	复杂	地形起伏大，岩土性质变化大，地貌单元多	20～50m	20～50m
	一般	地形有起伏，岩土性质变化较大	50～100m	50～100m
	简单	地形平坦，岩土性质单一，地貌单一	100～150m	100～150m
沿海	复杂	地形起伏大，岩土性质变化大，地貌单元多	20～50m	20～50m
	一般	地形有起伏，岩土性质变化较大	50～100m	50～100m
	简单	地形平坦，岩土性质单一，地貌单一	港池200～500m 航道1～3条	200～500m

注：1. 在地质条件十分复杂的地区应根据工程需要加密勘察，隧道基础垫层跨越不同地层的区域需要加密勘察。
2. 引自天津航道局主编的《疏浚工程技术规范》（JTJ 319—1999）。

（6）水底开挖作业区的主要勘察内容包括钻探、钻孔取样、现场十字板试验、标准贯入度试验、地震波速测试及室内土工试验等项目，在软土层若采用静力触探（CTPU）试验，则要按国际相关的标准和要求进行CTPU试验，推荐现场勘察、土样描述、室内及现场试验优先采用英国标准（BS）及香港Geoguide的要求，同时参考国内相关的勘察技术规范，对于香港Geoguide没有包括的原位试验，则参考国际土力学及岩土工程协会（ISSMGE）标准。

1）技术控制孔的终孔深度应达到基槽设计开挖深度以下10m，如地质条件复杂，钻孔的深度应相应增加。

2）原位测试孔的终孔深度宜进入全风化岩2m，原位测试包括标准贯入度试验和现场十字板试验，在软土层进行现场十字板试验，在砂层或可塑黏土层进行标准贯入试验。

3）应根据CTPU试验设备能力、基槽设计开挖要求深度、能否进入基槽设计开挖深度至少3m选择CTPU的现场和室内试验方法，采用CTPU试验时应根据有关规范要求合理布设一定数量的鉴别孔和孔压消散试验孔。

4）进行波速测试的钻孔深度应进入全风化岩层至少7m。

（7）当水底开挖作业区的地质条件十分复杂、土质坚硬，常规的勘察方法不能代表真实地质情况时，应采用试挖，并对试挖条件和号数做好监测和记录，以便对试挖的效能和设备的性能作出评价。

（8）水底开挖作业的现场和室内试验应按《疏浚岩土分类标准》（JTJ/T 320—1996）的有关规定执行。

10.2.5　环境影响调查

（1）水底开挖作业是工前，应对施工现场、渣土运输路线、渣土处理区及其周围的环境进行调查，并确定水底环境条件。

（2）水底开挖作业施工环境影响调查包括：

1）水质调查，包括含盐量、混浊度等。

2）土质调查，包括泥沙颗粒粒径及其级配、泥沙重度。受施工污染地区，除了调查被污染的强度、污染源的有关情况外，还需对土质化学特性进行分析。

3）空气质量调查，应测定空气中悬浮颗粒状况。

4）噪声调查，调查挖泥船施工产生的环境噪声等效声级，尤其应评估夜间挖泥船产生的噪声对施工水域附近居住区的影响程度。

5）水下爆炸开挖岩层时爆破震动影响调查，调查水下爆炸产生的水下冲击波对作业水域生态、船舶及人员、附近居住区及建（构）筑物的影响程度。

6）综合调查水下爆破、挖泥船施工及渣土运输产生的冲击波、震动、噪声、水质的混浊度、细颗粒泥沙的再悬浮对水资源、渔场、水产养殖、海洋/江河生态、旅游环境的影响及其影响的范围、程度、类型和方式。

7）调查、评估水下开挖对水域流体动力环境及可能产生的影响。

8）调查当地有关水上倾倒渣土的规定。

10.2.6　渣土处理区的调查

（1）水底开挖作业施工前应对渣土处理区的现场进行调查，调查中应尽可能将渣土的处理与渣土的综合利用结合起来。

（2）水上抛渣土时，应调查收集下列资料：

1）抛渣土区的位置，现场的水深地形图资料，允许抛渣土的面积和高度；

2）抛渣土区的流速、流向和风浪资料；

3）水底开挖作业区到抛渣土区的距离，运渣土航线的水深，航行障碍物及其他干扰；

4）抛渣土作业的环境影响因素，如对水质、水产资源、航道回淤的影响等。

（3）当渣土在陆上处理时，应调查收集下列资料：

1）渣土处理区的位置、面积和允许吹填的标高；

2）渣土处理区及其附近的地形图；

3）需要拆迁的建筑物或构筑物；

4）渣土处理区的地质资料（包括土工试验资料）；

5）水底开挖作业区到渣土处理区的距离，排泥管线的铺设条件及可能出现的干扰和障碍；

6）吹填余水排放的位置、路线及对周围环境的影响；

7）吹填时，由于地下水抬高对周围环境和建筑物造成的影响。

10.2.7　施工条件调查

（1）调查收集的航行及航运情况资料应包括：

1）当地水域的管理规章及有关航行规定；

2）作业区及其附近的海图、航行图及水深地形图，开挖设备可使用的码头和航行区域的水深及其他有关航行的资料；

3）通过作业区船舶类型、数量、频率及对施工可能产生的干扰；

4）水底开挖作业与其他水上作业可能出现的干扰程度。

（2）水底开挖作业区水下障碍物、爆炸物调查包括：

1）访问和查阅历史资料，了解水底开挖作业区水下障碍物和爆炸物的分布范围、位置、数量等，必要时应进行实地探测。

2）对水下管道、箱涵和水下电（气）线缆，应详细调查其位置、埋设深度及其结构情况。

（3）水底开挖作业施工的船舶、设备维修能力调查。

（4）对燃油、淡水、材料的供应和补给调查。

（5）施工用临时场地和水底开挖设备停靠和避风条件调查。

（6）交通、通航调查。

10.3 沉管段基槽开挖

10.3.1 基槽开挖的横断面

（1）基槽底宽一般比管节底宽大4～6m，如沉管段的基础处理或管节沉放、对接、定位、调整设施有特别要求时，基槽底宽可适当加宽。

（2）基槽开挖深度为规划航道深度以下沉管段覆盖层厚度、管节高度以及基础处理的垫层厚度三者之和。

（3）基槽边坡：

1）基槽边坡应根据（岩）土质特性和水力动力条件确定水下边坡的稳定性，并应对如下因素进行分析：

① 应根据（岩）土的类别、物理力学指标对边坡的稳定性进行分析计算；

② 边坡的稳定性应考虑水流、潮流、波浪的影响；

③ 水下土层通常不是全部固结的，具有剩余孔隙水压力的特性，且强度较低，特别在潮间带潮汐和内河一定水位的水流作用下，必须考虑其稳定程度；

④ 对含水量小于塑限的黏土和软土在水位和水流、波浪作用下，仍存在不稳定的因素，因此需要有长期的观测资料，应该通过调查类似土质和水流条件的资料确定边坡；

⑤ 对流动性淤泥层，当开挖淤泥层厚度较大且水深较小时，边坡应以泥沙运动为重点进行考虑；

⑥ 在同一基槽内，当土质特性和动力环境出现较大变化时，应分段考虑采用不同边坡；

⑦ 边坡的稳定性还应考虑到采用的开挖设备类型和施工方法的影响。

2）不同（岩）土层稳定坡度的参考数值，应参考表10-5取值。

各类（岩）土质水下边坡参考数值 **表10-5**

（岩）土质类别	坡　比	（岩）土质类别	坡　比
基岩	1∶0.2～1∶1.0	中等及软黏土	1∶3.0～1∶5.0
块岩	1∶1.0～1∶1.5	密实及中密实砂土	1∶3.0～1∶5.0
弱胶结碎石	1∶1.5～1∶2.5	松散及松散砂土	1∶5.0～1∶10
卵石	1∶2.5～1∶3.0	很软淤泥	1∶5.0～1∶10
坚硬及硬粘土	1∶2.0～1∶3.0	流态淤泥	1∶20～1∶50

注：1. 对端部有纵向边坡的基槽或挖槽，其端坡坡比与横断面边坡坡比相同。
2. 用耙吸挖泥船施工时，端坡的坡比可适当放缓。
3. 引自天津航道局主编的《疏浚工程技术规范》(JTJ 319—1999)。

10.3.2 基槽开挖的纵断面

（1）基槽开挖的纵断面基本上与沉管段的纵断面一致；

（2）在采用临时支座作为管节沉放、对接的定位基准时，临时支座基底标高可作为纵断面的控制标高；

（3）基槽开挖的长度即为沉管段与两岸上段水下对接端面之间纵向里程。

10.3.3 基槽开挖的平面

（1）基槽开挖的平面轴线应与沉管段平面轴线相一致；

（2）基槽开挖的宽度应与沉管段平面轴线相对称，并随沉管段埋设深度以及地质等条件对边坡稳定性要求不同而变化；

（3）若沉管段采用后填法基础处理方式时，基槽开挖应包括管节沉放、对接时临时支撑座（钢筋混凝土垫块）的基础开挖；

（4）基槽开挖的平面应包括沉管段与两岸上段对接区护岸端部口纵坡接口。

10.3.4 基槽开挖方法

（1）基槽开挖方式选择应考虑如下因素：

1）尽量使用技术成熟、生产率高、费用低的开挖方式；同时为了降低造价，充分使用已有的开挖设备。

2）选用对航道影响最小的开挖方式。

3）选用对环境影响较小的开挖方式。

（2）通过对环境、经济和技术等多方面的探讨，按其效果和费用仔细权衡不同方案以求得最佳选择。

（3）开挖作业一般分层分段进行。在基槽断面上，分成二层或三层逐层开挖。在平面上沿沉管隧道纵轴线方向，划成若干段，分段分批进行基槽开挖。

10.3.5 基槽开挖设备的选择

（1）基槽开挖设备的选择原则：

1）满足工程进度、工程质量和泥土处理的要求，能够充分利用资源并能达到保护环境的目的；

2）基槽开挖设备主要尺度应适应基槽开挖作业施工所需水域条件；

3）基槽开挖设备的最大挖深应满足基槽开挖的最大深度要求；

4）基槽开挖设备应对基槽的（岩）土质具有良好的可挖性。

（2）挖泥船主要尺度及施工所需水域条件，应满足表 10-6 要求。

挖泥船主要尺度及施工所需水域条件　　　表 10-6

船舶类型	主要尺度（m）				最大挖深（m）	最小挖深（m）	施工所需水域条件	
	长（m）	宽（m）	吃水				水深（m）	宽度（m）
			空载	重载				
耙吸（m^3）								
500	70	14	2.4	3.2	10		2.8～3.6	
800	72	13	2.8	4.2	10		3.2～4.8	
1500	85～87	13～15	2.6	4.5	15～18		4.3～5.0	
2300	80	14.6	2.6	4.4	18		6.0～8.0	

续表

船舶类型	主要尺度（m）				最大挖深（m）	最小挖深（m）	施工所需水域条件	
	长（m）	宽（m）	吃水				水深（m）	宽度（m）
			空载	重载				
耙吸（m^3）								
4500	102～129	17～19	3.4～7.5	7.2～7.5	20～26		6.1～8.1	
5000	113	18		7.3	30		6.6～7.3	
6500	200	29	4.5	8	24		6.6～8.6	
铰吸（m^3/h）								
40	18	3.8		0.7	3.2		1.2	16
60	24	4.6		0.8	6		1.1	23
80	23	5.5		0.9	6		1.1	23
200	38～40	7.2～7.5		1.1～1.4			1.4	42
350	55～64			1.8～2.3	15		2.4	46
400				2.3	15		2.7	
980	48.5	10.3		1.6	16		1.9	41
1250	51	11.9		1.8	18	4.5	2.2	47
1450	51	13.5		1.9	18	4.5	2.3	49
1600	85～96	17		3.2～3.3	22	5	4	96
2500	112	19		4.3	30	6	5.2	110
链斗（m^3/h）								
25	12	4		0.7	4		1	
40	17	4		0.8	3		1	
60	17	5		1.1	4.5		1.5	
150	21～28	6.5～8.5		1.0～1.4	7		1.5	29
180	28	8		1.2	9		1.5	30
350	56	11.4		1.3	16		1.6	40
500	50～60	12		2.4～2.8	16		3	41
750	74～80	14		3.1～3.4	20		3.6	43
铲斗（m^3）								
0.25	11	4.3		0.6	3		0.9	21
0.75	23	7.5		1.4	4.5		1.7	29
4	44	15		2.6	15		2.9	42
抓斗（m^3）								
0.75	22	6.8		1	5.5		1.3	28
1	22.9	7.8		1	15		1.3	30
1.5	26	8		1.3	22		1.6	31
2	33.4	10.8		1.5	20		1.8	33
4	36～37	14		1.8	30		2.2	43
8	35～40	16		1.5～2.2	40～50		2.6	45
13	45.4	19.2		2.6	50		3	48
自航双抓（m^3）								
350	49	10		3.5	20			
拖船（kW）								
90	18	4		1.7				
295	27	6.8		2.3				
720	30	8		2.8				

注：引自天津航道局主编的《疏浚工程技术规范》(JTJ 319—1999)。

（3）基槽开挖岩土分类，详见表10-7。

基槽开挖岩土分类表 **表10-7**

岩土类别	岩土名	分类标准
有机质土及泥炭淤泥土类	有机土及泥炭	$Q \geqslant 5\%$
	浮泥	$W > 150\%$
	流泥	$85\% < W \leqslant 150\%$
	淤泥	$55\% < W \leqslant 85\%$，$1.5 < e \leqslant 2.4$
	淤泥质土	$36\% < W \leqslant 55\%$，$1.0 < e \leqslant 1.5$
黏性土类	黏土	$Ip > 17$
	粉质黏土	$10 < Ip \leqslant 17$
粉土类	黏质粉土	$d > 0.075$mm，颗粒大于总质量50% $Ip \leqslant 10$，$10\% \leqslant Mc < 15\%$
	砂质粉土	$d > 0.075$mm，颗粒大于总质量50% $Ip \leqslant 10$，$3\% \leqslant Mc < 10$
砂土类	粉砂	$d > 0.075$mm，颗粒大于总质量50%
	细砂	$d > 0.075$mm，颗粒大于总质量85%
	中砂	$d > 0.25$mm，颗粒大于总质量50%
	粗砂	$d > 0.5$mm，颗粒大于总质量50%
	砾石	$d > 2.0$mm，颗粒大于总质量25%～50%
碎石土类	角砾　圆砾	$d > 2.0$mm，颗粒大于总质量50%
	碎石　卵石	$d > 20$mm，颗粒大于总质量50%
	块石　漂石	$d > 200$mm，颗粒大于总质量50%
岩石类	软质岩石	$Rc < 30$MPa
	硬质岩石	$Rc \geqslant 30$MPa

注：1. Q—有机质含量（%）；Ip—塑性指数；d—粒径（mm）；W—天然含水量（%）；e—孔隙比；Re—单轴饱和抗压强度（MPa）；Mc—黏粒含量（$d < 0.005$mm）。
2. 引自天津航道局主编的《疏浚工程技术规范》（JTJ 319—1999）。

（4）基槽开挖岩土工程特性和分级，应参考表10-8要求。

基槽开挖岩土工程特性和分级 **表10-8**

岩土类别	级别	状态	强度及结构特征	判别指标			辅助指标						
				标贯击数 N	天然重度 r (kN/m³)	抗压强度 Rc (MPa)	天然含水量 W（%）	液性指数 I_L	孔隙比 e	抗剪强度 r (kPa)	附着力 F (g/cm²)	相对密度 Dr	烧灼减量 Q_1（%）
有机质土及泥炭	0	极软	可能是密实的或松软的，强度和结构在水平或垂直方向上，可能相差很大，并存在气体		<12.8								≥5

续表

岩土类别	级别	状态	强度及结构特征	判别指标			辅助指标						
				标贯击数 N	天然重度 r (kN/m³)	抗压强度 Rc (MPa)	天然含水量 W (%)	液性指数 I_L	孔隙比 e	抗剪强度 r (kPa)	附着力 F (g/cm²)	相对密度 Dr	烧灼减量 Q_1 (%)
淤泥	1	流态			<14.9		>85		>2.4		无<50 弱50～150 中等150～250 强>250		
土类	2	很软	极易在手指内挤压	<2	<16.6		55～85	>1.0	>1.5	<13			
黏性土类	3	软	极易用手指捏成形	≤4	≤17.6			≤1.0		≤25			
	4	中等	稍用力捏可成形	≤8	≤18.7			≤0.75		≤50			
	5	硬	手指需用力捏才成形	≤15	≤19.5			≤0.50		≤100			
	6	坚硬	不能用手指捏成形，可用大拇指压出凹痕	>15	>19.5			<0.25		>100			
砂土类	7	极软	极容易将12mm钢筋插入土中	≤4	≤18.3							<0.15	
	8	松散	较容易将12mm钢筋插入土中	≤10	≤18.6		满足 $Cu>5$，$Cc=1\sim3$ 为良好级配的砂（SW），不能满足以上条件的为不良级配的砂（SP） Cu——不均系数，d_{60}/d_{10}； Cc——曲率系数，$d_{30}^2/(d_{10}\times d_{60})$					≤0.33	
	9	中等	用2-3公斤重锤很容易将12mm钢筋打入土中	≤30	≤19.6							≤0.67	
	10	密实	用2-3公斤重锤可将12mm钢筋打入土中	>30 $N_{63.5}$	>19.6							>0.67	
碎石土类	11	松散	骨架颗粒含量小于总质量的60%排列混乱，大部分不接触，充填物包裹大部分骨架颗粒，且呈疏松状态或可塑状态	<7 $N_{63.5}$	DG <65		满足 $Cu\geq5$，$Cc=1\sim3$ 为良好级配的砾石（GW），不能满足以上条件的为不良级配的砾石（GP）						
	12	中密	骨架颗粒含量小于总质量的60%～70%，呈交错排列，大部分连续接触，充填物包裹骨架颗粒，呈中密状态或硬塑状态	7-8 $N_{63.5}$	DG 65-70								

续表

岩土类别	级别	状态	强度及结构特征	判别指标			辅助指标						
				标贯击数 N	天然重度 r (kN/m³)	抗压强度 Rc (MPa)	天然含水量 W（%）	液性指数 I_L	孔隙比 e	抗剪强度 r (kPa)	附着力 F (g/cm²)	相对密度 Dr	烧灼减量 Q_1（%）
碎石土类	13	密实	骨架颗粒含量大于总质量的 70%，呈交错排列，连续接触，但充填物呈紧密状态或坚硬状态	>18 $N_{63.5}$	DG >70		满足 $Cu \geqslant 5$，$Cc=1 \sim 3$ 为良好级配的砾石（GW），不能满足以上条件的为不良级配的砾石（GP）						
岩石类	14	弱	锹镐可挖掘	$N<50$		≤10							
	15	稍强	锹镐难挖掘用锤可击碎			<30							

注：1. 淤泥质土可在黏性土类中衡量级别，黏质粉土可在黏性土类中衡量级别，砂质粉土可在砂土类中衡量级别。
2. 表中符号 $N_{63.5}$——重型动力触探锤击数，DG——密实判数。
3. d_{10}、d_{30}、d_{60} 为级配曲线上颗粒含量小于 10%，30%，60%的粒径。
4. 引自天津航道局主编的《疏浚工程技术规范》（JTJ 319—1999）。

（5）挖泥船对基槽开挖岩土的可挖性，应参考表 10-9 要求配备。图 10-1 为挖泥船基槽施工示意图。

挖泥船对基槽开挖岩土的可挖性 **表 10-9**

岩土类别	级别	状态	耙吸（舱容）		绞吸（泥泵功率）		链斗（斗容）		抓斗（斗容）		铲斗（斗容）	
			≥3000m³	<3000m³	≥2940kW	<2940kW	≥500m³	<500m³	≥4m³	<4m³	≥4m³	<4m³
有机质土及泥炭	0	极软	容易	容易	容易	容易	容易	容易	容易	容易	不适合	不适合
淤泥土类	1	流态	较易	较易	容易	较易	较易	较易	不适合	不适合	不适合	不适合
	2	很软	容易	容易	容易	容易	容易	容易	容易	容易	较易	较易
黏性土类	3	软	容易	容易	容易	容易	容易	容易	容易	容易	容易	容易
	4	中等	较易	尚可	较易	较易	较易	较易	较易	较易	容易	容易
	5	硬	困难	困难	较难	较难	较易	较难	较易	尚可	较易	尚可
	6	坚硬	很难	很难	困难	困难	困难	困难	困难	很难	较难	较难
砂土类	7	极松	容易	容易	容易	容易	容易	容易	容易	容易	容易	容易
	8	松散	容易～较难	较易	容易	容易	容易	容易	容易	容易	容易	容易
	9	中密	尚可～较难	较难	较易	较难	较易	尚可	较易	较难	容易	较易
	10	密实	较难～困难	困难	困难	困难	较难	困难	困难	很难	尚可	尚可
碎石土类	11	松散	困难	困难	很难	很难	较易	尚可	较易	尚可	容易	较易
	12	中密	很难	不适合	很难	不适合	困难	困难	尚可	困难	较易	尚可
	13	密实	不适合	不适合	不适合	不适合	很难	不适合	很难	不适合	较难	困难
岩石类	14	弱	不适合	不适合	尚可	不适合	困难～很难	很难	很难	不适合	尚可～困难	很难
	15	稍强	不适合	不适合	困难	不适合	不适合	不适合	不适合	不适合	不适合	不适合

注：引自天津航道局主编的《疏浚工程技术规范》（JTJ 319—1999）。

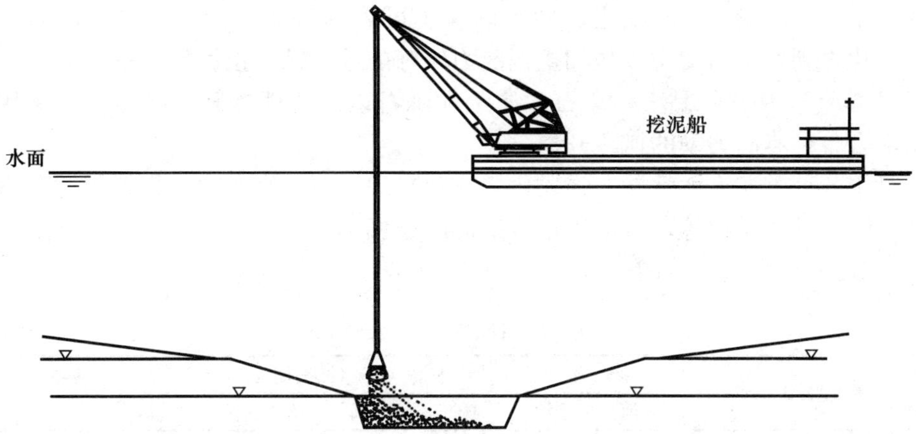

图 10-1　挖泥船基槽施工示意图

（6）绞吸挖泥船各类绞刀适用土质，应参考表 10-10 内容配备施工机械。图 10-2 为绞吸船基槽施工示意图。

绞吸挖泥船各类绞刀适用土质　　**表 10-10**

序　号	绞刀形式	适宜挖掘土质	N 值	说　明
1	开式绞刀	松散砂土（7）	1～2	早期刀型，破土力差
2	闭式绞刀	软塑粘土（2）	1～5	改进刀型，破土力较好
3	齿式绞刀	坚硬土（5）砾石	5～5	开、闭式的变形，破土力强。大功率船可挖风化岩
4	冲水式绞刀	坚硬土（5）	5～20	增加高压冲水，提高破土力与清除堵塞
5	斗轮式绞刀	适用范围较大	5～15	改进操作条件，提高泥浆浓度
6	立式绞刀	适用范围较大	5～15	改进操作条件，提高泥浆浓度

注：引自天津航道局主编的《疏浚工程技术规范》（JTJ 319—1999）。

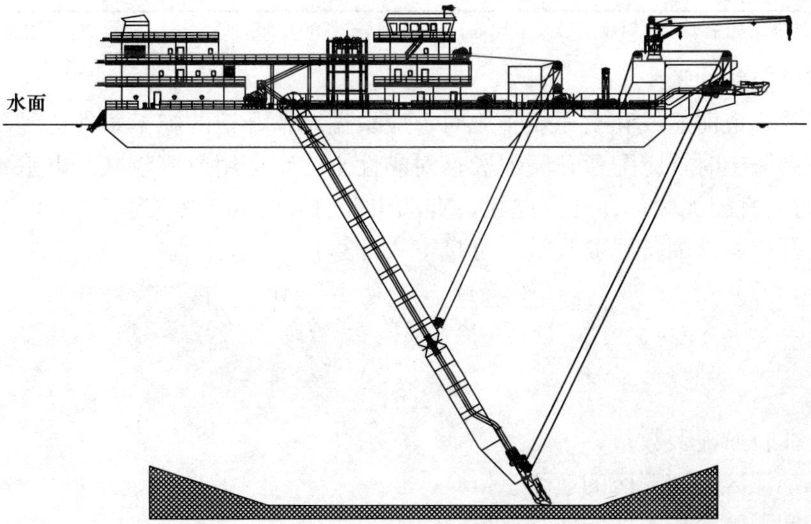

图 10-2　绞吸船基槽施工示意图

(7) 在基槽中对淤泥、软黏土、砂和硬黏土可采用链斗挖泥船开挖，而对于较硬黏土、砂、风化岩则要采用结构较强和挖掘能力较好的重型链斗挖泥船开挖。

(8) 对 $N=25\sim40$ 的黏土，夹石砂质土和砾石以及清理爆破后的石块可采用大型抓斗挖泥船配合各种不同类型的抓斗开挖。

(9) 对于各种难挖土、软岩、强风化岩或断裂的岩石、硬黏土，以及拆除围堰、打捞沉淀物和排除水下障碍物等，可采用铲斗挖泥船挖掘。

(10) 挖泥船对自然影响的适应情况，应满足表 10-11 要求。

挖泥船对自然影响的适应情况 **表 10-11**

船舶类型		风级		波高（m）（波周期为 6～8s）		流速（m/s）	雾级（级）
		内河	沿海	施工极限波高	施工安全极限波高		
绞吸（小时生产率）	$2500m^3/h$	7	6	1.5	2.5	1.8	2
	$1600m^3/h$	7	6	0.6	0.8	1.7	2
	$500\sim1450m^3/h$	6	5	0.4	0.8	1.6	2
	$200\sim300m^3/h$	5	4	0.2	0.5	1.5	2
	$<120m^3/h$	5				1.2	2
链斗（小时生产率）	$750m^3/h$	6	6	0.6	1.2	2.5～3.0	2
	$500m^3/h$	6	5	0.4	1	1.8	2
	$250m^3/h$	5		0.4	0.8	1.8	2
铲斗（斗容）	$\geqslant4m^3$	6	5	0.3	0.6	2	2
	$<4m^3$	6	5	0.3	0.6	1.5	2
抓斗（斗容）	$\geqslant4m^3$	6	5	0.4	1	2	2
	$<4m^3$	5	5	0.4	1	1.5	2
自航耙吸（舱容）	$\geqslant4500m^3$	7	6	2	4	2	2
	$<4500m^3$	7	6	1.5	2.5	2	2
拖船（功率）	≥294kW	6	5～6	0.8		1.5	3
	<294kW	6		0.8		1.3	3
自航泥驳		7	6	1		2	2

注：引自天津航道局主编的《疏浚工程技术规范》(JTJ 319—1999)。

(11) 辅助船舶的选配：

1) 采用斗式拖泥船或和吹泥船施工时，应根据基槽开挖的施工条件选配泥驳。

2) 水下抛渣土时，应配备开底泥驳；对黏性土，宜选用舱壁较陡的开底或开体泥驳；吹泥船吹泥时，宜配泥驳；在外海抛泥，宜选用自航开底或开体泥驳。

3) 基槽开挖所需配备泥驳数量，可接下式计算：

$$n=\left(\frac{\tau_1}{\nu_1}+\frac{\tau_2}{\nu_2}+t_0\right)\times\frac{K\times W}{q_1}+n_B \tag{10-1}$$

$$K=\frac{\nu_s}{\nu_x} \tag{10-2}$$

式中：n——非自航泥驳数量；

τ_1——挖泥区至卸泥区的航程（km）；

τ_2——卸泥区至挖泥区的航程（km）；

ν_1——拖带或自航重载泥驳航速（kn）；

ν_2——拖带或自航轻载泥驳航速（kn）；

t_0——卸泥时间、转头时间及靠、离挖泥船时间的总和（h）；

W——挖泥船生产率（m^3/h）；

q_1——泥驳载重量（m^3）；

n_B——备用泥驳数；

K——土的搅松系数，应按表 10-12 取值；

ν_s——搅松后的开挖（岩）土体积（m^3）；

ν_x——河床天然土的体积（m^3）。

开挖（岩）土的搅松系数 **表 10-12**

土的种类	搅松系数值	土的种类	搅松系数值
硬岩石（爆破）	1.5～2.0	砂（松散～中密）	1.05～1.15
中等岩石（爆破）	1.4～1.8	淤泥（新沉积）	1.0～1.1
软岩石（不爆破）	1.25～1.40	淤泥（固结）	1.1～1.4
砾石（很紧密）	1.35	黏土（硬～极硬）	1.15～1.25
砾石（松散）	1.10	黏土（中软～硬）	1.1～1.15
砂（很紧密）	1.25～1.35	黏土（软）	1.0～1.1
砂（中密～很紧密）	1.15～1.25	砂砾石、黏土混合物	1.15～1.35

注：引自天津航道局主编的《疏浚工程技术规范》（JTJ 319—1999）。

4）拖船：

应考虑被拖泥驳的大小、数量及编排方式、拖船牵引力、船舶作业区水深、风浪和水流等因素配备拖船，其数量可接下式计算：

$$B=\left(\frac{\tau_1}{\nu_1}+\frac{\tau_2}{\nu}+t_0\right)\times\frac{K\times W}{D_0\times q_1} \tag{10-3}$$

式中：B——所需拖船数；

D_0——拖船一次拖带的泥驳数。

5）其他辅助船舶包括供应船、住宿船、测量船、交通艇、抛锚艇等，应根据实际需要配备。

10.3.6 基槽开挖施工

（1）基槽开挖应分为粗挖和精挖，粗挖为基槽底面以上 2m 至河（海）床顶面的部分，精挖为剩余部分。基槽开挖通常采用逆流施工，施工过程应分条分层作业。

（2）应根据基槽开挖作业现场的（岩）土质、工况条件和挖泥船（含水下爆破作业船）本身的性能，选定合理的施工方法和工作参数。

（3）基槽开挖作业时应适时准确测定挖泥船的位置，避免产生漏挖或过大的超挖。挖泥船（含水下爆破作业船）的施工定位：

1）可采用导标法、六分仪后方交会法、激光或红外线极坐标定位法、微波测距定位法以及 DGPS 定位法等进行施工定位。

2）近岸基槽开挖宜采用导标法定位。

3）离岸距离不超过 4km 基槽开挖宜采用六分仪后方交会法定位。

4）离岸较远基槽开挖的施工水域宜采用微波测距定位系统以及 DGPS 定位法定位。

该定位法适用于各类挖泥船（含水下爆破作业船）。

5）近岸且基槽开发精度要求较高，可采用激光或红外极坐标定位系统定位。

6）前方交会法，或装有电子测距的经纬仪等岸测方法宜用于校验拖泥船（含水下爆破作业船）施工位置。

（4）基槽开挖施工流程，详见图 10-3。

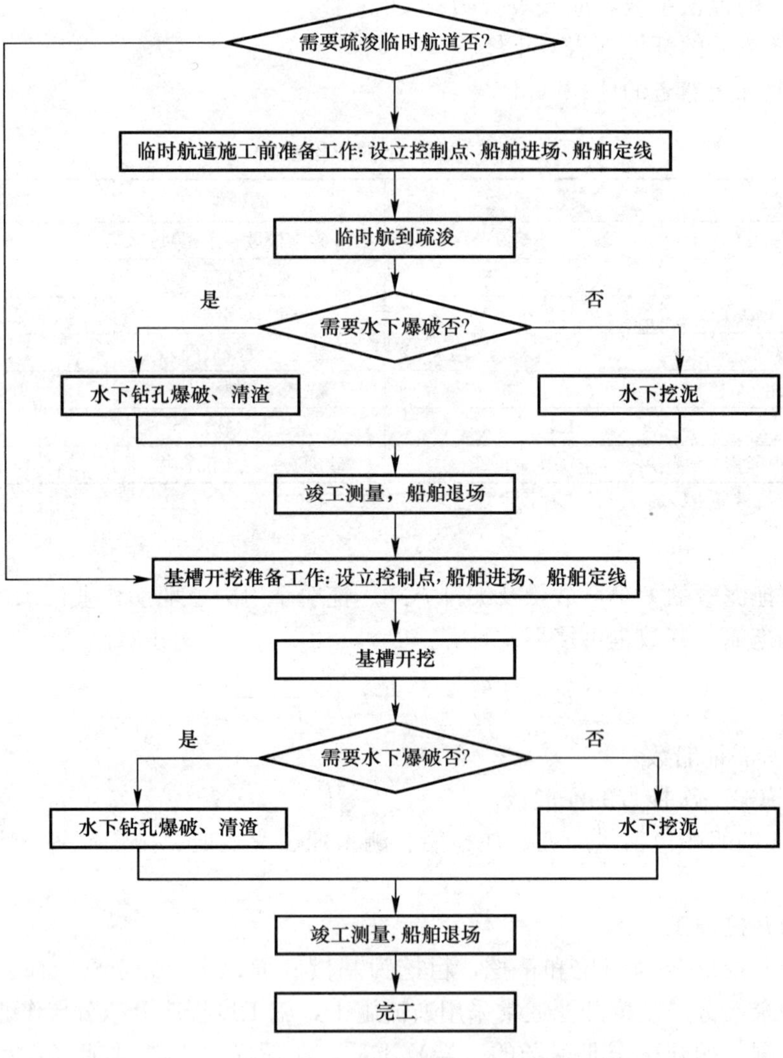

图 10-3　基槽开挖施工流程图

（5）基槽开挖如遇到坚硬岩石（大部分为火成岩和变质岩及坚固的沉积岩），必须经过预处理后，才能进行开挖。预处理的程度，应由清碴所采取挖泥船的类型、功率、尺度和岩石的类型、强度决定。

1）岩石预处理可以采用表面爆破、钻孔爆破、锤击和碎岩船打碎等方法。预处理的方法应根据岩石的强度、数量、厚度以及预处理后开挖所采用挖泥船的类型以及性能进行选择。

2）采用爆破方式进行岩石预处理时，应按现行作业标准《水运工程爆破技术规范》

(JTS 204—2008) 规定执行。

3) 爆破作业产生的水下冲击波对水上船只、水中游泳人员及潜水作业人员影响的最小安全距离，应满足表10-13要求。

水中冲击波对人员及船舶安全距离 **表10-13**

炸药量（kg）	安全距离（m）			
	钻孔爆破法			
	木船	铁船	游泳	潜水
50	100	70	700	900
100	120	84	700	900
150	135	90	700	900
200	150	100	1100	1400
250	160	106	1100	1400
300	170	111	1100	1400
350	180	116	1100	1400
400	190	120	1100	1400
450	197	125	1100	1400
500	200	130	1100	1400

注：引自中国工程爆破协会起草的《爆破安全规程》(GB 6722—2011)。

4) 爆破地震波对建筑物安全距离要求，应满足表10-14要求。

爆破地震波对建筑物安全距离 **表10-14**

炸药量（kg）	安全距离（m）	
	钻孔爆破法	
	一般砖瓦结构	钢筋混凝土框架结构
50	52	39
100	65	49
150	75	56
200	82	62
250	89	67
300	94	71
350	99	75
400	104	78
450	108	81

注：引自中国工程爆破协会起草的《爆破安全规程》(GB 6722—2011)。

5) 水下钻孔宜采用多台钻机（一排布置）同时作业，上下的炮孔应该错开，炮孔直径一般宜为95～100mm，采用分段装药，电网络起爆。

6) 水下爆破作业船采用的定位方法应与挖泥船所采用的爆破方法一致。由一端至另一端分段排炮，排与排之间应该错开，设置一定的船位距离，一般为1.25m。

7) 在没有许可证的情况下，不能使用炸药等开挖爆破物，已获许可证在使用爆破物之前应向有关单位提供爆破影响程度的计算书，以确保爆破冲击波不会对已建成的构筑物和周边环境产生有害的影响。

8）当计划在水（海）上进行爆破作业时，应向有关部门提交作业项目的描述和使用炸药对水（海洋）生物的影响评估资料，评估资料包括：

① 受爆破影响的鱼类和水（海洋）生物的品种；

② 受影响水（海洋）生物的生存价值的描述；

③ 鱼和水（海洋）哺乳动物任何季节性迁移时间；

④ 对使用炸药潜在影响做评估和描述并提出有效的减轻影响措施。

9）根据加拿大的近海洋生物区爆破工程指南“Guidelines for the close of Explosives in or near Canadian Fisheries Water”，有关的水下爆破需研究炸药潜在影响的保护措施，其中包括：

① 使用炸药前应与有关部门商讨适当的作业时间，使爆破对海洋生物的影响最少；

② 需要一次使用多个爆破点时，应采用延时分离爆破，分离爆破的时间延误应大于25ms；

③ 尽量将大型爆破细分为小型爆破，或使用延时分离爆破使整体爆破降低为一系列的分离爆破；

④ 用泡影帷幕或空气帷幕以减少爆破时引起的海波；

⑤ 使用有噪声设备时，譬如空气压缩机排出管道，驱赶附近的水（海洋）生物远离爆破点；

⑥ 在进行爆破之前，应将重要的海洋生物驱赶远离作业影响区域。

（6）基槽开挖施工顺序应符合如下要求：

1）如遇到作业区在基槽开挖前水深不足，挖泥船施工受限制时，应先挖水深较深的施工段，逐步拓宽加深。

2）当作业区泥层厚度较厚、工程点较大、工期较长并有一定自然回淤时，应先挖水深较浅的施工段，逐步加深，待挖基槽各段水深基本相近后再逐步加深，以使水深较大施工段的回淤在施工后期一并挖除。

3）基槽开挖长度大（即沉管段长）且回淤大的基槽，应根据结合管节浮运、沉放作业施工计划分段进行开挖，这样要安排基槽开挖作业船舶多次进退场，需做好基槽开挖船舶的调度。

4）当水流为单向水流时，应从上游开始挖泥，逐渐向下游延伸，利用水流的作用冲刷挖泥扰动的泥沙，增加开挖的效率。在落潮流占优势的潮汐河口和感潮河段也可利用落潮流的作用由里向外开挖。

5）当开挖断面的深度两侧较浅、中间较深时，应先开挖两侧；当一侧泥层较厚时，应先挖泥层较厚的一侧，在各侧深度基本相近后，再逐步加深，避免形成陡坡造成坍台。

6）当开挖断面水深中间与两侧基本相近时，应先开挖中间，再逐步拓宽。

7）当开挖水下地的平坦，土质为硬黏性土时，应全基槽逐层往下均匀开挖，避免形成垄沟，使施工后期扫浅困难。

8）当基槽两端靠近岸上段开挖时，要注意对护岸的保护，严格按照护岸基础的纵向边坡与基槽横向放坡的接口设计要求进行开挖，必须严格控制挖深和挖宽，避免危及护岸的安全。

9）当挖槽宽度超过挖泥船的最大挖宽或挖槽内泥层厚度不均匀时，应采用分条开挖，分条的宽度由主锚缆的抛设长度而定，对不同类型及不同生产效率的挖泥船有相应分条宽度要求。在浅水区施工时，分条的最小宽度应满足挖泥船作业和泥驳绑靠的需要。

10）当开挖基槽长度大于挖泥船一次抛设主锚所能开挖的长度时，应按其所能开挖的长度对开挖基槽分段施工。基槽开挖长度大于挖泥船水上管线的有限伸展长度时，应根据挖泥船和水上管线所能开挖的长度分段施工。基槽转向曲线段需分成若干直线段开挖时，可将曲线近似接直线分段施工。受航行或其他因素干扰时，可按需要分段施工。

（7）基槽开挖施工作业要求：

1）挖泥船进入现场时，航行到接近挖槽起点后，应降低航速，在定位、控制好船位、对准设计的开挖航线后，再进行开挖。

2）根据不同类型挖泥船制定不同基槽开挖施工作业工艺，包括挖具的选择、施工作业流程和施工作业参数。

3）沉管段的基槽和与其临近的两岸上段对接区基槽内水力条件会发生变化的应避免，基槽边坡开挖太陡，导致边坡坍塌形成基槽偏差。

4）基槽开挖后会显著降低该处的水流速度，造成基槽内沉积物增多及基槽周围河（海）床形状的改变。要求基槽的实际开挖深度要加大，预留出一定的富裕量。施工中基槽开挖标高，一般要以设计标高为基准进行超挖，通常控制向下超挖 500mm 左右。

5）基槽开挖过程中为了防止泥沙对水（海）域的污染，应对基槽开挖过程中进行泥沙流失的控制。可在开挖区域设置拦幕，将开挖工作控制在拦幕之内进行，对外可使用临时的移动拦幕。

6）若采用铰吸挖泥船进行基槽开挖时，可以根据地质条件将铰刀转速、分段长度及开挖深度降低到一定范围。

7）基槽开挖施工作业会产生噪声、光电、人工垃圾、燃/机油泄漏等污染，应通过优化施工工艺，采取一定措施可以有效地控制对水（海）域生态及周围环境的影响。

8）基槽开挖施工期间对航道会有一定的影响，应根据实际情况进行一定的限航或开挖副航道。

（8）基槽开挖允许偏差：

1）基槽开挖底宽应满足设计要求，控制偏差为设计底宽的±1.0m，检测时重点控制负偏差以满足管中沉放要求。

2）基槽水下底标高控制偏差要求为设计标高的 0～－500mm，水深大的基槽水下底标高控制偏差可适当放宽，但必须满足设计要求。

3）基槽开挖边坡应根据设计要求，计算边坡宽度，按矩形断面开挖，若泥层较厚，应分层按阶梯形断面开挖，使挖槽自然坍塌后，接近设计边坡，边坡分层的台阶高度不应超过 1m。但应根据施工设备、地质、水文等因素综合分析，确定分层的台阶高度。

4）基槽开挖中心线的允许偏差一般为±30mm，纵断面的允许偏差一般为±1/1000。

5）基槽的平整度一般要求控制在±250mm/20m。

（9）基槽开挖现场监测控制：

1）基槽开挖施工作业期间应定期对开挖泥船定位用的标志进行校核，在大风之后应进行检查、校准。定位用的仪器必须符合规格书的精度要求，并按照规定定期进行校验和校准。

2）挖泥船挖泥作业时，应经常用导标或定位仪器校正船位，以保证实际开挖位置在设计可开挖范围以内。铰吸挖泥船的定位钢桩应经常保持在开挖断面的中心线上，摆动控制用的陀螺罗经应定期校验，以保证挖宽的正确性，同时应设底部水下地形扫描仪（挖泥剖面仪），每开挖 10m 测量一次（声探测精度控制每 10m 一格），挖泥剖面仪应通过计算机的图形显示控制铰刀位置，直接按设计的边坡开挖。水下基槽的探测方法一般选用测深仪法和多普勒声纳扫描仪法，基槽开挖施工作业期间要严格控制测深仪和多谱勒声纳定位仪进行基槽形状和基槽挖深的现场控制。

3）挖泥船的挖深指示标尺和仪器，在施工前应进行校验。施工期间应根据挖泥船的吃水变化进行修正。链斗挖泥船挖深指示器和仪器，应根据链斗的容积情况进行修正值。抓斗挖泥船在流速很大的地区施工时，应根据抓斗漂移情况修正挖深值。

4）施工期间应定期对施工用的水尺、验潮仪、自动报潮仪进行校核。

5）挖泥船挖泥施工时，应根据水位的变化及时调整铰刀、耙斗、泥斗的下放深度，水位观测和通报应及时、正确。

6）基槽开挖施工作业过程中，挖泥船应进行自测、自检、互检施工质量，并做好每班施工的地段和自检质量记录。出现质量问题应及时采取措施补救。

7）应定期对挖泥船的施工质量进行检测。斗式挖泥船、铰吸挖泥船每前进 100m 左右，耙吸挖泥船根据进度每隔 3～10d 应检测一次。对冲淤较大的地区，应增加测量次数。若停工时间超过 10d，在停工时和复工前均应对开挖基槽进行水深测量。在工程收尾扫浅阶段，特别是耙吸挖泥船施工地段，应加强检测，必要时每 1～3d 就应检测一次，并采用电子定位系统导航施工。

8）对工期较长的工程，如果施工期间可能出现回淤，应采用先挖上层和回淤较小的地段，最后一层和回淤最严重地段留在接近完工时开挖。

9）基槽清淤可能采用铰吸船和抛锚船联合组船的方案，利用抛锚船的称位控制铰吸船的船位和清淤点的定点，清淤点的平面位置采用高精度的 DGPS 仪器控制。

10）清淤作业，一般采用定点清淤，采用沿隧道基槽方向上，每隔一定间距布置一条垂直基槽轴线的清淤线，在每条清淤线上，按一定间隔布置一个清淤点。

11）清淤采用定点、分层施工。施工过程中采用泥浆浓度表和回声测深仪检测，吸完一遍检测一次，往复清淤多遍，直至要求的水样比重和水深度，施工作业现场应配合清淤进度进行水样比重和水深度的检测和试验。并根据开挖时到竣工时的时间长短不同，预留不同的回淤超深，以保证完工时挖槽符合设计的要求深度。

12）基槽定位复核，因水上测点基准控制点不宜设置，在开挖基槽施工作业过程中，需要重复参照陆上测量基准控制点校核进行基槽定位，因此工程监理人员需随时进行基槽定位校核。

13）基槽开挖施工作业为了避免因挖泥船定位精度不足，造成存在水下开挖超挖和欠挖（高点）的部位，应采用 GPS-RTK 定位定深系统对挖泥船进行三维精确定位，其平面定位精度为 2～3cm，高差精度为 4～6cm。系统能从平面和剖面的图形数据形式将开挖具体位置和深度显示在留控屏幕上，指导操作者进行基槽开挖施工作业。

14）当监测系统基槽开挖出现超挖时应做记录，为通过后续工序水下挖抛砂进行处理。

（10）基槽中管节沉放、对接的临时支座基础的开挖施工：

1）基槽开挖施工作业完成后，进行管节沉放、对接的临时支座的基础开挖施工。

2）首先宜按设计要求对临时支座的基础进行放线定位。通过事先设置的测量平台（测量平台应设在基槽的内经纬线的基准线上），对施工作业船舶进行定位锚定。

3）如临时支座基础的地基为软弱地层，其基础则为桩基础施工前要对桩施工船舶进行定位锚定，桩施工时，桩平面位点要定位准确，桩施工完成后要对桩头等进行测点并要有堆成高调整的措施。

4）如临时支座基础的地基承载能力较好，其基础则采取换填碎石基础。

5）一般临时支座的几何尺寸为 3m×3m×1m，开挖基础周边应大于临时支座周边约 1m，挖深应根据临时支座基础采取换填碎石垫层的厚度和临时支座高度而定，挖深以基槽底面标高为基准。

6）临时支座基础开挖前应对挖泥船进行定位锚定，开挖时要注意基槽边坡的稳定，施工过程应按基槽开挖要求进行测点监控。

（11）基槽开挖的竣工验收：

1）验收前承包商应组织对所完成的工程进行自检测量，对所测的资料逐项检查，发现质量不合格应及时进行补挖或补填。

2）自检工程质量合格具备验收条件后，承包商应书面向监理工程师提出申请，进行竣工验收测量，办理验收手续。

3）竣工验收测量应符合现场行业标准《水运工程测量技术规范》（JTJ 203—2001）的要求，竣工测量的测量范围、测图比例、测线间距、测量方法和仪器以及精度应与开工前测量一致。

4）竣工测量应由承包商进行，业主委托的第三方监测单位进行复测，监理工程师进行旁站监督。测量前应对平面控制点水尺以及测量仪器进行校准，测量资料和图纸应由合同双方代表签字确认。

5）竣工测量完成后，由承包商代表填写验收报告，提交监理工程师和业主代表签署意见。验收报告应包括如下内容：

① 验收单：包括工程设计要求、施工简况、工程量、工程质量和完成情况、质量自检自评意见、监理工程师和业主代表对质量评定的意见；

② 竣工图：包括水深平面图、主要断面图；

③ 竣工土方计算表。

（12）基槽开挖后至管节沉放前的基槽保护措施：

1）基槽开挖后有回淤现象，故清淤工作是保证开挖后和管节沉放前的基槽保护措施。

2）基槽清淤应根据现场条件，选用合适的清淤挖泥船，控制好清淤挖泥船的船位和清淤点的定点，以便开挖基槽清淤施工作业。

3）清淤应采用定点、分层施工方法。施工过程中宜采用回声测深仪检测，吸完一遍档测一次，一般需往复清淤 3～4 遍，才能清至要求的水样比重和水深度。

4）基槽回淤与水力条件关系密切。需进行相关的水力模拟试验，并采用数学模拟研究基槽回淤特性。

10.3.7 基槽开挖的渣土处理

（1）基槽开挖所采用的渣土处理方案均应通过经济和环保综合分析和评估后确定。

（2）基槽开挖的渣土应作为一种资源进行综合利用。

（3）基槽开挖的渣土处理方案应经政府有关部门同意批准后实施。

（4）基槽开挖的渣土处理包括：陆上和水（海）上渣土处理。

（5）陆上处理渣土：

1）渣土用于吹填时，在现场允许条件下应缩短运泥距离，优先采用铰吸挖泥船。

2）对基槽开挖与吹填相结合的工程，如工程经济合理，也可采用链斗、吹泥船联合施工、耙吸挖泥船岸吹及接力泵排送等方式。

3）陆上处理渣土，必须对下列条件进行分析：

① 处理现场的地基特性：土的强度、承载力及稳定性，地表面是否需要清理。

② 渣土的特性：固结、排水及随后的强度。

③ 获得构筑围堰或堤岸材料的可能性。

④ 现场的地形及排水。

⑤ 开挖设备正常作业的条件。

⑥ 陆上存渣土区的容量，可按下式计算：

$$V_p = K_s \times V_w + (h_1 + h_2)A_p \quad (10\text{-}4)$$

式中：V_p——存泥区容量（m^3）；

V_w——开挖土方量（m^3）；

h_1——沉淀富裕水深（m），一般取 0.5m；

h_2——风浪超高（m），一般取 0.5m；

A_p——土的松散系数，由试验确定，无试验资料时，细粒土松散 K_s、粗粒土松散系数 K_s，应按表 10-15、表 10-16 取值。

细粒土松散系数 K_s 表 10-15

土类	高塑黏土膨胀土高塑有机土粉质黏土	高塑黏土中高塑有机土粉质黏土	中塑黏土粉质黏土	砂质粉土粉土可塑粉土	有机粉土泥岩
天然状态	硬塑～硬	硬塑	可塑	软塑	
K_s	1.25	1.20	1.15	1.10	1.05

注：引自天津航道局主编的《疏浚工程技术规范》(JTJ 319—1999)。

粗粒土松散系数 K_s 表 10-16

密实程度	很密实	紧密	中实	松散	极松散
标准贯入击数（N）	＞50	30～50	10～30	4～10	＜4
K_s	1.25	1.20	1.15	1.10	1.05

注：引自天津航道局主编的《疏浚工程技术规范》(JTJ 319—1999)。

（6）水（海）上渣土处理应满足以下要求：

1）伦敦公约的有关规定。

2）当地有关环保海洋倾倒的规定。

3）应研究抛泥区的泥沙运动规律，防止抛卸的泥沙最终又回到基槽内，在技术经济比较的前提下，抛泥区离基槽开挖区距离尽量缩小。

4）应根据基槽开挖工程量大小确定抛泥区的容量、位置和界限。

5）抛泥区具备足够的作业水域，当工程量大、多艘船舶同时作业时，可选择多个抛泥区。

6）抛泥区需要的最小水深，可按下式计算：

$$h = h_T + h_k + h_B + h_n \tag{10-5}$$

式中：h——抛泥区最小水深（m）；

h_T——抛泥船或泥驳的最大吃水（m）；

h_k——富裕水深（m），应按表 10-17 取值；

h_B——泥门开启时超出船底的深度（m）；

h_n——设计抛泥厚度（m）。

船运底质与富裕水深关系　　**表 10-17**

土　质	H_k（m）	注
软泥	0.3	在风浪中的地区适当增加
中密砂	0.4	
坚硬或胶结土	0.5	

注：引自天津航道局主编的《疏浚工程技术规范》(JTJ 319—1999)。

7）采用拖船拖带泥驳时若拖船的最大吃水大于泥驳开启时的 h_T+h_B，则公式（10-5）中 h_T+h_B 代之以拖船的最大吃水。

8）当抛泥区实际水深小于 $h+2$m 时，应考虑在施工中对抛泥区水深进行必要的监测。

10.4　基槽炸礁清渣施工

10.4.1　炸礁施工的一般规定

（1）基槽的炸礁施工应按要求报批专项的详细的施工组织设计到相关单位（业主、监理工程师、公安部门、海事部门及航道部门等）；

（2）根据当地管理部门的具体要求，办理《爆破施工许可证》、《水上水下施工作业许可证》、《航行通告》、《卸泥许可证》。

1）爆破施工许可证：

到当地（县以上）公安机关办理。申办施工许可证时应准备如下基本资料：

① 企业营业执照副本；

② 企业资质证书；

③ 涉爆人员证件；

④ 工程合同；

⑤ 爆破工程审批表（各地的审批表格式不统一，需到当地公安部门领取）；

⑥ 施工组织设计；

⑦ 投入本工程的设备名称、性能、数量；

⑧ 现场组织机构、人员构成及总人数；

⑨ 现场安全管理网络及施工安全措施。

2)《水上水下施工作业许可证》(部分地区不要求)。

3)经公安机关批准爆破作业后，接着办理《爆破物品购买证》和《爆破物品运输证》。如不在当地购买爆破物品，则不需在当地办理《爆破物品购买证》，而到购买地公安机关办理《爆破物品购买证》。

4)水上水下施工作业许可证、航行通告：

到当地海事部门办理，并按规定在有关报纸刊物上登发《航行通告》或发布文件。申办时应准备如下资料：

① 工程名称及地点；

② 施工船舶名称和类型；

③ 施工起止时间；

④ 施工船舶抛锚或系缆情况（必要时可附图）；

⑤ 施工作业信号，封航和通航时间；

⑥ 通航船舶航行须知；

⑦ 避让和联系信号等；

⑧ 公安部门批准的《爆破施工许可证》。

5)卸泥许可证：

开工前到当地海事部门或海洋局办理。

6)为作业船舶布置海事局指定的避风锚地。

7)指定的碴土抛卸区域。

10.4.2 炸礁施工质量要求

(1) 炸礁验收底标高满足设计要求，设计炸礁范围内不允许有浅点存在；

(2) 要保证爆破孔超钻深度，炸礁时避免留下浅埂，减少清礁作业中的裸爆处理工作量；

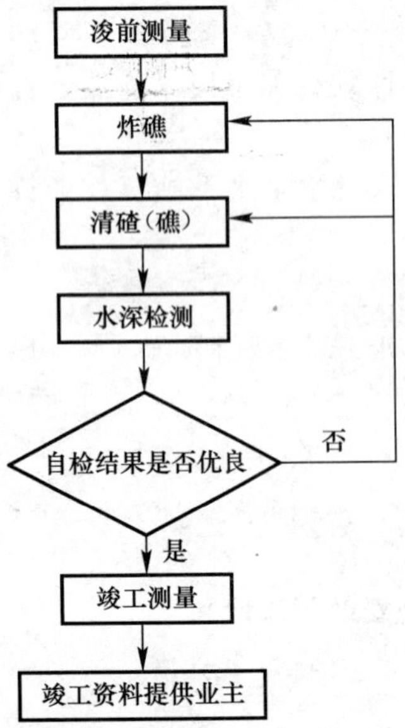

图 10-4 炸礁施工作业流程图

(3) 保证边坡质量要求；

(4) 钻孔平面定位误差小于 10cm；

(5) 爆破后的礁石破碎块度满足 8 立方抓斗挖泥船的清礁施工。

10.4.3 主要施工机械配置

(1) 钻爆专用船进行炸礁；

(2) 抓斗船进行清碴作业；

(3) 泥驳进行碴土的清运。

10.4.4 施工流程

施工流程详见图 10-4。

10.4.5 水下炸礁施工方法

(1) 确定水下炸礁范围

为确保施工区边界范围的炸礁质量，以利挖泥船的开挖。炸礁施工严格按照设计礁区边线范围进行布孔施工，以保证清碴施工范围内水深满足设计要求。

（2）炸礁船抛锚移位

炸礁船采用左右四具边锚及前后两具中锚共计六具锚控制船位前后左右移动。炸礁船建议采用 RTK-DGPS 定位（精度：±1cm＋1ppm）技术。设立 RTK-DGPS 基准站控制点，由 RTK-DGPS 定位系统把炸礁船上的钻机孔位的平面位置显示到电脑显示窗口，定位时，移动锚具，使实测孔位与设计孔位点的平面偏差控制在 10cm 以内。

（3）钻孔

采用潜孔钻机进行钻孔；平行堤岸线进行炮孔布置，排间孔位呈梅花形错开。孔距 2.4m，排距 2.0m，船位距 2.4m，孔径 105～115mm，超钻深度 1.2～1.5m。爆破孔距还应根据地质情况和试爆后修正数据。采用地质冲击钻，一次性钻至设计标高（加超钻深度）。见图 10-5。

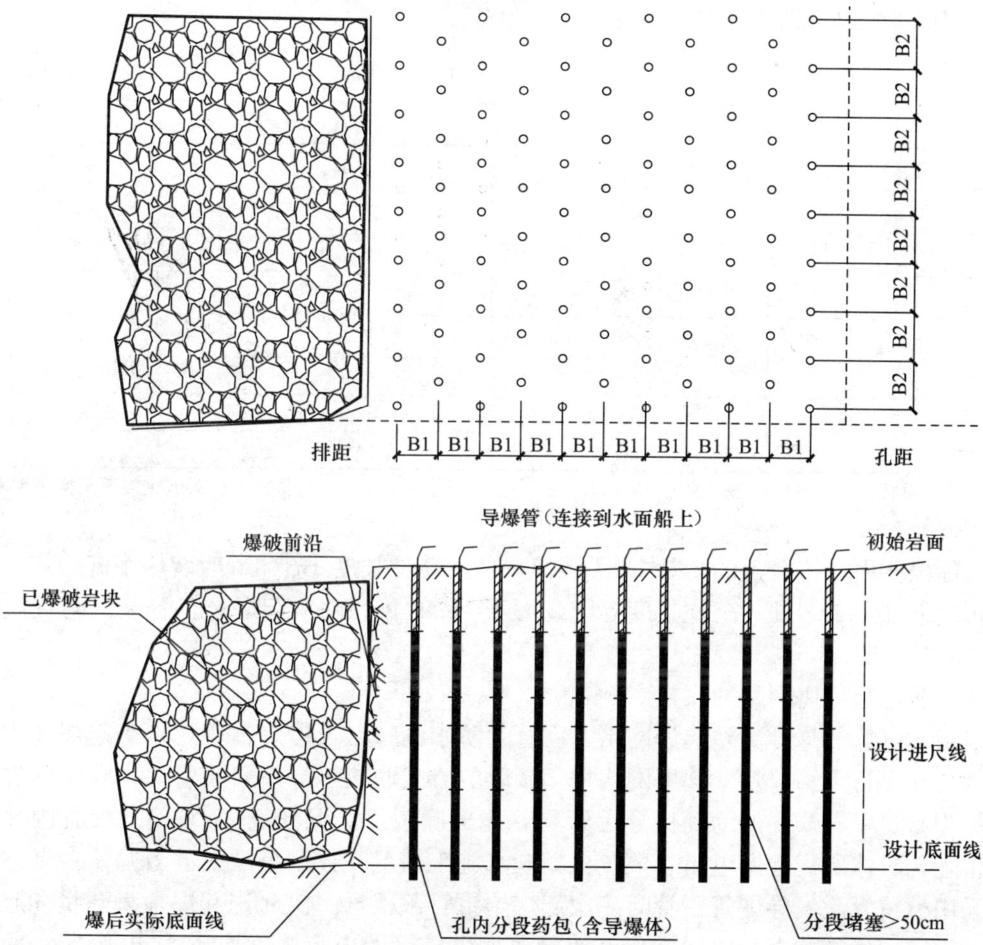

图 10-5　炮孔布置图

（4）装药

钻孔完成后，爆破员应按如下程序操作：

1）用测深绳检查炮孔的深度，若达不到要求，应要求钻工重钻。

2）按规定药量装填炸药和起爆体。

3）用测深绳检查炸药是否到达孔底，若未到达，应用炮棍压送至孔底。

4）用泥砂填塞炮孔。

5）通知钻工吊起套管。

6）联接炮线。

炮孔装药量计算公式为：

$$Q = q \cdot a \cdot b \cdot H \cdot f(n) \tag{10-6}$$

式中：Q——炮孔装药量（kg）；

q——炸药单耗（kg/m^3），取 $q=1.2kg/m^3$；

a、b、H——孔距、排距、孔深（m）；

f（n）——爆破作用指数的函数，取 f（n）$=0.75$。

不同孔深厚度的钻孔装药量应参考表 10-18 取值。

炮孔装药量 **表 10-18**

孔深（m）	装药量（kg）	孔深（m）	装药量（kg）
1.5	11	5.5	40
2.0	14	6.0	43
2.5	18	6.5	47
3.0	22	7.0	50
3.5	25	7.5	53
4.0	29	8.0	56
4.5	32	9.0	62
5.0	36	10.0	68

注：装药量符合基槽中风化至微风化一般用量范围，需要经过试爆修正装药量。引自某国企隧道基槽爆破施工的经验数据。

实际操作中，按孔深的 2/3～3/4 装填炸药。药柱长度小于 3m 时装一个起爆体，装在炸药长度下部约 1/3 处；药柱长度等于或大于 3m 时，装两个起爆体，各装在药柱底部的 1/4 和 3/4 位置。

（5）非电起爆爆网路的联接

采用非电爆的毫秒微差起爆网络，雷管为防水的毫秒导爆管雷管，每个起爆体内装两发并联的导爆管雷管，整个起爆网络采用簇联的方式联接。导爆管雷管由电雷管激发，再由导爆管雷管引爆炸药。为确保导爆管雷管能准确激发，保证最多 20 根导爆管内装有两发电雷管。具体所需起爆电雷管数量根据现场施工情况在控制范围内适当调整。

采用电雷管激发导爆管雷管时一次起爆炮雷管数根据一次允许起爆最大药量和起爆能力大小而定，用交流电起爆时应保证流经每发电雷管的电流强度应不小于 4.0A；用直流电起爆时，通过每发电雷管的电流强度应不小于 2.5A。

（6）起爆

起爆网路连接完成后，应将施工船舶移至安全区域。同时按规定进行放炮警戒并发出放炮信号，在确认爆破区附近的船舶、水中人员都远离危险区后，才允许起爆。起爆网路图如图 10-6 和 10-7 所示。

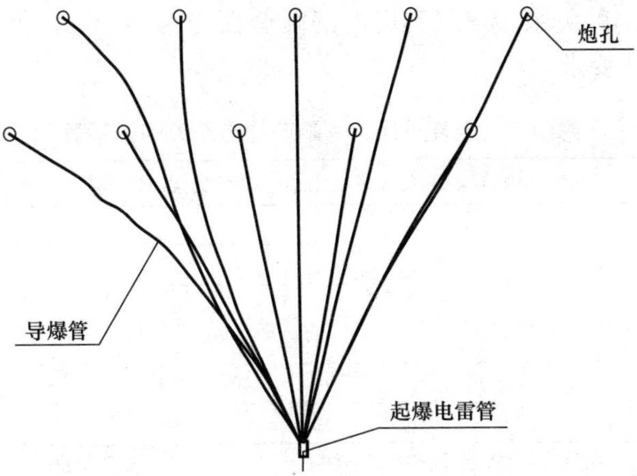

图 10-6 远距离起爆网路图

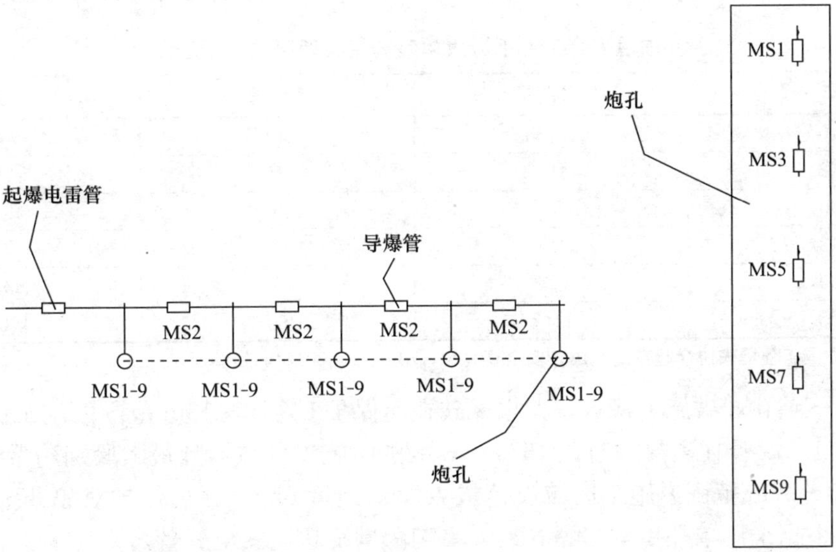

图 10-7 近距离起爆网路图

10.4.6 爆破安全评估

(1) 爆破地震波

根据《爆破安全规程》(GB 6722—2011) 规定，爆破地震波大小按以下公式计算：

$$R = \left(\frac{K}{V}\right)^{\frac{1}{\alpha}} \cdot Q^{\frac{1}{3}} \tag{10-7}$$

式中：Q——一次起爆炸药量 (kg)，微差起爆时取最大一段的装药量；

R——爆破点与被保护建（构）筑物的距离 (m)；

V——允许爆破地震速度；

K、α——与爆破点地形、地质等条件有关的系数和衰减指数，对中硬岩石取 $K=150$，$\alpha=1.8$。

1) 爆破主要考虑爆破地震对堤岸、岸上段围堰和封门的影响，封门和堤岸安全条件下最大单响药量与距离的关系。封门和堤岸的安全振速为5cm/s，得出不同距离与最大单响药量应满足表10-19要求。

封门安全条件下最大单响药量与距离的关系表　　表10-19

安全距离R（m）	最大单响装药量Q（kg）	安全距离R（m）	最大单响装药量Q（kg）
8	1.8	20	27.6
10	3.5	25	54.0
12	6.0	30	93.2
14	11.7	35	148.0
16	14.1	40	221.0
18	20.1	50	431.5

注：引自中国工程爆破协会起草的《爆破安全规程》(GB 6722—2011)，换算所得。

2）岸上段围堰安全条件下最大单响药量与距离的关系：

围堰的安全振速为2cm/s，得出不同距离与最大单响药量应满足表10-20要求。

围堰安全条件下最大单响药量与距离的关系表　　表10-20

安全距离R（m）	最大单响装药量Q（kg）	安全距离R（m）	最大单响装药量Q（kg）
10	0.8	30	20.3
12	1.3	35	32.2
15	2.5	40	48.0
18	4.4	45	68.3
20	6.0	50	93.8
25	11.7	60	162.0

注：引自中国工程爆破协会起草的《爆破安全规程》(GB 6722—2011)，换算所得。

根据水下钻孔爆破施工特点，如果爆破在离保护对象8～15m范围内施工区域设计最大段别药量1.5kg；在离保护对象15～20m范围内施工区域设计最大段别药量3kg；在离保护对象20～30m范围内施工区域设计最大段别药量6kg。在离保护对象30m范围外施工区域设计根据采用单孔单响起爆（最大单响药量不超过安全药量）。

（2）爆破飞石的影响

根据《水运工程爆破技术规范》(JTJ 204—2008)，当水深大于6m时，水下爆破产生的飞石影响较小，一般不予考虑。隧道的基槽深度都大于6m。

（3）水中冲击波

水下钻孔爆破时，水中冲击波主要是炸药爆炸时所形成的，根据《爆破安全规程》(GB 6722—2011)编制说明有关规定，$\Delta P=9\left(\frac{Q^{\frac{1}{3}}}{R}\right)^{1.13}$，$Q$为产生水中冲击波的等效炸药量，即为长度等于5倍药卷直径的炸药量。

按上表中距离和装药量计算出水中冲击波压力，离保护对象30m范围内施工区域时，按地震波控制药量计算，爆破时产生的水中冲击波对封门和堤岸的峰值压力为0.21MPa，对岸上段围堰的峰值压力为0.12MPa，未超出封门和堤岸能够承受的抗压强度压力1.6MPa，也未超出围堰的峰值压力1MPa。为了更好地保护封门、岸上段围堰，在离保护对象8～30m范围内进行爆破施工时，采用气泡帷幕方法降低水中冲击波对被保护物的危害（采用气泡帷幕会使水中冲击波的强度降低 50%左右）。

根据《水运工程爆破技术规范》（JTJ 204—2008），水下钻孔爆破水中冲击波对水中人员、施工船舶的安全距离应按表 10-21 确定。

水中冲击波安全距离表　　**表 10-21**

安全距离（m）＼炸药量(kg)＼人员或船舶状况		≤50	>50 ≤200	>200 ≤1000
人员	游泳	500	700	1100
	潜水	600	900	1400
施工船	木船	100	150	250
	铁船	70	100	150

注：引自中国工程爆破协会起草的《爆破安全规程》（GB 6722—2011）。

10.4.7　岸上段围堰和堤岸等构筑筑物保护措施

（1）布设减震孔

根据国外的一些资料，减震孔如果布置的合理，可以将因爆破引起的震动速度削减 20%～50%。采用减震孔进行减震，经测试地震波的传播速度降低了 25%。

根据本工程的实际情况，在距离岸上段围堰 8m 的区域，距离钢封门 4m 区域以及距离堤岸 10m 区域，平行各保护对象布设 3 排减震孔，孔网参数根据钻孔设备和其他条件，取减震孔直径 D=110mm，取孔距 a=0.4m，取排距 b=0.6m，取超深值 h_0=2m（大于主炮孔超深值 1.5m）。

（2）气泡帷幕设计

空气帷幕技术是利用在爆源与保护对象之间的水底设置一套气泡发射装置形成空气帷幕以降低水下爆炸冲击波强度的一项新技术。采取空气帷幕可以有效降低水下冲击波强度。现拟采用 ϕ100 镀锌管焊接成总长的 18m 的空气管，管口两端封口。在空气管同一水平线上均匀布孔，孔直径为 4mm，孔间隔 200mm，并分别沉于距离岸上段围堰 8m 的位置，距离钢筋封门 4m 位置以及距离堤岸 10m 位置的水底，镀锌管的两端用空压机输入高压气体，大量细小气泡从小孔连续不断地向外射出，受浮力作用，气泡群由水底向水面不停运动，形成可以压缩的空气帷幕。它的作用是在爆破区域与被保护物之间形成一道由高压空气形成的空气帷幕墙，用于缓冲和吸纳冲击波，较大地降低冲击波对被保护物的危害。

在距离围堰 15～30m 的区域，距离钢筋封门 8～30m 区域和距离堤岸 20～30m 区域施工时，将在每次起爆前开启气泡帷幕装置。

（3）微差爆破

按计算药量严格控制最大段别药量和总药量，采用孔内毫秒微差爆破施工，减少单段别使用药量，降低地震波和冲击波对码头的影响。导爆管采用 1～20 个段别，根据控制药量计算单孔爆破所需段别数，导爆管段别自上而下逐级递增，孔端用砂柱封口。每段别起爆体之间用 50cm 砂柱隔离防止串爆，避免爆破效果降低。

（4）实施试爆

由于本次爆破的施工环境复杂，爆破区域离岸上段围堰和堤岸等构筑物非常近时，为了既能达到满意的爆破效果，又能检验设计的爆破技术参数，采取以下方案进行试爆。

在距离岸上段围堰15～30m的区域，距离钢筋封门8～30m区域、距离堤岸20～30m区域，分别钻1排孔，装药后微差起爆，同时用振动测试仪器对封门、岸上段围堰、堤岸等建（构）筑物的振动速度进行测量。

对所得数据进行回归分析求出K、α值，以指导此后的围堰控制爆破施工。根据试爆效果，对装药量进行适当调整。

10.4.8　水下炸礁施工质量保证措施

（1）开工前对施工人员进行安全技术交底；

（2）建立健全的质量检查程序，严格执行“三检”制度；

（3）开工前对所有船舶、仪器、设备、工具等进行检查和校正；

（4）施工过程中，把好钻孔质量关，要求钻至设计标高（含超深），并按设计装药量装药；

（5）测量过程中钻孔定位误差应小于10cm；

（6）在施工过程中，若遇到盲炮或断炮线时，要放炮后在该孔位附近进行补孔；

（7）严格按施工设计和施工图纸施工，执行过程中，如发现与实际情况不符，应立即报告监理工程师，未经同意不得擅自修改；

（8）施工中定期检校各种施工定位标志和临时水准点的高程或水尺零点的高程，检查结果和改正措施均应详细记录；

（9）做好各种原始记录，并及时分析、整理；

（10）实行轮班作业时，应坚持面对面交接班制度。

10.4.9　清礁

（1）清礁施工方法

清礁施工按照礁区的划分分条分层进行。清礁的顺序和炸礁类似。清礁船施工时，采取平行岸线按15m的宽度分条进行施工。为了防止漏挖，各施工条块间重叠2m施工。各施工单元施工前，根据该施工单元分布形状，划分施工条块，编制施工导航文件并输入安装在清礁船的导航控制程序，挖泥操作严格按图施工。

清挖的石渣均由泥驳运卸至指定的倾倒区。

（2）清礁施工流程

斗式挖泥船的清礁施工流程为：清礁施工（装舱至泥驳）→泥驳航行→抛渣（抛渣区）→返航→清礁施工（装舱至泥驳）。

（3）清礁质量保证措施

1）挖宽控制措施

① 为清礁船安装DGPS定位设备和先进导航控制系统；

② 各施工单元施工前，根据该单元实际情况，编制施工导航文件并输入清礁船导航控制系统；

③ 各施工单元施工前，组织现场施工人员进行技术交底；

④ 现场施工严格按导航控制系统显示的施工图形进行施工；

⑤ 施工条块间搭接2m施工；

⑥ 移船前，用水砣检查水深合格后方可前移；

⑦ 加强施工过程的水深测量工作，发现浅点及时补挖；

⑧ 定期对定位设备进行校准。

2）挖深控制措施

① 根据水尺，为清礁船提供实时潮位；

② 现场施工根据潮位变化情况及时调整抓斗下放深度；

③ 加强过程测量，发现浅点及时补挖。

10.4.10 浅点的处理

当炸、清礁完成，并进行大比例尺水深测量后。在礁区仍发现有浅点存在时，可采取钻孔爆破和裸露爆破方式进行处理。

（1）钻孔爆破：当浅点面积较大时所采取的方法，其定位、布孔、钻孔、装药等均与上面表述的一样。根据本工程特点，主要采用钻孔爆破方式处理浅点。

（2）裸露爆破：当浅点面积较小时所采取的方法，其方法是采用大药包集中爆破，单个药包重量为12kg，药包间距和排距均为1m。利用平潮期间使用小船进行定位、测量、潜水员配合吊放药包和起爆等。

10.4.11 炸礁施工测量

（1）施工测量控制

1）平面控制

根据业主提供的平面控制点，各施工区选用最佳的定位控制点，控制整个施工区。炸礁船采用全站仪实施平面定位控制，炸礁定位要求实际孔位与设计孔位点的偏差不能超过10cm；清渣船采用DGPS实施平面控制。主要测量仪器及精度见表10-22。

2）高程控制

高程是以国家85高程为基准，同时根据业主提供的水准点引测至施工区附近，并设立水尺和安装潮位遥报仪，为施工船舶提供实时潮位数据，以便进行深度控制。

（2）水深测量

水深测量同样采用DGPS定位系统进行测量定位，测深则使用回声测深仪。测量的内、外业均使用计算机处理数据。利用《水深测量自动化成图系统》软件实现计算机导航测量、同步采集定位坐标和水深数据，以及内业数据处理，包括潮位改正、水深数据编辑和计算机成图等。

水深测量作业将严格按照交通部颁发的《水运工程测量规范》（JTJ 203—2001）进行。

（3）测量设备

施工中使用的主要测量设备可参照表10-22配备。

主要测量设备表 **表10-22**

设备名称	精　度
GPSRTK	1cm+2ppm
全站仪	2mm+2ppm
水准仪	2mm/km
测深仪	±2cm+0.1%
潮位遥报仪	<0.05m

10.4.12 爆破安全保证措施

(1) 通信联络办法

工地派专人负责与码头调度和有关部门保持联系，并配备足够的通信器材。开工前与码头调度和有关部门协商好具体联络方法。当施工船舶需要避让时，提前 1h 通知施工船舶，以便做好船舶避让，每次避让均应做好记录。

(2) 雾季施工安全措施

所有施工作业船舶应严格执行“水上雾中航行规则”和其他雾航的规定。自航作业船在雾大时应停止航行，择地下锚。

(3) 雨季施工安全措施

雨季时，为保证工程的顺利推进及保障工程质量，在雨季施工时须采取适当的技术措施：

1) 与当地气象部门联系，掌握天气变化情况；

2) 加强职工安全、质量教育；

3) 加强内业资料的整理；

4) 爆破装药施工尽量避开下雨时间段，大雨、暴雨期间不得按照装药；

5) 安排专人对测量控制设备进行校验，保证钻爆、清挖位置准确；

6) 大暴雨、雷雨期间不安排爆破施工；

7) 加强避雷措施，防止雷击事故发生。

(4) 爆破作业安全措施

1) 严格执行当地公安部门、港航监督部门对爆破施工的有关规定，在爆破施工前制定爆破作业安全警戒防护措施，提交业主或监理工程师审查；

2) 严格管理好爆破器材，做好爆破器材的运输、贮存、领用、加工、使用和退料工作，每班、每天核对数量，做到物账相符；

3) 严禁在雷天、雾天进行装药放炮作业；

4) 临时炸药库（船）必须按公安部门和港航监督部门批准的地点设立，保证 24h 有人值班；

5) 起爆前要保证安全警戒范围内的水下作业人员或其他人员离开水面。

(5) 爆破环境保护措施

1) 严格按照设计图纸的要求来组织、安排施工作业。

2) 在工地应设置环保专员，负责监督本工程施工的环保工作，制定环保改进措施，与有关环保部门的保持联络。

3) 严格执行国家海洋局颁布的倾卸海洋废弃物的有关规定。为确保挖泥船或泥驳到指定的抛泥区卸泥，除了在抛泥区内设置临时灯浮标志外，还将业主规定的抛泥航线及抛泥区位置输入挖泥船上用于导航的计算机。

4) 开工前应对所有的施工设备，尤其是泥舱的泥门进行严格检查，发现有可能泄漏污染物的必须先修复后才能施工。

5) 在施工过程中应密切注意有无泄漏污染物的现象，如有发生应立即采取措施。

6) 施工过程中密切注意施工区及其周边水域的水质变化。如发现因炸礁或清渣施工引起水质变化而对施工区附近的环境产生不良影响，则应立即采取相应的改进措施，直至情况得到完全改善为止。

7）与当地的环保部门密切配合，共同做好工程施工的环保工作。

10.5 沉管隧道水底开挖施工作业的安全要求

（1）沉管隧道水底开挖施工作业船舶应符合以下规定：

1）必须认真执行《中华人民共和国海上交通安全法》，遵守《1972年国际海上避碰规则公约》（2007年修订本）的规定和当地港口的港章和其他航行规则。

2）船舶上的人员必须遵守有关海上交通安全的规章制度和操作规程，保障船舶航行、停泊和作业安全。

3）施工船舶作业时，应悬挂灯光和信号，灯光和信号应符合国家规定。挖泥船的浮筒管线在通航水域应设置指示灯。

4）在水上排泥管线上作业时，应穿戴救生衣。

5）施工期间，施工船舶应做好防风安全工作，每天应收听气象预报，掌握海上气象动态，必要时应提前到港内或避风锚地避风。

（2）防热带气旋工作：

在热带气旋（指热带低压、热带风暴、强热带风暴和台风）活动地区施工时，施工船舶应做好下列防热带气旋工作：

1）在热带气旋季节之前，应组织全体船员学习防台知识，检查船机设备、航运设备、航行仪表、系泊设备、通信、救生、防水、水密装置、堵漏和排水设备是否完好。

2）认真执行交通部《船舶防台技术操作规则》［交督（57）于字第339号］及所在港口有关防台的规定。

3）预先选好避热带气旋的船舶锚地。锚地应有足够富裕水深和水域面积，并能够满足船舶锚泊受风旋回转动的要求。锚地的底质应适合于锚泊，水（海）底坡度不宜太大。

4）施工船舶应加强值班，收到热带气旋警报时，船长应组织船员全力以赴，按《船舶防台技术操作规则》［交督（57）于字第339号］的要求，做好防热带气旋安全工作。

（3）在多雾地区和多雾季节施工时，应按交通部雾天航行规则的规定，做好施工航行安全工作，防止碰撞。

（4）在寒冷地区施工时，应注意并做好防冻和防滑安全工作。

10.6 施工测量

施工测量范围主要包括施工平面控制、施工高程控制、疏浚施工水深测量等方面。依据已有的资料及相关要求，将采用统一的工程坐标系统和高程系统，疏浚挖泥过程可根据工程的特点多数采用RTK-GPS定位系统的方式进行船舶施工定位，并进行水深测量控制。

10.6.1 平面测量控制

（1）初级平面控制：采用RTK-GPS对基槽开挖水上施工分项工程的起止断面、里程、转向点、边坡线、挖槽边线以及中线等进行水上浮标的标志放样。为船只粗定位提供辅助。在较窄的河道可以直接利用两岸用测量仪器辅助放样。

（2）过程平面控制：

1）在开挖之前，采用水深测深系统，对水下地形进行完整的测量记录；

2）挖泥船上安装双 GPS 定位系统，实现基槽粗挖；

3）通过船上 GPS 与高精度 GPS-RTK 的实时差分系统获取更高精度的数据，施工中开挖精度得到控制。

10.6.2　水深测量控制

（1）单波束水深测量

平面定位可使用 CORS 系统实时定位，测深使用 ODOM 双频测深仪（频率 200kHz）进行水深测量。外业测量数据采集可采用 HYPACK　MAX 软件施测，同步采集记录实时定位数据、测深仪测深数据以及测深时间。使用单波束测量时，测量测线布设垂直于隧道基槽中心线，检测测量间距 10/20m；检查线垂直于主测线布设在施工作业范围，其长度不少于主测线长度的 5%。

（2）多波束水深测量

采用多波束测深系统进行全覆盖水深测量，如 SEABAT 8101 多波束系统，将主要应用于基槽挖泥过程的水深测量，尤其是基槽扫浅精挖和吸淤后的测量，多波束测量示意图详见图 10-8。SEABAT 8101 多波束系统采用 PDS 2000 软件施测，由计算机自动采集同步记录 GPS 的实时坐标、水深数据、罗经数据、三维涌浪数据等。

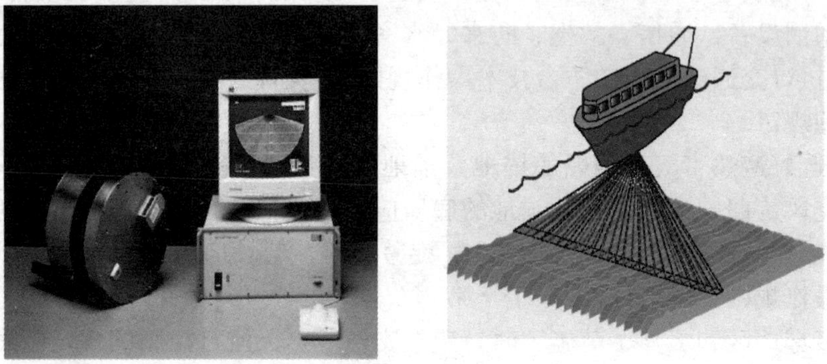

图 10-8　多波束测量示意图

在测量前，选择测量区域附近有明显特征点的水域进行多波束系统的标定。对 CORS、DGPS、RTK 接受的天线中心与声纳头中心之间的偏心值进行量测，用 SVP-15 声速仪进行该海域的声速测定并改正（设定）。然后在两种不同的水下地形上进行如下特定的测量：

1）在有特征地形（斜坡）水域的同一条测线上沿同一航向以不同船速测量两次，其中一次的速度大于等于另一次速度的 2 倍，进行时延的校正；

2）在平坦地形水域的同一条测线上分别以相同船速、相反的航向各测量一次，进行横摇的校正；

3）在有特征地形（斜坡）水域的同一条测线上分别以相同船速、相反的航向各测量一次，进行纵摇的校正；

4）在有特征地形水域两旁的两条测线上分别以相同船速、相同的航向各测量一次，两条测线的间隔应等于最大条带宽，进行艏摇的校正。

对采集回来的数据反复调试，按以下顺序进行校正：时延→声纳头横摇→声纳头纵摇→声纳头艏摇（包括罗经偏差）。得出 DGPS 时延、声纳头横摇、声纳头纵摇、声纳头艏摇各个数值，确保外业施测前换能器安装倾角得到精确校准。多波束水深测量三维图详见图 10-9。

（3）双频测量、SILAS 软件浮泥测量系统

基槽挖泥中后期，在进行多波束测量的同时可采用 ODEMMF Ⅲ 3200 双频测深仪、SILAS 软件、泥浆密度计适航水深系统监测回淤厚度和实际开挖深度，浮泥测量设备详见图 10-10。SILAS 浮泥适航测量系统利用声学反射测量方法来获得淤泥层的连续密度剖面，双频测深仪向水底发射声波信号，声波到达水底后，高频部分声波被反射而低频声波将穿透水底，然后再利用标定过的声源信号来记录反射信号的强度，经处理形成瀑布图及剖面上各层的信号反射强度值，高精度地测定密度的梯度值，从而确定整条剖面不同深度上的密度值，继而可确定底泥厚度，浮泥密度测量效果图详见图 10-11。

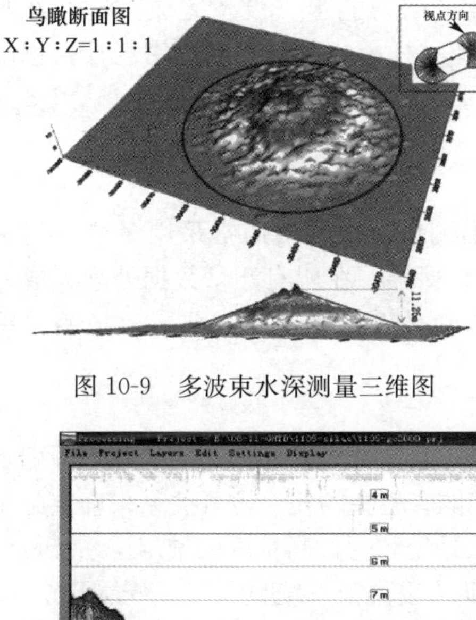

图 10-9　多波束水深测量三维图

图 10-10　浮泥测量设备

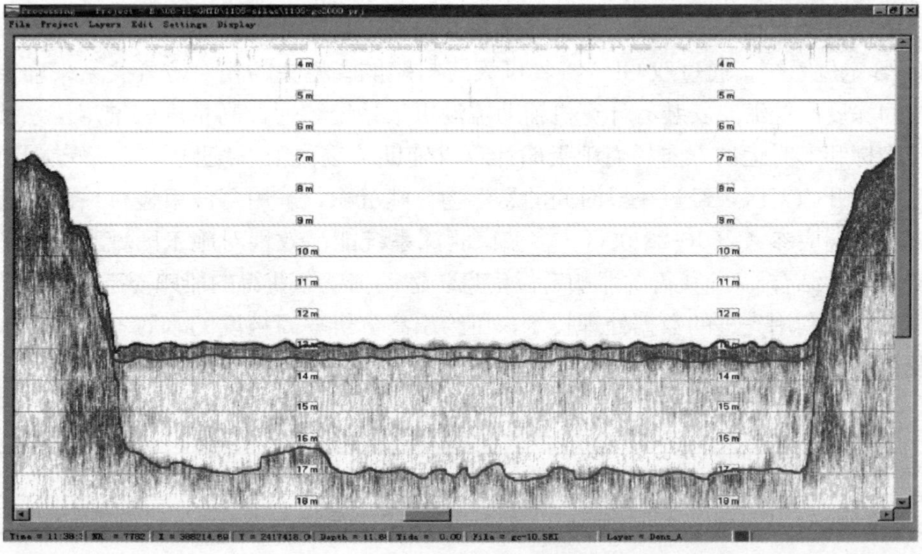

图 10-11　浮泥密度测量效果图

1）断面探测线布设及勘测范围

考虑到浮泥层大多数在基槽及其边坡附近，浮泥层设计断面线可超出基槽底边线100m的边坡内，覆盖施工区域布置设计断面线，断面线间距50m。每个断面设计探测点4个，其中基槽内2个、边坡上2个。作业过程中探测点的布设按照该根据工程的进程做适当的增减。

2）测量船操作要点

根据剖面图选择定点位置，适宜在平潮时取样。

3）采样细则

采样时通过CORS系统实时测量潮位，同时提前半小时开始记录两个验潮站水位进行比对，直到采样测量结束后半小时内记录水位。水位记录间隔为10min记录一次。

Densi tune音叉振动密度计可以高精度测量标定点的绝对密度和黏度，是建立反射信号强度和密度之间的对应关系的可靠参考点，也是浮泥检测和适航水深测量必不可少的组成部分。

主要功能：采集记录采样点的密度剖面信息，并以SILAS可以处理的文件格式提供，以便SILAS作密度计算并输出。

快速多点数据采集方案，收放音叉振动密度计采用智能水文设备完成。定点处船抛锚，每个船位四个点采样。或者采用船不抛锚，快速采样后收起音叉振动密度计，移动至下一个采样点。

10.6.3 施工过程中的关键测量

（1）开挖前测量

在基槽开挖前需进行一次完整的初始水下地形测量，该测量通常采用多波束测深系统。开挖前测量的水下地形数据作为工程的原始资料保存，在所有测量数据处理完成，测量结果检核通过后，将水下地形测量成果整理并入总体开挖前测量报告，上报相关单位审批。

（2）过程及竣工测量

隧道基槽开挖实行分层开挖方案，若基槽开挖的上层采用耙吸船施工时，在耙吸船上安装的双GPS定位系统，通过双GPS接收机天线与船舶、耙头的相对位置关系来确定施工位置及开挖的深度。挖泥船安装有计算机辅助疏浚决策系统，通过高精度三维定位系统得到的耙头实时坐标和实时运动方向。当耙吸船计算机辅助疏浚决策系统显示某一分层开挖完成，耙吸施工船离开施工区，经过一段时间的悬浮物自然沉积，采用多波束进行检测，施工过程监测频率及周期应参考表10-23执行。多波束测深系统能高效地对施工区域水底地形进行全覆盖扫测，通过结合GPS获得的船舶定位信息、运动传感器获得的船舶姿态信息、罗经获得的方位信息等，利用先进的数据处理技术，可绘出高分辨率高精度的水底地形图，根据水底地形图及相关测量数据编制相应施工文件，进而指导耙吸船进行施工。

粗挖及精挖施工过程监测频率及周期　　表10-23

监测时间	粗挖施工监测	精挖施工监测	监测周期
监测频率	1次/3d	1次/1～2d	至施工区开挖完成

深基槽精确开挖主要采用抓斗船，抓斗船通过CORS系统或RTK基准获得高精度的

定位和高程信息，并通过实时数学模型建模进行船舶施工中的姿态校正，确保施工精度。可在抓斗船舶施工过程布设一个测量工作面，并经浮泥沉积，即刻采用 RTK 无验潮测量进行精挖检测，及时反馈施工超挖欠挖情况，并运用 CARIS 软件绘制精挖区域当前 DTM 模型，指导抓斗船进行补挖施工，控制精挖的质量。针对于精挖基槽的精挖施工和竣工测量，需要多种监测手段相结合，才能有效地确保基槽精挖区精挖符合设计要求。

（3）测深仪声速校准

为保证声速准确性更高，水深测量前使用 SVP-15 声速剖面仪测得工作区域声速，测量人员先将探头放在水面下约 2m 处稳定 5min，保证探头温度与水温一致，然后缓慢下放探头至水底，然后缓慢提升探头，并将声速读入计算机储存，读取表面声速并输入测深仪作为施测声速。声速剖面应在外业测量进行前、中各测定一次，当有迹象表明声速剖面发生显著变化时，需增加声速剖面的测定次数，确保使用最新测定的声速剖面信息进行测量。

11 管节浮运

11.1 管节浮运主要方式

管节浮运主要有绞拖、浮船坞（或半潜驳）浮运及拖轮拖运等方式。

绞拖适用于轴线干坞施工方案。拟建沉管隧道在河道时，河面宽度较窄，沉管段长度较短，管节数量较小；预制管节一般布置在岸上段并兼作预制干坞——轴线干坞施工方案。由于沉管移动距离短，通常采用岸上装设绞车、拖缆系统，必要时布置辅助稳定拖轮进行管节浮运，即直接将沉管绞拖出坞，并绞拖到预定的安装水域，详见图 11-1。在本手册中不作详细论述。

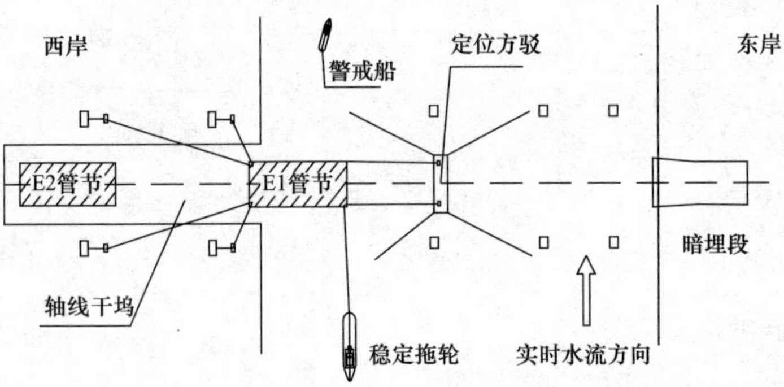

图 11-1　沉管绞拖直接定位安装施工示意图

当沉管预制场不布置隧址现场，且管节长度较短、体量适度时，管节可采用浮船坞（或半潜驳）进行浮运。同时也可将管节直接在浮船坞（或半潜驳）上进行预制，详见图 11-2。在本手册中只作简单论述。

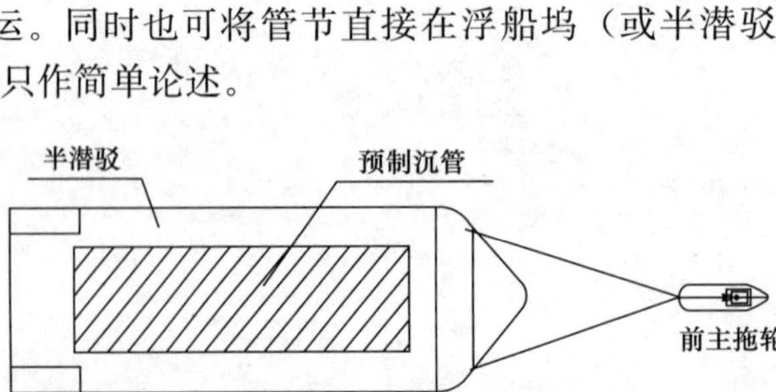

图 11-2　浮船坞（或半潜驳浮运）示意图

当管节长度较长，干坞没有布置在隧道现场，干坞至沉管隧道之间的水路畅通，而水深条件满足沉管浮运要求的情况下，通常采用拖轮拖运浮态的管节。

11.2 管节浮运的一般要求

为了保证管节浮运过程能够顺利进行，管节必须进行试浮试验。试浮主要是检验管节两端封门的水密性、密封稳定情况。试浮一般在干坞内进行。如管节在岸上或浮船坞（或半潜驳）上进行预制，则应在坞址附近的深水区设置浮船坞（或半潜驳）下潜区，管节在下潜状态下的浮船坞（或半潜驳）上进行试浮。

管节进行浮运之前的相关准备工作：

（1）检查测试端封门及管节的水密性。如发现漏水情况，必须修补及采取补漏措施；

（2）管节进行试浮时，应通过在浮态中调整压载水舱的压载水量或浇筑防锚层混凝土厚度，以控制管节的干舷高度满足设计要求；

（3）应检查管节浮运水域上必要的浮标记号，并向有关部门申请并取得管节浮运或浮船坞（或半潜驳）的拖/航行许可；

（4）应检查管节浮运/载运路线是否安全及清楚所有浮运/载运路线上可能损害管节或浮船坞（半潜驳）的障碍物；

（5）当工程所处地区受季候风影响，天气及水文条件复杂时，应根据天气预报确定适合沉管浮运及安装的作业气象窗口，即施工期间水流速度、波浪、风力、能见度等条件满足施工要求的连续时间段。

11.3 基础资料收集

为了保证管节浮运过程能够顺利进行，应进行以下几方面的资料收集。

11.3.1 管节浮运期间收集天气资料

（1）风向、风力、风速（包括平均风速、最大风速）；

（2）天气预报（晴天、阴天、雨天或雾天）；

（3）温度、相对湿度。

11.3.2 水文资料收集

（1）对于海域及受潮汐影响的河段，应收集管节浮运期间的潮汐的类型、潮位的特征值、潮汐预报表等。潮位特征值包括：最高潮位、最低潮位、平均大潮高潮位、平均大潮低潮位、平均小潮高潮位、平均小潮低潮位和平均潮位。

（2）对内河应收集当地历史最高水位、历史最低水位、推算百年一遇洪水、推算二百年一遇洪水、最高潮位、最低潮位。管节浮运期间应收集当地最高水位、最低水位、平均水位、水位过程线和比降等资料。

（3）管节浮运期间的测流工作应与风速、风向、水位、波浪、含沙量等测量工作密切配合，必要时应进行同步观测。测流工作包括：

1）流速：涨急最大断面流速、涨急最小断面流速、涨急平均断面流速、落急最大断面流速、落急最小断面流速、落急平均断面流速等；

2）流向：涨急平均流向、落急平均流向；

3）波浪资料应包括浪高、周期、波向和持续时间，并统计分析不同方向、不同级别波浪的出现频率和持续时间。

(4) 水重度。

11.4 管节浮运路线

由于管节的浮力是依靠自身排水能力提供，在不采用其他助浮措施的情况下，干舷高度一般为150～250mm，其抗浮能力富余不变，如在浮运过程中遇上超过设计考虑的意外工况时，可能因轻微的差错造成严重的损失。因此必须清楚了解浮运路线的水上情况，选择最为合适的浮运路线降低浮运过程中的风险。

(1) 管节浮运路线包括：

1) 管节从干坞起浮拖运到沉管段管节最终沉放位置的路线；

2) 管节从干坞起浮拖运到管节临时存放系泊位置的路线；

3) 管节浮运过程中，如遇到恶劣天气需将管节临时拖运到避风区系泊位置的路线。

(2) 为了评估及分析管节浮运路线可能发生的风险，必须考虑以下因素：

1) 水运的线路：河运、运河、湖等内陆水运，海上水运；

2) 阻碍物：水下阻碍物滑管线、桥墩、水闸、水运路线；

3) 航行方面：水上交通、临时封航或改航；

4) 水力学方面：水汽、潮汐、波浪、水密度；

5) 气象方面：风、雾、暴雨、台风、飓风；

6) 避风区：恶劣天气时的避风及寄泊处；

7) 拖运方面：拖运速度、拖运操纵性、拖运宽度、海事局领航；

8) 结构性容量：浮运管节时所承受载重；

9) 环境方面：避免开挖管节浮运水路；

10) 其他方面：承包商对管节浮运及其突发事件（如拖缆损坏、管节渗水等）的检验与技术。

(3) 管节浮运路线的一般要求：

1) 尽量缩短航行路线，即管节沉埋地点与预制场的距离应尽可能短，以降低管节浮运时在航道可能出现的风险。浮运距离是选择预制场位置重要考虑的因素。

2) 在设计管节浮运航道时（尤其对于钢筋混凝土的管节），航道水深必须考虑满足管节的吃水深度和必要的富余深度。

3) 管节的海上浮运路线不宜远离海岸线，这将使管节浮运路线延长，并增加管节浮运的时间，也增加遇上天气及海面情况变化的情况。如发生意外时，救援拖轮到达的时间将会增加。但管节浮运路线亦不宜太近海岸线，如发生意外，管节很容易被冲到海岸及浅水地带搁浅。

4) 在进行管节浮运前需探明浮运水道深度，如有必要需进行水道疏浚作业。

11.5 管节浮运方式及选择

管节浮运主要有如下方式：跨拖法、曳拖法、混合拖运法。

管节浮运与拖运流线型的船只不一样，而且在管节上安装了大量临时施工作业设备，所以在管节浮运时操控难度增大，拖运速度比较缓慢。因此在管节浮运之前，必须分析管节在不同拖运速度所受的阻力，并确定浮运过程中管节的特性。通过试验室水力模拟试验，管节浮运的阻力可按下式计算：

$$F=\frac{1}{2}C_W\cdot\gamma\cdot\upsilon^2\cdot A \tag{11-1}$$

式中：C_W——阻力系数，一般为1.3～6，在某些想不到的情况下，甚至超过10，阻力系数很难通过理论计算确定，通常需要在水力实验室进行模型研究；

γ——水的重度（kg/m^3）；

υ——相对速度，指管节相对于水流的速度（m/s）；

A——与水流垂直的管节吃水面积（m^2）。

11.5.1 管节浮运方式的选择

（1）三种拖运方式的特点

1）采用跨拖法的管节浮运，其管节阻力大、进行速度慢、功率消耗大、易起浪花，在有风的情况下易发生危险，但对管节的就位有利。该方式一般在运距不远、水域面积较为狭窄的条件下采用，跨拖方式详见图11-3。

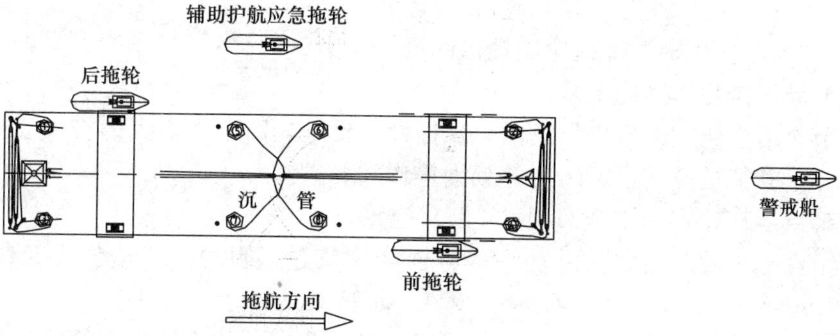

图11-3 跨拖方式示意图

2）采用曳拖法的管节浮运，其适用于运距较远、水域面积又较大时的管节浮运条件，曳拖方式详见图11-4。当水深条件满足，航道宽松，可以采用单个主拖的曳拖方式。

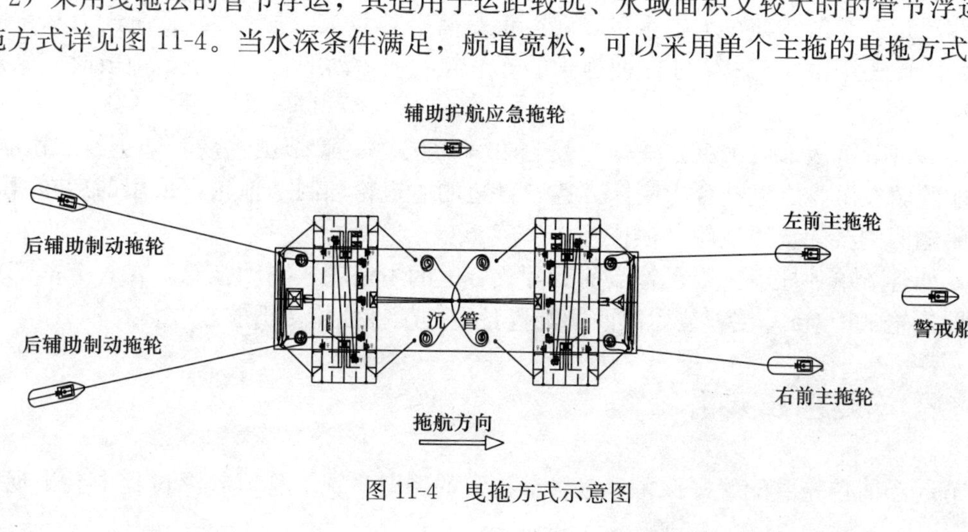

图11-4 曳拖方式示意图

3）采用跨曳混合拖运法的管节浮运，其适用于运距较短、水域面积又较狭窄的管节浮运条件，这种方式易于控制管节的稳定。跨曳混合拖运法详见图 11-5。

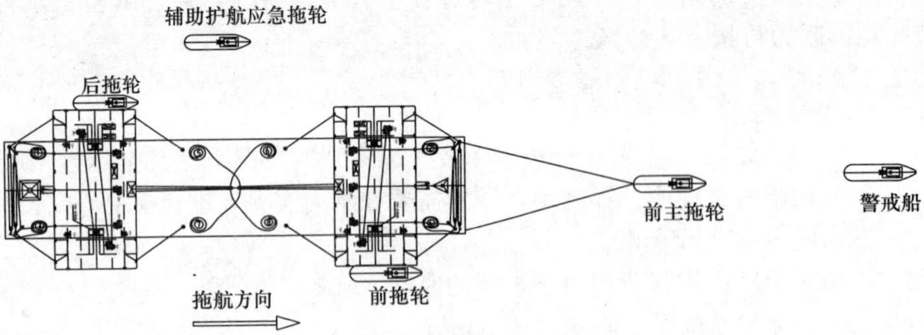

图 11-5　跨曳混合拖运法

（2）管节浮运方式选择应考虑的因素

1）应考虑浮运时水流对管节的影响，拖轮需提供额外的拖力以保持管节的稳定性及控制浮运的速度；

2）根据实验室水力模拟试验确定最有效的浮运方式、浮运稳定性验算、浮运拖轮的布置及拖航速度；

3）当地的拖轮使用资源及拖轮能提供的最大马力。

11.5.2　管节浮运拖轮选择的要求

（1）管节浮运拖轮应具备操纵灵活、顶拖性能良好、回复力矩大的特性。浮运拖轮应有足够的功率，并能适应前进、后退等频繁操作的要求。

（2）管节浮运拖轮宜选用全回型（Z 型）拖轮。

（3）管节浮运拖轮所需要的总功率，应根据管节浮运阻力 F［按公式（11-1）计算］以及拖轮每 100kW 可折算功率（Z 型为 20.4kN）来确定。

（4）应根据计算的拖轮总功率、管节浮运拖曳作业方式和拖轮类型规格，合理配备拖轮的数量。

11.5.3　管节浮运的拖轮配置

管节浮运时，虽然其在水中重量较轻，但是管节体量大（质量大）、惯性力和水阻力也很大，因此要用很大拖曳力才能使静止的管节起动或运动的管节停下，拖航时应采用主拖轮来系曳缆。

（1）如管节沉放采用吊沉方式（方驳船舶吊沉方式），管节出坞后，即进行二次舾装，方驳船舶跨骑在沉管之上结合为一体。选取合适的主拖轮和制动拖轮，采用前后布置，并在方驳船舶两侧各配置侧拖轮（顶推）。

（2）如管节单独拖运，则在管节前后配置合适的主拖轮、制动拖轮，在管节前部单侧配置顶推拖轮（护航），在管节后部两侧配置各一艘顶推拖轮（护航）。

11.6　管节起浮出坞作业

管节起浮前首先要配置好保持浮态管节稳定的系缆系统。管节起浮过程中会出现基底附吸力，为防止基底附吸力应采取如下措施：

（1）管节预制台座与沉管底面之间应设置起浮层；

（2）一般设置沉管底模板，坞底面铺设碎石垫层；

（3）管节预制台座采用无砂混凝土结构，确保水压渗入管节底部；

（4）如管节设置有底钢板，预制台座面可设置均匀密布的渗水凹槽，并在预制施工中避免出现漏浆现象，以免影响起浮效果。

管节起浮出坞前需完成浮运的二次舾装，当坞门有足够宽度时，管节的二次舾装可在坞内完成，它包括管节顶面的沉放吊驳、测量控制塔和人孔的安装，测量引点等工作；当坞门较为狭窄时，沉放设备的安装在坞门以外的水域进行安装。

11.7 管节浮运作业的安全要求

对管节浮运作业的操纵，必须制定严格的操纵规程。

11.7.1 管节浮运的稳定性（定倾高度）

管节浮运的稳定性是影响施工安全与风险控制，必须根据工程常用的方法进行全面的稳定性试验，并在浮运过程中严格保持管节的定倾高度。管节浮运过程的稳定性检算：

（1）管节浮运过程稳定性的基本条件：

竖向力平衡，管节的重力等同于其排水量相当的浮力 D，可按下式计算：

$$D = V \cdot \gamma \tag{11-2}$$

式中：V——排除水的体积（m^3）；

γ——为液体密度（kg/m^3）。

力矩的平衡，必须使倾覆力矩 M_k 与复位力矩 M_{st}（或称稳定力矩）的大小相等、方向相反，即

$$M_k = M_{st} \tag{11-3}$$

（2）管节倾斜程度对管节浮运稳定性的影响：

管节处于水平状态时，管节的重力重心 G 与浮力重心 F 都位于管节几何对称轴上，一般重力重心在下，浮力重心在上。当管节倾斜时，管节绕重力重心 G 旋转了很小的一个角度 φ，此时新的浮力重心 F′的偏离管节的对称轴，故浮力矢量与管节倾斜的对称轴相交，交点称为定倾中心 M，定倾中心与重力重心 G 之间的距离称为定倾高度$\overline{MG}$，如 M 位于 G 的上方，$\overline{MG}$为正，浮态管节则保持平衡的稳定；$\overline{MG}$为 0，则浮态管节无倾斜；如 M 位于 G 的下方，$\overline{MG}$为负，浮态管节则不稳定。

（3）就一个浮运体的稳定状态而言。倾斜时，没有其他外荷作用（如拖轮的拖曳力等），并不一定要求重力重心 G 位于浮力重心 F 之下。此时的定倾高度，可接下式计算：

$$\overline{MG} = \frac{J - \sum J_W}{V} - \overline{GF} \tag{11-4}$$

式中：J——浮运管节本身对通过重力重心的铅垂线的惯性矩；

J_W——浮运管节内压载水舱中水体对通过重力重心的铅垂线的惯性矩；

V——排除水的体积（m^3）；

G——重力重心；

$\overline{GF}$——倾斜前的浮力重心 F 与重力重心 G 之间的距离，G 位于 F 之上为正。

从公式（11-4）可以看出，压载水舱水体的 J_W 要尽可能地小，使 $\frac{J-\sum Jw}{V}$ 始终大于$\overline{GF}$，即使 G 位于 F 之上，$\overline{MG}$为正，从而保证浮运管节平衡稳定。为了保证合适的定倾高度，可用固态的压载物（如砂石）来代替压载水，因为固态压载物不会因管节倾斜而改变它的 J_W 值。

（4）管节浮运时，仅根据$\overline{MG}$值，尚不足以评价浮运管节的稳定性。因此必须检算是否会出现较大的倾角，以避免管节顶板或其他施工设施部分地浸没在水中。管节倾斜时的复位力矩 M_{st} 可按下式计算：

$$M_{ST} = D \cdot \overline{MG} \cdot \sin\varphi \tag{11-5}$$

式中：D——排除水的体积（m^3）。

（5）倾覆力矩 M_k 是由偏心重量或水平力（例如拖轮的侧向拉牵力、横向水流力、锚固力或横向风力）引起的，为维持力矩平衡，必须使 $M_k = M_{st}$，倾斜角 φ 可按下式计算：

$$\varphi = \sin^{-1}\frac{M_k}{D \times \overline{MG}} \tag{11-6}$$

（6）如果出现较大的倾角（$\varphi > 10°$），则必须进行全面的稳定性检算。

（7）实际工程中，定倾中心是通过倾斜试验确定的。试验程序上使压载物（水或砂）反复作水平推移，这就会出现一系列的人为倾斜，量测相应每一倾斜状态的倾角 φ，并根据浸没位置计算新浮力重心 F' 的偏移量，定倾高度$\overline{MG}$可按下式计算：

$$\overline{MG} = \frac{x}{\sin\varphi} \tag{11-7}$$

若稳定性不符合要求，即$\overline{MG}$过小，可以用低重心的压重予以平衡，通常通过配置附属助浮设备也可以改善稳定性。若采用减少干舷高度的方法，虽然能使管节浮运过程稳定，但加大了管节浮运过程中的水平牵拉力，同时也需要加大压载水量，这样会增大了管节沉没的危险。

11.7.2 干舷高度控制

干舷高度是指管节顶面浮出水面的高度。管节浮运过程必须控制干舷高度达到设计要求值。干舷高度过低会加大浮航阻力，增加浮运和就位困难，加大管节沉没的危险。干舷高度过高，会增加定倾高度，使管节的稳定性受到影响。

干舷高度的调整可通过调节压载水舱内水的体积来实现，抽排压载水舱内的压载水时，管节上浮、干舷高度增加；往压载水舱内注入水时，管节下沉，干舷高度下降。抽排和注入压载水时要注意压载水舱内水面高度的相对平衡，避免由于压载水舱水面高度不一，而造成管节底板产生附加弯矩，增加定倾高度，从而影响管节的稳定性。

11.7.3 管节定倾中心调整

管节浮运时，其曳引作用点在定倾中心以下 10cm 左右时最为稳定（正常航速条件下），为了增加管节浮运过程中的稳定性，常常采取临时压载措施，以降低重心，压载物可以是水、砂石或混凝土方块等。

11.7.4 拖曳缆索

管节浮运过程中，应注意防止承受侧面的外力，以减少摇摆。此外，还应注意缆索应具有一定的高度，不致使管节和拖舱互相碰撞。

在管节浮运作业开始前要准备额外的拖曳缆索，及其连接的伸延部分应浮在水中，万一主拖曳缆索在浮运期间损坏，仍可立即更换。在恶劣的天气情况下，在浮运中的管节上更换拖曳缆索是很危险的。

11.7.5 预设管节浮运临时系泊区

(1) 当遇到三级以上台风警报，一切水上作业工作都应暂时取消，所有水上设备和漂浮的管节都要拖回到指定的避风泊位或掩蔽场所。

(2) 应安排好管节的紧急泊位，这个临时沉放泊位应是开挖到合适深度的水域。并要准备好临时基座，可供设施单元临时沉放。

(3) 所有台风预防工作应符合当地政府有关部门的要求并得到业主的同意。

11.7.6 天气及波浪情况预测

(1) 当管节浮运时间因故被拖延时，波浪情况改变的风险相对增加，在管节进行浮运24h前，应取得天气预测的资料，主要是风向、波浪高度和水位，以验证达到启动管节浮运工作的最低要求，否则不能获得管节浮运许可。

(2) 在整个管节浮运期间，天气预测数据须及时更新并确保再次启动管节浮运的可能性。

(3) 管节浮运进行期间应符合以下安全要求：

1) 波浪情况应容许管节浮运在计算安全时间内完成；

2) 波浪高度不得超过验算的最大容许海浪高度。

11.7.7 管节浮运过程应进行波浪影响的评估

在风平浪静的气象条件下进行管节浮运作业时，波浪力对管节产生的内应力较少，可以不加考虑。

当波浪的波长等于管节长度时，对管节轴向应力的影响最严重，并且会在管节的底部或者顶部产生受拉区，这种影响对于节段管节的浮运特别严重，因此在管节浮运作业开始前，必须对波浪影响进行检算。

11.8 管节浮运与航运安全

沉管隧道管节的浮运、沉放、对接和基础处理都需要在水面或水中作业，有时需要占用航道施工，对过往船舶和水上运输会造成一定的干扰和影响；同时沉管隧道施工也需要航道部门、港务部门和航运企业的配合，需有序组织指挥，确保施工和航运的安全。

管节浮运施工难度较大，必须编制严谨的施工组织设计，与航道和港务部门充分协商，制定可行的航运组织计划，落实水上航运作业疏导方案。

根据施工现场的水域状况，管节浮运期间，建议航道管理部门在管节浮运的航线实行管制，管节浮运作业时间可达几小时至十几小时，在此期间，过往船舶需要采取避航措施。由航道管理部门事先通知有关航运企业和船舶，在管节浮运期间的注意事项，要求过往船舶保持至少150m的安全距离，因为管节浮运需要占用较宽的航道，如果过往船舶不能避让，就需要临时系锚，这也需要航道管理部门根据现场水域情况设置临时锚地。

除管节拖曳的主拖轮外，还应专门安排一艘拖轮作为应急拖轮。另外在浮运线路的上下游各安排一艘警戒船，加强安全巡逻。在管节浮运的前方和后方需要设立警戒标志和符号，夜间设立灯光信号，设置办法须按照海事部门的要求，左右方需要安排巡逻船护送。

在设计管节浮运航道时，必须考虑航道水深是否能满足吃水深的管节通过。

11.9 管节浮运的报批和公告

管节浮运组织复杂，运输里程较远，运输船舶较多，需要占用的航道比较宽，占用的时间也比较长，而占用的航道基本上是国际国内运输的主航道，因此，管节浮运必须得到航道、海事、港监及海运企业对过往船舶的协助和支持。

承担管节浮运的承包商除要求编制详细的管节浮运实施方案外，还需要报请有关部门审批。

(1) 海事部门

1) 承包商需要在管节浮运作业施工开始前一个月将浮运路线、浮运起止时间等有关信息以文字图表的形式报送当地政府有关海事部门。海事部门根据施工计划要求，制定航线疏导方案或避让措施，并以无线电、媒体等形式进行公告，提前通知过往船舶。

2) 在管节浮运过程中，海事部门也需要现场监督指挥，落实疏导方案或避让措施，保证管节浮运作业和航运的顺利进行，尽量减少相互干扰和影响。

(2) 航道管理部门

1) 承包商也需要在管节浮运作业施工开始前一个月将浮运路线、浮运起止时间等有关信息以文字图表形式报送航道管理部门，航道管理部门根据施工占用的水域，另行开辟临时航道或指定临时系泊锚地，并设置符合要求的航行标志和信号，对于临时设置的灯光信号或无线电信号，需要派人昼夜值守。

2) 临时设置的航道和临时锚地使用时间和注意事项等有关信息，航道管理部门也应该改以无线电、媒体等形式公告。

(3) 港监部门

管节浮运、沉放和基础处理期间需要从各地调集大量专门施工船舶，这些船舶的到来必然会给港口的泊位、维修保养、油料供应、后勤给养等造成新的压力，因此，承包商需要提前通知港务监督部门，就施工船舶涉及港务部门的有关问题做出妥善安排，保证正常施工的需要。

11.10 管节岸上预制、浮船坞（半潜驳）出运

11.10.1 管节岸上预制、浮船坞（半潜驳）出运工艺要求

(1) 首先要根据管节的几何尺寸、总重量选择合适的浮船坞（半潜驳）。

(2) 管节岸上预制场必须配备浮船坞（半潜驳）停靠的码头，管节出运码头的地面应能承受管节总重量产生的垂直荷载。

(3) 管节出运工艺要求：

1) 管节在码头一般采取气囊和绞车系统进行装运。

2) 浮船坞（半潜驳）停靠的码头及管节出运码头，应能使浮船坞（半潜驳）垂直码

头岸线靠泊，码头临水面端头应设有浮船坞（半潜驳）搭靠定住的台阶。管节出运时，出运码头端部与浮船坞（半潜驳）甲板连接处应铺设钢板。

3）管节出运工艺流程：

① 出运准备→高压水冲出支垫层间的填砂→清走底模板；

② 清理现场→气囊就位→充气顶升→绞车抽出支垫型钢→牵引向前移动至码头前沿→管节装运上浮船坞（半潜驳）→支垫→放气→抽出气囊→结束。

（4）浮船坞（半潜驳）泊靠码头的要求：

1）选择合适的潮位，浮船坞（半潜驳）进入管节岸上预制场的出运码头。

2）向浮船坞（半潜驳）压载水仓压水，使其甲板面与出运码头齐平。

3）浮船坞（半潜驳）甲板面与出运码头地面调平后，可拖运管节上浮船坞（半潜驳）。拖运管节上船过程，应根据潮水上涨和拖运管节的速度，不断调节浮船坞（半潜驳）压载水仓的压载水量，直至管节完全拖运上浮船坞（半潜驳）甲板为止。

4）管节拖运上浮船坞（半潜驳）的时间应控制在60～70min为宜。如潮水退得较快，则动态控制压载水抽出量大小，始终保持浮船坞甲板面与出运码头地面齐平。

5）应在一个潮位时间内完成一管节装运。

（5）管节出运气囊要求：

1）通常气囊为高压胶囊、出厂检验承压能力不小于0.3MPa，正常使用按0.2MPa控制，直径为1m，工作高度为300mm。

2）当管节宽度较大时，气囊可接两排布设，气囊布置与管节轴线垂直。

3）管节出运参数的选择

气囊充气压力P，可按下列计算：

$$P = Q/S \tag{11-8}$$

式中：Q——构件重量（kg）；

S——承载面积（m^2），可按下式计算：

$$S = B \times L \tag{11-9}$$

式中：L——气囊总有效长度（m）；

B——承载面宽度（m），可按下列式计算：

$$B = \pi(D - H)/2 \tag{11-10}$$

式中：D——气囊直径（m）；

H——气囊高度（m）。

注：管节支撑点高度：<0.45m；气囊顶升高度：0.50m；出运时气囊高度：0.30m。

（6）管节出运牵引系统：

1）牵引系统包括前、后牵引系统。

2）前牵引系统用于将管节牵引前移。

3）后牵引系统主要用于制动，限制管节往前移动过快，防止管节栽倒地上。

4）牵引系统一般配置两台绞车，绞车总拉力按构件总重量的30%考虑，并以此考虑钢丝绳的选用。管节出运时牵引速度1～2m/min。前牵引系统绞车设置在浮船坞（半潜驳）上，而后牵引系统绞车设置在岸上管节预制场后方。

（7）压缩空气系统由内空气压缩机（$9m^3/min$）、气阀空气分配器和输气胶管组成。

11.10.2 管节出运安全要求

(1) 管节出运上驳时，应有专门人员负责检查浮船坞（半潜驳）甲板与管节出运码头地面是否处于同一平面上，随时指挥调节甲板面与出运码头地面一致，从而保证管节出运时不会出现不利受力。

(2) 认真检查管节出运系统工作性能，保证符合设计要求。

(3) 长度较短、宽度较大、高度较小的管节，有利于控制甲板面与出运码头地面保持一致，从而使管节不会出现不利受力，造成管节损伤。在管节出运过程中，必须保证管节前移轨迹受控，并要有专门人员负责监控，如发现偏离时即通过调节气囊来纠正。

(4) 在管节上坞过程中，应注意连接处铺设的钢板受力情况，保证钢板与甲板有足够的搭接长度，确保管节出运安全。

(5) 由于气囊工作高度为300m，而气囊直径为1m，在管节出运过程中即使甲板面与管节出运码头地面有一定的不平整，气囊内气压自动调节其高度的功能应可靠，这样才能保证管节出运时管节底面与气囊接触面处于水平，从而避免管节局部位置受力过大。

11.10.3 浮船坞（半潜驳）运送管节

(1) 装载管节的浮船坞（半潜驳）采用拖轮拖曳，一般配备两艘拖轮。

(2) 拖轮所需的总功率可按下式计算，即：

$$BHP = K \cdot Q \tag{11-11}$$

式中：BHP——拖曳浮船坞（半潜驳）所需拖轮总功率（kW）；

K——系数，$DWT \leqslant 20000$t，取0.075；20000t$\leqslant DWT \leqslant$50000t，取0.060；$DWT \geqslant 50000$t时，取0.050。

Q——浮船坞（半潜驳）设计船型的载重吨（t）。

应根据计算的拖轮总功率、作业方式和拖轮类型规格，合理配备拖轮的艘数；拖轮每100kW可折算拖力：Z型为20.4kW，C.P.P型为17.7kW。

(3) 浮船坞（半潜驳）拖至管节沉放位置的浮船坞（半潜驳）下沉港池后，浮船坞（半潜驳）压水下沉，管节起浮用拖轮拖离，浮船坞（半潜驳）排水起浮由拖轮拖离管节沉放现场，管节出运完成。

11.11 异形管节浮运要求

曲线管节、带斜度管节均属于异形管节。

异形管节由于纵向线性重量（重力）非均匀分布，在浮运状态会在纵向产生附加弯矩，因而可能发生异形管节一端翘起水面的“磕头现象”，增加管节浮运和沉放难度，必要时可调节整压水舱分布以抵消附加弯矩，压水舱分布需考虑纵向、横向平衡问题。

12 管节沉放、对接和接头处理

12.1 管节沉放对接的一般要求

（1）沉管安装方案报送有关部门备案，并取得施工许可。

（2）应在拖运航道和作业水域上放置必要的浮标记号。

（2）由于管节沉放、对接作业水上施工范围较大，影响水面交通，特别是主航道范围，需要设置临时航标并进行航道管制，将施工影响的不利因素减到最少。有必要应设置临时航道，尽量避免来往船只在施工水域内穿插航行。

（3）管节沉放、对接需要潜水员长时间水下作业，潜水作业必须严格按照有关技术要求规范施工，保证潜水员的生命安全。

（4）应提前进行气象、水文资料的收集，合理确定水流速度、波浪、风力、能见度等条件满足施工要求的最佳连续沉放作业时间段。

12.2 基础资料准备

12.2.1 浮运安装作业气象窗口

气象窗口是指一个满足沉管安装的时间段内水流速度、波浪、风力、能见度等条件同时满足施工要求。

当隧道在内河段时，沉管安装主要考虑水流流速和水上交通等影响。当隧道处于近海时，气象和环境对浮运沉放施工的影响变得明显。特别是在管节浮运和沉放作业期间内，水上作业受水流、波浪和风速等因素影响。

施工前应与当地气象部门建立联系及合作关系，收集气象和水文资料。对于受季候风影响的地区，应严密监控台风天气动向。

12.2.2 气象资料

（1）风速、风向，台风预测及动向监控；

（2）大气能见度；

（3）晴天、雨天和阴天；

（4）气温、相对湿度。

12.2.3 水文资料

（1）历史最高水位、历史最低水位。

（2）最高潮位、最低潮位。

（3）流速包括：涨急最大断面流速、涨急最小断面流速、涨急平均断面流速、落急最大断面流速、落急最小断面流速、落急平均断面流速、涨急平均流向。同时应测定安装水域最高流速的位置以及近岸区域流速数据。

（4）波浪包括：波浪的有效高度、周期以及风浪和涌浪的方向。确定全年波浪高度 $H_{1/10}<0.6$m 的天数和频率、最大波浪高度（m）。

（5）水质包括：水容重、全年水温变化范围、对应水温的水重度平均值（g/cm^3）、枯潮水期及洪水期水的 pH 值、悬浮质、水下能见度。

12.2.4　隧道基槽资料

（1）基槽开挖竣工图纸资料。

（2）沉管隧道基础、垫层分部工程隐蔽验收资料。

（3）基槽稳定性资料包括：

1）基槽所处水域的河（海）床历史变迁资料。

2）基槽开挖后河（海）床近期稳定性分析：推移质输沙（泥）率（kg/s），包括涨急落急最大断面输沙（泥）率、涨急落急最小断面输出沙（泥）率、涨急落急平均断面输沙（泥）率；推移质输沙（泥）量（kg），包括一次涨落潮最大输沙（泥）量、一次涨落潮最小输沙（泥）量、一次涨落潮平均输沙泥量；推移质粒径（mm），包括最大粒径、最小粒径。

12.2.5　航道资料

（1）航道通行船舶的吨位及通行密度；

（2）航道在管节沉放期间封航及半封航的条件；

（3）计划修建的临时航道方案；

（4）周边适用的避风锚地。

12.3　管节沉放前的试验

管节沉放前需要开展的试验：管节浮运阻力、系泊阻力、锚块抓力，管节沉放受力、沉放过程不同阶段的运动（包括：横荡、升沉及横摇）。

12.3.1　管节浮运阻力、锚抓力及锚缆定位系统布置实验

（1）试验目的：

1）沉管在设定的风力、波高和水流速度的条件下，在特定的沉管外形下产生阻力，由试验确定；

2）通过实物模型和数模相互求证和参数纠正，确定管节浮运及安装过程中产生的阻力；

3）管节是采用多锚点的系泊系统，需考虑锚与锚之间的相互干扰问题，这个问题只能依靠试验确定；

4）通过模型或实物试验求取干扰系数，再结合现有的锚抓力资料解决多锚共同作用下的抓力问题。

（2）试验模型及试验设施：

1）取模型缩尺比为 1∶30～1∶100，有条件模型尺寸应取大值，以提高试验精确度，制造试验模型的材料应与工程实物类似或相似；

2）拖曳水池，其水深应该与现场及模型比例相匹配；

3）配置模拟风力、波浪的动力设备，以及模拟水流的水槽装置；

4）试验在船舶试验池中进行，可将模型固定在船池中的移动架上，移动架匀速运动，用多种不同的速度重复试验（在船池内亦可模拟出不同波浪高的情况），并同时测出各种情况下的拖航阻力和波浪阻力。

（3）试验结果包括：

1）实际水深、相应管节沉深时，总阻力系数、总系泊力、水流速度的关系曲线；

2）拖航阻力与拖速的关系曲线；

3）总阻力系数 Ct、总系泊力 Rt 与沉深的关系曲线；

4）纵拖时管节端封门中线处的压力分布曲线。

（4）根据试验结果（总系泊力）进行锚缆定位系统布置形式选择，锚缆定位系统布置形式选择包括：①八字形；②双三角形。

如果作用在管节上的水流受潮汐影响呈现出往复流特性，可能会出现涨潮时流速大于落潮流速（这种情况也会受河/海床形态影响），因此管节沉放时所遭遇的流速不但与施工季节有关，而且与沉放管节所需的时间有关。还可根据试验结果，按不同最大的断面流速和管节沉放需要的时间，计算枯水期及洪水期的系泊力，从而分析在洪水期沉放是否安全。

12.3.2 沉放方式试验

目前通常使用的管节有如下主要方式：

- 管节沉放方式
  - 吊沉法
    - 分吊——起重船或浮箱
    - 扛吊——方驳船舶
    - 骑吊——水上作业平台
    - 扛吊与骑吊相结
  - 拉吊法——目前已不采用

（1）试验模型及试验设施

1）针对拟采用的管节沉放方式，建立 1∶30～1∶100 试验模型。

2）在船舶试验池中进行试验，试验的设备详见图 12-1。

（2）试验目的

1）检验拟采用的管节沉放方式，在管节沉放过程中的稳定性和安全性。

2）分别对不同水深、负浮力、水流速度、水流速度加波浪高的工况下，系泊系统各缆索（包括系泊缆、吊重缆及调节缆）的受力情况。

3）管节沉放过程，管节内压载水舱自由液面共振、管节端部吸引等现象观察。

（3）试验结果

1）管节沉放淹没一定深度以及接近基槽底时在管节周围的流场分布；

2）管节周围的平面流场分布；

3）相应管节沉放方式的设施（船舶）系泊分布；

4）管节沉放至基槽内管节周围流场分布；

5）拟采用的沉放方式在管节顶面下沉至淹没一定深度时，对应无波浪和有波浪的总系泊力曲线；

6）拟采用的沉放方式在管节顶面下沉至淹没一定深度时，对应无波浪和有波浪的总

拖曳水池及拖车　电动造波机

水上造风装置（出口）　水上造风装置（进口）

循环水槽　风洞

图 12-1　某大学船舶工程实验室试验设备

起吊力曲线；

7）拟采用的沉放方式在管节沉放过程中管节的运动特性及系泊定位系统的动力分析结论。

12.4　管节沉放的锚碇方式

12.4.1　锚的选用

根据管节沉放范围的工程地质资料，以及潜水员对河（海）床底采摸所得资料，根据实际情况可考虑采用以下几种类型的锚：

（1）铁锚：可串联为子母锚块增加锚固能力。

（2）混凝土锚：锚固力由锚块重量、摩擦力及挡土力提供。

（3）锚杆：用钻机在河（海）床钻孔，将锚杆插入后锚击锚杆顶部，使锚头棒坎入锚杆下部，胀开锚杆产生锚固力。

如果沉管隧道沉管段轴线两侧的河（海）床的底质为泥质及泥砂质，则管节沉放系泊系统采用铁锚较为合适。如底质为砂泥质，勉强可采用铁锚。

如果沉管隧道沉管段轴线两侧的河（海）床的底质为硬黏土、硬砂土、多礁石、岩面和抛石区，则不宜采用铁锚，应采用混凝土锚或锚杆。

12.4.2　锚的布置

（1）锚的布置不仅要考虑到管节沉放时纵横向调节系统的使用，而且还要考虑到管节河运、临时存放的使用。

（2）上述各种类型的锚需要在测量指导下精确定位铺设，锚铺设以后，要在锚的使用力方向试拉，使之达到设计要求。试拉后再测量锚的实际位置，以便精确定出锚缆的长度。

12.4.3　锚碇方式

管节定位施工作业与管节沉放、对接施工作业密不可分，管节定位施工作业主要由锚碇系统完成。该系统常用的锚碇方式有“八字形”和“双三角形”可供选择，骑吊法的典型锚碇系统布置详见图 12-2。

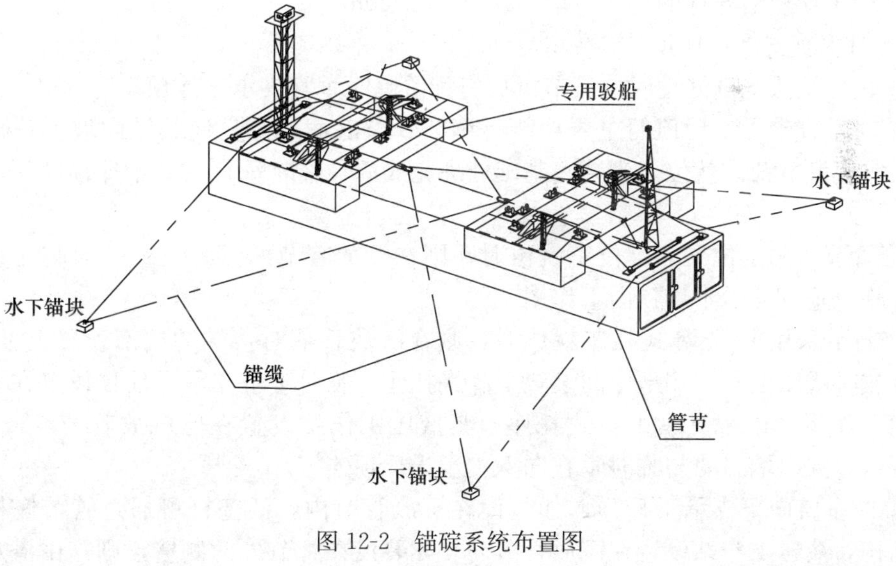

图 12-2　锚碇系统布置图

12.5　管节沉放技术要求

12.5.1　管节沉放作业的条件

管节浮运到指定的沉放位置，进行管节沉放作业必须具备下列条件：

（1）沉管段的基槽底经过清淤，其基底基础处理符合先铺法或后填基础处理的技术要求和基槽几何尺寸的设计要求，并经验收合格。

1）对于先铺法基础处理垫层，应检查垫层面的纵向及横向标高、表面平整度等；

2）对于后填法基础处理则要求钢筋混凝土临时支承垫块的放置符合设计坐标和标高要求，且安放受力状态稳定。

(2) 如采用混凝土锚块系泊系统，混凝土锚块设置符合设计坐标和标高要求，且放置稳定，并通过受力测试。

12.5.2 管节沉放、对接作业的设施安装和检查

(1) 管节沉放、对接作业所需配置的设施、设备应齐备并安装完毕，经检查无误，才能进行相关作业。

(2) 需要安装的设施并检查：

1）拉合千斤顶

① 拉合千斤顶（包括液压工作站）设置在已沉放管节（或岸上段的对接端），拉合座设置在沉放管节端封墙上，在已沉放管节的对接端的端封墙上应设置可靠的拉合千斤顶活塞杆密封装置；

② 拉合千斤顶及拉合座分别设置在已沉放管节（或岸上段的对接端）和沉放管节的对接端顶面上，其液压工作站设置在水面工程船舶上，液压工作站与在水中的拉合千斤顶采用软油管连接；

③ 拉合千斤顶的拉力应根据 GINA 橡胶止水带的鼻尖顶压缩力、水阻力以及沉放管节垂直支座摩擦副或管节底面与先铺刮平碎石垫层之间摩擦力进行确定；

④ 拉合千斤顶活塞杆的行程一般为 1.00～1.20m。

2）临时垂直支承千斤顶

① 采用后填法基础处理时，管节沉放宜配置临时垂直支承千斤顶。

② 临时垂直支承千斤顶的主要功能是调节管节底面标高，使其纵向坡度符合设计要求，从而实现管节精确就位。当管底基础处理完成后，临时垂直支承千斤顶卸压，力系转换完成。

③ 当管节采用定位梁和定位座就位时，则在沉放管节两端各设置一对临时垂直支承千斤顶，临时垂直支承千斤顶向下作用。

④ 当管节采用上/下鼻式托座就位时，则在沉放管节对接端的端部设置上鼻式托座，而在已沉放（或岸上段）端部中间设置下鼻式托座。临时垂直支承千斤顶设置在下鼻式托座两侧向上作用，用于支承上鼻式托座。其液压工作站设置在已沉放管节（或岸上段）内，油管密封穿出端封墙与临时垂直向上支承千斤顶连接。

⑤ 临时垂直向下支承千斤顶，如装设在沉放管节内，活塞杆可通过管节底板密封装置伸出结构，液压工作站设置在沉放管节内。如装设在管节外两侧壁，则需由潜水员进行水下作业安装和拆卸，其液压工作站设置在水面船舶上，在水中用软油管与临时垂直向下支承千斤顶连接。

⑥ 安装临时垂直支承千斤顶的预埋件应准确预埋就位，水平精度允许误差≤2mm，千斤顶油缸中心线的垂直度允许误差≤0.0850。焊接结构的焊缝质量等级：止水钢板与活塞杆密封装置外筒之间、最终封孔钢板与预埋密封装置外筒法兰之间的焊缝质量符级为一级，其他为二级。

⑦ 千斤顶活塞的最大有效行程和支承力必须符合设计和满足施工要求。

3）对接定位装置

① 鼻式托座定位装置

(A) 采用后填法基础处理时，一般在对接端设置鼻式托座定位装置。

(B) 采用鼻式托座定位时，上/下鼻式托座一般布设在对接端的中部，成对布置。

(C) 管节沉放就位后，上/下鼻式托座吻合就位，从而实现沉放管节与已沉放管节（或对接岸上段）接头初步就位，此时沉放管节是依靠鼻式托座与另一端的临时支座形成简支梁的受力工况。在基础处理完毕，沉放管节精确就位、接头的水压接完成后，临时垂直向上支承千斤顶顶起已沉放管节，操作人员进入对接端隔舱内，拆除鼻式托座，临时垂直支承千斤顶同时卸压，沉放管节座落在处理好的基础垫层上。

(D) 鼻式托座如采用钢结构时，预埋件应准确预埋就位，焊缝质量符级为二级以上。如采用钢筋混凝土结构时，其钢筋应与管节中隔墙端部或管节钢筋混凝土端封墙的钢筋按设计要求进行连接。

② 定位梁和定位座定位装置

(A) 采用先铺法基础处理时，一般在对接端设置定位梁和定位座的定位装置，该定位装置起到横向定位作用。竖向定位则由先铺法已处理的垫层精度来实现。

(B) 采用定位梁和定位座进行定位时（在对接端成对布设），定位座放置在已沉放管节（或对接岸上段）的对接端顶面上，而定位梁则设置在沉放管节对接端顶面上。定位梁和定位座采用钢结构，焊缝质量等级为二级以上，其与管节连接的预埋件和预埋螺栓应准确预埋就位，联接螺母应按设计要求施加预紧力。

(C) 若后填法基础处理采用定位梁和定位座的定位装置时，若仅起到横向定位作用时，不装设鼻式托座定位装置，沉放管节两端分别装设四个临时垂直向下支承千斤顶进行竖向定位。

(D) 管节沉放就位后，定位梁与定位座吻合就位，从而实现沉放管节与已沉放管节（或对接岸上段）的接头初步就位，沉放管节的负浮力全部由沉放管节两端四个临时垂直向下支承千斤顶承受。在基础处理完成、沉放管节精确就位及接头水压接完成后，四个临时垂直向下支承千斤顶同时卸压，沉放管节就座落在处理好的基础垫层上。潜水员水下作业拆卸定位梁和定位座。

4）测量定位塔（如塔上没有控制室时则为测量塔）

① 检查测量定位塔与沉放管节顶面联接处螺母，应按设计要求的预紧力进行紧固；

② 塔上各种设施、设备应按施工方案进行配置及安装完毕；

③ 管节沉放、接头处理、基础处理完成后，由潜水员水下作业拆卸。

5）拉线水下测量系统（TSMS＝Tunnel Segment Measurement System）

① 水深大于 20m、小于 50m 的沉管隧道，管节沉放对接可采用该系统进行相对位置测量。

② 干坞内（或两岸/岛上段干施工暗埋段）TSMS 设备和配件安装：

(A) 管节尾端（或两岸/岛上暗埋段隧道与管节对接端）应安装：4 个距离传感器参照板、1 个金属拉线挂环、1 个对接端电缆端接头；

(B) 管节对接端应安装：4 个距离传感器固定基座、1 个拉线单元固定基座、1 个尾端电缆端接头；

(C) 参照板和固定基座必须精度测量安装，固定可靠；

(D) 待沉放管节内安装接线箱，并连接电源。

③ 潜水员安装工作：

(A) 管节浮运到待安装位置后，接头间距<7.5m，潜水员将拉线测量单元和4个距离传感设置在固定板上；

(B) 潜水员将金属拉线挂钩挂在已沉放管节（或两岸/岛上暗埋隧道与管节对接端）的挂环上，最后连接所有水下电缆。

④ 管节沉放对接完成（沉放的管节与暗埋段或已沉放管节完成对接），贯通后取回设备。

6) 声纳水下测量系统

① 管节沉放对接亦可采用声纳水下测量系统进行相对位置测量；

② 在已沉放管节（或两岸/岛上暗埋段隧道与管节对接端）安装的声波发射器，在沉放管节的对接端要安装的声波接收器，其工作性能必须可靠；

③ 检查水中安装声波发/送器架子的轴向安装精度，并安装固定牢靠；

④ 检查电缆连接是否牢靠；

⑤ 沉放对接完成后由潜水员拆除回收声波发/送器装置及电缆。

7) 人孔钢筒

① 检查人孔钢筒与沉放管节顶面法兰水密性、螺母是否按设计要求的预紧力进行紧固；

② 检查人孔钢筒内的人梯、各种管线是否安装固定完成；

③ 检查人孔钢筒在沉放管节内顶面封墙设施是否完善；

④ 管节沉放、接头处理、基础处理完成后，首先在人孔内绑扎钢筋→沉放管节顶板的人孔上、下侧由操作人员进行封孔→浇筑微膨胀混凝土→封堵构筑物内外侧的防水、防腐处理，然后由潜水员水下作业拆卸。

8) 沉放管节微调水平对中系统

① 后填法基础处理沉放管节微调对中系统

(A) 检查鼻式托座或定位梁和定位座的轴线及接触面控制高安装精度，固定要牢靠；

(B) 如采用在定位塔上安装绞车微调对中系统时，要检查滑轮组、锚块、系缆柱及缆绳连接安装是否合理，操控自如；

(C) 如在沉放管节尾端采用L形临时支承混凝土垫块进行微调对中，则由潜水员水下作业装设水平调节千斤顶，水平调节千斤顶活塞行程必须满足微调对中需要，轴线要与管节侧面垂直，供油软管连接可靠，安装在水面作业船舶液压工作站工作可靠；

(D) 管节沉放对接完成后，由潜水员拆卸回收水下有关设施。

② 先铺法基础处理沉放管节微调对中系统

(A) 采用在定位塔或其他驳船上安装绞车微调对中系统时，要检查滑轮组、锚块、系缆柱及缆绳连接安装是否合理，操作自如。水下设施，作业完成后由潜水员拆卸回收。

(B) 采用外定位系统（EPS-Extesnal Positioning System）作为沉放管节微调对中系

统，则按表12-1的检查项目进行检查。

EPS的检查项目 **表12-1**

序 号	检查内容
1	座放在沉放管节两侧的EPS支腿的碎石垫层高程精度
2	减少管节负浮力的EPS横梁吊靠系统，操作自如
3	支腿座的千斤顶活塞杆中心线要与沉放管节两外侧面垂直，千斤顶活塞杆伸缩自如
4	千斤顶输油软管连接可靠
5	安装在作业船舶液压站工作应可靠
6	管节沉放对接完成后，EPS横梁吊靠系统与管节脱离，EPS吊起拆卸回收

③ 体外定位微调装置（EPS）

当沉管施工水域作业水深度大，常规的锚揽系统由于水深致使缆绳过长，水下作业难度增大，水流和波浪对沉管精确度定位影响也增大。在管节沉放后期可采用体外定位微调装置对平面位置精确调整。体外定位微调装置附着沉管外侧，结构上无需开孔，也没有专门增设的预埋构件。装置由多个杆件及液压系统组成，在二次舾装时，安装在沉放方驳下方，前后对称组成一对。随沉管下沉，完成微调后，可随锚揽系统起吊出水回收。由于微调作用力自装置坐底沉放后由液压系统产生，在水面的沉放方驳实施遥控，不存在锚揽系统的回力影响，微调动作由液压千斤顶驱动，安全高效。协同精确的测量监控系统，对沉管的实行三维姿态实时监控。通过装置微调，可以较精确地定位出沉管尾部方位。体外定位微调装置（EPS）在管节上的设置，详见图12-3；配合拉合千斤顶实现纵向微调，详见图12-4；通过定位系统的液压装置实现横向调整，详见图12-5。

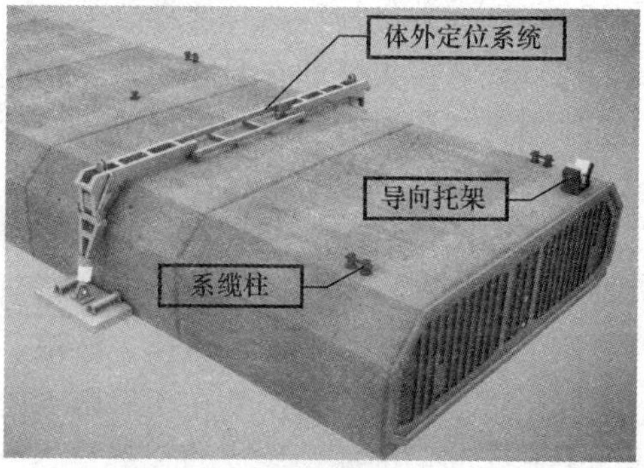

图12-3 体外定位微调装置（EPS）设置示意图

该装置在韩国巨济通道的沉管隧道工程中曾经使用过，但对于广泛使用，其适用性和操作性还有待进一步研究。

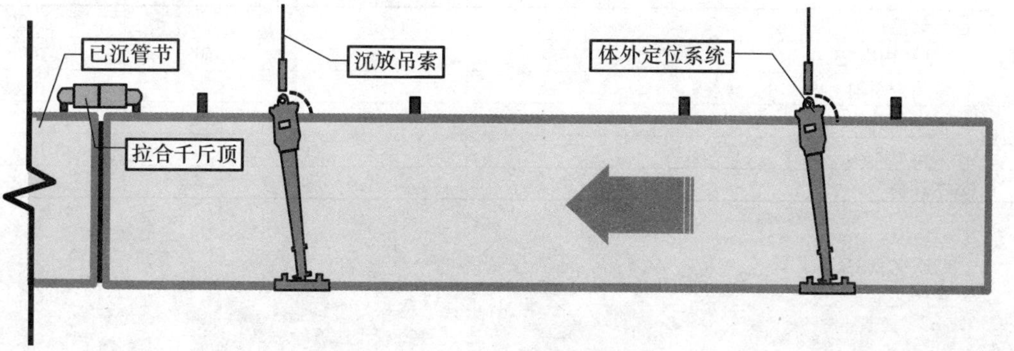

图12-4 管节纵向调整示意图

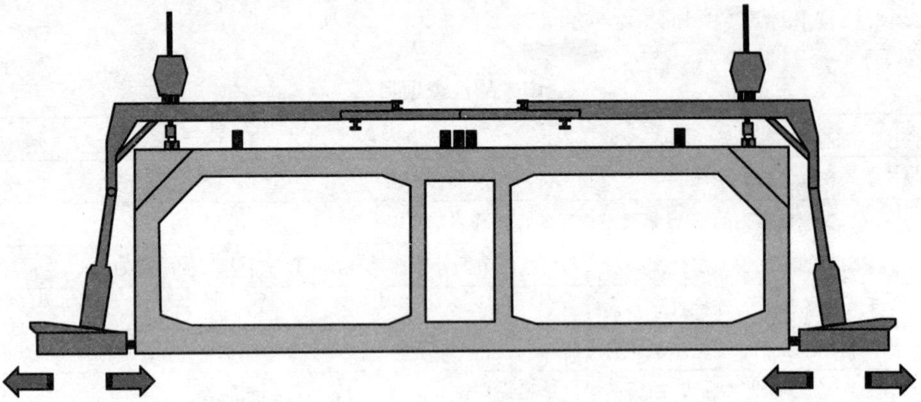

图 12-5　管节横向调整示意图

12.5.3　沉放管节内辅助系统

沉放管节内辅助系统应配备完善、功能齐全，该系统包括：

（1）管节内通风系统，包括风机、风阀和风管等；

（2）动力照明配电系统，包括动力/照明配电盘、由水面工程船舶引入的供电电缆等；

（3）管节对接预拉合后，接头的通大气管道及排水系统，包括水泵、阀门和管道等；

（4）管节内压载水舱注水/排水系统，包括水泵、阀门和管道等。

12.5.4　符合管节沉放要求的气象、海况条件的气象窗口

（1）根据潮位预报，宜选择潮差最小日为管节沉放日。

（2）管节接头处理有温度要求，则要根据气象预报的气温，选择符合设计要求的气温时段作为管节沉放时间，或选择符合设计要求的气温时段进行接头处理。

（3）管节的沉放、对接作业时通常要求沉放、对接水域表面流速小于 0.5m/s，波浪高小于 0.5m，风速小于 5m/s。为保证管节沉放、对接安全，项目应根据工程所在区域的历史水文、气象资料，通过资料的分析研究或试验研究，结合管节的结构设计，确定适合管节的沉放、对接作业的水流速、波浪、风速标准，具体标准参考表 12-2。

（4）管节沉放、对接是在相对困难的条件下进行的，大多数作业是在无法直接观察的情况下完成的。因此，作业的关键是尽可能使作业简单化、便于操作。

作业窗口限制条件表　　　　**表 12-2**

作业阶段和内容		流速（m/s）	波高 H_S（m）	波浪周期（s）	风速（级）	能见度（m）
浮运	航道浮运	0.8	0.8	≤6	≤6	≥1000
	基槽内纵拖	0.6	0.8	≤6	≤6	≥1000
	槽内系泊	0.6	0.8	≤6	≤6	≥1000
沉放	系泊等待	1.3	0.8	≤6	≤6	≥1000
	沉放实施	0.6	0.8	≤6	≤6	≥1000
潜水作业		0.5	0.8	≤6	≤6	≥1000

12.6　管节沉放、对接允许偏差

12.6.1　管节沉放、对接初步定位允许偏差

沉放管节进行初步定位测量校正，其允许偏差为初步定位允许偏差范围为：

（1）轴线偏差：±50mm；

（2）高程偏差：±50mm；

（3）管节预抬高值按基础处理的预估沉降量控制。

12.6.2　管节沉放、对接精确定位允许偏差

（1）轴线偏差<±20mm；

（2）高程偏差<±20mm。

12.6.3　管节沉放、对接允许偏差的控制

（1）控制管节沉放、对接允许偏差所需配备的各种测量、调整系缆和设施应由承包商负责；

（2）在沉放第一个管节之前，承包商应提供其测量、调整系缆准确性的检验报告；

（3）在管节沉放期间，横向和纵向的管节斜度的测量数据应能实时更新；

（4）每管节的测量数据应由监理工程师进行检查和审批；

（5）承包商可在已沉放对接完成的管节一端，安装水底摄录机来监视管节沉放、对接的测量、调整过程。

12.7　管节沉放、对接施工作业主要施工工序

12.7.1　管节沉放、对接方式的选用原则

（1）安全原则

1）应根据管节几何尺寸、水流速度、波浪、潮流周期等因素确定合适的负浮力。

2）在负浮力作用下，为确保重量、体型甚大（可达数万吨）的管节沉放过程中完全受到控制，其施工可靠性要求是相当高的。要保证施工作业的安全，必须充分考虑管节沉放作业的环境特征，包括水流速度、波浪、潮流周期以及可能出现的突发事件等对管节沉放的影响。

3）选用的管节沉放方式必须能够在沉放作业环境特征发生时，能作出及时的应对以保证管节的安全沉放就位。所以，管节沉放设施必须在控制管节沉放时留有足够的控制能力余量，以保证即使发生管节姿态的危险改变（如大倾角倾斜、非正常局部触底等）后，仍然可以使管节回复常态，继续进行管节沉放作业。

（2）效率原则

1）一般符合沉放条件的气象窗口时间较短，在航道上又要尽量减少对航道的影响，因此施工作业的效率是评价管节沉放方式选择正确与否的必要指标。

2）由于管节水上作业受到周期潮流的影响，因此管节沉放作业必须在有限的时段内完成。由于管节体型较大、受水流的作用，纠偏缆绳会承受很大的作用力。因此，锚泊系统的布置也是管节沉放布置的关键，这其中包括对缆绳的松弛特征和缆绳绞车的反应速度的选择。

（3）环境影响最小原则：

管节沉放施工作业过程中会对水域生态环境造成影响。提高施工作业效率，减少管节沉放系统的占据水域的时间是关键。这一原则和管节沉放施工作业的效率原则是一致的。

12.7.2 管节沉放、对接过程测量

（1）当沉管隧道的沉管段长度不大时，可采用常规方法进行管节沉放、对接的过程测量，即在岸上设经纬仪直接观测安装在管节上面的测量塔顶部。岸上一般布设两台以上的经纬仪（或经纬仪与测距仪联合使用），采用前方交会法对管节沉放、对接过程进行测量定位。

（2）当沉管隧道沉管段长度较大时，可采用全站仪或GPS及基准站对管节沉放、对接过程进行测量定位。

（3）管节沉放的实时三维定位测量控制：

1）管节沉放对接均在水下完成，必须由测量持续不断地提供管节在水下位置和姿态数据，以随时了解移动中的管节对于设计位置的偏差，可以采用水下探测仪器及软件来完成。

2）管节在出坞时，先将管节的平面尺寸进行校核；若安装测量定位塔时，将管节的轴线定位点经过投影转换到测量定位塔的校镜上，确定它的三维坐标。

3）管节沉放对接过程中，通过具有自动照准校镜的全站仪连续测量的测量定位塔上的校镜或水下拉线/声纳测量系统，每5～8s为一个数据采样周期，由数据处理中心主机控制，同步测量的数据通过仪器上的数据接口及相应的软件直接输入主机，当仪器离主机较远时，通过无线电或网络传输至主机存储、处理。

4）先对测量数据进行分类、整理，然后利用数据处理程序进行数据的计算、平差、转换，最后获得管节在水下的平面、高程、倾斜和下沉等参数，通过无线电向控制室传输直观、准确的数据和图形。

5）量测管节的倾斜，在管节内靠端封墙附近设置横向连通管，装有小平尺、摄像头，通过电缆传至测量定位塔顶部或沉放作业船舶的控制室中，从显示屏中就可以知道管节的横向倾斜信息。

6）在管节对接阶段，需要潜水员多次下水探摸沉放管节与已沉放管节的相对位置，指挥管节沉放的依据改由潜水探摸的数据为主，岸上测量数据为辅，以避免管节碰撞GINA橡胶止水带。

12.7.3 管节沉放、对接作业主要施工工序

（1）浮态管节在沉放位置就位，并进行沉放的吊挂作业，利用调节缆调整好管节位置，拆除GINA橡胶止水带的保护设施，准备管节沉放作业。

（2）进行管节沉放强制灌水作业，管节内压载水舱的注水通常由值班人员控制，在管节产生负浮力后，由管节沉放船舶（或EPS系统横梁）的吊挂系统上的测力计反映负浮力状态，加载过程与沉放过程是一个连续作业工况，管节顶面沉入水面下大约20cm，即停止初始负浮力的加载，这一过程需要在一个小时内完成。

（3）负浮力控制需根据模型试验确定，一般在4～8t/m范围。下沉速度一般为0.3～0.5m/min，在平潮期的下沉速度可以小于0.025m/s。下沉至管节顶面4m时，管节受力状态最为复杂，各种作用力变化很大，必须引起重视，并要有足够的安全保证措施。

（4）管节底面距基槽底2～2.5m时处停止沉放，利用沉放船舶的吊挂系统对管节进行调坡，利用平移沉放船舶，使两件管节的对接端头相距600mm±30mm，初步调整各项误差，在继续下沉至距离设计标高500mm处，用对接定位装置进行水平定位，定位范围

为±200mm。

(5) 精确就位，利用对接定位装置不断减少管节的横向摆幅，并自然对中，以提高定位精度，管节继续缓慢下沉。对于后填法基础处理，后临时支承装置（垂直支承千斤顶）相对于对接定位装置（鼻式托座或定位梁/定位座）提早着地（高差 100mm），后临时支承装置（垂直向下支承千斤顶）即开始起作用，当管节基本稳定后，管节对接端继续下沉至对接定位装置（上/下鼻托或定位梁/定位座）起垂直导向作用为止。此时通过测量以及绞车缆索微调系统（或由潜水员水下作业装设水平调节千斤顶）校正误差，使管节的左右误差小于±20mm，高程误差小于±20mm。

(6) 潜水员水下作业安装拉合千斤顶（或在沉放管节内的操作人员进行拉合千斤顶的活塞拉合头结合上已沉放管节对接端的拉合座上）。

(7) 操作人员进行水下沉放管节的拉合作业，最终拉合到 GINA 橡胶止水带初始密封的压缩量为止。此时，两管节对接端的端封墙之间形成了具有一定水压的隔舱。

(8) 在准备对接的暗埋段内/已沉放节内的操作人员，操作打开端封墙通大气管的阀门和排除隔舱水的管道阀门，沉放管节即实现最后的水压压接，管节沉放、对接完成。

(9) 如沉管段的基础处理采用先铺法时，通过对接端的导向装置使沉放管节进行轴线初步对中，待沉放管节底面着地，通过管节的锚泊/调节系统或沉放驳调节系统或其他微调对中调节系统进行精确轴线对中调节，操作人员则可操作液压系统使对接端的拉合千斤顶使管节实现对接和接头的初始密封，管节沉放、对接作业完成。操作人员可在沉放管节外由潜水员进行水中作业拆除拉合千斤顶及拉合装置。

(10) 若沉管段的基础处理采用后填法时，操作人员则要待后填法基础处理完成后，才能操作液压系统使对接端的临时支承装置（可为垂直向下或向上的千斤顶）和后临时支承装置（垂直向下支承千斤顶）卸压，沉放管节底面着地。

(11) 沉放管节完成沉放、对接和着地后，拆除吊挂系统、测量塔或其他定位测量系统、人孔钢筒并进行管节顶面人孔初始密封处理、拉合千斤顶（包括拉合装置）、临时垂直支承装置（包括垂直、水平定位装置）、绞车缆索或水平千斤顶的微调系统或其他微调系统。管节沉放船舶离开作业水域。

(12) 管节对接过程的纠偏：

管节对接偏差依据其偏差范围的大小、施工不同阶段以及不同基础处理方法，应采取不同的纠正措施。

1) 轴线偏差的纠正

不论采用那一种基础处理方法，当 GINA 橡胶止水带实现初始密封后，均可采用各自的轴线对中微调系统进行纠偏。每一管节对接完成（除最后沉放的管节）后，应进行隧道内施工测量，根据测量数据可通过下一沉放管节进行轴线纠偏，若偏差过大则可松开 GINA 橡胶止水带，使其保持在初始压接状态重新进行纠偏。

2) 高程偏差和扭曲倾斜偏差的纠正

高程偏差和扭曲倾斜偏差应与轴线偏差一并进行纠偏。

对于后填法基础处理，应根据高程偏差和扭曲倾斜偏差的具体情况，升降临时垂直支承千斤顶调节管节底面高程和侧向倾斜，然后进行基础处理，再将临时垂直千斤顶卸压，管节重新座放在处理好的基础上。对于先铺法基础处理，管节对接完成，实现与前一管节

（或两岸/岛上段暗埋隧道）贯通后，应进行隧道内高程测量，根据测量数据，通过调节下一沉放管节基础处理垫层高程实现纠偏。若高程和扭转偏差过大，则要松开GINA橡胶止水带、起浮管节，重新整平基础再进行沉放作业。

12.8 沉管（管节）接头处理

12.8.1 接头处理前的准备工作

（1）监理工程师进行独立的测量（对管节水平和纵向位置进行测量）检查，并建立测量数据资料库。

（2）两管节或管节与两岸（岛）上段暗埋隧道对接端的隔舱水被抽走后，在打开管节端封墙人孔水密门前，承包商应对隔舱封闭空间进行测试，确保隔舱封闭空间内无有害、有毒或易燃气体。如发现这些气体，应及时处理和确保隔舱封闭空间内安全方可打开人孔水密门，让操作人员进入隔舱内。

（3）检查管节对接端GINA橡胶止水带的水密性，如发现任何漏水情况，应进行适当的处理和修理。

（4）在管节外侧，潜水员用水下摄录机或其他遥控器材检查管节对接端接头情况。

（5）在管节内，建立管节沉降、水平和纵向位移的长期监测系统。

12.8.2 柔性接头处理

（1）完成管节对接端隔舱检查以及基础处理施工完成后，操作人员还应检查安装OMEGA橡胶止水带压板的螺孔，如发现堵塞或损坏则应及时处理。

（2）通过管节端封墙人孔，送入OMEGA橡胶止水带进行安装，安装完成后检验OMEGA橡胶止水带的水密性。应按OMEGA橡胶止水带供货商要求装设管道和气阀，对OMEGA与GINA橡胶止水带之间的空腔施加相当于预期使用中最大工况压力1.5倍以上（需经过接头安全系数的计算确定）的水压进行试压。加压后应关闭阀门，并每隔10min记录一次压力的变化，保压2h最终压力的变化不得低于原始压力的90%。如压力试验不理想，应校正、再次扭紧夹条和螺栓，重复试验。如需要可卸下装夹压板进行清理，检查尺寸和接触面的平整度公差。

（3）柔性接头受力件安装：

1）拆除管节（或岸上段）对接端的端封墙，可进行柔性接头受力件的安装。一般待沉管段沉降基本稳定后，进行柔性接头受力件的安装施工。

2）钢结构垂直/水平剪切键与其预埋件、连接件与其预埋件连接时，应对每个螺栓对称、均匀、分次施预紧力至设计值，预紧力采用扭角法，并应严格控制初拧及终拧施工工序，不得出现漏拧和重拧现象。

3）钢结构垂直/水平剪切键、连接件及其预埋件的外露表面均应作镀锌处理，镀层类别为一类，厚度不小于30μm，或按设计要求做预埋件外露表面的耐久性处理。

4）钢结构垂直/水平剪切键与其预埋件、连接件及其预埋件连接后，应对连接螺栓进行快干防锈漆封闭。

5）垂直剪切键安装精度要求：竖向<5mm。下垂直剪切键安装固定后，实测各垂直剪切键的间距，然后安装上垂直剪切键，最后安装上/下垂直剪切键之间的橡胶支座。

6）水平剪切键安装精度要求：轴向<5mm，外侧水平剪切键安装（或浇注）固定后，实测各水平剪切键的间距，然后按顺序安装（或浇注）内侧其他水平剪切键，最后安装各水平剪切键之间的橡胶支座。

7）施工钢筋混凝土剪切键时，应凿毛接头两对接端混凝土表面并清洗，其钢筋应按设计要求与管节接头两对接端钢筋连接，把钢筋混凝土浇注为一整体。

8）同一隧孔的钢筋混凝土剪切键应一次浇筑完成。

9）垂直/水平剪切键之间的橡胶支座的平面安装允许误差≤2mm，支座四脚高度允许误差≤2mm，橡胶支座的允许变形限值为20mm。

10）约束接头轴向变形的构件如为预应力钢索时，其安装施工要求如下：

① 预应力钢索应采用符合现行国家标准《预应力混凝土用钢绞线》（GB/T 5224—2003）标准的高强度、低松弛预应力钢绞线。

② 张拉机具与锚具应配套使用，张拉设备和仪表应配套校验，其压力表精度不宜低于1.5级，校验张拉设备的试验机测力计精度不得小于±2%，校验时的千斤顶活塞口运行方向应与实际张拉工作状态一致。

③ 张拉机具应专人使用、管理和维护、定期校验，其校验期限不宜超过6个月或200次，其千斤顶使用中出现不正常现象或检修后均应重新检验。

④ 接头横断面布置的预应力拉索应分批、分阶段对称进行张拉，其张拉顺序、张拉力应符合设计规定。

11）约束接头轴向变形的构件，如OMEGA钢板时，其安装施工要求如下：

① OMEGA钢板应选用屈服极限 $\sigma_s \geqslant 44000\text{kN/cm}^2$、极限抗拉强度 $\sigma_b = 58000 \sim 73000\text{kN/cm}^2$ 钢板；

② 清理接头对接端焊接固定OMEGA钢板的预埋钢板表面；

③ OMEGA钢板与预埋钢板连接的焊缝质量等级为二级，焊接时应注意对管节端部混凝土的保护。

（4）柔性接头内装：

1）柔性接头处理完成后，应根据设计要求分别对底、侧、顶部及中隔墙进行防火、密封（底部）装修处理。

2）经内装的接头表面与连接部分表面过渡应平顺、色调要协调。

3）内装处理的接头耐久性能应与连接部分一致，底部处理达到密封要求后才能转入下一工序，浇筑压重混凝土。

12.8.3 刚性接头处理

（1）完成管节对接端隔舱检查、基础处理施工完成后，通过管节端封墙人孔，送入GINA橡胶止水带接头连接钢板，在隔舱中把连接钢板焊接到管节端头预埋钢板（或管节端钢板）上，焊接过程应保证隔舱通风良好并应注意对GINA橡胶止水带及管节端头混凝土的保护。连接钢板应焊接成一整体，从管节内侧把GINA橡胶止水带封闭起来。

（2）拆除管节对接端的端封墙，绑扎刚性接头钢筋，钢筋笼的支承筋应与连接钢板的搭接焊的管节端头预埋钢板（或管节端头端钢壳）焊接在一起。浇注刚性接头下部混凝土，装设刚性接头侧、顶部模板，浇注刚性接头侧、顶部混凝土。

（3）刚性接头混凝土在满足龄期要求后，把刚性接头的钢封板焊接在管节端头预埋钢板（或端钢壳）上，焊接过程应注意对管节端头混凝土和刚性接头混凝土的保护。

12.9 最终接头的处理

12.9.1 水中的最终接头的处理

（1）沉管隧道的沉管段，采取分别从两岸（人工筑岛）上段开始沉放管节时，最后一件沉放管节一端与已沉放管节对接完成后，而其另一端与已沉放管节的端面距离 2m 左右，这段空置部分进行水中最终接头处理。

（2）水中最终接头处理的主要工序：

1）潜水员水中作业在两相邻管节端头之间空置部分装设钢结构支顶，然后安装初始密封结构，密封结构为钢结构，四周封板采用螺栓连接，四周钢结构封板与相邻管节四周外表面之间装置橡胶止水带（例如荷兰的 HEB 型橡胶止水带），形成一密封的隔舱。

2）操作人员在管节内打开管节端封墙连通大气管的阀门和排水管的阀门，密封隔舱的水被排掉，水压就压紧四周钢结构的封板，使密封隔舱实现临时密封。作用在沉管段各接头的 GINA 橡胶止水带的纵向反压力，则由潜水员水下作业预先放置钢结构支顶来承受。

3）操作人员检查隔舱的水密性，如发现渗漏问题应及时处理，与此同时检查隔舱是否存在有害或可燃气体，如发现应进行加强通风处理。

4）操作人员打开管节端封墙的人孔水密门，检查安装密封橡胶止水带的预埋螺栓孔是否堵塞或损坏，如发现堵塞或损坏应及时处理。

5）为提高密封止水的安全度，可增加安装密封橡胶止水带，安装完毕后应对密封橡胶止水带与临时密封之间空隙注水施加设计要求压力试漏，如发现有渗漏应及时处理。

6）密封橡胶止水带安装、检验合格后，隔舱四周应作保护双 OMEGA 橡胶止水带设施处理，这样水中最终接头就完成了永久性水密性处理。

7）随后按柔性或刚性接头处理的工序进行最终处理。

12.9.2 岸上的最终接头处理

（1）沉管隧道的沉管段，采取从一岸（岛）上段向另一岸（岛）上段沉放管节的顺序时，在沉放最后一管节后，该管节的自由端与岸（岛）上段的连接就成为岸上最终接头处理。一般岸上最终接头处理为在岸上进行干施工作业。

（2）岸上最终接头处理对最后沉放管节的要求：

1）最后沉放管节应成为岸（岛）上段的一部分，其与护岸的接口应具有良好的水密性。

2）护岸恢复后，最后沉放管节除承受复土压力荷载，还要承受其他外加荷载（例如沿岸道路的静荷载及车辆荷载），因此其基础处理要有合适的刚柔过渡。

3）护岸施工完成后，形成封闭岸（岛）上段施工基坑，要抽干封闭基坑的存水进行最终接头处理。当抽干水后，作用在最后沉放管节自由端的水压就会消失，沉管段各中间接头的 GINA 橡胶水带就会反弹松弛，因此最后沉放管节的基础处理必须具有止推能力，防止 GINA 橡胶水带反弹松弛。

4）岸上最终接头一般设置两或三道允许变形量较大的橡胶止水带，橡胶止水带安装完成后，就对三道橡胶止水带之间形成的空腔进行注水，按设计要求施加水压试压和保压检测，如发现有渗漏时应及时处理。

5）最后按设计要求进行柔性或刚性接头处理。

12.10 节段接头处理

节段式管节根据分段设置节段接头，节段接头在管节预制场地中进行处理。若采用传统管节预制方法时，则在干坞内起浮前进行接头处理。若采用工厂化预制管节时，则在浅坞中的流水线上进行接头处理。

节段接头通常为伸缩缝接头，其受力构件分为钢筋混凝土的垂直和水平剪切键，其接触可设或不设弹性垫块，在管段预制时一并浇筑或安装。临时预应力拉索，可按设计要求进行剪断、松弛或保留一定预应力处理。

不同形式节段接头的处理：

（1）主密封为预埋单道可注浆钢边橡胶止水带的节段接头

1）可注浆钢边橡胶止水带按预埋件要求，在节段浇注混凝土时进行预埋处理；

2）管节制作完成后，在干坞或浅坞内起浮前进行注浆处理，浆液配比及注浆工艺应符合设计要求；

3）根据设计要求进行迎水及背水面的封缝处理，在管节内分别对底、侧、顶部及中隔墙进行防水、密封（底部）、装修处理，内装的接头表面与连接部分表面过渡应平整、色调要协调。

（2）主密封第一道为预埋可注浆钢边橡胶止水带、第二道为OMEGA橡胶止水带的节段接头

1）可注浆钢边橡胶止水带按预埋件要求，在节段浇注混凝土时进行预埋处理。管节制作完成后，在干坞或浅坞内起浮前进行注浆处理，浆液配比及注浆工艺应符合设计要求。

2）操作者应检查安装OMEGA橡胶止水带紧固件（包括螺孔、螺栓完好情况），若发现有问题应及时处理。

3）安装OMEGA橡胶止水带，在可注浆钢边橡胶止水带和OMEGA橡胶止水带之间进行水压试漏，1.5倍以上（需经过接头安全系数的计算确定）的水压进行试压，加压后关闭阀门，并在10min内每隔1min记录压力的变化，保压2h，最终压力的变化不得低于原始压力的90%。如压力试验不理想，应校正、再次拧紧夹具或和螺栓，重复试验。如需要可卸下装夹压板进行清理，检查尺寸和接触面的平整度公差。

4）如发现可注浆钢边橡胶止水带渗漏，则需考虑重新注浆处理。

5）在管节内分别对底、侧、顶部及中隔墙进行防水、密封、装修处理，经内装处理接头表面与连接部分表面过度应平整、色调要协调。

（3）特殊节段接头处理

1）对抗震设防的节段接头，通常在接头背水面装设缓冲充气橡胶带。安装前接头两端面必须清洁干净，产品气密性良好，安装固定牢靠，充气保压系统工作可靠，接头处理完成后，应按设计要求充气压力充气。

2）对于在接头背水面装设一道可更换主密封的OMEGA橡胶止水带的节段接头，则需装设临时密封充气橡胶止水带。安装前接头两端面必须清洁干净，产品及充气保压密封性良好，充气保压系统工作可靠，接头处理完成后，应按设计要求检查其水密性。

12.11 潜水员水下作业

12.11.1 潜水员水下作业的条件

（1）水面条件

1）作业区的水面条件会影响潜水员和潜水小队水面操作人员的工作，潜水作业受地点、季节和天气影响的水面条件包括：波浪、潮汐、流速、云量、温度、能见度以及现场的其他舰船等。

2）作业区的一般状况可以根据公布的潮汐和海流表、航海命令、航海通告，以及表示温度、风和海流等季节变化的特殊图表来分析。

3）必须研究气象报告和长期的天气预报，以决定天气状况是否适于潜水。在作业进行过程中，必须连续收取天气预报。

4）如果出现意外的风暴，海面浪涛汹涌，不寻常的潮汐，或指挥者认为有影响锚泊安全的其他情况时，应停止潜水作业。

5）最重要的天气因素是海流、波浪的影响很大，它不仅影响锚泊的稳定性，还会使船员和潜水员晕船或受伤。除非锚泊适当，否则船舶会围绕锚漂移或摇摆，这样就会大大增加了缆绳绞缠的可能性。由于船舶的漂移，也会将潜水员拖走。为此，任何水面支援船或潜水工作船至少要采用两点锚泊系泊，如果锚泊条件允许，最好采用四点锚泊法。

6）在制定有效的潜水计划时，必须考虑水面低温的影响。温度对信号员的影响比潜水员大，水面操作人员工作效率的降低可能危及潜水员的安全。在寒冷的多风天气里，必须考虑“风寒因素”，只要冷空气吹过暴露的皮肤，其影响相当于更冷的气候作用。

7）潜水员作业应注意：晒伤、风吹皮肤裂伤、冻伤、中暑。

8）由于潜水作业可能在港口、河流和大的航道里进行。因此，其他船舶通航常常是一个很严重的问题，如有必要需要对一水域进行封锁或限制其他船舶的通航，在制定计划时，要考虑上述情况。如时间允许，应发布当地的“航海通告”。

9）水面上的能见度是很重要的，很差的能见度可能会严重地阻碍或迫使潜水作业推迟。如果潜水作业在某一雾区进行，由于能见度差，潜水方案允许适当地推迟。

（2）水下条件

1）水下条件对潜水员、所用的潜水技术和装备选择有很大的影响。深水作业也许需要使用特殊的辅助器材，如水下照明。

2）深度是选择潜水装具的重要因素，它会影响任何潜水的减压方案。为了准确测定深度，必须用两种不同的方法仔细地测量水深，不得只在一个地点测量深度，而应绘制整个作业区的深度。由于海图上的深度示数只能表示大概的深度，需采用安装在船舶上的空气测深表测量水深是相当准确的，但必须根据测深绳的测量或采用空气测深表加以验证。

3）水底类型对潜水员有效而安全地活动和工作的能力起着决定性的作用。预先了解水底状况，对制定潜水作业方案，选择潜水技术和器材，防止可能的危险是很重要的。水底特征常常记录在地区图上，但即使在几米内，情况也会有所不同。因此，应根据采样或观察单独验证水底类型、水底状况对潜水作业的影响。对潜水作业的影响归纳为表 12-3 所述。

水底状况对潜水作业的影响 **表 12-3**

类别	特 征	能见度	潜水员在水底的活动性
岩石	平滑或锯齿形，很少沉积物	一般不受潜水员活动的影响	良好，行动时注意防止钩住信号绳和被凸出的岩石绊倒
珊瑚	坚实、锋利不一，凹凸不平，这仅在热带水域出现	一般不受潜水员活动的影响	良好，行动时注意防止钩住信号绳和被凸出的岩石绊倒
砾石	相当平坦，颗粒状底面	一般不受潜水员活动的影响	良好，海底间或是松散砾石的斜坡，不利行走，会引起跌倒
贝壳	主要为贝壳	在贝壳——砂底活动时，不影响能见度；贝壳——泥底影响能见度，特别是深泥层严重影响能见度	在贝壳——砂底上活动很稳；深泥层容易使人陷下去，因而活动不方便
砂地	一般类型的水底有硬块	一般不受潜水员活动的影响	良好
泥层	一般的海底，有不同量的淤泥和粘土，常见于河流和港口地区	能见度极差，近于零，工作时会把海水搅混，因而若忽视了水底的障碍物，由于看不见残骇、桩和其他障碍物，增加了危险性	活动性差，潜水员容易陷进去。为了防止陷得太深，可能需要爬行，潜水员很累

注：引自杨德龚等译的潜水手册，国防工业出版社，1985。

4）影响潜水作业的潮汐和水流基本类型包括：水流或大的海流，涨、落潮引起的水流（它可能增大或减少已有的水流），拍岸浪回流引起的离岸流。一般来讲，河流、海流和潮流的方向和速度随着季节、潮期、水底地形、水深和气候的不同而不同。潮汐表和潮流预报表表示水面状况，制定潜水工作计划时，应谨慎地使用这些表，因为水面下的潮流方向和速度与水面很不一样。通常情况，海底的海流比水面小得多，所以尽管水面的潮流很大，但海底状况却很可能很适合潜水活动。穿着标准重潜水服，并带有信号绳和压铅的潜水员，一般可以毫不困难地在 1.5 节的水流中作业。如果再佩戴一条压铅带，潜水员可以在 2.5 节的水流中进行有效的工作。佩戴自携式水下呼吸器的潜水员，在流动的水下基本上是悬浮的，因此，水流速度超过 1 节就会严重的妨碍潜水员的工作。制定强水流区的潜水计划时，必须安排好平潮期的作业，以减少潮汐的影响。根据国际潜水作业规程，潜水下潜和作业最大水流速度上限为 0.6m/s（1.2kn）。当流速超过 0.6m/s 时，相关作业都要立即停止。

5）水下能见度随深度和浊度而变化。一般来说，热带海区的水平能见度相当好，在 30m 深度作业的潜水员可以看到 30m 以外的地方，垂直能见度总比水平能见度差。在港口能见度最差，因为大量的河流污泥、污物和工业废物排入港内。强大的海流和大船行驶引起的海底混浊也是一个因素。水下能见度会影响潜水技术的选择，还可能大大影响潜水员完成作业所需的时间。

6）水温会严重影响潜水员的操作。在冷水中，潜水员的注意力和工作效率将迅速下降，即使在中等温度的水中（60～70℉，15.5～21.5℃），由于身体向水中散热，很快就会引起过度疲劳。在 86℉（30℃）以上的水中，潜水员将感到太热，会引起虚脱。

7）潜水员在水中作业时，可能会遇到各种危险的或令人讨厌的污染物，这可能会引起严重的问题。制定在污染水域的潜水作业计划时，必须使用效果良好的保护服并采用相应的医学防护措施。

8）水下的各种障碍物，对潜水员作业非常有害，因此，除把水下各种障碍物的位置准确地标注在海图上外，还应在制定最后作业方案或详细的潜水计划之前，应进行一次短暂的探索性潜水。

（3）人力和物力条件

1）潜水作业方式的制定和采纳，常常取决于潜水小队所不能控制的一些可变因素。在某些潜水作业中，时间因素比其他因素重要，而在其他一些潜水作业中，则能否得到装具或人员可能是最重要的因素。

2）制定潜水作业计划时，都必须确定可以得到的人力和物力资源，其中包括时间、人员、装具、保障或辅助器材以及生活必需品，其目的如下：

① 确保所有人安全。

② 确定必须补充的不足或不适之处。

③ 能及时有效地完成工作任务。

（4）援助和应急措施条件

1）在任何潜水作业过程中，从最常规的到最复杂的可能需要如下三种援助：

① 在事故或严重疾病时的紧急援助。

② 增加设备、人员、生活用品或勤务。

③ 上一级指挥机构来的指导、委任或决定。

2）在潜水作业开始前，应确定并通知最邻近的有加压舱的机构，应确定负责紧急运输的机构或组织，并令其待命；应通知最邻近的潜水医生；另外，还应做好保证在 24 小时内获得这种紧急援助的安排。

（5）选择潜水方式

1）当作业水深在 20m 以内，宜采用轻潜；

2）当作业水深在 35m 以内，宜采用重潜；

3）当作业水深在超过 40m，潜水深度较大，宜采用混合气潜水的作业方式。

12.11.2 水面供气式空气潜水作业

（1）管节沉放、对接以及基础处理一般采用水面供气式空气潜水作业，是借助一条弹性软管由水面向潜水员提供空气的潜水。

（2）重潜水装具或轻潜水装具应根据水深及水下作业性质选择。

（3）潜水装具：

1）头盔（或面罩）组；

2）潜水服组；

3）软管组，包括：潜水员供气软管及配件（包括主要的供气控制阀）、信号绳兼电话电缆、空气测深表。

（4）水面供气式潜水的附属器材：

1）测深绳，用以测量深度；

2）入水绳，用以指导潜水员潜入水底并用来传递工具和器材；

3）行动绳，潜水员用以作为水底搜索的路标和确定入水绳位置的工具；

4）减压架，可用送1～2名潜水员，它既可将潜水员送入水中，也可以将潜水员运回水面，特别是需要设立减压停留站时，必须采用；

5）减压架缆绳，用以升降减压架；

6）潜水钟，用于水面和水下地点之间运输，在紧急情况下也可以作为一安全所（潜水深度超过40m时与专门面罩配套使用）；

7）潜水梯，供潜水员从小艇舷外入水时使用；

8）铸铁压载，为入水绳压载；

9）帆布工具袋，用以携带工具；

10）水下灯，用以改善潜水员的视觉范围。

12.11.3 水面供气设备

（1）供气要求

1）潜水员的呼吸气可由空气压缩机、高压气瓶组或压缩机——气瓶组联合设备供给。无论用哪一种方法供气，空气必须符合规定的纯度标准，供气量必须充分满足呼吸要求，供气流量率必须能够使头盔或面罩通气充分。潜水监督员直接负责检查每次潜水的供气是否充足，能否进行充分的连续供气。

2）空气纯度标准：

潜水呼吸采用压缩空气纯度标准应符合以下要求：

① 氧的体积分数：20～22%；

② 二氧化碳的体积分数：≤0.05%；

③ 一氧化碳的体积分数：≤0.001%；

④ 油雾和颗粒物：≤5mg/m^3；

⑤ 水分（露点）：≤－43℃；

⑥ 气味：无异味。

供气系统必须满足潜水员瞬时的最大流量要求，头盔或面罩充分通气所需的空气流量可按下式计算：

$$Q_{v2}=q_2\times\left(\frac{d}{d_0}+1\right) \tag{12-1}$$

式中：Q_{v2}——使用水面供气需供式潜水装具的潜水员在水下从事不同劳动强度作业时所需供气流量，单位为L/min。

d——潜水作业水深，单位为m（海水密度取1.03g/cm^3，海水柱压强相当于0.01MPa）。

d_0——静水压强每增加0.10MPa时的水深，10m。

q_2——常压下潜水员从事不同劳动强度作业时的二氧化碳产生量，单位为L/min，参加《潜水员供气量》标准的附录A。

轻劳动强度：$q_2=30$，潜水员下潜或水下阶段减压过程中均视为从事轻劳动强度作业；中劳动强度：$q_2=40$；重劳动强度：$q_2=65$。

（2）供气压力要求

为了向潜水员提供适当流量的空气，气源输出空气的压力必须能够克服水底压力以及空气流经该系统的软管和阀门时引起的压力下降。其中大气压取0.1MPa（海水密度取

1.03g/cm^3，海水柱 1m 压强相当于 0.01MPa），作业深度处的水压为 D/100MPa，系统的压力损失一般为 0.07MPa；根据经验，在潜水深度小于 36.6m 时，供氧余压一般取 0.34MPa，大于 36.6m 时取 0.68MPa。此外，作为一个安全因素来说，给潜水员的空气必须有个余压，即高于工作深度的压力。开式回路系统的供气压力要求，采用重潜水装具时，可按下式计算：

$$P_S=\frac{D}{100}+\delta \tag{12-2}$$

式中：P_S——潜水供气压力（MPa）；

D——潜水深度（m）；

δ——经验值，包括了应当克服的大气压、系统的压力损失和供氧余压等；水深小于 36.6m 取 0.5，大于 36.6m 取 0.85。

12.11.4 潜水技术和潜水程序

（1）潜水准备：

1）为了适应潜水单位和各种潜水作业的要求，应制定完整的潜水前检查表。此外，还必须包括一般的计划检查表和安全检查表。

2）摆放器材包括：潜水服、附件、工具、急救物品、减压表、缆绳、领扣、软管和缆绳的备件及接头，以及在安排潜水中通常需要的或可能需要的任何器材。

3）开动供气系统，检查第一和第二供气系统，保证负责操纵和管理各种系统的所有人员各就各位。在检查供给的空气是否符合纯度标准的基础上，还需进行以下检查：

① 检查单向阀，向单向阀中吹烟，检查其性能是否良好。

② 将供气软管连接到供气系统和头盔或面罩上，关闭供气控制阀，将软管加压到预定的工作压力，检查软管和所有接头是否漏气。将供气控制阀打开，使空气流经头盔或面罩，清除其中的任何污染物。

③ 检查通信系统，以各种对讲方式测试对讲系统。

④ 检查加压舱，加压治疗现场必须配齐所有的必需器具和一份加压治疗表。

⑤ 潜水员着装，由信号员及其助手帮助潜水员着装。

（2）潜水员下水前，潜水监督员应对潜水员作最后一次检查，检查项目包括：

1）和潜水员一起简要检查潜水计划；

2）检查潜水员是否正确着装；

3）使用重潜水装具时，检查头盔安全领、扁销以及脐带的调整；

4）检查供气控制阀和排气阀初始空气流量的调节是否适当；

5）试验对讲系统；

6）检查该次潜水所有必需的辅助器材和工具是否做好了供潜水员携带或传递给潜水员的准备；

7）检查潜水小队，特别是信号员是否做好了开始潜水的准备；

8）按潜水前计划检查表的各项进行检查，特别检查那些要求通知船上总值日负责人和附近其他船舶的项目是否完成。

（3）入水：

1）潜水员借助潜水梯入水时，必须有信号员协助。

2）潜水员进入水中时，检查一下他的潜水服或供气接头是否漏气，信号员或其他潜水员可以协助观察是否出现有问题的气泡，检查通信系统，校对时间。

3）鉴于引起疲劳或二氧化碳积聚的可能，潜水员不宜在水面游泳。到达下潜位置时调整浮力，使之具有负浮力，用信号通知潜水监督员已准备就绪。

（4）下潜：

1）下潜过程中，潜水员应调节其供气量，不断的平衡耳内压力，一旦发现问题，必须停止下潜，上升调整。如无效，潜水员应返回水面。

2）下潜时应严格遵守特殊的规定直至着地。

（5）潜水员着地时的操作程序：

1）到达水底后，在离开减压架或入水绳区域之前，潜水员应稍作停留，调整自己的浮力，并保证其供气适度。

2）潜水员应调节供气流量，这一流量应使头盔组的重力恰恰离开潜水员的双肩，而又不会失去必备的负浮力。

3）潜水员应检查自己的身体状况，以证明头盔或面罩已充分通气。

4）潜水员必须根据一些线索来确定自己在水底工作地点的方向。如潜水员难以确定自己的方位，信号员可采用拉绳搜索信号，信号帮助潜水员判明方向。这样，潜水员可以走向工作地点，开始执行任务。

（6）潜水员必须具备水底行走、水底搜索等技术，并具备处理异常情况的能力。

（7）上升：

1）准备做正常上升时，潜水员应清理工作地点的工具和器材。可用沿入水绳送下的专用引绳将这些工具和器材运回水面。

2）上升前，潜水员与信号员按规定要求完成通话确认后，才能上升。

3）上升过程要严格控制上升速率及实施其他减压措施。

4）当采用水面减压时应严格按照有关要求进行。

12.11.5 自携式水下呼吸器的空气潜水作业

（1）管节沉放、对接以及基础处理亦应适当考虑采用自携式水下呼吸器的空气潜水作业。

（2）每个使用自携式水下呼吸器的潜水员至少应佩戴的装具包括：

1）开式回路自携式水下呼吸器；

2）面罩；

3）救生背心；

4）压铅带；

5）潜水刀和刀鞘；

6）脚蹼；

7）潜水手表（每个潜水队至少一个）；

8）深度表（每个潜水队至少一个）。

（3）使用自携式水下呼吸器潜水作业的准备工作包括：

1）必须配备合符规定要求的供气系统；

2）必须集中所有的装具，并进行全面检查；

3）必须为潜水员着装，并向他下达最后的潜水前简令。

（4）潜水员的准备：

1）潜水员完成其装具的检查和试验后，应向潜水指挥员报告已准备完毕。

2）所有人员必须了解潜水计划中的各项工作。

3）潜水员自行着装后，应向潜水监督员报告“准备完毕”。潜水监督员应按规定要求进行检查，潜水员的配对的潜水员或信号员必须对其自携式水下呼吸器再做一次潜水前简单检查，潜水员才能下水。

（5）潜水员应按规定入水方法入水，应按使用自携式水下呼吸器的潜水程序掌握水面、水下游泳技术和下潜技术，严格遵守有关潜水制度。

（6）潜水员应掌握正常上升、紧急上升技术，佩戴自携式水下呼吸器的潜水作业应不需要减压。但意外的上升或紧急上升出水，潜水监督员必须决定是否重新在水中减压或是否需要用加压舱。安排各阶段作业时，应考虑到必须进行这一选择的可能性。

13 沉管隧道沉管段基础处理及基槽回填

13.1 基础处理方法

沉管隧道沉管段的基础处理根据结构的特点、地质情况和施工工艺等确定，通常分为三大类，即先铺法（刮铺法）、后铺法和人工基础。

刮铺法包括：刮砂法（较少采用）、刮石法（节段管节、管节宽度尺寸不大，地震设防要求高的地区较多采用）。

后铺法包括：喷砂法、砂流法、灌囊法、注浆法。

人工基础包括：桩基础、复合地基、换填基础。人工基础主要用于软弱地层及大回淤水域。

13.2 沉管段基础处理的一般要求

沉管隧道的沉管段基槽开挖后必须进行基础处理，其目的是为了解决基槽开挖完工后基面不平整，隧道纵、横坡达不到设计要求等问题，达到管节结构受力均匀、改善地基承载能力、控制沉降的目的。

沉管隧道沉管段处理施工前应符合下列要求：

（1）基础处理施工前，应根据基槽开挖竣工图进行复验，复核地质情况与设计要求是否相符，如有必要可进行水上补充钻探并进行必要的物理、力学和抽水等试验；对于出现地质突变或发现不良地质情况，应对该处进行特别的处理。

（2）应检查作业水域上的水文情况（包括流速和流向），作为调整基础处理施工工艺及方法的依据之一。

（3）应检查作业水域上的航道水深和宽度、航道的通行能力、现状船舶流量和标准，规划航道水深和宽度，禁止抛锚或船舶锚泊掉头区域，制定作业水域基础处理施工期间船舶通航交通组织设计方案，该方案需获有关部门批准。

（4）检查隧道基槽底是否存在障碍物或出现浅点等。

（5）应检查河（海）床的稳定性，根据基槽开挖后实测基槽底面回淤或冲刷的情况，作为调整基础处理施工工艺及方法的依据之一。

（6）根据隧址所处场地地震基本烈度，作好基础抗震处理的准备工作。

（7）应确定和准备基础处理后，基础处理质量检验以及基础沉降监测准备工作。

13.3 先铺法基础处理

刮铺法可根据所用铺垫材料颗粒的大小不同，分为刮砂法和刮石法两种。两者的操作基本相同，刮石法多用于沉管隧道管节宽度尺寸较小或采用节段管节的基础处理。

13.3.1 刮石法基础处理的主要施工工序及技术要求

（1）刮石法基础处理的主要施工工序

1）基槽开挖时，应依据开挖段轴线允许偏差、槽底宽度允许偏差控制基槽底宽，超挖深度应符合允许超深要求，不得存在浅点。根据挖土的施工工艺，尽量提高开挖精度，挖土精度不足，将造成基础垫层厚薄不均，而影响到沉管的沉降。

2）施工前，应对刮石法基础处理的设计方案进行刮平试验和荷载试验，通过试验取得基础的沉降/压实值，并根据沉放管节的水下重量计算出基础的沉降值，以此推测施工时刮平基础标高的提高值（预留沉降量）。

3）刮石法通常先行进行抛石处理。对松软基槽地基，抛石前应先铺筑反滤层，一般要求在基槽底面铺设 0.3～0.5m 厚的砾石或碎石作为反滤层，起到减少石块陷入土中的作用。基础地质为稳定时，可以根据试验数据作出评估，取消抛石层，而直接用上层材料。

4）基槽的抛石，铺垫层一般采用未风化、无严重裂缝、重量约 0～100kg 的块石或石砾。然后，当基槽回淤程度不大时，可抛填 6～25mm 级配碎石。当基槽回淤较严重时，可抛填单级配 32mm 碎石，以增加空隙，使空隙率达 43%～45%，使回淤物能够吸进基础空隙内。

5）在水中饱和状态下的抗压强度：夯实基础不低于 50MPa，不夯实基础不低于 30MPa。

（2）抛石顺序与分层

1）抛石的顺序，既要考虑与上一道工序（基槽开挖）紧密衔接，又要为后续工序（管节沉放、对接、就位）创造条件，以达到确保工程质量和加快工程进度的目的；

2）当基槽设计底标高相差不大时，可以从一端开始向一端分段抛石；

3）当基槽设计底标高相差较大时，应从标高较低的位置向标高较高的位置分段抛石；

4）沉管隧道沉管段的基础厚度较小（一般小于 1.5m），一般不需要分层抛石。

（3）抛石方式

1）抛石方式包括：压荏抛和定位定量抛。

2）上述两种抛石方式的优缺点和适用范围，详见表 13-1。

抛石方式的优缺点和适用范围　　表 13-1

<table>
<tr><th colspan="2" rowspan="2">抛石方法</th><th colspan="3">主要优缺点</th></tr>
<tr><th>优点</th><th>缺点</th><th>适用范围</th></tr>
<tr><td rowspan="2">压荏抛</td><td>人力{民船
方驳</td><td>1. 抛填位置准确；
2. 抛填灵活，量易控制；
3. 不易漏抛，顶面平整度较好；
4. 方驳驻位较稳</td><td>1. 抛填效率低；
2. 劳力用量大；
3. 劳动强度大</td><td>1. 风浪较小时的抛填；
2. 基床顶部的细抛；
3. 人工费用较低的地区</td></tr>
<tr><td>推土机
装载机}方驳</td><td>1. 抛填效率较高；
2. 劳力用量少；
3. 方驳驻位较稳</td><td>1. 抛填量不易控制；
2. 顶面平整度较差；
3. 需用推土机或装载机</td><td>1. 风浪较大时，基床顶部细抛，其余部位粗抛填；
2. 人工费用较低的地区</td></tr>
</table>

续表

抛石方法		主要优缺点		
		优点	缺点	适用范围
定位定量抛	人力{民船 方驳	1. 抛填位置较准确； 2. 抛填效率较高； 3. 抛填控制较为简单	1. 定位标志设置最大； 2. 顶面平整度较差； 3. 劳力用量大； 4. 劳力强度大	1. 风浪较大时，基床顶部细抛，其余部位粗抛时； 2. 人工费用较低的地区
	侧倾式 底开式}抛石船	1. 定位较准确； 2. 抛填效率高	1. 定位控制工作量大； 2. 顶面平整度差； 3. 粗平工作量大	风浪较大时，基床顶部细抛，其余部位粗抛填

（4）抛石要点

1）导标标位要正确，要勤对标、对准标，以确定基床平面的位置和尺度。

2）粗抛与细抛相结合，顶层为顶面以下 0.5～0.8m，在该范围内应细抛；顶层以下各层可粗抛。抛填控制高差：粗抛一般为 30cm 左右，细抛一般为 0～30cm（抛石应在风、浪、流均较小的状态下进行）。

3）正式抛石施工前应进行试抛。通过试抛，当用人力抛时，掌握块石漂流与水深、流速的关系；当用推土机、装载机、开底式和侧倾式抛石船抛石时，应掌握块石扩散情况，以选定起始点位置和移船距离。抛石进行粗抛施工示意详见图 13-1，抛石进行精抛施工示意详见图 13-2。

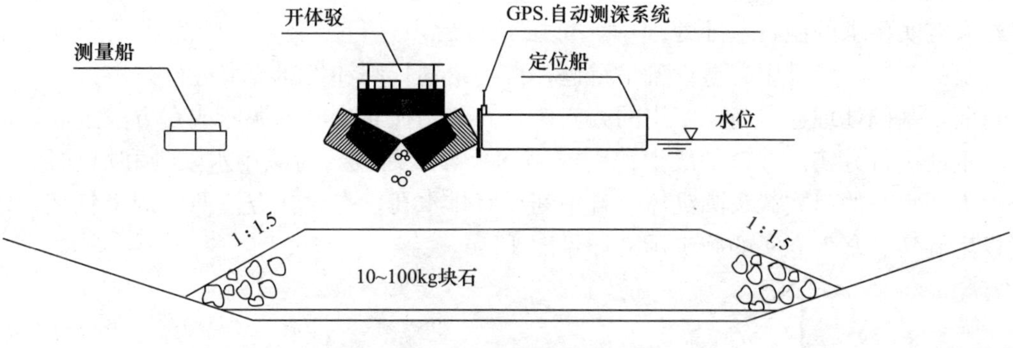

图 13-1　抛石粗抛施工示意图

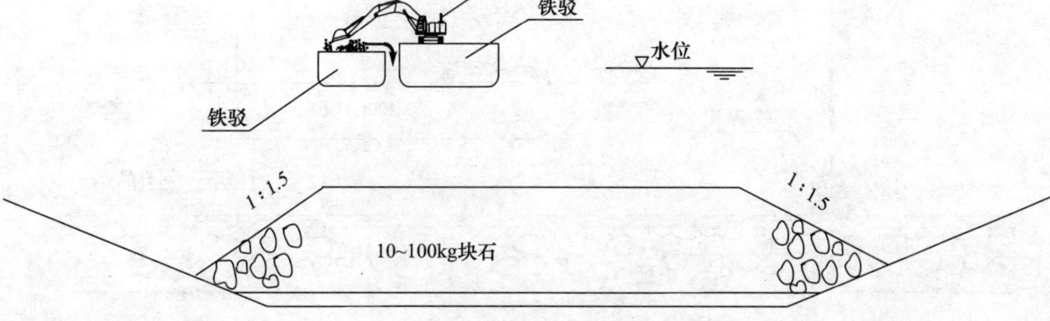

图 13-2　抛石精抛施工示意图

4）勤测水深，防止漏抛或抛填过多。在接茬处，应在邻近接茬 2～3m 的已抛部位开始测水深，并采取先测水深，后抛石，再测水深的方法进行抛填，以免漏抛或抛填过多。测水深时，测点间距不宜超过 1m，测锤的底部直径不小于 30m。

5）当有流速又用人力抛填时，要顺流有序进行抛填，并且抛石和移船的方向应与水流方向一致，以免块石飘落在已抛部位而超高。

6）当用开底式和侧倾式抛石船抛石时，除掌握石堆扩散情况外，一般应控制在 30～90s 内抛下，使抛下的石堆厚度比较均匀。

7）基槽抛石的富余高度应适当，若过大，夯实后基础超高，水下扒除非常困难；若过小，夯实后欠高，尚需补抛、补夯，这些都影响工程的进展。根据实践经验，应掌握宁低勿高原则，每一层抛石的富余高度常控制在抛石厚度的 10％～15％。抛石进行粗抛、精抛分层施工示意详见图 13-3。

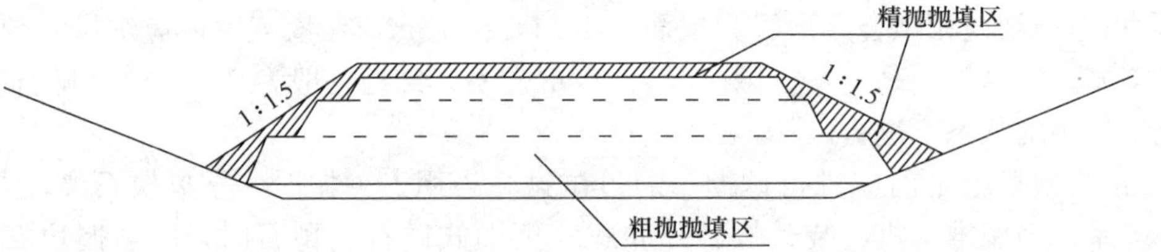

图 13-3　抛石粗抛、精抛分层施工示意图

（5）基础处理的夯实

在有夯实要求的抛石基础处理中，每层抛石后须进行夯实，以消除或减少其压缩沉降。夯实的方法一般是用起重设备吊重锤，按一定的规则和指标要求进行夯实。

目前，基础处理夯实尚无专用的夯实船，一般用抓斗式或挖泥船或在方驳上安装起重设备吊重锤进行夯实。夯锤一般为铸钢或用钢板焊接而成，为减小水阻力和增加稳定性，其外形为低重心的扁式截头圆锥体，且中间设有排水孔。有时在夯锤两侧焊上铁翅，以防夯锤发生旋转。水下夯实的施工示意详见图 13-4。

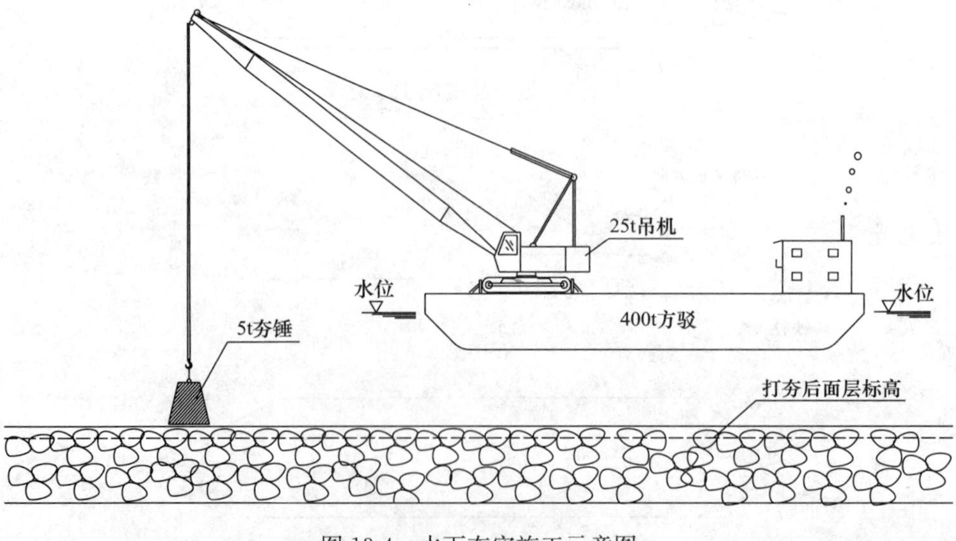

图 13-4　水下夯实施工示意图

1）重锤夯实的主要技术要求

① 基础处理夯实范围应符合设计规定，如设计未作规定，可按建筑物底面尺寸各边加宽 1m。当分层夯实时，应沿 45°扩散线向外加宽。

② 夯实前应对抛石层顶面作适当平整（防止因局部高差过大造成“倒锤”或夯偏而影响夯实效果），其局部高差不宜大于 30cm。

③ 夯锤重量一般在 4～6t，落距为 2～3m，每锤的冲击能力不小于 $120kJ/m^2$（不计浮阻力的影响）。

④ 基础处理夯实一般采用纵、横向均邻接压半夯，并夯两遍（初夯、复夯各一遍）或多遍夯实的方法，以防止基础局部隆起和漏夯。夯击遍数由试夯确定，不进行试夯时，应不少于两遍，确保每点 8 夯次。

⑤ 当夯实后补抛面积较大，厚度普遍大于 0.5m 时，宜作补夯处理。

2）夯实要点

① 为防止“倒锤”和夯坍边坡，每遍的夯实要先中间后周边。

② 基础处理夯实后，要求作夯实检验。一般采用“选点检验”法，即在选定复夯范围内，锤均匀布设 20 个以上的复夯点，每点复夯前，将锤落在基础上，测锤顶标高，然后吊起夯锤进行复夯，夯后不起锤，再测锤顶标高。这些复夯点前后高差的平均值，即为平均沉降量，要求平均沉降量不大于 5cm。

（6）基础整平

为使基础能够均匀的承受上部荷载的压力，必须进行基础顶面整平。

1）基础整平方法

① 潜水员水下作业进行基础整平方法；

② 专用的整平船舶进行基础整平方法。

2）基础整平的允许误差

① 粗平——表面标高允许误差为±150mm；

② 细平——表面标高允许误差为±50mm；

③ 极细平——表面标高允许误差为±30mm。

3）基础处理的整平应按上述粗平、极细平工序进行，最终达到极细平的允许误差要求。

4）潜水员水下作业进行粗平方法

① 粗平的方法包括：悬挂刮道法和埋桩拉线法。

② 悬挂刮道法，整平船（方驳）横向驻位，按整平标高用滑车控制刮道（钢轨，其长度大于基础整平宽度）下放深度，水位每变化 5cm 调整一次，潜水员以刮道底为准“去高填洼”进行整平，边整平，边移船。

③ 埋桩拉线法，在基础纵向两侧，陆上用经纬仪定方向，船上用垂球引点，每隔 150～300mm 埋设木桩，桩侧设置短护木（与基槽纵向平行）以增加木桩抗拉线拉力的能力，桩顶用测深杆测设整平标高，每侧木桩按整平标高拉 8～22 号铅丝线，两线之间用直径为 3mm 测缆作为滑动线，潜水员以滑动线为准“去高填洼”进行整平，边整平，边移动滑动线。

5）潜水员水下作业进行极细平方法

① 基础处理的极细平，应在大块石之间不平整部分用二片石填充；二片石之间不平

整部分用碎石填充，碎石允许成层，但其厚度不应大于50mm。

② 施工时一般采用导轨刮道法，在基础的整平范围内，沿纵向的两侧每隔5～11m安设混凝土小方块，方块上安设作为导轨用的钢轨，钢轨长一般有6m、12m两种（若采用钢管作为导轨，因钢轨会因倾倒等造成标高不准，而钢管则能在一个范围内始终保持标高不变），方块和钢轨之间垫入厚薄不一样的钢板，严格控制轨顶为整平高度，且误差不超过±10mm。整平船横向驻位，填注所用的石料装在船上，通过浮鼓式漏斗向水下运送，潜水员于水下用刮杆（钢轨）沿埋设的钢轨顶将碎石刮平。

6）专用的整平船舶进行基础整平方法

① 一般在沉放管节的宽度尺寸不是很大的情况下，可采用专用的整平船舶进行基础整平方法；专用的整平船舶一般亦可作为管节沉放工程船舶使用。

② 专用的整平船舶的主要参数包括全长（m）、总宽度（m）、全高（m）、浮桥（套数、长×宽×高）、定位桩腿（套数、直径、长度）、最大拖曳量（m）、最大位移时重量（t）、提升千斤顶形式等，应视管节几何尺寸、基础垫层的横断面几何尺寸（包括水深）而定。

③ 专用的整平船舶一般采用吊挂刮平箱进行整平。每次整平长度大于一管节长度，一般为三段进行刮平。

④ 基础整平时，应特别注意作业过程基槽底面的回淤情况，刮平作业时应将软土和淤泥沿基槽底推向前，当堆积到一定厚度用清淤泵排掉。为避免淤积过度，刮平作业分两步进行，第一步在基础顶面要求最终标高以下300mm进行粗刮平，第二步进行极细刮平，极细刮平后的平整度要求达到±30mm。

⑤ 基础整平作业过程，应在每节管节端头在碎石垫层面有凹型空穴，以避免石块进入对接端接头密封部位。

13.3.2 水下摊铺主要施工工序及技术要求

先铺法必须进行水下铺放、水下整平两项施工，该工序的工效较低，若工程所处水深较深，需要水下整平就更困难。目前已开发出一种将两项工序一次完成的沉管基础施工新技术，在专用趸船上设置一根可连续下料的导管直达基槽，并通过同步、水平定位技术，使导管下端出料口在水平移动时保持精确的水平位置，导管下端充当刮平管进行整平。该技术在厄勒隧道工程中成功采用，日本对该项技术进行了吸收，对操作系统进行了调整，之后在韩国釜山的巨济跨海隧道中使用。

当水位变化较小的施工区域，趸船水平控制由趸船两端的定位桩和四周船锚组成；当水位变化较大的施工区域，趸船水平控制由趸船四个角位的定位桩进行调节。趸船的水平位置由GPS系统测量，并利纵倾和转动的传感器计算刮平基础的位置。

垂直定位控制是摊铺质量的关键。下料端口由液压缸控制，可垂直自由伸缩。利用传感器在导管移动时准确读取已摊铺的面层之间的距离，并通过控制系统，校核下料端口的高程，启动下料端口的液压油缸随时伸缩调整补偿因趸船起落、转动和纵倾产生的垂直移动，保证摊铺的平整度。沉管隧道基础垫层摊铺整平施工示意详见图13-5。

（1）水下摊铺基础处理的主要施工工序

1）基槽开挖时，应根据摊铺整平船的使用情况对基槽边坡的坡率作相应的调整，以免因摊铺施工使基槽受到影响；并需确定挖土精度，并按进度要求验收基槽。

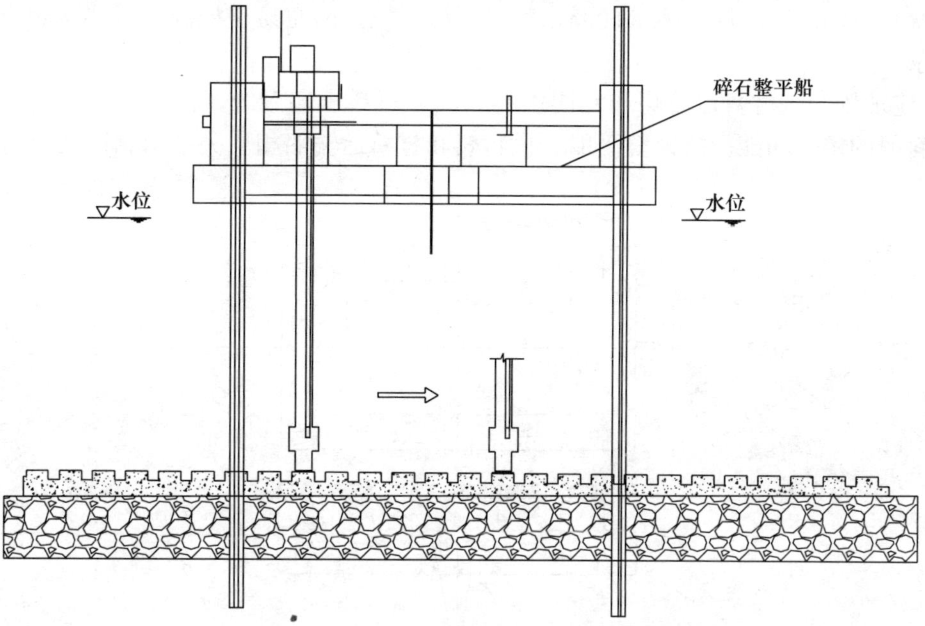

图 13-5　沉管隧道基础垫层摊铺整平施工示意图

2）施工前，应对摊铺整平施工工艺进行试验性施工，通过试验取得实际数据，修整摊铺整平船参数，验证施工是否达到设计的要求。

3）摊铺整平施工前，应参考管节安装天气预告提供的数据，选定水文条件较好，并避开恶劣天气进行施工。

（2）施工顺序

1）摊铺整平船施工宜在基槽精挖并验收后，随即进行，以减少基槽回於；

2）摊铺整平船应在初步就位时准备摊铺材料；

3）下定位桩，抬升摊铺整平船，通过测量将整平船设定在某一高程；

4）下导管、测定导管下端高程，设定控制数据；

5）摊铺整平过程中，应及时记录数据，并随时校核水平移动数据；

6）摊铺完成一单元后，应采用仪器进行水下测验摊铺质量。

（3）施工要点

1）整平船初始定位应选择良好天气、平潮且流速较小的条件，利用 GPS 定位系统测定整平作业起点坐标及方位，准确稳固地将整平船定位在整平作业起点水面。

2）下降定位桩腿时，观察监控系统提供的桩腿下降过程中船体的水平姿态，调整各桩腿使船体保持水平且使导管处于直立状态，稳定后将纵移台车和导管置于整平起始点处。

3）摊铺整平船下降导管时，利用 GPS 测量定位系统、抛石管升降测控系统和回声测深系统等，检测整平作业点的标高和位置。确认作业位置高程、流速，调整回声测深仪，缓慢调整导管下端口。

4）抛石整平过程中通过控制室计算机界面，实时检测抛石管平面位置、倾斜度、底标高、料位、整平垫层前后标高及作业点流速、潮位等参数。为确保整平质量，垫层可分两层（次）摊铺。第一层应摊铺较厚，第二层摊铺较薄以便易于控制，最终达到设计整平精度要求。

5）应现场配备材料运输船和专用供料船组成石料供应系统，供料船应具有存料、上料及运料船的定位功能。摊铺整平船、供料船和材料运输船相互关系示意详见图 13-6。

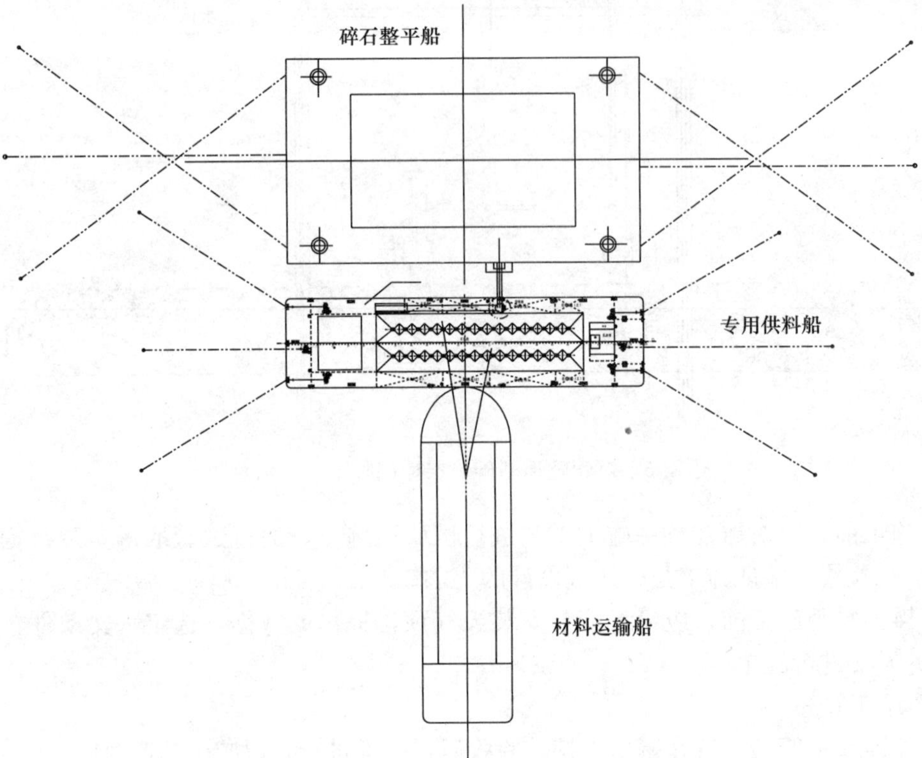

图 13-6　摊铺整平船、供料船和材料运输船相互关系示意图

（4）质量检验、验收

1）摊铺整平施工时，应即时记录数据；

2）摊铺完成后，利用导管下端口的传感器，通过导管的空载复刮检测整平垫层的标高、平整度等参数，并记录储存；

3）整平验收精度±25mm（需要根据碎石摊铺的水深确定整平验收精度），摊铺整平的水平验收符合垫层验收要求。

13.4　后铺法基础处理

13.4.1　喷砂法

喷砂法是通过设置在水面的作业平台的砂泵，将砂、水混合料通过伸入管节底面和开挖好的基槽底面之间空隙的水平喷砂管喷入该空隙内。

（1）施工工序

1）伸入管节底面和开挖好的基槽底面之间空隙的水平喷砂管，应能沿着管节的轴向方向移动，同时根据喷砂作业要求应能沿管节宽度作横向移动。

2）在水平喷砂管的两侧应设有回吸管，使水在管节底部形成一个规则的流动场，从而使得砂子有规则地分步沉淀，回吸管的另一个作用是可以通过回吸水含量的测定、了解砂基础的填充程度。

3）喷砂作业时，先从管节一侧的前端开始，逐步喷到管节后端，然后再从管节另一侧从后端向前端喷填。

4）喷砂作业完成后，随即将临时支承垂直千斤顶卸压，使管节全部重量压在砂垫层上使之压密。

（2）施工要求

1）喷砂法所用砂的平均粒径一般控制在 0.5mm 左右，砂和水混合料的平均含砂量为 10%（体积百分含量），有时可以较短时间增加到 20%。该工法施工的砂垫层比较疏松，其空隙率较为 40%～42‰。

2）一般采用水平喷砂管的直径约为 100mm，而其两侧的回吸管的直径约为 80mm。

3）在喷砂作业开始前，应利用吸砂设备将基槽底面上的回淤土或松散的土块清除干净。

4）喷砂作业的施工速度一般为 200m^3/h。

5）水平喷砂管可安装在管节底面和开挖后的基槽底面之间空隙内、可沿着管节纵向移动的导架上，导架上放置可使水平喷砂管横向往复移动的喷砂机械手进行喷砂作业。导架由水面工程船舶拖曳纵向移动，并采用水下闭路电视监视喷砂充填空隙的效果。

6）砂垫层的厚度一般为 1m，喷砂作业完成后，临时支承垂直千斤顶卸压后，管节全部重量压在砂垫层时产生的沉降量一般控制在 5mm 以内。当达到沉管隧道运营所要求抗浮系数、通车施加动荷载后，最终沉降量应控制在设计允许范围以内。

13.4.2 砂流法

砂流法是通过设置在水面工程船舶（长隧道）或岸上（短隧道）的砂泵，把砂水混合物通过压砂管和预埋在管节底板的压砂孔注入管节底面与开挖好的基槽底面之间的空隙内。根据工程的特点和承包商基础处理设备的情况，施工方法上分为管内灌砂和管外灌砂。

（1）管内灌砂

采用在管节内纵向敷设主输砂管，再通过预埋在底板的压砂孔将砂水混合物注入管节底面与基槽底面之间的空隙。管节内纵向输砂管与砂泵的连接，对于长隧道，将压砂管通过管节或结构的预留人孔钢筒接入沉管段内；对于短隧道，压砂管通过沉管隧道口部接入沉管段内。

1）管内输砂的压砂孔要求

① 压砂孔的底部为预埋管节底板的单向球阀，单向球阀的浮球直径一般为 180mm。正常状态下单向球阀的浮球浮起，通过水浮力压紧阀座，单向球阀关闭。当压砂作业时，压砂的压力大于浮球浮力时，单向球阀打开，进行砂流法作业。单向球阀的底面网格要牢固，在浮运、沉放、对接过程中应注意保护。

② 作为单向球阀中一部分的垂直预埋在管节底板的压砂管，其直径一般为 150mm，管外应焊有止水环，在管节内通过法兰与沉管隧道内压砂管连接。

③ 在单向球阀两侧应设置两根观测管，其中一系贯穿管节底板，另一系连接单向球阀的上位。通过这两系统观测管，操作人员可在沉管隧道内观测砂流法的效果。

2）管内输砂的施工工序

① 检查管节内所有压砂孔状况，连接压砂管道。

② 按设计要求顺序对每个压砂孔进行压砂作业。

③ 压砂作业完成后，在沉管段拆除压砂管，并用法兰盘连接压砂孔，并进行封孔处理。利用观测管对单向球垂直预埋在管节底板的压砂管进行注浆封孔。

（2）管外灌砂

在管节的底板中预埋灌砂孔，并将该预埋管延至结构顶板以上或侧墙外，结构外预留法兰盘或快速接头，以便水中的输砂软管与预埋管的连接。水面的工作船上砂水拌合设备，将达到配合比要求的混合物，通过输砂软管连接预埋灌砂管，把砂水混合物注入管节底面与基槽底面之间的空隙。管外灌砂的施工示意详见图 13-7。

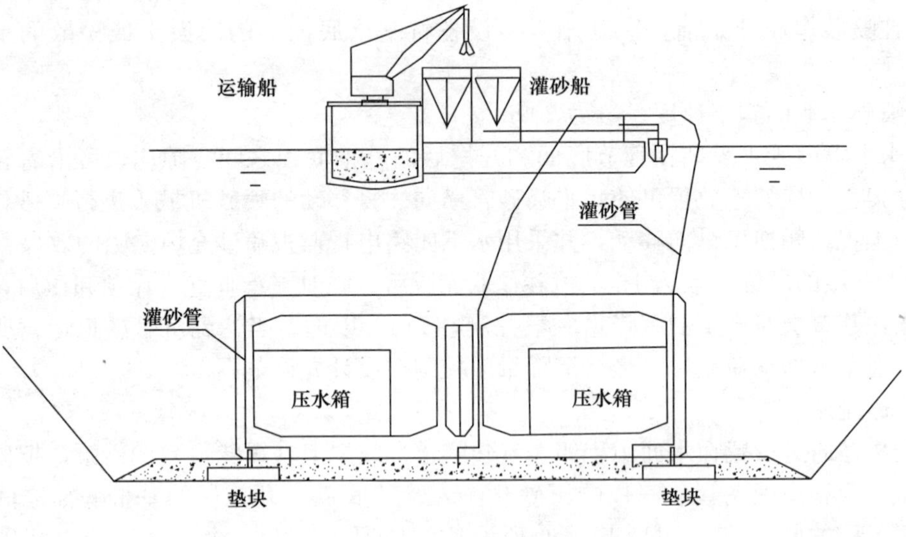

图 13-7　管外灌砂的砂流法施工示意图

管外输砂的施工工序：检查灌砂软管与预埋输砂管的连接是否牢固；按设计要求顺序对每个压砂孔进行压砂作业；压砂作业完成后进行输砂软管的拆除，对于外露管节结构的灌砂预埋件应进行处理，需要达到隧道使用期间的防锚效果。

（3）施工要求

1）压砂作业过程，严格控制砂流压力。砂流压力越高，砂盘直径越大，砂堆越密实，砂垫层的饱满度越高。但砂流压力超过管节施工期间抗浮安全系数时，管节就会提高，出现这种情况必须用砂泵抽掉砂垫层的砂，重新进行压砂处理。如要增大砂流压力，扩大砂盘直径，提高砂垫层的密实度以满足抗震要求，亦可通过增加压载水舱水量，提高施工期间抗浮安全系数来实现。

2）为了确保管节底面与开挖好的基槽底面之间空隙填满，在压砂作业完成后进行注浆处理，以充填灌砂过程中形成的冲击坑和补充压砂量的不足，达到充填和压满隧道底部空隙的目的，可以通过预埋的注浆孔，在管节底板贯穿至管节底面的观测管进行注浆。

3）预埋在底板的压砂孔应有足够的数量并布置合理，如砂流压力不足以达到设计要求的砂盘直径时，需从多预留的压砂孔补充压砂。

4）管节沉放前应对开挖的基槽进行测量估计所需的压砂量，并在压砂作业时检测实际的压砂量，以粗略估计管节底面与开挖后的基槽底面之间空隙填满程度。可通过潜水员水下作业检查压砂垫层的饱满度，可通过检查管节两侧与开挖基槽边坡之间砂堆的高度，即可了解压砂垫层的饱满度。

5）应按设计要求控制灌砂作业过程中的水砂混合比。

6）采用砂流法进行基础处理时，如有抗震要求时，对采用材料应有特殊要求，因此要严格按设计要求进行材料砂粒径及级配选择。如要掺入水泥熟料时，还应按设计要求控制水泥熟料粒径和掺入量。

（4）质量检验、验收

对于采用砂流法施工的沉管隧道基础垫层，目前还没有直观的质量检验方法，通常采用以下间接的检验方法进行施工过程质量控制：

1）利用隧道基槽开挖后的水下地形测量数据，计算每一管节需要充填的砂量，再乘上一个估计的增加工程量。当实测的管节充填砂工程量大于等于计算工程量，作为基础垫层的质量控制指标之一。

2）管节灌砂过程中，在管节的两侧有砂堆隆起，通过潜水员的水下探摸，测量砂堆隆起的高度，通常以砂堆隆起 1m 作为基础垫层的质量控制指标之一。

3）管节灌砂过程中，管节会出现上下摆动的情况，应通过连续的测量，摸索出管节上下摆动的间隔时间、摆幅，作为基础垫层的质量控制指标之一。

13.4.3 灌囊法

灌囊法是首先在开挖好的基槽底面先铺一层砂、石垫层，然后于管节沉放前在管节底面下事先系扣上空囊袋一并下沉，管节沉放就位后，即向囊袋内灌入注浆材料，使囊袋的体积迅速膨胀，充填管节底面与开挖好的基槽底面砂、石垫层顶面之间空隙。灌囊法施工示意详见图 13-8。

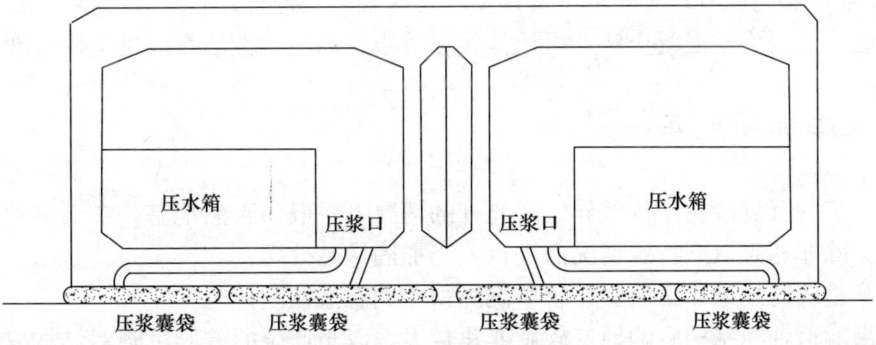

图 13-8 灌囊法施工示意图

囊袋通常采用土工布制作，其大小按一次注浆量而定，一般以能容纳 5～6m^3 注浆量为宜，不宜过大。制作囊袋的材料要有一定可靠度，并有较好的透水性和透气性，以便灌注混合砂浆时顺利地排出囊袋中的水和空气。

管节底面与开挖好的基槽底面的砂、石垫层顶面之间需预留出 15～20cm 的空隙。

（1）灌浆材料要求

1）灌浆材料的强度只要达到5MPa且不低于地基原状土的强度即可，但流动性要好；

2）灌浆材料为由水泥、蒙脱石、砂和适量缓凝剂配成的混合砂浆。

（2）灌注工艺要求

1）注浆压力一般比水压力大0.1～0.2MPa；

2）为了防止在注浆作业时注浆压力过高管节被抬起，注浆应采用跳注法，并控制好注浆压力；

3）囊袋与水面工程船舶通过潜水员水下作业用消防软管连接和拆除（并封孔）；

4）灌注作业，是靠混合砂浆的自重自行灌注，而不加压。

13.4.4 注浆法

注浆法是在灌囊法基础上发展起来的一种基础处理方法，它省去了费用较贵的囊袋、繁杂的安装工艺、水上作业和潜水员水下作业。通过预埋在管节底板的注浆孔，注入浆液充填管节底面与开挖好的基槽底面碎石垫层顶面之间的空隙。

采用注浆法进行基础处理时，要求开挖基槽超挖1m左右，然后在开挖好的基槽底面铺垫40～60cm厚的碎石垫层，碎石垫层顶面粗整平，整平度达±20cm即可。

管节沉放定位后，沿管节边墙及对接端头底边抛堆高约1m的砂石混合料，封闭管节底空间，接着在管节内通过预埋在管节底板的注浆孔注入混合砂浆，充填管节底面与开挖好的基槽底面碎石垫层顶面之间的空隙。

（1）注浆材料要求

1）注浆材料为由水泥、蒙脱石、砂和适量缓凝剂配成的混合砂浆；

2）混合砂浆强度只要达到5MPa且不低于地基原状土的强度即可。

（2）注浆工艺要求

1）注浆所用压力一般比水压力大0.1～0.2MPa；

2）为了防止在注浆作业时注浆压力过高管节被抬起，注浆应采用跳注法，并控制好注浆压力；

3）注浆作业完成后，应严格按设计要求对注浆孔进行封孔处理。

注浆法可发展为注混凝土法，可用低强度等级、高流动性细石混凝土代替砂浆。

13.5 人工加固地基

沉管隧道的沉管段在结构差异沉降允许的情况下一般为天然地基，在天然地基上进行基础处理。除非遇到以下特殊情况需进行人工加固地基处理：

（1）基槽底的地基非常软弱，管节沉降得不到有效控制；

（2）沿隧道轴线基槽底的地基软硬变化较大，以至产生的差异沉降对结构安全和运营难以接受。

13.5.1 人工加固地基处理形式

（1）桩基加固；

（2）复合地基处理；

（3）换填处理。

13.5.2 桩基加固

（1）桩基主要形式有：支撑桩、限位桩。

（2）支撑桩：

1）支撑桩宜采用水上打设的钢管桩，应根据打入试验桩确定持力层的深度以及桩帽顶面标高要求确定桩长，以确保打入深度达到规定的支持力，同时保证桩帽标高在规定允许偏差范围。

2）应确保各桩受力均匀，桩帽顶面与管节底面能紧密接触，桩帽可为钢桩帽或水下浇注一、二层水下混凝土将桩头顶住的混凝土桩帽，宜优先采用钢桩帽。

3）采用先铺法基础处理的支撑桩，宜在桩帽顶面上设置刮平的砂或碎石垫层，使管节和覆盖层（包括回淤层）的荷载经砂或碎石垫层传递到桩基上。

4）采用后填法基础处理的支撑桩，管节临时支撑系统卸载前，通过对应桩位预埋在管节底板上的注浆孔注浆充填管节底面与桩帽顶面的空隙，待注浆液凝固达到要求抗压强度后，临时支撑系统卸载，管节和覆盖层（包括回淤层）的荷载经砂浆垫层传递到桩基上。

5）桩帽面积应由单桩承受的荷载和垫层材料的抗压强度确定。如承载过大，可通过增加桩数或采取辅助措施提高垫层允许抗压强度来解决。

6）管节底面与桩帽顶面之间亦可采用预先设置囊袋，通过对囊袋内灌囊进行充填。

7）活动桩帽顶升法，亦即在桩头和桩帽内表面之间留有空腔，空腔周围用尼龙套管囊柱，形成一囊袋，当管节精度定位后，即向囊内精确定位后，即向囊内注浆，迫使活动桩帽顶面紧贴管节底面。

（3）限位桩：

1）如沉管段在与靠近两岸（岛）上段部分管节采用了支撑桩，而中部管节采用天然地基时，则在支撑桩与天然地基段之间应设过渡段，而过渡段采用桩进行地基处理时，宜采用限位桩（或称定位桩）。

2）过渡段的限位桩应能实现地基基础刚柔平稳过渡，越接近天然地基段的限位桩，其最大允许沉降量应不大于天然地基段的沉降量，即达到此值起限位作用。

3）其允许沉降量的调节，可通过管节底面与桩帽顶面之间的垫层压缩量来调节，或通过桩端至持力层的距离来调节。

13.5.3 复合地基处理

（1）水下挤密砂桩（SCP）

水下挤密砂桩在日本已有40多年的应用历史，在关西国际机场一期、二期，东京国际机场新B跑道，新敦贺港等工程得到应用；韩国釜山沉管隧道基础也局部采用了水下挤密砂桩工艺；在我国的洋山深水港区三期临时码头接长工程也得到使用。

水下挤密砂桩是在挤密砂桩船上，利用振动锤将活掰封住往下口的钢套管沉入土中，到达预定深度后，在套管内灌砂，打开活掰，边振动边上拔套管，将砂振密实，同时增加套管内加气压，逐段复打，使砂桩扩径密实的工艺，形成比普通砂桩直径更大、桩体更为密实的砂桩。经过挤密砂桩超载预压＋排水固结处理后的软土地基，通过控制堆载强度及堆载预压时间可较好地控制工后残余沉降。

对松散砂土地基，挤密砂桩的主要作用是成桩时对周围砂层产生的挤密作用以及振密作用；对软弱黏性土地基，挤密砂桩的作用主要是置换作用和排水作用。挤密砂桩适用于砂质土、黏性土等各种地基加固，特别适用于软弱地基基础处理。挤密砂桩施工的自动化程度高，质量容易保证，经加固后的地基承载能力提高快，残余沉降量小，地基整体稳定性得到改善，可作为对承载力要求的重力式结构的基础。

1）基本要求

① 水下挤密砂桩桩径应达到设计文件的要求；平面布置应按照设计要求进行现场布设，但承包商可根据具体的施工工艺进行相应调整，挤密砂桩的置换率应不小于设计要求。

② 施工过程重点控制桩长、用砂量、套管往复挤压次数与时间、套管升降幅度和速度、每次填砂工程量等。

③ 由于是隐蔽工程，实施过程中应做好每道工序的控制和记录。

2）水下挤密砂桩施工质量要求

水下挤密砂桩的应用，在国内是起步阶段，对于质量控制的指标、检验数量和方法有待进一步完善，施工质量控制应符合表 13-2 要求。

水下挤密砂桩施工质量控制项目　　表 13-2

序号	项　目	允许偏差
1	桩位水平偏差	±250mm
2	套管垂直度（%）	≤1.05%
3	桩顶标高	±500mm
4	每段桩体的填料工程量和每根桩的填料总量（m^3）	不小于设计值或试验确定的值
5	标准贯入度	不小于 15 击
6	桩底标高	桩底标高≤设计底标高；砂桩套管贯入速率出现持续 10s 不大于 1.0m/min
7	桩径	大于设计桩径

（2）水下深层水泥搅拌桩（CDM）

水下深层水泥搅拌法加固软土地基，具有在短期内可获取所需要的地基强度、加固后地基变形小和施工的环境影响小等优点，在日本、芬兰、北欧等国已广泛应用于工程，在国内也已成功地应用于港口工程并取得了良好的经济效益和社会效益。

水下深层水泥搅拌法：采用专用的水下深层搅拌机，将预先制备好的水泥浆等材料注人水下地基土中，并与地基土就地强制搅拌均匀形成拌和土，利用水泥的水化及其与土粒的化学反应获得强度而使地基得到加固的方法。依据《水下深层水泥搅拌法加固软土地基技术规程》（JTJ/T 259—2004）开展相应的工程实施。

1）基本规定

① 淤泥、淤泥质土和含水率高且地基承载力标准值低于 120kPa 的黏性土等软基加固及海上施工环保要求高、海水养殖损失索赔高的工程的软基加固宜采用水下深层水泥搅拌法；

② 当采用水下深层水泥搅拌法处理偏酸性软土、泥炭土和腐殖质或有机质含量较高

的软土、地下水具有侵蚀性的软基时，应在工程建设前通过试验分析其加固效果；

③ 在进行水下深层水泥搅拌法加固软土地基设计和施工前，应进行现场调查和室内配合比试验；

④ 水下深层水泥搅拌法加固软土地基的施工应根据现场调查、室内配合比试验和设计要求编制施工组织设计；

⑤ 采用水下深层水泥搅拌法进行加固软土地基施工开工前，应进行现场试验工程施工，现场试验工程和加固工程应进行施工过程中和施工后的检验。

2）施工过程中的检验

① 在现场试验工程和软基加固工程施工过程中，应检验拌和土相应龄期的强度、拌和土搅拌的深度、均匀性、着底情况和着底标准。

② 拌和土的检验应进行垂直钻探取芯，搭接部位的检验应进行斜钻孔取芯。钻取的芯样应进行室内物理力学试验，试验内容应包括拌和土的无侧限抗压强度、重度和含水率等。

③ 现场试验工程的垂直钻孔取芯不宜少于 4 根，斜钻孔取芯不应少于 1 根。软基加固工程施工过程中垂直钻孔取芯不宜少于 3 根，斜钻孔取芯不应少于 1 根。

3）加固后的检验

① 水下深层水泥搅拌法加固软土地基工程施工完成后，应对拌和体进行质量检验，检验应采用钻孔取芯法进行。

② 钻孔取芯的数量应视工程的规模而定，当拌和体工程量大于 $50000m^3$ 时，每 $10000m^3$ 拌和体应进行 1 根垂直钻孔取芯，每 20000～$30000m^3$ 拌和体进行 1 根斜钻孔取芯；当拌和体工程量不大于 $50000m^3$ 时，垂直钻孔取芯不应少于 3 根，斜钻孔取芯不应少于 1 根。

13.5.4　换填基础

当隧道结构的地基出现局部软弱地层时，通常采用换填基础的方式，即采用回填砂作为沉管段或暗埋段下方的换填材料，其实度要达到如下要求：

（1）静力状态下，具有足够的刚度和强度能够承受基础荷载；

（2）防止回填材料液化。

为了将结构的沉降控制在可接受的范围内，以及保证足够的强度，回填砂的相对密实度需大于 Dr＝0.65～0.70，需要在施工中采取处理措施使回填砂达到密实度。若采用振冲密实法，则要求回填材料的细粒成分的重量不得超过回填料总重的 10%～15%，以保证地基实际效果。

根据液化分析和对静力状态下对砂密实度的要求，确定了回填材料所需的最小 CPT 端阻值，回填砂需要满足以下要求：

（1）类型：纯净砂；

（2）级配：图 13-9 中振冲密实最适颗粒级配曲线范围“最适粒径范围”；

（3）细粒成分（粉粒，粒径标准按英标）：重量少于 10%；

（4）细粒成分（黏粒，粒径标准按英标）：无；

（5）湿容重：$21kN/m^3$；

（6）相对密实度目标值：0.65～0.70。

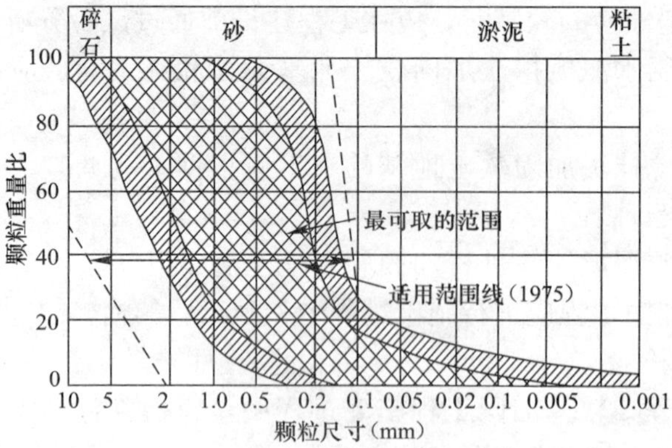

图 13-9　振冲密实最适颗粒级配曲线范围（Mitchell 1981）

隧道基础回填材料达到目标密实度所需最小的 CPT 端阻值各水深条件下取值见表 13-3，表中的值可依据项目方案进展情况进行调整。但需要注意的是，静力状态下的砂密实度要求是回填砂需达到 CPT 最小的端阻值的控制因素，这是因为液化分析结果表明 CPT 端阻值略小的情况下也可保证回填材料有足够的抗液化能力。

回填材料所需达到的最小 CPT 端阻 q_c（MPa）　　**表 13-3**

深　度	隧道回填（水下）
1m	4.7～5.6
5m	11～13
10m	15～18
20m	21～25
30m	26～31

13.6　基础处理的质量控制

13.6.1　材料要求

基础处理的垫层材料以及材料的来源都必须经业主或监理工程师审批。

（1）石料的要求

1）石料的分级可参考表 13-4 要求。

石料级配要求　　**表 13-4**

型号（mm）	通过率百分比（干重）
125.0	100
75.0	70～100
50.0	40～100
37.5	10～70
19.0	2～20
9.5	0～2
4.75	0

2）石料应清洁干净并有较高的抗碾压强度，并符合下列要求：

① 风化级别为新鲜或轻微风化；

② 单轴抗压强度＞50MPa。

（2）砂材料

1）砂粒填料应当级配良好，粒径范围要求见表13-5。

粒径范围要求　　**表13-5**

网筛孔径	通过率（%）
10mm	100
5mm	90～100
2.36mm	75～100
1.18mm	30～90
600μm	15～55
300μm	5～30
150μm	0～10

2）如砂垫层有抗震要求，则其级配应符合设计要求。

（3）注浆材料

1）用于充填管节底面与开挖好的基槽底面（或其碎石垫层顶面）之间空隙的混凝土、水泥浆或是泥灰浆应是自增强和不收缩的材料，100mm直径柱芯试样的单轴抗压强度值3d后应至少达到5MPa；

2）在管节的沉放、就位、对接和基础处理由于水流的冲击作用，特殊地段可能会采用速凝压浆，最后的混合料应进行全面的现场试验，注浆的分包商（通常采用专业分包）应将试验结果的详细资料备好并得到承包商的工程主管部门、监理工程师的审批。

对于有抗震要求的砂基础，如要添加水泥熟料，则要求基础处理分包商与水泥生产商直接联系，按设计要求（粒径等）专门加工。

13.6.2　基础处理前准备工作要求

（1）在进行基础处理作业前，应使用雷达探测图像或由潜水员水下作业探测，证实基槽开挖后是否存在淤泥或其他沉积物的情况；

（2）如果开挖后的基槽底面上的淤泥或其他沉积物的厚度超过了50mm，则在填置砂砾材前将开挖后基槽底面上的淤泥等杂物清理干净；

（3）进行注浆作业时，应采用合理的措施，保持注浆在管节单元的下部，并应防止溢进到周围的水下环境中。

13.6.3　进行基础处理作业的要求

（1）在清理完开挖后的基槽底面后，为防止沉积物再淤积，应尽快进行基础处理。

（2）在开挖后的基槽底面宽度应在管节的左右两侧各拓挖宽至少1.0m。

（3）对于先铺法的基础处理，基础铺设整平后，在管节沉放前还会再淤积沉积物，因此在管节沉放之前，这些沉积物应使用气动吸入设备或其他方法从基础垫层表面小心清理干净。这一作业过程中应特别注意不要损坏先前已经沉放的管节对接端已处理好的基础端部。

（4）先铺法基础处理，在开挖的基槽底面清理作业完成后必须要探测基槽底面，探测的结果要报给业主及监理工程师，确定是否在管节沉放之前还须补充必要的勘察。

(5) 对于后铺法的基础处理，充填基础的纵向施工顺序一定要有于驱赶淤积在开挖的基槽底面的沉积物，驱赶堆积在管节自由端的沉积物应采用气动吸入设备或其他方法清理干净，然后再充填这部基础。

(6) 在开挖后的基槽内设置的临时支座，施加支撑沉放管节的负浮力时，其垂直沉降量不能超出设计要求值，直至基础处理完毕，管节完全座放在基础上为止。

(7) 对于后铺法的基础处理，既要保证管节的负浮力和临时支座承受的垂直力不会过大，又要使沉放的管节在各个阶段达到一定的抗浮安全系数要求，以防止水流、注浆/砂压力或其他荷载对其造成冲击位移。

(8) 对于后铺法的基础处理，倘若采用注入材料的各项指标（级配、密度、内摩擦角、硬度等）达不到要求，则注入材料应根据设计单位和监理工程师说明细则进行改进或重新替换。

(9) 基础处理应能保证与沉管段底面至少达90%的支承面积。采用注浆法时，如果可以证明按照给出的注浆设计达到至少80%的支承面积，不会对沉管段结构产生有害的影响，那么可以允许减少至80%。

13.6.4 基础处理的质量管理

(1) 在基础处理之前，应进行水底勘测，以确保开挖后的基槽底面标高公差满足要求。如要经压实，则在压实后进行复测。

(2) 监理工程师应检查承包商的工作日志，但承包商严格执行工程计划的责任不会因此而免除。

(3) 由承包商向业主和监理工程师依次提交的质量报告应经审批，质量报告应包括基础处理位置和记录等数据。

(4) 基础处理所使用材料应通过检测试验，任何达不到要求的材料应从现场移除，并用合适的材料替代。

13.7 回填处理

13.7.1 回填处理的要求

基础处理作业完成后，要对已就位处理好的管节两侧及顶部进行回填处理，回填层应该具备较好的排水性能，回填和覆盖物的组成可依据管节所在位置而定。所有的水中回填处理材料和保护石层入水过程中避免碰撞或磨损结构物。这些材料在填置时应注意在沉管段的左右两边均匀分布，避免对结构造成不均匀的水平压力。回填施工示意图详见图13-10。

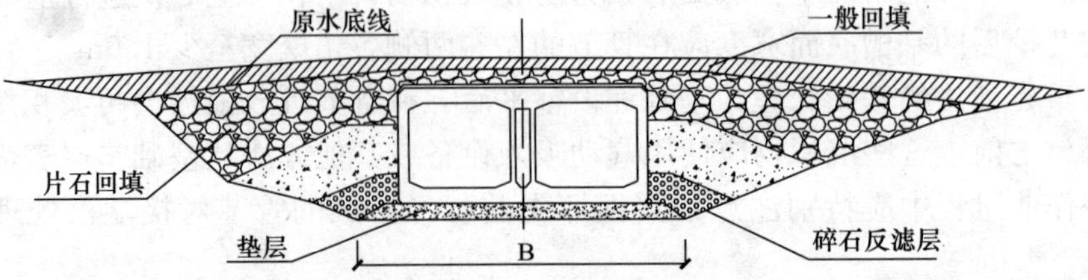

图13-10 回填施工示意图

（1）管节锁定抛石

管节沉放并对接就位后，必须进行两侧锁定回填，目的是固定管节位置。对于注浆基础处理还起到封堵注浆浆液作用。

一般在管节两侧锁定抛石，材料为粒径 1.5～5cm 的碎石棱体。锁定抛石一般施工船舶由一艘工作驳船、两艘抓斗船和两艘运石船组成，抓斗船靠于工作驳船两侧，将运石船上的碎石抓入漏斗，进行对称抛放施工。

（2）一般回填处理

锁定抛石棱体以外至管节顶面标高以上 0.5m 之间的基槽用一般的回填料进行回填。由于抛放泥土对海域污染较严重，一般选择用石料进行回填。

（3）面层抛石覆盖回填处理

在穿越航道的沉管段顶部宜设面层抛石覆盖，一般设 2m 厚的填料覆盖层，并分为上下两层进行覆盖回填。其中，下层覆盖回填为厚 1m、块重 10～100kg 的石块；上层覆盖回填为厚 1m、块重 50～200kg 的大石块。

根据通航条件设置碎石层和块石层的厚度来组成防锚抛石覆盖层，具体的要求如下：

1）防锚带

宜在管节两侧 5m 外设防锚带防止船舶走锚对管节的破坏，防锚带尺寸可采取宽度 5m、厚度 2m，采用 100～500kg 的大块石抛填。

管节锁定抛石的石料要经过筛选，其上部管节两侧可以用一般的回填料来进行回填。回填处理的坡度一般大于 2∶1。沉管段顶部的块石防锚层宽度每侧要至少超出 2000mm。

2）检验措施

基础处理和回填处理时，要保证在施工作业过程中垫层要有检验措施。在回填处理时要左右对称施工，防止产生偏压而导致管节的偏移，选择回填材料时要考虑地震时的液化。水域范围内，要防止不被水流冲失。航道范围内，要保证沉管段不被船锚破坏。

13.7.2　回填处理材料

所有回填处理材料以及材料的来源都必须由业主和监理工程师审批。任何时候业主都有权对材料进行测试和取样。

精选的回填处理材料应为级配较好的颗粒，其中直径超过 63μm 的颗粒不得超过 20%，最大颗粒直径不得大于 150mm。材料的有机物含量不得大于 5%，也不得含有毒物质。

普通的回填处理材料可含软质材料，包括可采用人工挖采的全风化花岗岩，但材料中不得包含监理工程师认为会对沉管隧道的防水性能产生危害的物质。普通回填材料中不得含黏土块、化学惰性品，63μm 网筛过筛颗粒质量不得超过总质量的 20%。颗粒回填处理材料中不得含有机质和有毒物质。

颗粒回填处理材料应当符合以下要求：

（1）直径从 6mm 至 25mm 同一级别的硬质碎石或砂砾。No.100 网筛过筛颗粒质量应小于总质量的 8%。

（2）砂粒回填材料应当级配良好并带有次棱角，关于回填材料粒径范围，应符合表 13-5 要求。

（3）作为基础垫层的石料应当采用质地坚硬、密实、新开采的带棱角的花岗石块，级配良好，直径介于25～250mm之间。在采用这种回填料的时候应当避免大块的石子掺杂到普通填土层，同时应保证不对沉管隧道的防水性能产生影响。

(4) 锚固部位的保护石块的选料应是质地坚硬、密实、新开采的带棱角的大块石块，重量在100～500kg。

(5) 回填处理用的粉煤灰应采用常规型或礁石型。常规型粉煤灰放置时含水率应为27%（±5%）。礁石型粉煤灰放置时含水率应为30%（±5%）。现场干密度至少要达到英国标准1377：1975（参照）最大值的90%，粉煤灰应使用推土设备整理成500mm的厚度，填层的表面应保持湿润避免粉尘，普通填层的上方应至少留有300mm厚的加盖层以完成最后面层的修正工作。

(6) 常规型粉煤灰放入水中时可使用自动翻卸卡车或自动卸底船舶，含水率为37%（±12%），现场干密度应至少达到标准最大值的70%，填充加盖速度不得低于2m/d。粉煤灰存放时外面应用编织箔膜包起，避免扩散到水体中。

13.7.3 回填处理的允许偏差

基槽开挖的平面轴线应与沉管段的平面轴线相一致。

根据布设的平面和高程控制点（基标）进行放样，确定沉管段沉放在轴线上误差不超过200mm，在基槽顶部用块石覆盖并加设防锚层后，分层铺设，每层厚度的偏差不得超过±30mm，总厚度偏差不得超过±10%。

要严格按照尺寸，用船底的回声定位系统，控制基槽回填后顶部标高、管节锁定部分的标高、基槽顶的平整度、基槽的宽度以及回填后的坡度等，其允许偏差应符合表13-6要求。

基础处理和回填处理允许偏差 **表13-6**

项　目	允许偏差（mm）
轴线	200
基槽顶标高	±300
基槽顶宽度	±500
基槽回填坡度	<1：2
块石覆盖层厚度	±300
管节锁定部分标高	±500
基槽顶平整度	500

14 沉管隧道岸上段施工

14.1 岸上段的设计形式

14.1.1 道路沉管隧道的岸上段

道路沉管隧道由于要与两岸地面道路相衔接，其岸上段一般由不同功能段组成：暗埋段和敞开段。

隧道的暗埋段具有较大埋深，通常采用基坑加围堰方式明挖施工。隧道的敞开段（含减光/遮光段建筑）处于爬升段，埋置渐浅，根据地质及周边地形条件，通常采用挡土支护方式或放坡明挖施工，±0.00以上按地面建筑方法施工。

当道路隧道沉管段较长，为了满足通风要求，需要在两岸设置通风竖井段，而较短的沉管隧道岸上段则无此功能段。通风竖井段通常埋深大，且靠近堤岸，可采用临时围堰明挖法施工。靠堤岸一侧的通风竖井段考虑防洪、防汛要求以及施工安全风险，通常采用预制岸壁式沉箱法施工或采用网格式地下连续墙作基坑开挖支护。

若沉管隧道的沉管段最终接头采用水中接头形式，那么沉管段与两岸上段的对接端可设置在原护岸内或外，没有限制。如最终接头在一岸上段内采取岸上接头（干作业）形式时，沉管段最后一管节应作为该岸上段护岸的一部分，同时该管节应解决好沉管安装时止推问题。

14.1.2 轨道交通系统沉管隧道的岸上段

如沉管隧道的沉管段要与轨道交通系统地面线路相衔接时，其岸上段的功能段形式与道路沉管隧道功能段形式相同。对于高速轨道交通系统的敞开段口部除应具备减光/遮光建筑功能外，还需要具备消声波功能。

如沉管隧道的沉管段要与轨道交通系统地下线路相衔接时，其接线段可视埋深或地质条件采用明挖法、盾构法或矿山法施工。采用盾构法或矿山法施工时，通风竖井段或岸边一段明挖暗埋段可作为沉管段与盾构法或矿山法施工的接线段隧道的不同工法转接段。

14.2 岸上段临时围堰工程

沉管隧道的岸上段施工，首先要实施并完成围堰工程才能进行，围堰按其所使用的材料不同，可分为：

(1) 土围堰；

(2) 土石围堰；

(3) 木（竹）笼围堰；

(4) 混凝土围堰；

(5) 钢板（管）桩围堰。

14.2.1 土围堰

土围堰是常用的围堰结构形式，其特点是：构造简单、可就地取材、施工方便、造价较低、适用于各种地基。条件允许时应尽可能利用弃土填筑堰体。但土围堰抗冲性能差、底部宽大，一般当水深小于3m，流量小于0.7m/s时才能采用。因此不适用于海上施工。

土围堰的结构形式：

（1）黏土斜墙围堰，其迎水面坡经常受到水流冲刷和波浪作用，常用草袋做护面；

（2）黏土芯墙围堰；

（3）均质填土围堰；

（4）木板芯墙围堰。

由于土围堰是用土抛入水中填筑的，水下部分不可能加以压实，渗透曲线位置较高，为避免背面滑坡，常用草袋或堆石填筑排水棱体。黏土芯墙围堰横断面示意详见图14-1。

为了改善土围堰的抗冲性能，减少围堰工程量，也可采用装土麻袋或草袋填筑土围堰，这种围堰的边缘可适当放陡，一般为1∶0.5～1∶1.5。土围堰抗冲刷能力差，不适合在波浪大、水流湍急的区域采用。同时，土围堰结构断面通常较大，占用水域较大。

14.2.2 土石围堰

土石围堰与土围堰相比，其抗冲能力较强，易于在流速较大的水域中进行水下填筑。

这种围堰修筑和拆除均较困难，当工地有大量清基石渣可以利用，而且围堰又无需拆除的情况下，采用土石围堰才是合理的。对于沉管隧道岸上段施工，仅适用于护岸的恢复。

14.2.3 板桩围堰

板桩的材料有木板、钢筋混凝土和型钢等，在沉管隧道岸上段围堰不采用木板材料，较多采用型钢。

（1）板桩结构形式

1）单排钢板桩围堰；

2）双排钢板桩围堰；

3）格形钢板桩围堰。

单排钢板桩围堰由于止水效果较差，为确保隧道岸上段结构的施工安全，通常不采用单排钢板桩围堰的结构形式。沉管隧道岸上段的围堰较多采用双排钢板桩围堰或格形钢板桩围堰。同时在围堰的内侧，应根据受力情况适当设置内支撑加固，以降低钢板桩围堰规模。

（2）双排钢板桩围堰

双排钢板桩围堰由于占用水域面积较小，因此在城区范围修建沉管隧道工程时是较适用的围堰方案，其横断面示意详见图14-2。

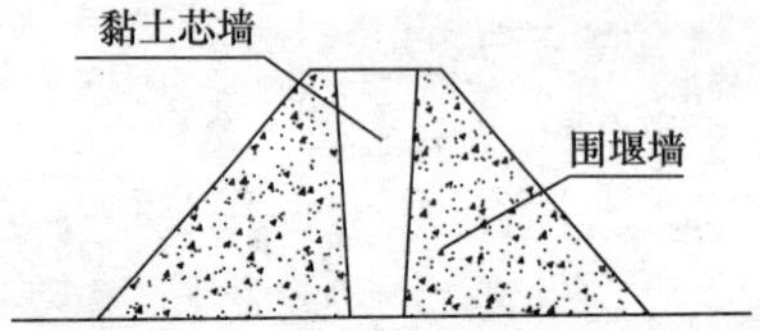

图14-1 黏土芯墙横断面示意图

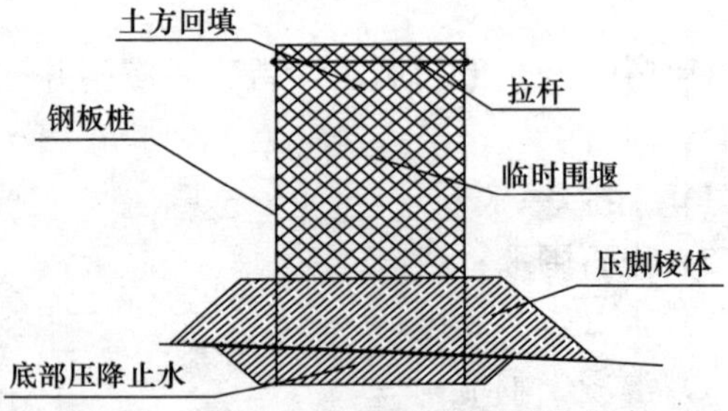

图14-2 双层钢板桩围堰横断面示意图

1）其结构组成包括：

① 迎水面钢板桩考虑到堤岸结构及开挖水下沉管基坑等因素，其打入深度较深；

② 岸上段基坑侧钢板桩，以挡土稳定及满足止水为目的，其打入深度较浅；

③ 两排钢板桩在常水位以上布设拉杆；

④ 岸上段基坑侧的钢板桩反压土（边坡一般为 1∶2）或设置钢结构支撑；

⑤ 两排钢板桩之间应采用不透水颗粒材料，以增加止水效果；

⑥ 两排钢板桩之间可设置防渗墙，该防渗墙应与岸上段开挖基坑围护结构形成一封闭的完整的防渗体系。

2）双排钢板桩围堰，挡水高度可达到 10～20m。

（3）格形钢板桩围堰

格形钢板桩围堰结构形式包括：

1）用钢管桩构筑的单圆桩格形式围堰；

2）隔板形格形围堰，一般采用厚度 8mm 的 Q235 钢板焊接，舱壁间浇筑 C30 混凝土；

3）花瓣形格形围堰。

钢板桩围堰整体性好，具有坚固、抗冲、断面小、修建和拆除均比较方便的特点，且可重复使用。

14.2.4 钢筋混凝土围堰

当围堰区域地质复杂、基坑开挖深度大、基岩浅，钢板桩不能形成有效嵌固长度，即适合采用钢筋混凝土围堰。钢筋混凝土围堰挡水水头高、底宽小、抗冲防渗性能好、占地范围小，虽然造价相对较高，仍为众多工程所采用。钢筋混凝土围堰的主要形式有：

（1）重力式；

（2）支墩式；

（3）拱式；

（4）框格式。

在水域范围建造钢筋混凝土围堰时，为保证混凝土围堰的施工和质量。还需先建造临时施工围堰，以临时围堰的堤面作为工作面施工钢筋混凝土围堰。

钢筋混凝土围堰靠岸一侧通常与永久堤岸一并考虑修建，通常设计成框格式钢筋混凝土围堰结构。

14.3 岸上段临时围堰及基坑支护桩施工

岸上段临时围堰及基坑支护桩主要包括：

（1）冲击沉桩；

（2）振动沉桩；

（3）静力压桩；

（4）钻孔灌注桩；

（5）射水法沉桩（水冲法）；

（6）地下连续墙。

依据《地下铁道工程施工及验收规范》（GB 50299—1999），各种沉桩方法应根据地质、环境和施工机具备等条件来选择，可参考表 14-1。

各种沉桩施工适用地质范围　　表 14-1

沉桩方法		适用地质范围
冲击沉桩		黏性土、砂土、淤泥和粒径不大于 50mm 碎石类土
静力压桩		黏性土、砂土、淤泥
振动沉桩		黏性土、砂土、淤泥
干作业螺旋钻机钻孔		地下水位以上黏性土、砂土和粒径不大于 50mm 碎石类土
旋喷桩		黏性土、砂土、淤泥和粒径不大于 50mm 碎石类土
泥浆护壁成孔	冲抓	有地下水的碎石类土、砂土、黏性土、淤泥及基岩
	冲击	有地下水的碎石类土、砂土、黏性土、淤泥及基岩
	回转钻	有地下水的碎石类土、砂土、黏性土、淤泥及基岩

14.3.1　各种沉桩施工要求

（1）冲击沉桩

冲击沉桩应根据沉桩数量和施工条件选用沉桩机械，并按其技术规定施工。

临时围堰在水上采用打桩工程船舶实施冲击沉桩作业，在陆地上采用打桩架配备冲击锤实施沉桩作业。打桩工程船舶采用锚缆系统实现移动和定位固定，打桩工程船舶的打桩架必须有足够高度，并应配备吊龙口施打的装备。水深应满足打桩船舶吃水要求，如不能满足吃水要求，则要进行必要的水下开挖疏浚。

陆上打桩架，一般采用履带式移动或液压步履式移动，应选择满足打桩长度的桩架。同时施工前，应评估地面施工条件，进行必要的压实处理，保证沉管的施工质量和安全。

冲击沉桩的主要施工要求：

1）桩锤是沉桩的主要设备，要选择必须满足克服沉桩阻力、沉桩速度和质量要求的桩锤，使沉桩效率高并保证桩身完好。

2）钢桩上端应设置吊装孔，钢板桩锁口内应涂油，下端应用易拆物塞紧。

3）钢板桩围檩支架的围桩必须垂直、围檩水平、位置正确、牢固可靠。围檩支架应高出水面 1/3 桩长，最下层围檩距常水位不宜大于 500mm，围檩间距应比 2 根细板桩组合宽度大 8～15mm。

4）钢板桩围堰宜在转角处两桩墙各 10 根桩位轴线范围内调整后合拢，如不能闭合需要搭接时，其桩背后应进行防水处理。

5）沉桩过程中，应随时检测校正桩的垂直度，钢桩沉没贯入度每击 20 次不应小于 10mm。

（2）振动沉桩

振动锤的振动频率应大于钢桩的自振频率。在振桩前，振动锤的桩夹应夹紧钢桩上端，振动作用线与钢桩重心线应在同一直线上。

振动沉设钢桩的方法和程序，基本可按冲击沉桩有关规定执行。

沉桩中如钢桩下沉速度突然减小，应停止沉桩，并将钢桩向上拔起 0.6～1.0m，然后重新快速下沉。如仍不能下沉时，应采取其他措施，通常采用超前钻造孔后再次沉桩。

（3）静力压桩

压桩机压桩时，桩帽与桩身的中心线应重合，对于压同一根桩时，应连续沉设。

压桩过程中应随时检查桩身的垂直度，初压过程中，如发现桩身位移、倾斜和压入过程中桩身突然倾斜，以及设备达到额定压力而持续 20min 仍不能下沉时，应停止压桩并采取措施。

（4）钻孔灌注桩

钻孔灌注桩可采用钻机成孔或冲击成孔。

钻机成孔：钻头应根据土质情况进行选用，其成孔应符合《地下铁道工程施工及验收规范》（GB 50299—1999）要求，冲击成孔可根据土层选用冲程和泥浆比重，可按表 14-2 要求。

各类不同土层冲程和泥浆比重选用值　　表 14-2

土层类别	冲程（m）	泥浆比重
护筒及以下 3m 范围内	0.9～1.1	1.1～1.3
黏土	1～2	清水
砂土	1～3	1.3～1.5
砂卵石	1～3	1.3～1.5
风化岩	1～4	1.2～1.4
坍孔回填后重新钻孔	1	1.3～1.5

1）排渣施工的要求

① 黏性土中成孔，可注入清水，以原土泥浆护壁，排渣泥浆比重应控制在 1.1～1.2。

② 砂土和较厚夹砂层中成孔，泥浆比重应控制在 1.1～1.3，在穿越砂夹卵石层或容易坍孔土层中成孔时，泥浆比重应控制在 1.3～1.5。

③ 泥浆选用塑性指数 $I_p \geqslant 17$ 的黏土配制。

④ 施工中应经常测定泥浆相对密度，并定期测定黏度、含砂率或胶体率。其指标控制：黏度为 18～22s，含砂率为 4～8%，胶体率不小于 90%。

2）清孔施工要求

① 孔壁土质不易坍塌时，可用空气吸泥机清孔；

② 用原土造浆时，清孔后泥浆比重应控制在 1.1 左右；

③ 孔壁土质较差时，宜用泥浆循环清孔，清孔后泥浆比重应控制在 1.15～1.25；

④ 清孔过程中必须补足泥浆，并保持浆面稳定；

⑤ 清孔后立即吊放钢筋笼，并浇注水下混凝土。

3）钢筋笼加工与吊装

① 钢筋笼绑扎应牢固，主筋接头可采用对焊、绑扎、搭接焊或冷挤压、气压焊等连接形式，并符合相应施工技术规定；

② 水下混凝土桩采用导管灌注时，混凝土桩的钢筋笼内径应大于导管连接处外径 10cm 以上；

③ 钢筋笼应按吊装条件确定分段加工长度，并设置钢筋保护层定位装置和焊接吊装耳环；

④ 钢筋笼下端 0.5～0.8m 范围内主筋应稍向内侧弯曲呈倾斜状；

⑤ 箍筋间距不得大于300mm，并宜采用螺旋筋；

⑥ 钢筋笼刚度较差时应补强，吊运中不得变形；

⑦ 钢筋笼应吊直扶稳，对准孔位缓慢下沉，不得摇晃碰撞孔壁和强行入孔；

⑧ 分段吊装时，将下段吊入孔内后，其上端应留1m左右临时固定在孔口处，上下段钢筋的主筋对正连接合格后继续下沉。

4）混凝土灌注

① 混凝土必须具有良好的和易性，配合比应经试验确定。细骨料宜采用中、粗砂，粗骨料宜采用粒径不大于40mm卵石或碎石；坍落度：干作业成孔宜为100～210mm，水下浇注宜为160～210mm。

② 混凝土灌注前应检查成孔和钢筋笼质量，混凝土应连续一次灌注完毕。

③ 干作业成孔应沿钢筋笼内侧连续灌注混凝土，不得在端口倾倒。

④ 泥浆护壁成孔的钻孔灌注桩应采用水下灌注混凝土，其灌注混凝土导管宜采用直径为200～250mm的多节钢管，导管的连接应严密、牢固，使用前应试拼，并试装隔水栓进行密闭性试验。

⑤ 水下混凝土灌注应符合下列规定：

（A）混凝土灌注前应在导管内临近泥浆面位置吊挂隔水栓；

（B）导管底端距孔底应保持300～500mm；

（C）导管埋入混凝土深度应保持2～3m，并随提升随拆除。

（D）导管吊放和提升不得碰撞钢筋笼。

⑥ 冬季施工时应采取保温措施，桩顶混凝土强度未达到设计强度的40%时不得受冻。

⑦ 混凝土试件制作，同一配合比每班不得少于一组，泥浆护壁成孔的灌注桩每5根不得少于一组。

（5）射水法沉桩（水冲法）

1）在桩尖内部或外部设有冲射管，从管内喷出高压水来冲刷破坏桩尖下的土体结构，使一部分土沿桩周涌上地面，因而减少了桩侧表面与土壤间的摩擦力和桩尖阻力，桩在自重及压重的作用下沉入土中。

2）停止射水后，经过一段时间的休整，松动土又逐渐恢复原来的结构，土体结构变得紧密，并附着于桩的表面，土对桩侧的摩擦力和桩尖阻力重新得到恢复使桩具有一定的承荷能力。

3）凡地基是能被高压水冲开的土体（如砂、砂砾土、砂黏土及黏土），都可以用射水沉桩，其中以砂性土效果为最好。射水法沉桩效率高，但由于破坏了土的结构，冲出的孔比桩径大，桩下沉时易发生倾斜和偏位，土壤（特别是黏性土）一时不易恢复原有的强度，因而承载力会有某种强度的降低。

4）射水法沉桩所用的机具，除用锤击法的全套机具外，还有射水系统，包括高压水泵、压力管、橡胶软管、射水管及喷嘴。

5）施工顺序：吊桩就位、压锤下沉、开动水泵、下放射水管并不断上下抽动。桩发生偏斜时，及时通过打开或关停相应的喷水管来进行调整。

6）射水法沉桩对土壤的破坏作用大，并将影响桩基承荷能力。在实际工程中一般是锤击和水冲相结合，若桩下沉有困难时才辅以水冲，并以土的阻力大小调整水压、流量及锤击频率，而且在快接近设计标高（1～2m）时应停止水冲，用锤击法或振动法把桩沉到设计标高。沉桩时是否采用水冲，应在已知地基的地质资料或认真进行分析判断后，若认为普通沉桩有困难时再决定射水，并设计确定射水沉桩方法和桩的结构。

14.3.2 沉桩的制作、吊运和堆存

（1）钢板桩

常用的钢板桩断面形式有：U形、Z形、H形、平板形及圆形或组合形。

钢板桩转角桩可用由原钢板桩沿纵向割下的带领口的肢体焊接而成。钢板桩应保持顺直，采用旧的钢板桩时，在使用前用一段钢板桩插入锁口来回拖动，检查锁口是否良好。

钢板桩应根据环境条件、使用年限和围堰体的不同部位采取适当的防腐措施，常用的防腐处理方法有：

1）涂料保护（日本近年采用聚乙烯覆盖和聚氨酯弹性体覆盖重防蚀法保护）；

2）阴极保护；

3）采用防腐蚀钢种；

4）增加钢板厚度以提高使用年限；

5）与钢板桩接触的金属件（如导梁及拉杆等）应采用的钢板桩材质相同的钢材，避免产生局部电流而加速腐蚀。

（2）钢管桩

钢管桩一般先专门生产成单节管桩，运到工地后拼装焊接，加固桩顶及桩尖，并进行防腐处理。钢管桩尽管采用螺旋形焊接，当分段拼接时必须在接头内侧加焊一衬套，以确保接头牢固、平直、可靠。当运输条件具备钢管桩整体运输条件时，钢管桩可采取整体加工和整体运输，这可提高工程的质量水准。

对于一般工程，钢管桩所有钢材可采用氧气转炉、平炉或地炉冶炼的Q235钢、16Mn钢、15MnV钢，使用Q235钢时应根据工程需要选用合适的质量等级的镇静钢，对于海上沉管隧道通过技术经济论证后，可采用耐腐蚀钢种。

钢材的质量应符合现行国家标准《碳素结构钢》（GB/T 700—2006）和《低合金高强度结构钢》（GB/T 1591—2008）的规定，碳素钢的强度设计值应根据钢材厚度或直径分组取值。钢材分组方法，应符合表14-3要求。

Q235钢材分组尺寸（mm） **表14-3**

组　别	角钢、工字钢和槽钢的厚度	钢板的厚度
第一组	≤15	≤20
第二组	>15-20	>20～40

注：工字钢和槽钢的厚度系腹板的厚度。

钢材的强度设计值，应符合表14-4要求。

钢材的强度设计值（MPa） **表14-4**

钢　材			抗拉、抗压和挠度 f	抗剪 f_s	端面承压（刨平顶紧）f_{ce}
钢号	组别	厚度或直径（mm）			
Q235	第一组	—	215	125	320
	第二组	—	200	115	320

续表

钢材			抗拉、抗压和挠度 f	抗剪 f_s	端面承压（刨平顶紧）f_{ce}
钢号	组别	厚度或直径（mm）			
16Mn 16Mnq	—	≤16	315	185	445
	—	17～25	300	175	425
	—	26～36	290	170	410
15Mn 15MnVq	—	≤16	350	205	450
		17～25	335	195	435
		26～36	320	185	415

注：1. Q235 镇静钢钢材的抗压、抗弯和抗剪强度设计值，可按表中的值增加 5%。
2. 引自《钢结构设计规范》（GB 50017—2003）。

焊接材料的强度设计值，应符合表 14-5 要求。

焊链的强度设计值（MPa） **表 14-5**

焊接方法和焊条型号	构件钢材			抗压 f_c^w	对位焊接			角焊接
	钢号	组别	厚度或直径（mm）		焊接质量为下列级别时，抗拉和抗剪 f_t^w		抗剪 f_v^v	抗拉、抗压和抗剪 f_f^v
					一组 二级	三级		
自动焊、半自动焊和 E43XX 系列焊条的手工焊	Q235	第一组 第二组	—	215 200	215 200	105 170	125 115	160 160
自动焊、半自动焊和 E50XX 系列焊条的手工焊	16Mn 16Mnq	—	≤16 17～25 26～36	315 300 290	315 300 290	270 255 245	185 175 170	200 200 200
自动焊、半自动焊和 E55XX 系列焊条的手工焊	15Mnv 15MnVq	—	≤16 17～25 26～36	350 335 320	350 335 320	300 285 270	205 195 185	220 220 220

注：1. 自动焊和半自动焊所采用的焊条和焊剂，应保证其熔敷金属抗拉强度不低于相应手工焊条和数值。
2. 引自赵志缙等编审的《建筑施工手册》（第四版），中国建筑工业出版社，2003。

海上沉管隧道，钢管桩的防腐，应符合表 14-6 要求。

海上沉管隧道，钢管桩的防腐措施 **表 14-6**

部位 方法	大气区	浪溅区	水位变动区	水下区	水下区
涂层	必须	必须	必须	可用	不需
包覆层	可用	可用	可用	不需	不需
预留腐蚀厚度	可用	必须	必须	可用	可用
阴极保护	无效	无效	可用	可用	可用

钢管桩的桩尖有全封闭、半封闭和开口三种形式。开口桩沉桩较容易，在砂土中形成土塞后承载力并不减少；在黏性土中优点并不突出，其最终的承载力比同直径的闭口桩要少 20%左右。为了具有开口与闭口两者的优点，一些工程采用半封闭式桩尖。在实际工程中大多采用开口桩，但有的为了穿透护岸的抛石层，采用锥形的封闭桩尖较为有利。

（3）桩的吊运

钢板桩和钢管桩宜采用两点吊。钢管桩在吊运时将桩重乘以动力系数。水平吊运的动力系数宜采取1.3，吊立过程的动力系数宜采取1.1。

桩起吊时，吊绳与构件水平面所成夹角不应小于45°，吊点位置偏差不应超过200mm。若采用钢丝绳捆绑时，为避免钢丝绳损坏构件，吊运时宜用麻袋或木块等衬垫。

（4）桩的堆存

桩堆存时要注意不能使桩产生损伤和变形。

桩堆存时要注意支垫必须放在吊点位置处，堆放层数取决于地基承载力的大小并不宜超过3层。

14.3.3 沉桩施工作业要求

（1）沉桩方法的选择

应根据沉管隧道工程的地理、地形、水位、风浪、地质等自然条件，以及工程规模、机械设备、材料、动力供应情况、工期长短等进行详细的调查研究和技术经济比较来选定合适的沉桩方法。

对于远离岸边的水上沉桩作业，一般情况下采用打桩船打桩。若海上施工地点处于风大浪高，打桩船舶有效作业时间很少，有条件时可以考虑采用海上自升式施工平台进行打桩，这样能避免风浪的不利影响。

对于临近岸边的桩，在水深足够时可采用打桩船舶打桩。若水深不够，则分几种情况进行打桩：

1）若浅水区桩位在打桩船舶吊龙口的伸距范围内，则打桩船舶吊龙口直接打桩；

2）若涨潮时能满足打桩船吃水要求，则可趁潮打桩；

3）当浅水区桩位超出吊龙口的伸距范围，趁潮也无法打桩时，则要先进行疏浚开挖，以便打桩船舶靠近岸边进行沉桩施工作业，但也可以搭栈桥，由陆上打桩架打桩，作业准备时间长，并要有起重船舶配合施工。

（2）确定沉桩施工顺序的主要因素

1）要考虑到所有的桩位都能施打，在确定打桩施工顺序时，为操作简便，又能保证使每根桩都能施打，常在桩位图纸上用同一比例尺的打桩船舶纸标尝试能否施打，定出打桩的顺序或可编制相应的计算机程序进行桩基工程仿真模型分析；

2）打桩船舶有一定的吃水和抛锚定位的方法，在拟定打桩顺序时应考虑到打桩水位、水深和风、浪、流的影响；

3）在拟定工程分段长度时要考虑沉桩的方便，也要考虑各个工序在一个施工段里时间安排的均衡性，还要考虑施工的安全性，实际工程中一般以结构段来分段；

4）其他因素包括：应考虑土壤变形的影响，尽量减少沉桩对岸线稳定的影响、尽量减少打桩船舶移架、改架、移锚的次数，考虑施工水域船舶锚缆的布置等。

14.3.4 沉桩质量控制

严格控制制桩质量，沉桩控制包括：偏位控制，贯入度和标高控制，桩的裂损控制，桩的临时固定和缺陷处理。

14.3.5 测量基线的设置

为使桩沉放到设计位置，需要测设施工基线和桩位控制点，以便准确定位。通常设两条基线，其中一条与沉管隧道岸上段的岸线尽可能平行，另一条最好与之垂直。施工基线应该布置在地面平整、无位移和沉陷的地方，应尽可能不受外界条件的影响。若无岸线和已有建筑物可供利用，也可设专门的打桩测量平台或施工栈桥。

定位前，应先根据桩位布置图计算出各桩在施工基线上的控制点位置和控制线的方位角，并在基线上把各控制点位置精确的测量出来，然后在控制点上架设仪器，按计算出的方位角进行控制。

若不能设置上述两条垂直的基线，也可布设两条任意夹角的基线（以使测量夹角在30～60°之间为宜），或只设一条沉管隧道岸上段轴线平行或倾斜的基线，用两台或三台经纬仪以任意角前方交会法进行打桩定位，通常用两台经纬仪定位，一台经纬仪校核。但采用GPS定位或全站仪测控是今后发展的方向。

施工基线要与工地控制网相衔接，并建立坐标系统，精度要符合规范要求，测设基线前必须对控制点进行复测，基线设置后应经监理工程师验收。

14.3.6 拔桩

拔桩施工作业应具备下列资料：围堰设计图、沉桩记录、地下管线敷设竣工图及桩位附近原有管线分布图。

拔桩前应拆除或改移高空障碍物、平整夯实作业场地、修筑临时运输道路、架设动力及照明线路、清除桩头附近堆土、检修机械设备、拟定施工方案、就绪后方可施工。

拔桩宜采用振动拔桩机，吊车配合，并符合下列规定：

（1）拔桩机卡头应卡紧桩头，起拔线应与桩中心线重合；

（2）拔桩开始时应略松吊钩，当振机起动后，随振幅加大拉紧吊钩；

（3）钢桩拔起到可用吊车直接吊起时应停拔，并及时吊出，其吊点必须在桩长1/3以上部位；

（4）钢桩应逐根试拔，易拔桩应先拔出；

（5）钢桩拔出后桩孔应及时用砂填实。

拔桩时，在操作方法正确，拔桩机振幅达到最大负荷，振动30min仍不能拔起时，应停止振动并采取措施。在地下管线附近拔桩时，必须保护好管线，机械不得在其上面作业。

14.3.7 拉杆

双层钢板桩围堰通常都要采用拉杆。

拉杆应采用钢材制作，钢拉杆应采用焊接质量有保证和延伸率不小于18%的钢材，其直径由强度计算确定，可采用40～90mm。拉杆的间距可采用1.5～3.0m，对于单设导梁的U形和Z形钢板桩墙，应取板桩宽的偶数倍。

14.3.8 围堰旋喷帷幕施工

围堰及岸上段基坑周边，采用旋喷法作为联锁桩施工或定向喷射或连续防渗墙，以达到帷幕目的。旋喷法适用于砂土、黏性土、淤泥等地基的加固，对砂卵石（最大粒径小于20cm）的防渗也有较好的试验效果。

旋喷法的一般工艺流程为：孔位定点并埋设孔口管→钻机就位→钻孔至设计深度→旋喷高压泵液或高压水汽流与浆体，同时提升旋喷管，直至桩顶高程→向桩内空穴进行低压注浆，起拔孔口管→转入下一孔位施工。由于钻孔和旋喷方法的不同，工艺流程也不完全一致。

(1) 钻孔方法选择

钻孔可以采用旋转、射水、振动或锤击等多种方法进行。旋喷管可以随钻头一次钻入到设计孔深，接着自下而上进行旋喷。也可先行钻孔，终孔后插入旋喷管，按照自下而上的原则进行旋喷。

为防止钻进和旋喷中孔口塌陷，要求埋设孔口管，孔口管可重复使用。当孔壁不稳定时，应用泥浆护壁钻孔；钻进过程中对钻机的性能无特殊要求，只要能满足某一种方式钻或旋喷用钻孔即可。

(2) 旋喷方法选择

根据设计对钻喷的要求和施工机具有的条件选用适宜的旋喷方法，可参考表14-7。

各种旋喷方法及使用的主要机具 **表14-7**

喷射方法	喷射情况	主要施工机具	成桩直径
单管法	喷射水泥浆或化学浆液	高压泥浆泵、钻机、单旋喷管	0.3～0.8m
二重管法	高压水泥浆（或化学浆液）与压缩空气同轴喷射	高压泥浆泵、钻机、空压机、二重旋喷管	介于单管法和三管法之间
三重管法	高压水、压缩空气和水泥浆液（或化学浆液）同轴喷射	高压水泵、钻机、空压机、泥浆泵、三重旋喷管	1.0～2.0m

注：引自水利电力部水利水电建设总局主编的《水利水电工程施工组织设计手册》，中国水利水电出版社，2007。

(3) 施工技术要求

由于旋喷法为高压施工，施工中应注重以下技术要求：

1) 管路、旋转活接头和喷嘴等必须拧紧，安全密封；高压水泥浆液、高压水和压缩空气各管路系统均应不堵不漏不串。设备系统安装后，必须经过运行试验，试验压力要达到工作压力的1.5～2.0倍。

2) 钻机安放应保持水平，旋喷管的允许斜度不得大于1.5%。

3) 旋喷管进入预定深度后，应先进行试喷，待达到预定压力、流量后，再提升旋喷。中途发生故障时，应立即停止提升和旋喷，以防止桩体中断，然后进行仔细的检查，排除故障。若发现泥浆液喷射不足，影响桩体质量时，应进行复喷，施工中应做好详细记录。

4) 旋喷水泥浆液必须严格过滤，防止水泥结块和杂物堵塞喷咀及管路。

5) 旋喷结束后要进行压力注浆，以补填桩柱凝结收缩后产生的顶部空穴。每次施工完毕后，必须立即用清水冲洗旋喷机具和管路，检查磨损情况，如有损坏零件应及时更换。

14.4 岸上段护岸

岸上段护岸形式，在施工期间要对其基坑两侧的原岸线的护岸加以保护，需要修筑临时护岸。

沉管隧道的沉管段与两岸上段对接、定位完成后，要进行原岸线的护岸加以恢复，需要修筑永久性护岸。

14.4.1 护岸顶高程的确定

护岸顶高程应根据波浪的爬高以及岸顶是否允许上浪来确定。对允许上浪的沿海港口

（人工筑岛）护岸，岸顶高程宜定在设计高水位以上 0.8～1.0 倍设计浪高值处，并应高于极端高水位。

对不允许上浪的沿海港口（人工筑岛）护岸，岸顶高程可按下式计算：

$$Z_c = H + R + \Delta \tag{14-1}$$

式中：Z_c——岸顶高程（m）；

H——设计高水位（m）；

R——波浪爬高，按现行行业标准《海港水文规范》(JTT 213—1998) 确定；

Δ——富余值（m），根据使用要求和护岸的重要性确定，可取 0.5～1.0m。

内河航道和内河港口护岸的顶高程，应分别按最高通航水位或设计高水位加 0.1～0.5m 的超高来确定。对允许上浪的护岸，其临岸侧地面宜设 3%左右的横向排水坡。

14.4.2　岸上段护岸结构选型

（1）斜坡式护岸

斜坡式护岸常用于岸坡较缓、水深较浅、地基较差、石料来源丰富、用地不紧张或就地修坡的岸线。当护坡采用人工块体护面时，也可用于水深较深和波浪较大的情况。如沉管隧道的岸上段为人工筑岛时，国外较多采用这种护岸形式。

斜坡式护岸主要有如下两种类型：

1）护坡型斜坡式护岸，即直接在原岸坡上修建护坡结构。

2）棱体型斜坡式护岸，用于岸坡前相对水深和波浪较大或需要先围护、后回填的情况。由于块石护面不能抵御较大的波浪，必要时可考虑采用混凝土异形块体做护面。

（2）直立式护岸

城市道路沉管隧道的岸上段多采用直立式护岸，当护岸墙体前水深和波浪不大，地基条件较好，可乘潮施工或具备干地施工条件时，墙身可采用浆砌块石或现浇混凝土的结构形式，其临水墙面可为直立面或弧形面；当护岸墙体前水深较大时，为了减少现场工作量，墙身可采用砌筑混凝土方块或安放钢筋混凝土沉箱、扶壁、圆筒等结构形式；当现场材料来源缺乏，地基条件较差时，可采用板桩结构形式。

对工程规模不大、岸坡陡度不一、地质条件要求不太高的内河护岸，可采用加筋土岸壁的形式。加筋土岸壁是一种新型护岸结构，它由预制的钢筋混凝土面板、加筋土工带、填料、胸墙和基础梁等组成。其特点是结构简单、施工方便、工期短、造价省、对地基的适应性较好。它可根据岸壁高低、地形、地质等条件，选择矩形、梯形、倒梯形或锯齿形等不同形式。

14.4.3　斜坡式护岸的要求

直接在原岸堤上修建护坡结构时，其结构应由胸墙、护肩、护面层、垫层、倒滤层、肩台、护脚、护底和岸坡等部分组成。

用于岸坡前相对水深和波浪较大或需要先围护、后回填的护坡结构，由于块石护面不能抵御较大，必要时可考虑采用混凝土异形块体做护面，其结构应由胸墙、护肩、护面层、垫层、护脚、护底、堤身、倒滤层、回填料等部分组成。

（1）护岸边坡、护肩、胸墙、肩台和护脚

1）护岸的护坡范围可从岸顶至设计低水位以下 1.0 倍或最低通航水位以下 1.5 倍设计浪高值之间，边坡可采用 1∶1.5～1∶3.5。沿海港口的护岸，当坡面采用变坡或不同的护面块体时，其分界点宜定在设计低水位之下 1.0 倍设计浪高值处。

2）护肩宽度可取 1.0～3.0m，厚度应根据使用要求且至少应保持和护面相同。

3）肩台（或戗台）的标高一般定在施工水位附件，宽度不少于 2m，常作为水上干砌或浆砌块石护面施工时的人工作业通道。

4）岸顶需要设置胸墙时，胸墙形式和构造可参照防波堤设计的有关部分。

5）护脚的作用是支撑坡面和防止坡脚被波浪或水流所淘刷。当护脚采用抛石棱体时，棱体的顶高程，对于海港护岸宜定在设计低水位以下 1.0 倍设计浪高值处；河道护岸宜定在最低通航水位或多年枯水值附近。棱体顶宽不宜小于 2m，厚度不宜小于 1.0m，外坡不宜陡于 1∶1.5。

（2）护底

当护岸的地基易被冲刷时，应采取护底措施。其护底范围应根据波浪、水流的冲刷强度及土质条件而定，护底可采用块石、软体排和石笼等结构。当采用块石时，应符合以下规定：

1）对海港（人工筑岛）的护岸工程的护底，应符合《防波浪设计和施工规范》（JTS—154—1—2011）的有关规定。

2）对内河航道及港口护岸工程的护底宽度应根据河势分析和岸坡稳定要求确定。护底块石层的厚度不宜小于 2 倍块石粒径。

3）当护岸坡脚采用人工块体或大块石棱体时，应在棱体下设置厚度不小于 0.5m 的碎石或 10～100kg 的块石层。

（3）护面

护岸的护面结构结构可采用抛理块石、干砌块石、浆砌块石、干砌条石、混凝土板、栅栏板、混凝土人工块体及模袋混凝土等。面层厚度的规定如下：

1）当采用现浇混凝土板块时或预制混凝土板块时，其板厚不宜小于 80mm；

2）当采用干砌块石时，其厚度不宜小于 250mm；

3）当采用浆砌块石时，其厚度不宜小于 200mm；

4）当采用模袋混凝土时，其厚度不宜小于 150mm；

5）当采用抛理块石时，其厚度不宜小于 600mm。

（4）垫层

护岸结构一般需在护面和护坡倒滤层之间设置一层块石或二片石垫层，其作用是保护倒滤层不被波浪、水流抽出或淘刷。

1）海港（人工筑岛）护岸护面垫层块石的重量的确定依则同防波堤的有关部分，其厚度不宜小于 400mm。

2）内河航道及港口护坡垫层块石的厚度不宜小于 150mm。必要时，可采用土木织物垫层。

（5）倒滤层

倒滤层的作用是保护天然岸坡，防止后方回填土料的流失，它对防止地面的沉降和保障岸坡的稳定至关重要。

倒滤层的设置可采用分层或混合倒滤层，目前广泛应用土木织物倒滤层。倒滤层的设置应符合以下要求：

1）施工水位以上的护坡倒滤层宜分层设置，其中碎石层（5～20mm）厚度宜为0.15～0.2m；粗砂或中砂层厚度宜为0.10～0.15m。当采用混合倒流层时，其厚度不宜小于0.4m。

2）施工水位以下，可采用级配较好的混合倒滤层，其厚度不宜小于0.6m。混合倒滤层的碎石粒径一般为5～60mm，其中5～20mm粒径的比例应较大。

3）土工织物倒滤层材料应选用无织土工织物或机织土工织物。当采用无织土工织物时，其单位面积质量宜为300～500g/m^2，抗拉强度不宜小于6kg/m^2，对设在构件安装缝处的滤层，宜选用抗拉强度较高的机织土工织物。

（6）挡浪胸墙

为防止护岸顶部上浪影响使用，最经济合理的形式是在岸顶临水侧设置胸墙。

胸墙或挡浪墙应设置变形缝，其目的是为了防止由于气温等原因使胸墙产生裂缝以及由于基础不均匀沉降造成墙体开裂。缝的间距应根据气温、胸墙形式和尺度、基础系件等确定，一般取10～20m，缝宽可取20～40mm，用沥青木丝板等材料填充。

（7）变形缝和排水孔

对浆砌块石、现浇混凝土板和模袋混凝土护面设置变形缝和排水孔，其目的是为了防止岸坡由于不均匀沉降而造成护面层开裂以及渗流水压造成面层局部隆起和破坏。

变形缝的间距：海港（人工筑岛）护岸可取5～10m，内河航道及河港护岸不宜大于5m，横向间距可取5m左右。

排水孔的位置应避开板块中轴，其纵、横向间距可取2～5m，孔径可取50～100mm，并应考虑倒滤设施。

14.4.4 直立式护岸的要求

现浇混凝土、预制混凝土构件和浆砌块石结构，其结构由压顶、墙体、倒滤设施、排水孔、护脚、护底、基床、回填料等部分组成。

混凝土方块结构，其结构由胸墙、墙体、护底、基床、抛石棱体、倒滤层、回填料等部分组成。

扶壁结构，其结构由胸墙、立板、趾板、底板、肋板、抛石棱体、倒滤层、回填料、基床等部分组成。

沉箱结构，其结构由胸墙、外壁、护底、基床、抛石棱体、倒滤层、回填料等部分组成。

毛板结构，其结构由胸墙或帽梁、导梁、板桩墙、钢拉杆、锚碇结构、回填料等部分组成。

加筋土岸壁结构，其结构由胸墙或帽梁、墙面板、倒滤层、基础、加筋体、回填料等部分组成。

上述直立式护岸的主要结构形式与防波堤、重力式码头、板桩码头等建筑物基本相同或相似。

（1）施工要求应符合以下的有关规范和规程：

1）《防波堤设计与施工规范》（JTS—154—1—2011）；

2）《重力式码头设计与施工规范》（JTS 167—2—2009）；

3）《板桩码头设计与施工规范》（JTS 167—3—2009）；

4）《水运工程土木织物应用技术规程》（JTJ/T 239—2005）。

（2）直立式护岸应注意以下事宜：

1）尽量减少波浪越顶，尤其陆域为农田时，通常采用如下措施：

① 提高岸顶标高，但它增加了墙体和后方回填的工程量；

② 顶设置挡浪墙；

③ 墙体本身做成弧形反浪结构，此种效果最好；

④ 墙前施工水位附近设置一定宽度的戗台，虽对减少爬高比较有效，但也增加了工程数量。

2）防止墙脚淘刷，特别是波浪在墙前破碎时，产生较大的底流速度，造成墙前水底冲刷，这将危及墙体的安全。为保证墙体的稳定，对于非岩石水底，应采取如下措施：

① 墙基应有一定埋深，最好把墙基放在冲刷深度以下，对于长期性侵蚀的岸线，冲刷深度可能很大，墙基不可能埋置很深，这种做法也不经济，此时可加强护底。

② 墙前护底，一般采用抛石做护底。当水底冲刷严重时，可采用打板桩或加肋软体排做护底。

③ 减少墙厚的剩余水压力。对墙体为浆砌块石或现浇混凝土结构时，需在墙内设置排水孔（沿长度方向间隔布置），在排水孔厚设倒滤设施。

14.5 岸上段施工

14.5.1 明挖法施工的一般规定

（1）明挖法施工的岸上基坑段一般宜采用支护桩或地下连续墙支护，基坑的支护桩或地下连续墙与岸上段口部围堰形成一封闭防渗体系。若基坑采用放边坡开挖时，在边坡顶面宜采用定喷防渗墙帷幕，与岸上段口部围堰的定喷防渗墙形成一封闭防渗体系；边坡应稳定，并保证防渗体系不会因边坡位移而破坏。

（2）当沉管段延伸进岸上暗埋段的支护结构内进行沉放对接，则该段支护结构应采用自稳或支护结构。

（3）当岸上暗埋段作为沉管段的对接端时，则要同步进行止推结构施工。

（4）当沉管段的最后沉放管节作为岸上暗埋段的一部分时，则在岸上暗埋段的支护结构上预留实施该管节止推结构施工的条件。

（5）岸上段基坑必须保持地下水位稳定在基底 0.5m 以下，需要降水时，应按井点降水有关规定执行。

（6）岸上段土石方需要爆破时，需要事先编制爆破方案，报有关部门批准同意后方可实施。

（7）岸上段应分段施工，完成一施工段时应及时进行回填。

（8）岸上段基坑开挖范围内各种管线，施工前应调查清楚，并应制定迁改管线的平衡方案，经有关部门同意后方可确定迁改或采取悬吊措施。

（8）岸上段施工前应对邻近建筑物及管线进行鉴定，施工过程除由承包商自行监测外，还应由第三方实施监测，根据检测数据，进行信息化施工，对邻近建筑物及管线实施有效保护。

14.5.2 地下连接墙

沉管隧道岸上段的明挖暗堤段（包括口部两侧岸上段的护岸）和敞开段，其基坑通常采用现浇连续墙作为围护结构。施工要求应符合《地下铁道工程施工及验收规范》（GB 50299—1999）。

（1）现浇地下连续墙截面类型

1）现浇地下连接墙的截面主要有如下形式：

① 矩形；

② T形；

③ 箱形；

④ 钻孔桩排形。

2）沉管隧道岸上段与沉管段的接头段（包括沉管隧道轴线岸上口部干坞）的现浇地下连接墙结构不能采用横撑，只能采用自稳现浇地下连接墙或地下连续墙加锚杆，其截面多为箱形或T形钢筋混凝土结构形式，其他岸上面则可采用矩形、钻孔柱排形式，采用横撑支撑或锚杆锚固。

3）钻孔桩排形地下连续墙宜采用一字的排列，钻孔桩宜靠近，其缝宽不宜大于100mm（或咬合），墙后应设置水泥搅拌桩或旋喷水泥浆帷幕。

（2）地下连续墙施工的一般规定

1）地下连续墙结构及横撑或锚杆等，必须经过计算。

2）横撑支护要求：

① 横撑安装前应先拼装，拼装后两端支点中轴线偏差不应大于20mm，安装后纵向偏移量不应大于50mm。

② 横撑应在土方挖至其设计位置后及时安装，并按设计要求对坑壁施加预应力，预紧后固定牢固。设有腰梁的横撑，其腰梁应在地下连续墙体水平连接牢固后，方可安装横撑。

③ 横撑安装位置允许偏差为：高程±50mm，水平间距±100mm。

④ 横撑需要设置中间支撑桩时，其支撑桩应接设计施工，并与横撑连接牢固。

⑤ 沉管隧道岸上段施工时，横撑上不得对方材料或其他重物。发现变形、钢模松动或支撑系统出现故障时，必须及时处理。

⑥ 横撑及腰梁应随基坑回填自下而上逐层拆除，边拆边填，必要时应采取加固措施。当地下连接墙作为主体结构墙体时，横撑必须按设计要求拆除。

3）土层锚杆支护要求：

① 锚杆布置应符合下列规定：

（A）最上层锚杆覆土厚度不小于3m；

（B）上下两层锚杆间距宜为2～5m，水平间距宜为2～3m；

（C）倾斜度宜为15°～35°；

（D）位置正确并应避开临近地下构筑物或管线，如锚杆长度超过用地范围时，应取得相关利益方的同意；

（E）锚固段必须设置于滑动土体1m以外的地层中，锚固段与非锚固段应界限分明。

② 锚杆的杆体可采用钢筋或钢纹线，钢筋应除锈，钢纹线锚固段应擦拭干净。锚杆杆体应设置定位口，其间距、锚固段不宜大于2m，非锚固段宜为2～3m。锚杆的锚头，垫板受力后不得变形和损坏。

③ 锚杆应在基坑土方挖至其设计位置后及时安装，钻孔机具应根据地质条件选择。锚孔的孔位误差为：孔位高程±50mm，水平间距±100mm，孔深+100mm。设有腰梁的锚杆，其腰梁应与桩体水平连接牢固后，方可安装锚头。

4）锚杆注浆应符合下列规定：

① 水泥应采用325号以上的普通硅酸盐水泥，必要时可掺外加剂。

② 水泥浆液的水灰比应为0.4～0.5，水泥砂浆灰砂比宜为1∶1～1∶2。

③ 锚固段注浆必须饱满密实，并宜采用二次注浆，注浆压力宜为0.4～0.6MPa。接近地表或地下构筑物及管线的锚杆，应适当控制注浆压力。

④ 锚杆的锚固段浆液达到设计强度后，方可进行张拉并锁定，其张拉值应为设计荷载的75%～80%，并按有关规定做好记录。

5）锚杆应进行抗拉和验收试验，并应符合下列规定：

① 试件数量：抗拉试件宜为总数量的2%，且不应少于2根；验收试件宜为总数量的2%，且不应少于2根；验收试件宜为总数量3%，且不宜少于3根。

② 加载方式：依次为设计荷载的25%、50%、75%、100%、120%（验收试验锚杆)、133%（抗拉试验锚杆)。

③ 验收试验锚杆总位移量不应大于抗拉试验锚杆总位移量。

6）地下连续墙施工作业应具备下列资料：

① 地质勘察报告；

② 沉管隧道岸上段结构平、纵断面图；

③ 基坑范围内地下管线、构筑物及邻近建筑物资料。

7）地下连续墙施工应注意的事宜：

① 地下连续墙施工作业开始前，应平整场地，清除成槽范围内的地面、地下障碍物，对需要保留的地下管线应挖露出来，封堵地下空洞并测放出墙位置；

② 地下连续墙支护的基坑，在土方开挖和隧道结构施工期间，应对基坑围岩和墙体及其支护系统进行监控测量，并及时反馈信息；

③ 地下连续墙作为主体结构或其一部分时，在施工二次结构前，墙体应凿毛、清理干净、调直预留钢筋，经检查合格后，方可施工二次结构；

④ 地下连续墙支护的基坑为软弱土层时，其基底加固措施应符合设计要求，并在加固浆体达到设计强度后方可进行土方开挖。

（3）地下连续墙施工

1）单元槽段的划分

为了沟槽的稳定，不可能全部开挖完成后再浇注混凝土，必须把地下连续墙划分为多个单元槽段，逐段开挖，逐段浇注混凝土。单元槽段的划分对地下连续墙的整体性、强度、施工质量、施工速度等都有影响，单元槽段的划分应考虑如下因素：

① 地下连续墙的用途和结构形状，不能在结构突变或应力集中的部位分缝；

② 地下连续墙的厚度与深度或单位长度的工程量；

③ 工程所在地的地质和地下水位条件；

④ 相邻建筑物的影响；

⑤ 施工设备的性能和能力；

⑥ 钢筋笼的重量和大小；

⑦ 贮浆池的容量；

⑧ 施工用地的面积；

⑨ 混凝土拌和料的供应能力；

⑩ 连续作业时间。

总之，划分单元槽段既要满足地下连续墙功能和强度要求，又要与施工条件相适应，保证施工质量和效率，并尽量使槽段的类型少。一般单元槽段的长度宜采用 4～8m，特殊情况下可超过 10m。

2）导墙施工

① 槽段开挖前，应沿地下连续墙面两侧构筑导墙，其主要功能作用为：

（A）准确的标示出地下连续墙的设计位置，并作为施工测量的基准；

（B）围挖槽机械、浇注混凝土的机架和导管及吊放钢筋笼工作等导向和定位；

（C）容蓄泥浆；

（D）防止槽壁顶部坍塌。

② 导墙净距应大于地下连续墙设计尺寸 40～60mm，可选用倒“L”形，其结构横断面示意详见图 14-3，以加长泥浆的渗透路径，亦可选用“］［”形，其结构横断面示意详见图 14-4，以增加导墙的纵向刚度。导墙可采用现浇或预制钢筋混凝土结构。

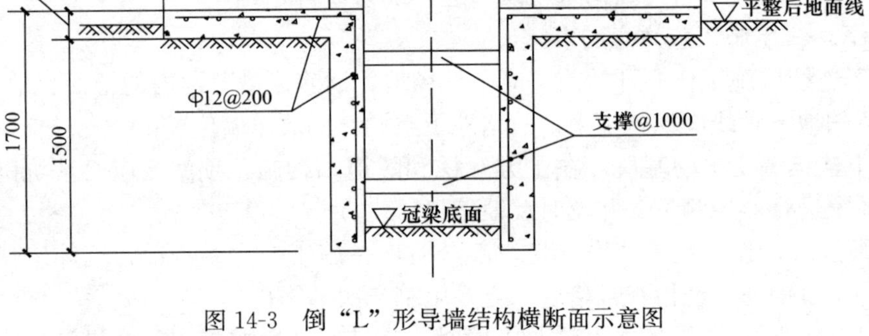

图 14-3 倒“L”形导墙结构横断面示意图

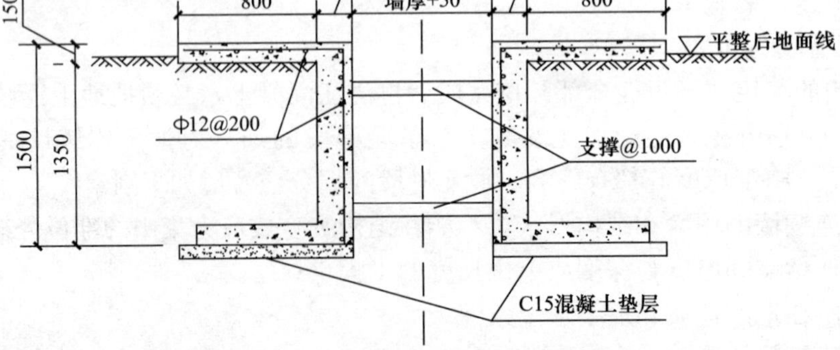

图 14-4 “］［”形导墙结构横断面示意图

③ 导墙结构应建在坚实的地基上，并能承受水土压力和施工机械设备等附加荷载。

④ 预制导墙接头连接必须牢固。现浇钢筋混凝土导墙养护期间，重型机械设备不得在附近作业或停置。

⑤ 导墙高度宜为1.5～2m，顶部高出地面不宜小于100mm，外侧墙土应夯实。导墙不得移位和变形。

⑥ 导墙施工允许偏差应符合下列规定：

（A）内墙面与地下连续墙纵轴线平行度为±10mm；

（B）内外导墙间距为±10mm；

（C）导墙内墙面垂直度为5%；

（D）导墙顶面平整度为5mm；

（E）顶面高程允许偏差为±10mm。

3）泥浆制备与处理

① 泥浆的功能作用包括：

（A）泥浆的护壁功能作用包括：一是泥浆密度大于水，在槽内产生的液体压力作用于槽壁，相当于一种液体支持。二是泥浆具有一定的黏度，使槽壁上的土颗粒胶结成土膜。

（B）泥浆携渣的功能作用在于其具有较高的黏性，故能在挖槽过程中将土渣悬浮起来，用泥泵不断地抽取携渣泥浆，同时灌入新鲜泥浆。携渣泥浆经过过筛、分离、沉淀、调整等再生处理，又可作为新鲜泥浆重复使用，由此达到了置换排渣的目的，从而形成泥浆循环系统。

（C）润滑与冷却的功能作用，由于泥浆对挖槽机具（尤其是钻挖和铣削机具）具有冷却和润滑的作用，可减轻机具的损耗，提高挖槽机具的效率，延长机具的使用寿命。

② 泥浆拌制材料宜优先选用膨润土，如采用黏土，应进行物理、化学分析和矿物鉴定，其黏粒含量应大于50%，塑性指数应大于20，含砂量应小于5%，二氧化碳与氧化铅含量比例宜为3～4。

③ 泥浆在使用前，应取样按照要求进行各种性能试验，在一般软土中成槽所使用的泥浆性能指标，应符合表14-8要求。

泥浆的性能指标 **表14-8**

序号	项　目	指　标	序号	项　目	指　标
1	垂度	1.05～1.20kN/m^3	4	泥皮厚度	(1～3mm)/30min
2	粘度	18～25s	5	稳定性	小于0.02g/cm^3
3	失水量	小于30mg/30min	6	pH值	7～9

④ 泥浆贮备量应满足槽壁开挖使用需要，在容易渗漏的土中成槽，应适当提高泥浆的黏度，并增加泥浆的储备量。

⑤ 新拌制泥浆应贮存24h以上或加分散剂使膨润土（或黏土）充分水化后方可使用。

⑥ 挖槽期间，泥浆面必须保持高于地下水位0.5m以上。

⑦ 施工中可回收利用的泥浆应进行分离净化处理，符合标准后方可使用。废弃的泥浆应采取措施，不得污染环境。

⑧ 遇到有地下水含盐或受化学污染时应采取措施，不得影响泥浆性能指标。

4）沟槽施工

① 应根据地质、地下障碍物、施工环境、墙厚与工程质量要求选择挖槽机械，并根据采用的挖槽机械制定相应的挖槽工艺，包括选用泥浆的正循环、反循环和不循环三种形式。

② 挖槽过程中应观测槽壁变形、垂直度、泥浆液面高度，如发现较严重坍塌时，应及时将机械设备提出，分析原因，妥善处理。

③ 单元槽段长度应符合设计和施工协议规定，并采用间隔式开挖，一般地质应间隔一个单元槽段。

④ 清底要求：

（A）槽段挖至设计高程后，应及时检查槽位、槽深、槽宽和垂直度，并按有关要求做好记录，合格后方可进行清底。

（B）清底可采用吸力泵、压缩空气或水泵将沉淀在沟槽底的土渣连同泥浆一起抽出槽外。应自底部抽吸并及时补浆，清底后的沟槽底泥浆比重不应大于1.15，沉淀物淤积厚度不应大于100mm。

5）钢筋笼制作与安装

① 钢筋笼应在平台上制作成型并应符合下列规定：

（A）钢筋笼纵向应预留导管位置，并上下贯通；

（B）钢筋笼底端应在0.5m范围内的厚度方向上做收口处理；

（C）吊点焊接牢固，并应保证钢筋笼起吊刚度；

（D）钢筋笼应设定位垫块，其深度方向间距为3～5m，每层设2～3块；

（E）预埋件应与主筋连接牢固，外露面包扎严密；

（F）分节制作钢筋笼应试拼装，其主筋接头搭接长度应符合设计要求，如采用焊接式机械连接时，应按相应的技术规定执行。

② 钢筋笼制作允许偏差值，应符合表14-9要求。

钢筋笼制作允许偏差值（mm） **表14-9**

项　目	偏　差	检查方法
钢筋笼长度	±50	钢尺量，每片钢筋网检查上、中、下三处
钢筋笼宽度	±20	
钢筋笼厚度	0 −10	
主筋间距	±10	任取一断面，连续量取间距，取平均值作为一点每片钢筋网上测四点
分布筋间距	±20	
预埋件中心位置	±10	抽查

③ 钢筋笼应在槽段接头清刷、清槽、换泵合格后吊放入沟槽内，并应对准槽段中心线缓慢沉入，不得强行入槽。

④ 钢筋笼分段沉放入槽时，下节钢筋笼平面位置应正确并临时固定于导墙上，上下节主筋对正连接牢固，并经检查合格后，方可继续下沉。

6）混凝土浇注

在槽段开挖和清渣后，需在槽段端部吊放接头管（锁口管），其功能是在端部使新老混凝土呈锁口状态啮合，在施工时避免水泥浆渗入到下一槽段的土壤中，影响下一槽段的开挖，同时也为下一槽段开挖挖槽机具嵌入土中挖土提供了有利空间。

① 接头管（锁口管）施工应符合如下要求：

（A）地下连续墙各墙幅间竖向接头应符合设计要求，使用的锁口管应能承受混凝土浇注时的侧压力，浇注混凝土时不得位移和发生混凝土绕管现象。

（B）锁口管应紧贴槽段对准位置垂直、缓慢沉放，不得碰撞槽壁和强行入槽。锁口管应沉入槽底 300～500mm。

（C）锁口管在混凝土浇注 2～3h 后应进行第一次起拔，以后每 30min 提升一次，每次 50～100mm，直至终凝后全部拔出。

（D）锁口管起拔后应及时清洗干净。

（E）后继槽段开挖后，应对前槽段竖向接头进行清刷，清除附着土渣、泥浆等物。

② 混凝土浇注一般采用浇注水下混凝土的导管法施工方法。

③ 地下连续墙应采用掺外加剂的防水混凝土，水泥用量：采用卵石时不宜小于 370kg/m^3，采用碎石时不应小于 400kg/m^3，坍落度应采用 200±20mm，水压比不得大于 0.6。

④ 导管水平布置距离不应大于 3m，与锁口管的距离不宜大于 1.5m。导管底端距沟槽底为 300～500mm。在浇注过程中，导管宜埋入混凝土 2～4m，最小埋深不得小于 1m，最大埋深不大于 6.0m，混凝土顶面上升速度不得小于 2m/h。

⑤ 置换出的泥浆应及时处理，不得溢出地面。

⑥ 混凝土不得溢出导管落入槽内，混凝土浇注宜高出设计高程 300～500mm。

⑦ 每一单元槽段混凝土应制作抗压强度试件一组，每 5 个槽段应制作抗渗压力试件一组，按有关规定做好记录。

⑧ 地下连续墙冬季施工应采取保温措施，墙顶混凝土未达到设计强度的 40%时不得受冻。

（4）地下连续墙验收

基坑开挖后应进行地下连续墙验收，验收内容包括：

1）混凝土抗压强度和抗渗压力应符合设计要求，墙面无露筋、露石和夹泥现象；

2）墙体结构允许偏差，应符合表 14-10 要求。

地下连续墙各部位允许偏差值（mm）　　**表 14-10**

项目 \ 允许偏差	临时支护墙体	单一或复合墙体
平面位置	±50	±30 0
平整度	50	30
垂直度（%）	5	3
预留孔洞	50	30
预埋件	—	30
预埋连接钢筋	—	30
变形缝	—	20

14.5.3 岸上段接口端围堰墙方案选用

沉管管节必须与岸上暗埋段主体对接贯通隧道。而进行对接前，应先恢复护岸结构，然后拆除临水一侧围堰主体，露出暗埋段主体对接端。因此该段围堰设计时应考虑便于拆除，而拆除围堰墙后，即要进行该部分沉管基坑开挖，为沉管相邻一段管节提供条件。该段围堰墙宜采用双排钢板桩、锁扣钢管桩等结构形式。

为了减少后期水下基坑开挖的工程量，保证沉管安装施工的连贯性，该段围堰墙应尽量减少围堰墙厚度，采用单排锁口钢管桩，钢管桩外侧加止水幕墙的围堰墙形式较为适合。同时为了增加该段围堰墙的稳性，通常在围堰内侧增设钢结构支撑。

当基岩浅埋无法沉桩时，应采用超前钻造孔，再沉桩形成安全封闭围堰结构，并满足止水要求。

14.5.4 岸上段施工要求

(1) 基坑开挖

1) 基坑开挖前应制定控制地层变形和基坑支护结构支撑的施工顺序及管理指标；划分分层及分步开挖的流水段，拟定土方调和计划；落实弃、存土场地并勘察好运输路线；测放基坑开挖边坡线，清除基坑范围内障碍物，修整好运输道路，处理好需要悬吊的地下管线。

2) 基坑应根据地质、环境条件等确定开挖方法。

3) 基坑开挖宽度，放坡基坑的基底至岸上段结构边缘距离不得小于 0.5m。设排水沟、集水井或其他设施时，可根据需要适当加宽。支护桩或地下连续墙临时支护的基坑，岸上段结构边缘至桩，墙边距离不得小于 1m。放坡基坑的边坡坡度，应根据地质、基坑挖深经稳定性分析后确定，必要时应采取加固措施。

4) 基坑必须自上而下分层、分段依次开挖，严禁掏底施工。放坡开挖基坑应随基坑开挖及时刷坡，边坡应平顺并符合设计规定。支护桩支护的基坑，应随基坑开挖及时护壁。地下连续墙或混凝土灌浇注桩支护的基坑，应在混凝土或锚杆浆液达到设计强度后方可开挖。

5) 支护桩或地下连续墙支护的基坑应在土方挖至其设计位置后及时施工横撑或锚杆。

6) 基坑开挖接近基底 200mm 时，应配合人工清底，不得超挖或扰动基底土。

7) 基底应平整压实，其允许偏差为：高程 $^{+10}_{-20}$ mm。平整度 20mm，并在 1m 范围内不得多于 1 处。

8) 基底经检查合格后，应及时施工混凝土垫层。

9) 基坑开挖及岸上段主体结构施工全过程，应建立边坡或临时支护结构受力和稳定性监测体系，如监测数值超过警戒值时应及时处理。

(2) 抗拔桩施工

岸上段主体结构设计要求设有抗拔桩时，基坑开挖完成后应进行抗拔桩施工，抗拔桩的钢筋应按设计要求与岸上段主体结构底板钢筋相连接，并做好防水处理。

(3) 岸上段主体结构钢筋加工及安装

1) 钢筋宜在工厂加工成型后运至现场安装。

2) 运至加工厂的每批钢筋，应附出厂合格证和试验报告单，并按规定进行机械性能试验。如未附文件证明或对钢筋有怀疑时，需应进行化学成分分析。

3）钢筋运输、储存应保留标牌，并分批堆放整齐，不得锈蚀和污染。

4）钢筋接头在工厂加工时宜采用闪光接触对焊。

5）现场可采用搭接、绑条电弧焊或采用机械联接和其他焊接方法，其工艺和要求需应按相应的规定执行。

6）钢筋加工允许偏差，应符合表 14-11 要求。

钢筋加工允许偏差值（mm） **表 14-11**

项 目		允许偏差
调直后局部弯曲		$d/4$
受力钢筋顺长度方向全长尺寸		±10
弯起成型钢筋	弯起点位置	±10
	弯起高度	0 −10
	弯起角度	2°
	钢筋宽度	±10
箍筋宽和高		+5 −10

注：d 为钢筋直径。

7）岸上段主体结构采用钢筋焊接骨架时，应按设计要求施焊，其尺寸允许偏差，应符合表 14-12 要求。

钢筋焊接骨架尺寸允许偏差值（mm） **表 14-12**

项 目	允许偏差
钢筋骨架高度	±5
钢筋骨架宽度	±10
主筋间距	±10
箍筋间距	±10
钢筋网片长和宽	±10
钢筋网眼尺寸	±10

8）钢筋绑扎前应清点数量、类别、型号、直径、锈蚀严重的钢筋应除锈，弯曲变形钢筋应校正。清理结构内杂物，调直施工缝处钢筋。检查结构位置、高程和模板支立情况，测放钢筋位置后方可进行绑扎。

9）结构不在同一高程或坡度大时，必须自下而上进行绑扎，必要时应增设适当固定点或假设支撑。

10）钢筋绑扎应用同强度等级砂浆垫块或塑料卡支垫，支垫间距为 1m 左右，并按行列式交错式摆放，垫块式塑料卡与钢筋应固定牢固。

11）钢筋绑扎搭接长度应满足设计要求，绑扎点应符合有关规定。

12）钢筋网片除外围两行钢筋交叉点全部绑扎外，中间部分交叉点可相隔交错绑扎牢固。

13）箍筋位置应正确并垂直立筋。双肢箍筋弯钩叠合处，应沿受力方向错开设置，单肢箍筋可按行列式或交错式排列。

14）钢筋绑扎必须牢固稳定，不得变形松脱和开焊。变形缝处主筋和分布筋均匀不得触及止水带和填缝板，混凝土保护层、钢筋级别、直径、数量、间距、位置等应符合设计要求。预埋线固定应牢固、位置正确。钢筋绑扎位置允许偏差，应符合表14-13要求。

钢筋绑扎位置允许偏差值（mm）　　**表 14-13**

项　目		允许偏差
箍筋间距		±10
主筋间距	列间距	±10
	层间距	±5
钢筋弯起点位移		±10
受力钢筋保护层		±5
预埋件	中心线位移	±10
	水平及高程	±5

（4）模板支立

1）模板和支架应可靠地承受钢筋混凝土结构及施工的各项荷载。保证岸上段主体结构形状、位置和尺寸正确，构造简单、施工方便、装拆灵活、利于搬运、能满足钢筋安装、绑扎和混凝土浇注等工艺要求，墙、桩（钢管桩除外）模板预留吹扣孔和振捣。

2）模板支立前应清理干净并涂刷隔离剂，铺设应牢固、平稳，接缝严密不漏浆，相邻两块模板接缝高低差不应大于2mm，支架系统连接应牢固稳定。

3）模板应采用拉杆螺栓固定，两端应加垫块，拆模后其垫块孔应用膨胀水泥砂浆堵塞严密。

4）底板结构先贴防水层的保护墙应支撑牢固，结构的底梁模板支立位置应正确、牢固、平整。

5）顶板结构应先支立支架后铺设模板，并预留10～30mm沉降量，顶板结构模板允许偏差为：设计高程加预留沉管量$^{+10}_{0}$mm、中线±10mm、宽度$^{+15}_{-10}$mm。

6）墙体结构应根据放线位置分层支立模板，内模板与顶模板连接好并调整净室合格后固定，外侧模板应在钢筋绑扎完后支立。模板支立允许偏差为：垂直度2%、平面位置±10mm。

7）结构变形缝处的端头模板应钉填缝板，填缝板与嵌入式止水带中心线应和变形缝中心线重合，并用模板固定牢固，止水带不得穿孔或用铁钉固定。端头模板支立允许偏差为：平面位置±10mm，垂直度2‰。

8）结构设置垂直施工缝时，端头必须安放模板，如设置止水带，除端头模板不设填缝板外，其他应按有关规定执行。

9）结构拆模时间：不承重侧墙模板在混凝土强度达到2.5MPa时即可拆除，承重结构顶板和梁跨度在2m及其以下的强度达到50%、跨度在2～8m的强度达到70%、跨度在8m以上的强度达到100%时方可拆除。

（5）混凝土浇注

1）岸上段主体结构均应采用防水混凝土。

2）混凝土浇注地点应采取防止暴晒和雨淋措施。

3）混凝土浇注前应对模板、钢筋、预埋件、端头止水带等进行检查，清除模内杂物，经检合格后，方可浇注混凝土。

4）垫层混凝土应沿线路方向浇注，分布应均匀，其允许偏差为：高程$^{+5}_{-10}$mm、表面平整度 3mm。

5）底板混凝土应沿线路方向分层留台阶浇注。混凝土浇注至高程初凝前，应用表面振捣器振一遍后抹面，其允许偏差为：高程±10mm、表面平整度 10mm。

6）墙体混凝土左右对称、水平、分层连续浇，至顶板交界处间歇 1～1.5h，然后再浇注顶板混凝土。

7）顶板混凝土连续水平、分台阶由外侧墙、中隔墙分别向结构中间方向进行浇注。混凝土浇至高程初凝前，应用表面振捣器振捣一遍后抹面，其允许偏差为：高程±10mm、表面平整度 5mm。

8）结构变形缝设置嵌入式止水带时，混凝土浇注前应校正止水带位置，表面清理干净，止水带损坏处应修补；顶、底板结构止水带的下侧混凝土应振实，将止水带压紧后方可继续浇注混凝土；外侧墙止水带必须固定牢固，内外侧混凝土应均匀、水平浇注，保持止水带位置正确、平直、无卷曲现象。

9）混凝土浇注过程中应随时观测模板、支架、钢筋、预埋件和预留孔洞等情况，做到发现问题，及时处理。

10）混凝土终凝后应及时养护，垫层混凝土养护期不得少于 7d，主体结构混凝土养护期不得少于 14d。

11）抗压强度试件：垫层混凝土每浇注一次留置一组，每施工段主体结构（底板、外侧墙及顶板）各留 4 组；抗渗压力试件：每施段留置 2 组。

（6）主体结构外防水

主体结构底板先贴卷材防水层施工时，保护墙砌在混凝土垫层上，永久保护墙用 1∶3 水泥砂浆砌筑，临时保护墙用 1∶3 左右砂浆砌筑，并各用与砌筑相同的砂浆抹一层找平层。卷材先铺平面，后铺立面，交接处应交叉搭接，卷材从平面折向立面铺贴时，与永久保护墙贴应严密，与临时保护墙应临时贴附于该墙上。

主体结构外侧墙面及顶板面后贴卷材防水层施工时，铺贴前应先将接茬部位各层卷材揭开，并将其表面清理干净，如有局部损伤应补修。卷材应采用错茬相接，上层卷材盖过下层卷材的相接结构应符合有关规定，卷材铺贴宜先外侧墙后顶板，先转角，后大面。

在施工条件受到限制，外侧墙与底板防水层同时铺贴时，外侧墙顶部应留置临时保护墙，或采取防止损坏卷材留茬的措施。

卷材防水层铺贴及喷涂防水层和特殊部位的防水施工，均应符合有关规范要求。

（7）岸上段主体结构回填

岸上段主体结构回填包括暗埋段回填和敞开段两侧回填。

1）回填料除纯黏土、淤泥、粉砂、杂土、有机质含量大于 8%的腐殖土、过湿土、冻土和大于 150mm 粒径的石块外，其他均可回填。

2）回填土使用前应分别取样测定其最大容重和最佳含水量并做压实试验，确定填料含水量控制范围、每层铺土厚度和压实编数等量数。

3）回填土为黏性土或砂质土时，应在最佳含水量下填筑，若含水量偏大，应将回填土翻松晾干或加土拌匀；若含水量偏低，应把回填土进行洒水湿润，并增加压实编数或使用重型压实机械碾压；回填料为碎石类土时，应在回填或碾压前洒水湿润。

4）必须在岸上段主体结构和回迁地下管线结构达到设计要求后才能回填。回填前，应将基坑内积水、杂物清理干净，基坑底的虚土应进行压实，并经检查合格后方可回填。

5）回填应分层、水平压实，岸上段主体结构两侧应水平、对称同时填压。基坑回填高程不一致时，应从低处逐层夭压，基坑分段回填接茬处，已填土坡应按台阶，其宽度不得小于 1m，高度不得大于 0.5m。

6）基坑回填时，机械或机具不得碰撞岸上段主体结构及防水保护层。岸上段主体结构两侧和顶部 500mm 范围内以及回迁地下管线周围应采用人工使用小型机具夯填。

7）基坑回填碾压密实度应符合设计要求。

(8) ±0.00 以上工程施工

岸上段的敞开段±0.00 以下工程施工完成后，进行±0.00 以上工程施工，包括：道路沉管隧道口部遮光（减光）建筑物施工，高速铁路沉管隧道口部建筑物（包括消声波设施）施工。

14.6 一侧岸上段作为沉管隧道轴线干坞的施工

14.6.1 一侧岸上段作为沉管隧道轴线干坞的结构特点

轴线干坞的坞室倾墙可与岸上段基坑临时支护结构（包括边坡）相结合，其差异在于：

(1) 坞室的侧墙和端墙如采取临时支护结构时，则支护结构应为自稳结构（不能设置内支撑）；

(2) 坞室内的底板标高基本一致（考虑排水纵、横坡）；

(3) 坞室两侧墙顶部（或坡顶），应按设计要求布设管节起浮，稳定出坞的系缆栓。

坞口应按设计的专用要求进行施工，坞口若采用专用坞门时，坞口顶还应布设坞门开闭的系缆栓。

14.6.2 坞口结构形式及应用条件

(1) 坞口结构形式包括：

1）实体式；

2）室箱式；

3）扶壁式；

4）混合式；

5）沉井式；

6）板桩式。

(2) 沉井式坞墩适用于软基上的分离式坞口，一般做灌排水泵房，且可利用其作为施工围堰的组成部分。

(3) 板桩式坞口的门墩由于其整体性、耐久性和止水性能较差，仅可用于一批次管节预制完成的干坞。

（4）多批次管节预制的干坞口门墩栏结构，较多采用整体式结构。

14.6.3 整体式坞口门墩栏施工顺序及施工要求

（1）施工顺序

1）临时围堰及坞室侧墙临时支护结构施工；

2）坞室基坑开挖；

3）坞口坞栏（或包括最后一节管止推槽）及坞门门池或坞门支承梁基坑开挖；

4）钢筋加工及绑扎；

5）预埋件预埋；

6）支立模板；

7）浇注混凝土；

8）拆模；

9）混凝土养护。

（2）施工要求

1）坞口位置必须正确，以沉管段轴线为准，其允许偏差为：

① 纵向±15mm、横向±10mm；

② 垂直度1‰。

2）坞口宽度允许偏差为±20mm。

3）坞门门墩、栏与坞门水压接面的要求：

① 混凝土表面应平稳；

② 垂直度1%；

③ 对角线平面度允许偏差±30mm。

4）坞门支承面的要求：

① 梁混凝土表面应平整；

② 梁槽面横向水平度允许偏差±10mm。

5）预埋提预埋位置要准确、牢固。

15 沉管隧道内部土建装修工程施工

15.1 沉管隧道内部土建装修的一般要求

(1) 沉管隧道建成贯通后，应由第三方勘测部门进行复测，设计部门应根据复测的结果，结合承包商和监理工程师的测量结果进行线路的调线调坡。承包商应会同设计或勘测部门开展现场交中线控制桩和设计水准点，并设置护桩。临时水准点应与设计水准点复测闭合，允许闭合差应符合有关施工及验收规范要求。

(2) 沉管段压重层混凝土浇筑前，应作以下检查：

1) 应检查管节与管节、管节与岸上段之间柔性接头的保护设施是否符合设计要求，如有缺陷应及时处理。

2) 应检查沉管段底板的所有预埋孔是否按设计要求进行封堵，如有渗漏应及时处理。

(3) 沉管段压重层混凝土应分段分块浇筑，对于整体式管节的沉管隧道，要求拆除一个压载水舱，浇筑一段压载混凝土，需保证压重层混凝土浇筑过程中，管节达到 1.05 以上抗浮安全系数下进行施工，逐渐增加至长期运营阶段的管节抗浮安全系数大于 1.1 要求。

对于节段式管节的沉管隧道，需保证压重层混凝土浇筑过程中，管节达到 1.03 以上抗浮安全系数下进行施工，逐渐增加至长期运营阶段的管节抗浮安全系数大于 1.06 的要求。管节沉放就位后压载锁定回填前要对预应力拉索进行释放解除恢复到柔性连接状态，预应力解除的顺序严格按照设计的顺序进行，先上部后下部，从中间到两边对称进行。

(4) 压重层混凝土浇筑时，在管节与管节、管节与岸上段之间接头处进行混凝土振捣作业，应注意对接头的橡胶止水带、拉索等构件加以保护。

15.2 国内外隧道路面结构

由于技术、经济条件及用户对路面要求的不同，不同国家在不同发展阶段选择的隧道路面结构形式时存在差别。

混凝土路面具有强度高、抗水、使用寿命长、不易燃等特点，因此国内外公路及城市道路隧道路面结构早期建设较多的是采用混凝土路面结构。但随着近年来交通流量的增大、增重及隧道内车辆行驶速度的不稳定性，刹车与启动次数较频繁，加速了隧道路面的磨损，尤其是混凝土路面的抗滑性能衰减很快，路面在较短的时间内易变得光滑。另外，隧道中过往车辆尾气中的微小颗粒在隧道路面中的沉积，加上车辆行驶中滴漏的燃油、机油等物质，在潮湿状态下会在隧道路面上形成滑腻性薄膜层，使水泥混凝土路面附着系数明显下降。因此，水泥混凝土路面抗滑性能的下降直接导致了隧道内交通事故发生频率的增高。同时考虑降低路面的噪声及提高行车的舒适性，国内外逐步采用沥青混凝土作为隧道路面的铺装层。

国内早期修建的隧道路面中大多数为混凝土路面，主要是混凝土路面强度高，使用寿命长，还由于混凝土路面的防火性能比较好，比较明亮。而沥青混凝土路面之所以使用比较少，主要是我国优质沥青产量较少，大部分靠进口，而20世纪90年代在欧洲两隧道中发生的火灾，促使人们更多地选用混凝土路面。

近年来随着科技的进步、施工技术的发展及沥青阻燃材料的研发使得沥青混凝土的防燃性能有了长足的进步，再加上人们对隧道内行驶舒适性要求的不断提高，自2001年以后已开始有部分长大隧道开始采用沥青混凝土路面，2003年开通的雁门关隧道长5300m，也采用了沥青混凝土路面，为沥青混凝土路面在超长隧道中的应用积累了经验。

复合式路面结构能发挥了混凝土层承载能力强、耐久性好的优点，而且利用了沥青层行驶舒适、维修方便的优势，该路面结构能够在重载交通情况下提供较好的路用性能，并在较长试用期内不发生结构性破坏，只需对沥青混合料面层进行适当养护，具有长寿命路面的特点。

国内外已建水下隧道的路面结构形式详见表15-1所示。

国内外已建水下隧道的路面结构形式 **表15-1**

工程名称	隧道长度（km）	路面结构形式	建成时间
广州珠江隧道	1.24	水泥路面	1993年
大贝尔特海峡隧道	8	水泥路面	1995年
日本东京湾隧道	15.1	复合式路面	1996年
挪威来尔多隧道	24.5	复合式路面	2000年
南京玄武湖隧道	2.66	沥青路面	2003年
杭州西湖隧道	1.415	沥青路面	2003年
武汉长江隧道	3.6	复合式路面	2008年
韩国釜山隧道	3.7	复合式路面	2009年
上海长江隧道	8.9	沥青路面	2009年
广州仑头至大学城隧道（两座沉管隧道组成）		复合式路面	2010年
厦门翔安海底隧道	8.695	水泥面路面	2010年
青岛胶州湾海底隧道	3.950	复合式路面	2010年
南京长江隧道	6.04	复合式路面	2010年

15.3 道路沉管隧道水泥混凝土路面施工

道路沉管隧道路面的基层即为沉管段的混凝土压重层和岸上段混凝土的垫层，其施工应符合水泥混凝土面层施工的相关规范。

15.3.1 原材料

（1）水泥应符合以下规定：

1）重交通以上等级道路、城市快速路、主干路应采用42.5级以上的道路硅酸盐水泥或硅酸盐水泥、普通硅酸盐水泥；中、轻交通等级的道路可采用矿渣水泥，其强度等级不宜低于32.5级。水泥应有出厂合格证（含化学成分、物理指标），并经复验合格，方可使用。

2）不同等级、厂牌、品种和出厂日期的水泥不得混存、混用，出厂期超过三个月或受潮的水泥，必须经过试验，合格后方可使用。

3）用于不同交通等级道路面层水泥的弯拉强度，抗压强度最小值，应符合表 15-2 要求。

道路面层水泥的弯拉强度，抗压强度最小值　　表 15-2

道路等级	特重交通		重交通		中、轻交通	
龄期（d）	3	28	3	28	3	28
抗压强度（MPa）	25.5	57.5	22.0	52.5	16.0	42.5
弯拉强度（MPa）	4.5	7.5	4.0	7.0	3.5	6.5

注：引自《公路水泥混凝土路面施工技术规范》(JTG F 30—2003)。

4）水泥的化学成分、物理指标，应符合表 15-3 要求。

各交通等级路面用水泥的化学成分和物理指标　　表 15-3

交通等级 / 水泥性能	特重、重交通	中、轻交通
铝酸三钙	不宜大于 5.0%	不宜大于 7.0%
铁铝酸四钙	不宜小于 15.0%	不宜小于 12.0%
游离氧化钙	不得大于 1.0%	不得大于 1.5%
氧化铁	不得大于 5.0%	不得大于 6.0%
三氧化硫	不得大于 3.5%	不得大于 4.0%
碱含量（$Na_2O+0.658K_2O$）	≤0.6%	怀疑有碱活性集料时，≤0.6%；无碱活性集料时，≤1.0%
混合材料	不得掺窑灰、炸矸石、火山灰和黏土，有抗盐冻要求时不得掺生石灰石粉	
出厂时安定性	雷氏夹法或蒸煮法检验必须合格	蒸煮法检验必须合格
烧失量	不得大于 3.0%	不得大于 5.0%
细度（80μm）	筛余量≤10%	
初凝时间	不早于 3h	不早于 2.5h
终凝时间	不迟于 10h	
28d 干缩率①	不得大于 0.09%	不得大于 0.10%
耐磨性①	≤3.6m^2/kg	

注：① 28d 干缩率和耐磨性试验方法采用现行国家标准《道路硅酸盐水泥》(GB13693—2005)。
1. 引自《公路水泥混凝土路面施工技术规范》(JTG F 30—2003)。

（2）粗集料应符合以下规定：

1）粗集料应采用质地坚硬、耐久、洁净的碎石、砾石、破碎砾石，其技术指标应符合表 15-4 要求。

粗集料技术指标　　表 15-4

项　目	技术要求	
	Ⅰ级	Ⅱ级
碎石压碎指标（%）	<10	<15
砾石压碎指标（%）	<12	<14

续表

项 目	技术要求	
	Ⅰ级	Ⅱ级
坚固性（按质量损失计）（%）	<5	<8
针片状颗粒含量（按质量计）（%）	<5	<15
含泥量（按质量计）（%）	<0.5	<1.0
泥块含量（按质量计）（%）	<0	<0.2
有机物含量（比色法）	合格	合格
硫化物及硫酸盐（按 SO_3 质量计）（%）	<0.5	<1.0
空隙率	<47%	
碱集料反应	经碱采集反应后无裂缝、酥裂、胶替外溢等记录，在规定试验龄期的膨胀率小于 0.10%	
抗压强度（MPa）	火成岩，≥100；变质岩，≥80；水成岩，≥60	

注：引自《公路水泥混凝土路面施工技术规范》（JTG F 30—2003）。

2）城市快速路、主干路、次干路及有抗（盐）冻要求的次干路、支路混凝土路面使用的粗集料级别不应低于Ⅰ级。Ⅰ级集料吸水率不应大于 1.0%，Ⅱ级集料吸水率不应大于 2.0%。

3）粗集料宜采用人工级配，其级配范围应符合表 15-5 要求。

人工合成级配范围 **表 15-5**

粒径 / 级配	方筛孔尺（mm）							
	2.36	4.75	9.50	16.0	19.0	26.5	31.5	37.5
	累计筛余（以定量计）（%）							
4.75～16	95～100	85～100	40～60	0～10	—	—	—	—
4.75～19	95～100	85～95	60～75	30～45	0～5	0	—	—
4.75～26.5	95～100	90～100	70～90	50～70	25～40	0～5	0	—
4.75～31.5	95～100	90～100	75～90	60～75	40～60	20～35	0～5	0

注：引自《公路水泥混凝土路面施工技术规范》（JTG F 30—2003）。

4）粗集料的最大公称粒径，碎砾石不宜大于 26.5mm，碎石不宜大于 31.5mm，砾石不宜大于 19mm；钢纤维混凝土粗集料最大粒径不宜大于 19mm。

（3）细集料应符合以下规定：

1）宜采用质地坚硬、细度模数在 2.5 以上、符合级配规定的洁净粗砂、中砂。

2）砂的技术指标应符合表 15-6 要求。

砂的技术要求 **表 15-6**

项 目			技术要求					
颗粒级配	筛孔尺寸（mm）		粒径					
			0.15	0.30	0.60	1.18	2.36	4.75
	累计筛余量（%）	粗砂	90～100	80～95	71～85	35～65	5～35	0～10
		中砂	90～100	70～92	41～70	10～50	0～25	0～10
		细砂	90～100	55～85	16～70	10～25	0～15	0～10

续表

项　目	技术要求		
泥土杂物含量（冲洗法）（%）	一级	二级	三级
	<1	<2	<3
硫化物和硫酸盐含量（折算为 SO_3）（%）	<0.5		
氯化物（氯离子质量计）	≤0.01%	≤0.02	≤0.06
有机物含量（比色法）	颜色不宜深于标准溶液的颜色		
其他杂物	不得混有石灰，煤渣、草根等其他物质		

注：引自《水泥混凝土路面施工及验收规范》（GBJ 97—1987）。

3）使用机制砂时，除应满足表 15-6 的规定外，还应检验砂的磨光值，其值宜大于 35，不宜使用抗磨性较差的火成岩类机制砂。

4）城市快速路，主干路应采用一级或二级砂。

5）海砂不得直接用于混凝土面层，淡化海砂不应用于城市快速路、主干路、次干路，可用于支路。

（4）水应符合以下规定：

水应符合国家现行标准《混凝土用水标准》（JGJ 63—2006）的规定，宜使用饮用水及不含油类等杂质的清洁中性水，pH 值为 6～8。

（5）外加剂应符合以下规定：

1）外加剂应使用无氯盐类的防冻剂、引气剂、减水剂等；

2）外加剂应符合现行国家标准《混凝土外加剂》（GB 8076—2008）的有关规规定，并应有合格证；

3）使用外加剂应经掺配试验，并应符合现行国家标准《混凝土外加剂应用技术规范》（GB 50119—2003）的有关规定。

（6）钢筋应符合以下规定：

1）钢筋的品种、规格、成分应符合国家现行标准和设计要求，应是有生产厂的牌号、炉号、检验报告和合格证，并经复试（含见证取样）合格；

2）钢筋不得有锈蚀、裂纹、断伤和刻痕等缺陷；

3）钢筋应按类型、直径、钢号、批号等分别堆放，并应避免油污、锈蚀。

（7）用于混凝土路面的钢纤维应符号以下规定：

1）单丝钢纤维抗拉强度不宜小于 600MPa。

2）钢纤维长度应与混凝土粗集料所选用的大公称粒径相匹配，最短长度宜大于粗集料最大公称粒径的 1/3，最大长度不宜大于粗集料最大公称粒径的 2 倍，钢纤维长度与标准值的允许偏差为±10%。

3）宜使用防锈蚀处理的钢纤维；宜使用有锚固端的钢纤维。不得使用表面磨损前后裸露尖端导致行车不安全的钢纤维；不宜使用搅拌易成团的钢纤维。

4）应符合国家现行标准《公路水泥混凝土用纤维钢纤维》（JT/T 524—2004）的有关要求。

（8）其他：

1）传力杆（拉杆）、滑动套的材质、规格应符合有关规定，可采用镀锌铁薄管、硬塑料管等制作滑动套；

2）胀缝板宜采用厚20mm、水稳定性好、具有一定柔性的板材制作，且应经防腐处理；

3）填缝材料宜采用树脂类、橡胶类、聚乙烯胶泥类、改性沥青类填缝材料，并宜加入耐用老化剂。

15.3.2 混凝土配合比

混凝土面层的配合比应满足弯拉强度、工作性、耐久性三项技术要求。

（1）混凝土配合比设计应符合以下规定：

1）各交通等级路面板的设计28d弯拉强度标准值 f_r，应按表15-7取值。

混凝土弯拉强度标准值 f_r **表15-7**

交通等级	特　重	重	中　等	轻
弯拉强度标准值（MPa）	5.0	5.0	4.5	4.0

注：引自《公路水泥混凝土路面设计规范》(JTG D40—2011)。

2）配制28d弯拉强度的均值，可按下式计算：

$$f_c = \frac{f_r}{1 - 1.04C_v} + t \cdot s \tag{15-1}$$

式中：f_c——配制28d弯拉强度的均值（MPa）。

f_r——设计弯拉强度标准值（MPa）。

s——弯拉强度试验样本的标准差（MPa）。

t——保证率系数，应按表15-8取值。

C_v——弯拉强度变异系数，在有统计数据时应按表15-9取值。无统计数据时，弯拉强度变异数系数应按计取值。如果施工配制弯拉强度超出设计给定的弯拉强度变异系数上限，则必顺改进机械装备和提高施工控制水平。

保证率系数 t **表15-8**

道路等级	判别概率 p	样本数 n（组）				
		3	6	9	15	20
城市快速路	0.05	1.36	0.79	0.61	0.45	0.39
主干路	0.10	0.95	0.59	0.46	0.35	0.30
次干路	0.15	0.72	0.46	0.37	0.28	0.24
其他	0.20	0.56	0.37	0.29	0.22	0.19

注：引自《公路水泥混凝土路面设计规范》(JTG D40—2011)。

各级道路混凝土路面弯拉强度变异系数 C_v **表15-9**

道路技术等级	城市快速路	主干路		次干路	其他道路	
混凝土弯拉深度变异水平等级	低	低	中	中	中	高
弯拉强度变异系 C_v 允许变化范围	0.05～0.10	0.05～0.10	0.10～0.15	0.10～0.15	0.10～0.15	0.15～0.20

注：引自《公路水泥混凝土路面施工技术规范》(JTG F 30—2003)。

3）不同摊铺方式混凝土最佳工作性范围及最大用水量应符合的规定，应符合表15-10要求。

不同摊铺方式混凝土工作性及用水量要求　　表 15-10

混凝土类型	项目	摊铺方式			
		滑模摊铺机	轨道摊铺机	三辊轴机组摊铺机	小型机具摊铺
砾石混凝土	出机坍落度（mm）	20～40①	40～60	30～50	10～40
	摊铺坍落度（mm）	5～55②	20～40	10～30	0～20
	最大用水量（kg/m³）	155	153	148	145
碎石混凝土	出机坍落度（mm）	25～50①	40～60	30～50	10～40
	摊铺坍落度（mm）	10～65②	20～40	10～30	0～20
	最大用水量（kg/m³）	160	156	153	150

注：① 为设起铺角的摊铺机的最佳工作性，不设起铺角的摊铺机最佳坍落度砾石为 10～40mm，碎石为 10～30mm。
② 为最佳工作性允许波动范围。
1. 引自《公路水泥混凝土路面施工技术规范》(JTG F 30—2003)。

(2) 混凝土耐久性应符合以下要求：

1) 路面混凝土含气量及允许偏差，应符合表 15-11 要求。

路面混凝土含气量及允许偏差（%）　　表 15-11

最大公称直径（mm）	无抗冻性要求	有抗冻性要求	有抗盐冻性要求
19.0	4.0±1.0	5.0±0.5	6.0±0.5
26.5	3.5±1.0	4.5±0.5	5.5±0.5
31.5	3.5±1.0	4.0±0.5	5.0±0.5

注：引自《公路水泥混凝土路面施工技术规范》(JTG F 30—2003)。

2) 路面混凝土最大水灰比和最小单位水泥用量应按表 15-12 取值，最大单位水泥用量不宜大于 400kg/m³。

路面混凝土的最大水灰比和最小单位水泥用量　　表 15-12

道路等级		城市快速路、主干路	次干路	其他道路
最大水灰比		0.44	0.46	0.48
抗冰冻要求最大水灰比		0.42	0.44	0.46
抗盐冻要求最大水灰比		0.40	0.42	0.44
最小单位水泥用量（kg/m³）	42.5 级水泥	300	300	290
	32.5 级水泥	310	310	305
抗冰（盐）冻最小单位水泥用量（kg/m³）	42.5 级水泥	320	320	315
	32.5 级水泥	330	330	325

注：1. 水灰比计算以砂石料的自然风干状态计（砂含水量≤1.0%；石子含水量≤0.5%）。
2. 引自《公路水泥混凝土路面施工技术规范》(JTG F 30—2003)。

3) 严寒地区路面混凝土抗冻等级不宜小于 F250，寒冷地区不宜小于 F200。

(3) 路面混凝土外加剂的使用应符合以下要求：

1) 高温施工时，混凝土搅拌物的初凝时间不得小于 3h；低温施工时，终凝时间不得大于 10h。

2) 外加剂的掺量应由混凝土试配试验确定。

3) 引气剂与减水剂或高效减水剂等外加剂复配在同一水溶液中时，不应发生絮凝现象。

15.3.3 施工顺序及施工准备

（1）施工顺序

设置在混凝土压重层和路面层的纵向、横向（包括沉管隧道口横向截水沟）排水系统施工完成后，才能进行路面施工。

路面施工完成后，进行路缘带和检修道施工。

（2）施工准备

1）施工前，应按设计规定划分混凝土板块，板块划分应从沉管隧道与地面衔接道路接口开始，必须避免出现锐角。曲线段的分块，应使横向分块线与该点法线方向一致。直线段分块线应与面层胀、缩缝结合，分块距离宜均匀。

2）面层胀、缩缝的设置应考虑管节与管节、管节与岸上段柔性接头的位置。

3）混凝土摊铺前，应完成下列准备工作：

① 混凝土施工配合比已获监理工程师批准，搅拌站经试运转，确认合格；

② 模板支设完毕，检验合格；

③ 混凝土摊铺、养护、成型等机具试运行合格，专用器材已准备就绪；

④ 混凝土运输方式已确定，且符合要求。

4）根据设计图纸在节段之间以及管节之间应设置伸缩缝，压载混凝土浇筑过程中要为将来伸缩缝的位置预埋相应的预留件。

（3）模板与钢筋

1）模板应符合以规定：

① 模板应与混凝土的摊铺机械相匹配，模板高度应为混凝土板设计厚度；

② 钢模板应直顺、平整，每 1m 设置 1 处支撑装置；

③ 木模板直线部分的板厚不宜小于 50mm，每 0.8～1m 设 1 处支撑装置，弯道部分板厚宜 15～30mm，每 0.5～0.8m 设 1 处支撑装置，模板与混凝土接触面及模板顶面应刨光；

④ 模板制作允许偏差，应符合表 15-13 要求。

模板制作允许偏差 **表 15-13**

检测项目 \ 施工方式	三辊轴机组	轨道摊铺机	小型机具
高度（mm）	±1	±1	±2
局部变形（mm）	±2	±2	±3
两垂直边夹角（°）	90±2	90±1	90±3
顶面平整度（mm）	±1	±1	±2
侧面平整度（mm）	±2	±2	±3
纵向直顺度（mm）	±2	±1	±3

注：引自《公路水泥混凝土路面施工技术规范》（JTG F 30—2003）。

2）模板安装应符合以下规定：

① 支模前应核对路面标高、面板分块胀缝和构造物设置。

② 模板应安装稳固、顺直、平整、无扭曲。相邻模板边接应紧密平顺，不应错位。

③ 严禁在基层上挖槽嵌入模板。

④ 使用轨道摊铺机应采用专用钢制轨模。

⑤ 模板安装完毕，应进行检验，合格后才能使用。其安装质量要求，应表15-14要求。

模板安装允许偏差 **表15-14**

施工方式 检测项目	允许偏差			检验频率		检验方法
	三辊轴机组	轨道摊铺机	小型机具	范围	点数	
中线偏位（mm）	≤10	≤5	≤15	100m	2	用经纬仪、钢尺量
宽度（mm）	≤10	≤5	≤15	20m	1	用钢尺量
顶面高程（mm）	±5	±5	±10	20m	1	用水准仪测量
横坡（%）	±0.10	±0.10	±0.20	20m	1	用钢尺量
相邻板高差（mm）	≤1	≤1	≤2	每缝	1	用水平尺、尺量
模板接缝宽度（mm）	≤3	≤2	≤3	每缝	1	用钢尺量
侧面垂直度（mm）	≤3	≤2	≤4	20m	1	用水平尺、卡尺量
纵向顺直度（mm）	≤3	≤2	≤4	40m	1	用20m线和钢尺量
顶面平整度（mm）	≤1.5	≤1	≤2	每两缝间	1	用3m直尺、尺量

注：引自《公路水泥混凝土路面施工技术规范》（JTG F 30—2003）。

3）钢筋安装应符合以下规定：

① 钢筋安装前应检查其原材料品种、规格与加工质量，确认符合设计要求。

② 钢筋网、角隅钢筋等安装应牢固、位置准确。钢筋安装后应进行检查，合格后方可使用。

③ 传力杆安装应牢固、位置准确，胀缝传力杆应与胀缝板、提缝板一起安装。

④ 钢筋加工允许偏差，应符合表15-15要求。

钢筋加工允许偏差 **表15-15**

项　目	焊接钢筋网及骨架允许偏差（mm）	绑扎钢筋网及骨架允许偏差（mm）	检验频率		检验方法
			范围	点数	
钢筋网的长度与宽度	±10	±10	每检验批	抽查10%	用钢尺量
钢筋网眼尺寸	±10	±20			用钢尺量
钢筋前骨架宽度与高度	±5	±5			用钢尺量
钢筋骨架的长度	±10	±10			用钢尺量

注：引自《公路水泥混凝土路面施工技术规范》（JTG F 30—2003）。

⑤ 钢筋安装允许偏差，应符合表15-16要求。

钢筋安装允许偏差 **表15-16**

项　目		允许偏差（mm）	检验频率		检验方法
			范围	点数	
受力钢筋	排距	±5	每检验批	抽查10%	用钢尺量
	间距	±10			
钢筋弯起点位置		±20			用钢尺量
箍筋、横向钢筋间距	绑扎钢筋网及钢筋骨架	±20			用钢尺量
	焊接钢筋网及钢筋骨架	±10			
钢筋预埋位置	中心线位置	±5			用钢尺量
	水平高差	±3			
钢筋保护层	距表面	±3			用钢尺量
	距底面	±5			

注：引自《公路水泥混凝土路面施工技术规范》（JTG F 30—2003）。

15.3.4　混凝土搅拌与运输

隧道路面的面层混凝土可由具备资质、混凝土质量稳定的搅拌站供应，亦可在沉管隧道施工现场自行设置搅拌站供应。

搅拌设备配料计算允许偏差，应符合表15-17要求。

搅拌设备配料的计量允许偏差（%）　　表15-17

材料名称	水　泥	掺合料	钢纤维	砂	粗集料	水	外加剂
城市快速路、主干路（每盘）	±1	±1	±2	±2	±2	±1	±1
城市快速路、主干路（累计每车）	±1	±1	±1	±2	±2	±1	±1
其他等级道路	±2	±2	±2	±3	±3	±2	±2

注：引自《公路水泥混凝土路面施工技术规范》(JTG F 30—2003)。

混凝土搅拌应符合以下规定：

(1) 混凝土的搅拌时间应按配合比要求、施工对其工作性要求经试拌确定最佳搅拌时间，每盘最长总搅拌时间宜为80～120s。

(2) 外加剂宜以稀释溶液均匀加入进行搅拌。

(3) 混凝土应搅拌均匀，出仓温度应符合施工要求。

(4) 搅拌钢纤维混凝土，除应满足上述要求外，还应符合以下要求：

① 当钢纤维体积率较高、搅拌物较干时，搅拌设备一次搅拌不宜大于其额定搅拌量的80%；

② 钢纤维混凝土的投料次序、方法和搅拌时间，应以搅拌过程中钢纤维不产生结团和满足使用要求为前提，通过试拌确定；

③ 钢纤维混凝土严禁用人工搅拌。

施工中应根据混凝土搅拌能力、运距、摊铺能力、沉管隧道两岸上段的现场条件，确定混凝土的运输方式。不同摊铺工艺的混凝土搅拌物从搅拌机出料到运输、铺筑完毕的允许最长时间，应符合表15-18要求。

混凝土拌合物出料到运输、铺筑完毕允许最长时间（h）　　表15-18

施工气温①（℃）	到运输完毕允许最长时间		到铺筑完毕允许最长时间	
	滑横、轨道	三辊轴、小机具	滑模轨道	三轴辊、小机具
5～9	2.0	1.5	2.5	2.0
10～19	1.5	1.0	2.0	1.5
20～29	1.0	0.75	1.5	1.25
30～35	0.75	0.50	1.25	1.0

注：① 指施工时间的日间平均气温，使用缓凝剂延长凝结时间后，本表数值可增加0.25～0.5h。
1. 引自《公路水泥混凝土路面施工技术规范》(JTG F 30—2003)。

15.3.5　混凝土铺筑

(1) 混凝土铺筑前应检查以下项目：

① 道路基层，管节与管节、管节与岸上段柔性接头保护面，模板位置、高程等是否符合设计要求；模板支撑接缝是否严密，模板内是否洁净，隔离剂涂刷是否均匀。

② 钢筋、预埋胀缝板的位置是否正确，传力杆等安装是否符合要求。

③ 混凝土搅拌、运输与摊铺设备的状况。

（2）采用不同的铺筑混凝土路面的机具（三辊轴机组、轨道摊铺机或人工小型机具）时，应按相应的机具铺筑规定要求进行施工。

（3）混凝土面层应拉毛、压痕或刻痕，其平均纹理深度应为 1～2mm。路面层为沥青混凝土面层时，混凝土面应按要求拉毛。

（4）对接缝施工应符合以下规定：

① 胀缝间距应符合设计要求，缝宽宜为 20mm。在与结构物衔接处、道路交叉和填挖土方变化处，应设胀缝。

② 胀缝上部的预留填缝空隙，宜用接缝板留置，接缝板应直顺，与胀缝板密合，垂直于面层。

③ 缩缝应垂直板面，宽度宜为 4～6mm，切缝深度：当设传力杆时，不应小于面层厚的 1/3，且不得小于 70mm；当不设传力杆时，不应小于面层厚的 1/4，且不应小于 60mm。

④ 机切缝时，宜在水泥混凝土强度达到设计强度 25％～30％后进行。

（5）当施工现场的气温高于 30℃、搅拌物温度在 30～35℃、空气相对湿度小于 80％时，混凝土宜掺缓凝剂、保塑剂或缓凝减水剂等。切缝应视混凝土强度的增长情况，比常温施工适度提前，铺筑现场宜设遮阳棚。

（6）当混凝土面层施工采取人工抹面，遇有 5 级及以上风时，应停止施工。

（7）混凝土抗压强度达 8.0MPa 及以上时方可拆模，当缺乏强度实测数据时，侧模允许最早拆模时间，应符合表 15-19 要求。

混凝土侧模的允许最早拆模时间（h） **表 15-19**

昼夜平均气温	−5℃	0℃	5℃	10℃	15℃	20℃	25℃	≥30℃
硅酸盐水泥、R 型水泥	240	120	60	36	34	28	24	18
道路、普通硅酸盐水泥	360	168	72	48	36	30	24	18
矿渣硅酸盐水泥	—	—	120	60	50	45	36	24

注：1. 允许最早拆侧模时间从混凝土面板经整形后开始计算。
2. 引自《公路水泥混凝土路面施工技术规范》（JTG F 30—2003）。

15.3.6 面层养护与填缝

（1）水泥混凝土面层完成后，应及时养护，可选用保湿法和塑料箔膜覆盖等到方法养护。气温较高时，养护不宜小于 14d；低温时，养护期不宜少于 21d。

（2）昼夜温差大的地区，应采取保温、保湿的养护措施。

（3）养护期间应封闭交通，不应堆放重物；养护终结，应及时清除面层的养护材料。

（4）混凝土板在达到设计强度的 40％以上，才能允许行人通行。

（5）填缝应符合以下规定：

1）混凝土板养护期满后应及时填缝，而填缝前应将缝内遗留的砂石、压浆等杂物剔除干净。

2）应按设计要求选择填缝料，并根据填料品种制定工艺技术措施。

3）浇筑填缝料必须在缝槽干燥状态下进行，填缝料应与混凝土缝壁粘附紧密，达到不渗水的效果。

4）填缝料的充满度应根据施工季节而定，常温施工应与路面平；冬期施工时，宜略低于混凝土板面。

（6）在面层混凝土弯拉强度达到设计强度，且填缝完成前，不得开放交通。

15.4 道路沉管隧道沥青混凝土面层施工

15.4.1 原材料

道路沉管隧道沥青混合料面层，一般宜采用树脂沥青（改性沥青），使路面富于弹性，有利于减少噪声；一般树脂沥青面层厚 5～10cm，反射系数 $\rho=0.14$。路面为浅色（在沥青中掺入适当白色粉）。

（1）改性沥乳化沥青技术指标应符合表 15-20 要求。

改性乳化沥青技术要求 **表 15-20**

试验项目		单 位	品种及代号		试验方法
			PCR	BCR	
破乳速度		—	快裂或中裂	慢裂	T0658
粒子电荷		—	阳离子（+）	阳离子（+）	T0653
筛上剩余量（1.18mm），≤		%	0.1	0.1	T0652
黏度	恩格拉黏度 E_{25}	—	1～10	3～30	T0622
	沥青标准黏度 $C_{25.3}$	s	8～25	12～60	T0621
蒸发残留物	含量，>	%	50	60	T0651
	针入度（100g，25℃，5s）	0.1mm	40～120	40～100	T0604
	软化点，≥	℃	50	53	T0606
	延度（5℃），≥	cm	20	20	T0605
	溶解度（三氯乙烯），≥	%	97.5	97. 5	T0607
与矿料的粘附性，裹覆面积，≥		—	2 / 3	—	T0654
贮存稳定性	1d，≤	%	1	1	T0655
	5d，≤	%	5	5	T0655

注：1. 破乳速度与集料粘附性、搅拌试验、所使用的石料品种有关。工程上施工质量检验时应采用实际的石料试验，仅进行产品质量评定时可不对这些指标提出要求。
2. 当用于填补车辙时，BCR 蒸发残留物的软化点宜提高不低于 55℃。
3. 贮存稳定性根据施工实际情况选择试验天数，通常采用 5d，乳液生产后能在第二天使用完时也可选用 1d。个别情况下改乳化沥青 5d 的贮存稳定性难以满足要求，如果经搅拌后能达到均匀一致并不影响正常使用，此时要求改性乳化沥青送至工地后存放在附有搅拌装置的贮存罐内，并不断地进行搅拌，否则不准使用。
4. 当改性乳化沥青或特种改性乳化沥青需要在低温冰冻条件下贮存或使用时，尚需按国家现行标准《公路工程沥青及沥青混合料试验规程》（JTG E20—2011）进行−5℃低温贮存稳定性试验，要求无粗颗粒、不结块。
5. 引自《公路水泥混凝土路面施工技术规范》（JTG F 30—2003）。

（2）当使用改性沥青时，改性沥青的基质沥青应与改性剂有良好的配伍性。聚合物改性沥青主要技术指标应符合表 15-21 要求。

聚合物改性沥青主要技术指标 **表 15-21**

指 标	单位	SBS 类（Ⅰ类）				SBR 类（Ⅱ类）			EVA，PE 类（Ⅲ类）				试验方法
		Ⅰ-A	Ⅰ-B	Ⅰ-C	Ⅰ-D	Ⅱ-A	Ⅱ-B	Ⅱ-C	Ⅲ-A	Ⅲ-B	Ⅲ-C	Ⅲ-D	
针入度 25℃，100g，5s	0.1mm	>100	80～100	60～80	30～60	>100	80～100	60～80	>80	60～80	40～60	30～40	T0604

续表

指标	单位	SBS类（Ⅰ类）				SBR类（Ⅱ类）			EVA，PE类（Ⅲ类）				试验方法
		Ⅰ-A	Ⅰ-B	Ⅰ-C	Ⅰ-D	Ⅱ-A	Ⅱ-B	Ⅱ-C	Ⅲ-A	Ⅲ-B	Ⅲ-C	Ⅲ-D	
针入度指数PI，≥	—	−1.2	−0.8	−0.4	0	−1.0	−0.8	−0.6	−1.0	−0.8	−0.6	−0.4	T0604
延度5℃，5cm/min，≥	cm	50	40	30	20	60	50	40	—				T0605
软化点 $T_{R\&B}$，≥	℃	45	50	55	60	45	48	50	48	52	56	60	T0606
运动黏度① 135℃，≤	Pa·S	3											T0625 T0619
闪点，≥	℃	230				230			230				T0611
溶解渡，≥	%	99				99			—				T0607
弹性恢复25℃，≥	%	55	60	65	75	—			—				T0662
黏韧性，≥	N·m	—				5			—				T0624
韧性，≥	N·m	—				2.5			—				T0624
贮存稳定性②离析，48h，软化点差，≤	℃	2.5				—			无改性剂明显析出，凝聚				T0661
TFOT（或RTFOT）后残留物													
质量变化允许范围	%	±1.0											T0610或T0609
针入度比25℃，≥	%	50	55	60	65	50	55	60	50	55	58	60	T0604
延度5℃，≥	cm	30	25	20	15	30	20	10	—				T0605

注：① 表中135℃运动黏度可采用国家现行标准《公路工程沥青及沥青混合料试验规程》（JTG E20—2011）中的"沥青布氏旋转黏度试验方法（布洛克菲尔德黏度计法）"进行测定。若在不改变改性沥青物理力学性质并符合安全条件的温度下易于泵送和搅拌，或经证明适当提高泵送和搅拌温度时能保证改性沥青的质量，容易施工，可不要求测定。

② 贮存稳定性指标适用于工厂生产的成品改性沥青。现场制作的改性沥青对贮存稳定性指标可不作要求，但必须在制作后，保持不间断的搅拌或送泵循环，保证使用前没有明显的离析。

1. 引自《公路沥青路面施工技术规范》（JTG F40—2004）。

（3）粗集料应符合以下要求：

1）粗集料应符合工程设计要求的级配范围。

2）集料中沥青的粘附性，对于城市快速路、主干路应大于或等于4级；对于次干路及以下道路应大于或等于3级。集料具有一定的破碎面颗粒含量，具有1个破碎面宜大于90%，2个及以上的宜大于80%。

3）粗集料的质量技术指标应符合表15-22要求。

沥青混合料用粗集料质量技术要求　　表15-22

指标	单位	城市快速路、主干路		其他等级道路	试验方法
		表面层	其他层次		
石料压碎值，≤	%	26	28	30	T0316
洛杉矶磨耗损失，≤	%	28	30	35	T0317
表观相对密度，≥	—	2.60	2.5	2.45	T0304
吸水率，≤	%	2.0	3.0	3.0	T0304
坚固性，≤	%	12	12	—	T0314

续表

指　标	单　位	城市快速路、主干路		其他等级道路	试验方法
		表面层	其他层次		
针片状颗粒含量（混合料），≤	%	15	18	20	T0312
其中料径大于 9.5mm，≤	%	12	15	—	
其中粒径小于 9.5mm，≤	%	18	20	—	
水洗法<0.075mm 颗粒含量，≤	%	1	1	1	T0310
软石含量，≤	%	3	5	5	T0320

注：1. 坚固性试验可根据需要进行。
2. 用于城市快速路、主干路时，多孔玄武岩的视密度可放宽至 2.45t/m³，吸水率可放宽至 3%，但必须得到建设单位的批准，且少得用于 SMA 路面。
3. 对 S14 即 3～5mm 规格的粗集料，针片状颗粒含量可不予要求，小于 0.75mm 含量可放宽到 3%。
4. 引自《公路工程沥青及沥青混合料试验规程》(JTG E20—2011)。

4）沥青混合料用粗集料规格，应符合表 15-23 要求。

沥青混合料用粗集料规格　　**表 15-23**

规格名称	公称粒径（mm）	通过下列筛（mm）的质量百分率（%）												
		106	75	63	53	37.5	31.5	26.5	19.0	13.2	9.5	4.75	2.36	0.6
S1	40～75	100	90～100	—		0～15	—	0～5						
S2	40～60		100	90～100	—	0～15	—	0～5						
S3	30～60		100	90～100	—	—	0～15	—	0～5					
S4	25～50			100	90～100	—	—	0～15	—	0～5				
S5	20～40				100	90～100	—	—	0～15	—	0～5			
S6	15～30					100	90～100	—	—	0～15	—	0～5		
S7	10～30					100	90～100	—	—	—	0～15	0～5		
S8	10～25						100	90～100	—	0～15	—	0～5		
S9	10～20							100	90～100	—	0～15	0～5		
S10	10～15								100	90～100	0～15	0～5		
S11	5～15								100	90～100	40～70	0～15	0～5	
S12	5～10									100	90～100	0～15	0～5	
S13	3～10									100	90～100	40～70	0～20	0～5
S14	3～5										100	90～100	0～15	0～3

注：引自《公路工程沥青及沥青混合料试验规程》(JTG E20—2011)。

（4）细集料应符合以下要求：

1）细集料应洁净、干燥、无风化、无杂质。

2）热拌密级配沥青混合料中天然砂的用量不宜超过集料总量的20%，SMA和OGFC不宜使用天然砂。

3）细集料的质量应符合表15-24要求。

细集料的质量要求 **表15-24**

项　目	单位	城市快速路、主干路	其他等级道路	试验方法
表观相对密度	—	≥2.50	≥2.45	T0328
坚固性（>0.3mm部分）	%	≥12	—	T0340
含泥量（<0.075mm的含量）	%	≤3	≤5	T0333
砂当量	%	≥60	≥50	T0334
亚甲蓝值	g/kg	≤25	—	T0346
棱角性（流动时间）	s	≥30	—	T0345

注：1. 坚固性试验可根据需要进行。
2. 引自《公路工程沥青及沥青混合料试验规程》（JTG E20—2011）。

4）沥青混合料用天然砂规格应符合表15-25要求。

沥青混合料用天然砂规格 **表15-25**

筛孔尺寸（mm）	通过各孔筛的质量百分率（%）		
	粗砂	中砂	细砂
9.5	100	100	100
4.75	90～100	90～100	90～100
2.36	65～95	75～90	85～100
1.18	35～65	50～90	75～100
0.6	15～30	30～60	60～84
0.3	5～20	8～30	15～45
0.15	0～10	0～10	0～10
0.075	0～5	0～5	0～5

注：引自《公路工程沥青及沥青混合料试验规程》（JTG E20—2011）。

5）沥青混合料用机制砂或石屑规格应符合表15-26要求。

沥青混合料用机制砂或石屑规格 **表15-26**

规格	公称粒径（mm）	水洗法通过各筛孔的质量百分数（%）							
		9.5	4.75	2.36	1.18	0.6	0.3	0.15	0.075
S15	0～5	100	90～100	60～90	40～75	20～55	7～40	2～20	0～10
S16	0～3	—	100	80～100	50～80	25～60	8～45	0～25	0～15

注：1. 当生产石屑采用水抑制扬尘工艺时，应特别注意含粉量不得超过表中要求。
2. 引自《公路工程沥青及沥青混合料试验规程》（JTG E20—2011）。

6）矿粉应采用石灰岩等增水性石料磨制，对于城市快速路与主干路的沥青面层不宜采用粉煤灰做填料，当次干路及以下道路用粉煤灰作填料时，其用量不应超过填料总量50%，粉煤灰的烧失量应小于12%。沥青混合料用矿粉质量应符合表15-27要求。

沥青混合料用矿粉质量要求　　表 15-27

项　目	单　位	城市快速路、主干路	其他等级道路	试验方法
表现密度	t	≥2.50	≥2.45	T0352
含水量	%	≥1	≥1	T0103 烘干法
粒度范围<0.6mm	%	100	100	T0351
粒度范围<0.15mm	%	90～100	90～100	
粒度范围<0.075mm	%	70～100	70～100	
外观	—	无团粒结块		—
亲水系数	—	<1		T0353
塑性指数	%	<4		T0354
加热安定性	—	实测记录		T0355

注：引自《公路工程沥青及沥青混合料试验规程》(JTG E20—2011)。

7）纤维稳定剂应在 250℃条件下不变质，不宜使用石棉纤维。木质素纤维技术指标应符合表 15-28 要求。

木质素纤维技术要求　　表 15-28

项　目	单　位	指　标	试验方法
纤维长度	mm	≤6	水溶液用显微镜观测
灰分含量	%	18±5	高温 590℃～600℃燃烧后测定残留物
PH 值	—	7.5±1.0	水溶液用 pH 试纸或 pH 计测定
吸油率	—	≥纤维质量的 5 倍	用煤油浸泡后放在筛上经振敲后称量
含水率（以质量计）	%	≤5	105℃烘箱烘 2h 后的冷却称量

注：引自《公路工程沥青及沥青混合料试验规程》(JTG E20—2011)。

（5）不同料源、品种、规格的原材料应分别存放，不得混存。

15.4.2　沥青混合料配合比设计

沥青混合料配合比设计应符合国家现行标准《公路沥青路面施工技术规范》(JTG F40—2004) 的要求，并应遵守以下规定：

（1）各地区应根据气候条件、道路等级、路面结构等情况，通过试验，确定适宜的沥青混合料技术指标；

（2）开工前，应对当地同类道路的沥青混合料配合比及其使用情况调研，借鉴类似工程的成功经验；

（3）各地区应结合当地自然条件，充分利用当地资源，选择合格的材料。

15.4.3　热拌沥青混合料面层施工

（1）热伴沥青混合料要求：

1）沥青混合料面层集料的最大粒径应与分层压实层厚度相匹配。密级配沥青混合料，每层的压实厚度不宜小于集料公称最大粒径的 2.5～3 倍。对 SMA 和 DGFC 等嵌挤型混合料不宜小于公称最大粒径的 2～2.5 倍。

2）各层沥青混合料应满足所在层位的功能性要求，同时要便于施工，施工中不得离析，各层应连续施工并连结成一体。

3）热拌沥青混合料铺筑前，应复查基层和附属构筑物的质量，确认符合要求的条件下，并对施工机具设备进行检查，确认施工设备处于良好状态。

4）沥青混合料搅拌、施工温度应根据沥青等级和黏度、气候条件、铺装层的厚度、下卧层温度等确定。

① 普通沥青混合料搅拌及压实温度宜通过在135～175℃条件下测定的黏度—温度曲线，应符合表15-29要求。

沥青混合料搅拌及压实时适宜温度相应的黏度 **表15-29**

黏　度	适宜于搅拌的沥青混合料黏度	适宜于压实的沥青混合料黏度	测定方法
表面黏度	（0.17±0.02）Pa·s	（0.28±0.03）Pa·s	T0625
运动黏度	（170±20）mm^2/s	（280±30）mm^2/s	T0619
赛波特黏度	（85±10）s	（140±15）s	T0623

注：引自《公路工程沥青及沥青混合料试验规程》（JTG E20—2011）。

② 当缺乏黏温曲线数据时，参考表15-30要求取值。

热拌沥青混合料的搅拌及施工温度（℃） **表15-30**

施工工序		石油沥青的等级			
		50号	70号	90号	110号
沥青加热温度		160～170	155～165	150～160	145～155
矿料加热温度	间隙式搅拌机	集料加热温度比沥青温度高10～30			
	连续试搅拌机	矿料加热温度比沥青温度高5～10			
沥青混合料出料温度①		150～170	145～165	140～160	135～155
混合料贮料仓贮存温度		贮料过程中温度降低不超过10			
混合料废弃温度，高于		200	195	190	185
运输到现场温度，不低于①		145～165	140～155	135～145	130～140
混合料摊铺温度，不低于①		140～160	135～150	130～140	125～135
开始碾压的混合料内部温度，不低于①		135～150	130～145	125～135	120～130
碾压终了的表面温度，不低于②		80～85	70～80	65～75	60～70
		75	70	60	55
开放交通的路表面温度，不高于		50	50	50	45

注：① 沥青混合料的施工温度采用具有金属探测针的插入式数显温度计测量。表面温度可采用表面接触式温度计测定。当用红外线温度计测量表面温度时，应进行标定。
② 表中未列入的130号、160号及30号沥青的施工温度由试验确定。
1. 常温下宜用低值，低温下宜用高值。
2. 视压路机类型而定。轮胎压路机取高值，振动压路机取低值。
3. 引自《公路工程沥青及沥青混合料试验规程》（JTG E20—2011）。

③ 聚合物改性沥青混合料的搅拌及施工温度应根据实践经验经试验确定，通常宜较普通沥青混合料温度提高10～20℃。

④ 密实式粗集料嵌挤式级配沥青混凝土（SMA混合料）的施工温度应经试验确定。

⑤ 热拌沥青混合料宜由有资质的沥青混合料集中搅拌站供应，自行设置搅拌站时应符合相关的规定。

（2）热拌沥青混合料的运输应符合以下要求：

1）热伴沥青混合料宜采用与摊铺机匹配的自卸汽车运输；

2）运料车装料时，应防止粗细集料离析；

3）运料车应具具有保温、防雨、防混合料撒落和沥青滴漏等功能；

4）沥青混合料运输车辆的总运力应比搅拌能力或摊铺能力有所富余；

5）沥青混合料运至摊铺地点，应对搅拌质量与温度进行检查，合格后方可使用。

（3）基层施工透层油或下封层后，应及时铺筑面层。

（4）热拌沥青混合料的摊铺应符合以下规定：

1）在沉管隧道内进行热拌沥青混合料摊铺作业时，应加沉管隧道内施工通风，使其符合有关环保、卫生要求，同时应配置必要消防设施。

2）热拌沥青混合料应采用机械摊铺，摊铺温度应符合表15-30的规定。

3）摊铺机应具有自动或半自动方式调节摊铺厚度及找平装置、可加热的振动壁平板或初步振动压实装置、摊铺宽度可调整等功能，且受料斗斗容应能保证更换运料车时连续摊铺。

4）采用自动调平摊铺机摊铺最下层沥青混合料时，应使用钢丝或路缘石、平石控制高程和摊铺厚度，以上各层可用导梁引导高程控制，或采用声纳平衡梁控制方式。经摊铺机初步压实的摊铺层应符合平整度、模板要求。

5）沥青混合料的最低摊铺温度应根据气温、下卧层表面温度、摊铺层厚度与沥青混合料种类经试验确定，对于城市快速路、主干路不宜在气温低于0℃条件下施工。

6）沥青混合料的松铺系数应根据混合料类型、施工机械和施工工艺等应通过试验段确定，试验段长不宜小于100m，松铺系数可按表15-31取值。

沥青混合料的松铺系数　　表15-31

种　类	机械摊铺	人式摊铺
沥青混凝土混合料	1.15～1.35	1.25～1.50
沥青碎石混合料	1.15～1.30	1.20～1.45

注：引自《公路工程沥青及沥青混合料试验规程》(JTG E20—2011)。

7）摊铺沥青混合料应均匀、连续不间断，不得随意更换摊铺速度或中途停顿，摊铺速度宜为2～6m/min。摊铺时螺旋送料器应不停顿地转动，两侧应保持有不少于送料器高度2/3的混合料，并保证在摊铺机全宽度断面上不发生离析，烫平板按所需厚度固定后不得随意调整。

（5）热拌沥青混合料的压实应符合以下规定：

1）应选择合理的压路机组合方式及碾压步骤，以达到最佳碾压结果，沥青混合料压实宜采用钢筒式静态压路机与轮胎压路机或振动压路机组合的方式压实。

2）压实应按初压、复压、终压（包括成形）三个阶段进行，压路机应以慢而均匀的速度碾压，压路机的碾压速度，应按表15-32要求执行。

压路机碾压速度（km/h）　　**表15-32**

压路机类型	初压		复压		终压	
	适宜	最大	适宜	最大	适宜	最大
钢筒式压路机	1.5～2	3	2.5～3.5	5	2.5～3.5	5
轮胎压路机	—	—	3.5～4.5	6	4～6	8
振动压路机	1.5～2（静压）	5（静压）	1.5～2（振动）	1.5～2（振动）	2～3（静压）	5（静压）

注：引自《公路工程沥青及沥青混合料试验规程》(JTG E20—2011)。

3）初压的温度应符合表15-30的有关规定，以能稳定混合料，且不产生堆积、发裂为度。碾压应从外侧向中心碾压，碾速稳定均匀，初压应采用轻型钢筒式压路机碾压1～2遍，初压后应检查平整度、路拱，必要时应修整。

4）复压应紧跟初压连续进行，碾压段长度宜为60～80m。当采用了不同型号的压路机组合碾压时，每一台压路机均应做全幅碾压。密级配沥青混凝土宜优先采用重型的轮胎压路机进行碾压，碾压到要求的压实度为止；对大粒径沥青稳定碎石类的基层，宜优先采用振动压路机复压；厚度小于30mm的沥青层不宜采用振动压路机碾压。相邻碾压带重叠宽度宜为10～20cm，振动压路机时折返时应停止振动。

5）终压的温度应符合表15-30的有关规定，终压宜选用双轮钢筒式压路机，碾压至无明显轨迹为止。

6）SMA混合料宜采用振动压路机或钢筒式压路机碾压，不宜采用轮胎压路机碾压。

7）OGFC混合料（OGFC是指用大空隙的沥青混合料铺筑、能迅速从其内部排走路表雨水、具有抗滑、抗车辙及降噪的路面）宜用12t以上的钢筒式压路机碾压。

8）碾压过程中压物应保持清洁，可对钢轮涂刷隔离剂或防粘剂，严禁刷柴油。当采用向碾压轮喷水（可添加少量表面活性剂）方式时，必须严格控制喷水量应成雾状，不得漫流。

（6）接缝处理：

1）沥青混合料面层的施工接缝应紧密、平顺；

2）上、下层的纵向热接缝应错开15cm，冷接缝应错开30～40cm，相邻两幅及上、下层的横向接缝均应错开1m以上；

3）表面层接缝应采用直茬，以下各层可采用斜接茬，层较厚时也可做阶梯形接茬；

4）冷接茬施作前，应在接茬面涂少量沥青并预热。

（7）热拌沥青混合料路面应待摊铺层自然降温至表面温度低于50℃后，方可开放交通。

（8）沥青混合料面层完成后应加强保护，控制交通，不得在面层上堆土或拌制砂浆。

15.5 轨道交通的沉管隧道整体道床轨道施工

15.5.1 一般规定

（1）轨道交通整体道床的轨道是指隧道内1435mm标准轨距，采用预埋混凝土轨枕或短轨（岔）枕整体道床无缝线路和道岔施工，应按设计和国家现行的有关强制性标准执行。

（2）钢轨、道岔及配件、混凝土预制构件等应有出厂合格证，并经验收合格后方可使用。

（3）整体道床轨道可采用直接铺轨法或续轨铺设法施工。

1）工具轨必须采用与永久轨的同一型号；

2）永久轨应在隧道外焊接成整轨后换铺。

（4）钢轨焊接接头应按操作工艺规程施焊，并应进行超声波探伤和外观检查，其标准应符合国家现行标准《钢轨焊接》（TB/T 1632—2005）的规定。

(5) 整体道床轨道施工的轨长、轨缝、曲线超高、混凝土强度等级和钢轨锁定温度等应符合设计要求。

(6) 整体道床采用的混凝土轨枕、短轨（岔）枕等宜在工厂制作，若牵引电网采用接触轨时，其混凝土底座应预制，并与整体道床同时施工。

(7) 整体道床轨道施工应具备以下条件：

1) 设计文件齐全，图纸已经会审；

2) 施工方案已审批进行技术交底；

3) 隧道结构验收合格，压重层混凝土已凿毛，并清理干净；

4) 铺轨基标敷设完毕；

5) 施工区段内供水、供电和照明应满足要求；

6) 进料系统、器材和施工机具、模板等齐备；

7) 轨道铺设完毕，应在设计要求的锁定轨温范围内进行正式锁定，当施工锁定轨温偏离设计要求的锁定温度时，应放散应力后重新锁定；

8) 整体道床轨道完工后，应进行线路贯通测量，并按设计位置敷设线路标志。

沉管隧道段整体道床轨道施工的器材准备、堆放和运输应列入轨道交通全线整体道床轨道施工组织策划中。

15.5.2 基标设置

基标设置前应进行隧道结构净空限界检测、轨道线路中心线及水平贯通测量，偏差调整闭合后，应根据设计文件敷设控制基标和加密基标。

(1) 基标设置位置应符合以下规定：

1) 控制基标：直线上每 120m、曲线上每 60m 和曲线起止点、缓圆点、圆缓点、道岔起止点等均应各设置一个点。

2) 加密基标：直线上每 6m、曲线上每 5m 各设置一个点。

(2) 基标设置允许偏差应符合以下规定：

1) 控制基标：方向为 6″、高程为 ±2mm、直线距离为 1/5000、曲线段距离为 1/10000；

2) 加密基标：方向为 ±1mm、高程为 ±2mm、直线段距离为 ±5mm、曲线段距离为 ±3mm；

(3) 基标标桩应埋设牢固，桩帽中线和高程调整符合要求后应及时固定，并标志清楚。

15.5.3 轨道架设与轨枕或短轨（岔）枕安装

(1) 钢轨架设前必须调直，扣件的飞边、毛刺等应打磨干净并涂油。

(2) 钢轨和道岔均应采用支撑架架设。

1) 钢轨支撑架架设间距：直线段宜 3m、曲线段宜 2.5m 设置一个，并且直线段支撑架应垂直线路方向，曲线段支撑架应垂直线路的切线方向；

2) 道岔支撑架应按设计位置设置。

(3) 架设于支撑架上的钢轨、道岔应初步调整其水平、位置、轨距和高程，并测放出轨枕、短轨（岔）枕位置。

(4) 轨枕或短轨（岔）枕安装时，直线段两股钢轨的轨枕或短轨（岔）枕中心线与线路中心线垂直，曲线段应与线路中心线的切线方向垂直。道岔辙岔部分的短岔枕应垂直辙岔角的平分线，转辙器及连接部分应与道岔直股方向垂直。

(5) 轨枕或短轨（岔）枕安装距离允许偏差为±10mm，承轨槽边缘距整体道床变形缝和钢轨普遍（绝缘）接缝中心均不应小于70mm。

(6) 轨枕或短轨（岔）枕的垫板安装完毕，其扣件宜先安装钢轨的一侧再安装另一侧，位置正确后拧紧螺栓。钢轨的普通接头和绝缘接头，应按设计轨缝宽度安装夹板后拧紧螺栓。

15.5.4　轨道位置调整

轨道应按设计图并依照基标进行调整，道尺使用前应校正，其精度允许偏差为$^{+0.5}_{\ 0}$mm。

轨道的两股钢轨应采用相对式接头，直线段允许相错量为20mm；曲线段采用现行标准缩短轨，允许相错量为规定缩短量之半加15mm，当缩短轨对接布置困难而需要错接时，其错开距离不应小于3m，道岔接头应按设计图布置。

轨道钢轨的接头里程，普通和绝缘接头应保持相对式接头不变，但距特殊区段的里程必须符合设计规定。

(1) 轨道钢轨调整精度应符合以下规定：

1) 轨道中心线：距基标中心线允许偏差为±2mm。

2) 轨道方向：直线段用10mm弦量，允许偏差为1mm；曲线段用20m弦量正矢，应符合表15-33要求。

轨道曲线正矢调整允许偏差值（mm）　　**表15-33**

曲线半径（m）	缓和曲线正矢与计算正矢差	圆曲线正矢连续差	圆曲线正矢最大最小值差
251～350	3	5	7
351～450	2	4	5
451～650	2	3	4
＞650	1	2	3

注：引自《地下铁道工程施工及验收规范》(GB 50299—1999)。

3) 轨顶水平及高程：高程允许偏差为±1mm，左右钢轨顶面水平允许偏差为1mm，在延长18m的距离范围内应无大于1mm的三角坑。

4) 轨顶高差：用10m弦量不应大于1mm。

5) 轨距：允许偏差为$^{+2}_{-1}$mm，变化率不应大于1‰。

6) 轨底板：按1/40设置。

7) 轨缝：允许偏差为$^{+1}_{\ 0}$mm。

8) 钢轨接头：轨面、轨头内侧应平（直）顺，允许偏差为0.5mm。

(2) 轨道道岔调整精度应符合下列规定：

1) 里程位置：允许偏差为±15mm。

2) 导曲线及附带曲线：导曲线支距允许偏差为1mm，附带曲线用10m弦量连续正矢差允许偏差为1mm。

3）轨顶水平及高程：全长范围内高低不应大于2mm，高允许偏差为±1mm。

4）转辙器必须扳动灵活，曲尖轨在第一边接杆处的动程不应小于152mm，尖轨与基本轨密贴，其间隙不应大于1mm，尖轨的尖端处轨距允许偏差为±1mm。

5）护轨头部外侧至辙岔的作用边的距离为1391mm，允许偏差为$^{+2}_{0}$mm；全翼轨作用边的距离为1348mm，允许偏差为$^{0}_{-1}$mm。

6）基轨面应平顺，滑床板在同一平面内，轨撑与基本轨道密贴，其间隙不应大于0.5mm。

7）其他调整精度应符合15.5.4（1）条规定。

（3）轨道的钢轨和道岔精度调整合格后必须固定牢固，并验检合格后，应及时浇筑整体道床混凝土。

15.5.5 整体床施工

（1）整体道床混凝土的变形缝和水沟模板支立应牢固，其允许偏差为：位置±5mm、垂直度2mm。

（2）浇筑混凝土的脚手架，必须独立设置并牢固，不得与钢轨和支撑架接连。

（3）混凝土应分层、水平、分台浇筑，并振捣密实，严禁振捣器触及支撑架和钢轨。

（4）道床混凝土初凝前应及时进行面层及水沟的抹面，并将钢轨、轨枕或短轨（岔）枕及接触轨预制底座、扣件、支撑架等到表面灰浆清理干净。抹面允许偏差为：平整度3mm、高程$^{0}_{-5}$mm。

（5）混凝土灌注终凝后应及时养护，其强度达到5MPa时方可拆除钢轨支撑架。混凝土未达到设计强度的70%时，道床上不得行驶车辆和承重。

（6）混凝土抗压试件留置组数：同一配合比，每浇筑100m（不足者也按100m计）应取两组试件，一组在标准条件下养护，另一组与道床同条件下养护。

15.6 隧道装修

压抑封闭的隧道环境会对驾驶员造成一定的心理压力，通过隧道的行车视觉环境设计，可提高行车舒适度，减少行车视疲劳，提高行车安全度。

15.6.1 隧道装修设计

1）隧道墙面的色彩、装饰线

隧道墙面的色彩与亮度要考虑美学要求外，更重要的是要满足隧道在交通方面的诸多功能。隧道的墙面色彩若采用白色，饰板表面为哑光，对灯光形成漫反射作用，以降低光反射和声反射，起到提高车道亮度的作用，增加行车环境的明亮度。

隧道内线条以简洁、流畅为宜，隧道墙面可设置一条平行路面的彩色引条线（或者具有相对色差的引条线），贯通整条隧道，以增加隧道内空间的导向性和指示性，营造简洁流畅的视觉效果。

2）隧道顶部色彩

隧道空间狭小，为提供较好的行车视觉感受，隧道顶棚为深色，深色在视觉上是后退色，给人以深远莫测的感觉，有利于改善隧道压抑的视觉环境。同时信号灯和可变情报板在深色的背景下可以跃出，提高识别性。顶棚的明敷设管线均与顶棚同色。

3）照明设计

隧道顶部通常设置两条照明光带一起贯通整条隧道，给人以导向和流畅的感觉。照明灯带照度好且均匀，不产生光斑，减少封闭，给人以稳定的感觉。

15.6.2 隧道侧墙装饰

侧墙装饰总体上应满足以下要求：

（1）耐洗刷性：侧墙装饰材料整体构造应适用于隧道的机械清洗方式。

（2）环保性：侧墙装饰材料整体构造应无辐射，在高温或受火条件下无有毒气体散发。

（3）防火性：侧墙装饰材料整体构造应达到不燃性 A1 级。

（4）易维护性：表面不产生静电，不易污染，易清洁；维护简便，便于更换。

（5）隧道侧墙面采用防眩光、降噪声材料。

目前国内、国际上运用较多的装饰材料有面砖、瓷面纤维增强水泥墙板和搪瓷钢板。侧墙装饰板的方案可参照表 15-34 优缺点选定。

侧墙装饰板比选表 **表 15-34**

分类	品　种	优　点	缺　点	应用工程
装饰板	搪瓷钢板＋衬板	块面大，施工快、平整度高、耐潮、耐腐蚀、造型好、耐洗刷	板材不能现场切割，设备箱洞等均需由现场测量后有工厂定制	上海延安东路隧道、杭州万松岭隧道、上海长江隧道
装饰板	瓷面纤维增强水泥墙板	块面大，施工快、耐潮、耐腐蚀、耐洗刷、拼装较为灵活	平整度和整体造型不及上者	南京长江隧道、武汉长江隧道
面砖		耐潮、耐腐蚀耐洗刷、运营成本低	块面小，造型较差、湿作业、施工慢	上海翔殷路隧道、上海上中路隧道、广州珠江隧道

隧道内的景观主要集中在内饰的处理和灯光的设置上。在内壁的装饰上，主要应采用吸光材料，同时在色彩上以柔和轻快的色调加以装饰，使隧道内给人一种轻松的感觉，减少行车的疲劳感。配合简洁明亮的灯光效果确保行车的安全。

15.6.3 顶部防火内衬

综合平衡隧道的使用性质、通行车辆类型、结构形式、混凝土级别以及隧道消防救援设施等因素，借鉴国外隧道设计经验，防火等级为一类的隧道，被动防火设计采用德国 RABT 火灾升温曲线为标准，火灾温度为 1200℃。为防止火灾对隧道结构的破坏作用，在隧道的顶部布置了防火内衬。选用在 120min 内保证被保护的混凝土结构表面温度≤380℃、底排钢筋温度≤300℃的防火内衬，保护范围通常为顶板及顶板以下 1.0m。

因隧道顶部有较多明露管线，并且隧道顶部不宜清洗，故防火内衬应采用深色饰面。防火内衬应覆盖隧道顶部及隧道两侧装饰板以上部位。

沉管隧道中满足上述技术要求的防火板或防火涂料均可使用。防火板安装在平整度较高的混凝土结构表面时，一般可用膨胀螺栓固定。防火涂料则根据不同厂家的工艺直接喷射至一定厚度，或是先用一层金属网固定后再喷射防火涂料至一定厚度。结构防火内衬的方案可参照表15-35优缺点选定。

结构防火内衬比选表　　　　**表15-35**

分类	品种		优点	缺点	耐久性	国内工程应用
防火涂料	国产		施工方便、快捷维护方便	国内耐久性无工程验证	10年以上	上海上中路隧道
	进口					
防火板	国产	陶铝板	耐潮、平整度高	块面小，施工慢	25年以上	
	国产/进口	氧化镁（珍珠岩）板				上海翔殷路隧道、复兴东路隧道、上海长江隧道
	进口	保全板				上海外环隧道

15.6.4　防火板安装工艺技术要求

隧道防火板安装参照《建筑装饰装修工程质量验收规范》（GB50210－2001）执行，并结合工程的实际情况完善工艺技术要求。

（1）施工准备

材料准备：经国家消防检测合格的隧道专用防火板，直径10mm不锈钢沉头内膨胀螺栓，接缝专用材料等。

施工机具：移动台车架、支撑板支架（木制钢制）、运输车、电锤、电钻、十字螺丝刀、十字批头、卷尺、美工刀、电吹风机、喷涂设备、灰铲等。

安全设施：安全用配电箱、保险带、保险绳、安全帽、安全背心、安全反光贴条和安全反光堆等。

（2）通常的防火板安装工艺技术要求

1）首先清除混凝土表面杂物和不平整物，拆除影响施工的临时设施支架，修补底面洞口，达到场地施工必需的条件。

2）凡有明敷设的管线设备不准拆移，必须进行施工包敷保护。

3）防火板的正面朝上安装。

4）安装时以隧道横向中心线位置，开始向横向两边展开或以防火板两侧底边线位置由一侧向另一侧展开安装。

5）安装时人力将防火板抬推到顶面，临时用木支撑架顶紧。然后在防火板长边两侧距板边200～250mm处各均匀打入4个内膨胀螺栓，共计8个螺栓。将防火板顶部固定牢固（可根据板子的厚度、重量、硬度调整螺栓数量和布局）。

6）沉头内膨胀螺栓安装：采用电锤（或冲击钻）在防火板上向内打进50mm左右深度、直径9.5～9.7mm的孔洞，将螺栓和膨胀管打入孔洞，在沉头螺栓上用十字螺丝刀或专用十字批头工具将螺栓拧紧。螺丝尾端必须和防火板面保持平齐。若发现有松动的必须错眼5mm垂直打眼补安一个螺栓。

7）防火板在搬运过程中，必须注意保护，轻搬轻放，发现缺角断裂等损坏必须重新拆除安装新板。

8）防火板与板之间的对接缝隙不应大于5mm。

9）遇到曲线断面时，必须测量出内外弧长度差别，并按扇形弧度角均匀分摊，按现场实际情况对防火板进行边角裁切后安装。

参考文献

［1］ 中交第三航务工程局有限公司．桩基施工手册．北京：人民交通出版社，2007.

［2］ 水利电力部水利水电建设总局．水利水电工程施工组织设计手册．北京：中国水利水电出版社，2007.

［3］ 全国勘察设计注册工程师港口与航道工程专业管理委员会．注册土木工程师（港口与航道工程）职业资格考试复习辅导材料．北京：人民交通出版社，2003.

［4］ 王梦恕等．中国隧道及地下工程修建技术．北京：人民交通出版社，2010.

［5］ 陈韶章，陈越．沉管隧道设计与施工．北京：科学出版社，2002.

［6］ 张凤祥，傅德明，杨国祥等．盾构隧道施工手册．北京：人民交通出版社，2005.

［7］ 李金海，李保军．城市道路工程施工技术．北京：中国标准出版社，2007.

［8］ 杨德龚，等译．潜水手册（上卷空气潜水）．北京：国防工业出版社，1985.

［9］ 杨德龚，等译．潜水手册（下卷混合气潜水）．北京：国防工业出版社，1985.

［10］ 龚锦涵．潜水医学．北京：人民军医出版社，1985.

［11］ 蒙晓莲，等．桥梁节段预制拼装技术及其在城市轨道交通中的应用．广州：华南理工大学出版社，2006.

［12］ 港口与航道工程规范汇编．注册土木工程师执业资格考试港口与航道工程规范汇编（上册）．北京：人民交通出版社，2003.

［13］ 北京市城建勘察测绘院．地下铁道、轻轨交通工程测量规范 GB 50308—1999．北京：中国计划出版社，2000.

［14］ 住房和城乡建设部科技发展促进中心．盾构法隧道施工与验收规范 GB 50446—2008．北京：中国建筑工业出版社，2008.

［15］ 西安市市政工程设计研究院．城市道路路基工程施工与验收规范 CJJ 44－91．北京：中国建筑工业出版社，2007.

［16］ 北京市政建设集团有限责任公司，中国市政工程协会．城镇道路工程施工与质量验收规范 CJJ 1—2008．北京：中国建筑工业出版社，2008.

［17］ 北京市市政设计研究院．城市道路设计规范 CJJ 37—90．北京：中国建筑工业出版社，2007.

［18］ 中国水运建设行业协会，中交天津航道局有限公司．疏浚与吹填工程质量检验标准 JTJ 324—2006．北京：人民交通出版社，2007.

［19］ 长江航道局．航道整治工程质量检验评定标准 JTJ 314—2004．北京：人民交通出版社，2004.

［20］ 中交第一航务工程勘察设计院，交通部天津水运工程科学研究所．海港总平面设计规范（JTJ 211－99）局部修改（航道边坡坡度和设计船型尺度部分）．北京：人民交通出版社，2003.

［21］ 北京城建集团有限责任公司．地下铁道工程施工及验收规范 GB 50299—1999．北京：中国计划出版社，2010.

［22］ 交通部公路科学研究所．公路水泥混凝土路面施工技术规范 JTG F 30—2003．北京：人民交通出版社，2003.

［23］ 交通运输部公路科学研究院．公路工程沥青及沥青混合料试验规程 JTG E20—2011．北京：人民交通出版社，2011.

[24] 胡政才，科名其，马积薪编译. 日本多摩川沉管隧道的设计与施工. 世界隧道，1995 (05).
[25] 于书翰. 沉管隧道管段预制方式的选择. 长安大学学报（自然科学版），1998 (S2).
[26] 管敏鑫，万晓燕，唐英. 沉管隧道的作用、作用组合与工况. 世界隧道，1999 (01).
[27] 唐英，管敏鑫，万晓燕. 铁路沉管隧道箱形钢筋混凝土沉管结构配筋. 世界隧道，1999 (02).
[28] 贺少辉，张弥，王磊，等. 长江沉管隧道基槽开挖过程泥砂冲淤对环境的影响. 北方交通大学学报，1999，23 (4).
[29] 管敏鑫，唐英，万晓燕. 沉管隧道接头的研究与设计. 世界隧道，1999 (06).
[30] 范文田. 各国铁路及地铁的沉埋隧道. 铁路标准设计，1999 (02).
[31] 詹德新，王兴权，刘祖源，等. 沉管隧道及其相关模型试验. 武汉交通科技大学学报，2000，24 (5).
[32] 刘千伟，杨国祥. 宁波市常虹沉管隧道工程，世界隧道，2000 (06).
[33] 傅智伟. 沉管隧道基槽开挖及设备，世界隧道，2000 (06).
[34] 俞国青，傅宗甫. 欧美的沉管法隧道. 水利水电科技进展，2000，20 (6).
[35] 许琛，王解先. 沉管沉放的实时监测. 工程勘察，2001 (04).
[36] 徐维钧. 沉埋管隧道的施工技术及发展趋势. 中国港湾建设，2001 (04).
[37] 唐英，管敏鑫，万晓燕. 沉管隧道接头的理论分析及研究. 中国铁道科学，2002 (02).
[38] 田敬学，张庆贺，姜福兴. 沉管隧道温度与干缩应力计算. 山东科技大学学报（自然科学版），2002，21 (2).
[39] 曲莹，陈昌祺. 大型沉管隧道干坞的设计与研究. 现代隧道技术，2002，39 (5).
[40] 陆明，朱祖熹，张勇. 大型沉管隧道管段接头防水试验研究. 中国建筑防水，2003 (10).
[41] 吴维. 关于沉管法修建长江水下隧道若干问题的研究. 现代隧道技术，2003 (02).
[42] 张庆贺，高卫平. 水域沉管隧道基础处理方法的对比分析. 岩土力学，2003 (增刊 2).
[43] 薛勇. 沉管隧道接头研究. 特种结构，2003，20 (3).
[44] 潘永仁. 上海外环沉管隧道大型管段浮运方法. 施工技术，2004，33 (5).
[45] 傅琼阁. 沉管隧道的发展与展望. 中国港湾建设，2004 (05).
[46] 雷升祥. 浅谈海底隧道的地下水. 现代隧道技术，2004，33 (5).
[47] 李全海，何青. 海底沉管隧道安放测量. 海洋测绘，2004 (06).
[48] 潘永仁，丁美. 大型沉管隧道管段沉放施工技术. 现代隧道技术，2004，41 (5).
[49] 吴小羊. 上海市外环沉管隧道管段沉放施工技术. 建筑施工，2005 (02).
[50] 薛勇. 沉管隧道技术的进展. 特种结构，2005，22 (1)
[51] 杨文军，陈东生，张永强. 移动干坞预制沉管隧道管段技术的研究. 打捞专业委员会 2005 年学术交流会论文集. 2005.
[52] 宋建，陈百玲，范鹤. 水下隧道穿越江河海湾的综合优势. 隧道建设，2006，26 (3).
[53] 余暄平，王吉云. 宁波常洪隧道桩基础施工技术. 上海建设科技，2006 (04).
[54] 刘丰军，叶飞，李鹏. 世界海底隧道工程概况及对我国的启示//中国土木工程学会第十二届年会暨隧道及地下工程分会第十四届年会论文集，2006.
[55] 孙钧. 海底隧道工程设计施工若干关键技术的商榷. 岩石力学与工程学报，2006 (08).
[56] 王景春，侯卫红，莫勋涛. 海底隧道施工安全评价的初步研究. 岩石力学与工程学报，2007 (增刊 2).
[57] 郭陕云. 关于我国海底隧道建设若干工程技术问题的思考. 隧道建设，2007，27 (03).
[58] 彭红霞，王怀东. 沉管隧道干坞方案比选. 中国港湾建设，2007 (01).
[59] 陈越. 从广州地区沉管隧道建设谈沉管隧道的建造设想. 现代隧道技术，2008，45 (1).
[60] 程乐群，刘学山，顾冲时. 国内外沉管隧道工程发展现状研究. 水电能源科学，2008 (02).

[61] 杨文武. 沉管隧道工程技术的发展. 隧道建设，2009，29 (4).
[62] 晏子雄，朱爱珍. 大断面矩形管节预制技术研究与应用. 混凝土，2008 (06).
[63] 王青华. 釜山巨济跨海通道项目沉管隧道技术分析. 现代商贸工业，2009 (14).
[64] 杨小勇. 浅谈水下隧道安全风险管理. 当代经济，2009 (04).
[65] 孙素明. 生物岛—大学城沉管隧道基槽炸礁技术. 内江科技，2009 (07).
[66] 赵娟，吕黄，王建军. 大型柔性管节预制过程中控制精度的选择. 水运工程，2010 (10).
[67] 范帅，袁勇，王胜年. 超大截面沉管隧道预制构件温控试验. 地下空间与工程学报，2011 (S1).
[68] 肖晓春. 大型沉管隧道管节工厂化预制关键技术. 隧道建设，2011，31 (6).
[69] 秦宝军. 沉管隧道二次围堰施工技术. 现代隧道技术，2011，48 (6).
[70] 吴瑞大，欧政军. 沉管隧道管节预制工艺比选. 中国港湾建设，2012 (04).
[71] 林鸣，梁桁，刘晓东，等. 海上挤密砂桩工法及其在港珠澳大桥岛隧工程的应用. 中国港湾建设，2012 (04).
[72] 方长远，李惠明，梁国栋，等. 管节沉放对接中环境因素对声呐测距精度的影响. 水运工程，2013 (04).
[73] 吴瑞大，任朝军，吕黄，等. 沉管隧道管节沉放施工技术. 水运工程，2013 (05).
[74] 代敬辉. 海河隧道沉管预制技术. 施工技术，2013，42 (11).